Implementing and Promoting Multilingualism

Implementing and Promoting Multilingualism

Speaking through Different Tongues in South African Higher Education Spaces

Edited by
Nomalungelo Ngubane
Berrington Ntombela
Hloniphani Ndebele

UNIVERSITY OF KWAZULU-NATAL PRESS

Published in 2024 by University of KwaZulu-Natal Press
Private Bag X01
Scottsville, 3201
Pietermaritzburg
South Africa
Email: books@ukzn.ac.za
Website: www.ukznpress.co.za

ISBN: 978 1 86914 557 6
eISBN: 978 1 86914 558 3

Project manager: Noxolo Mthethwa
Language editors & proof readers: Celani Zwane; Edwin Mohatlane; Leonard Tshikota;
                                  Francinah Kanyane
Typesetter: Susan Elliott
Cover designer: Chico Nhadevele

Print administration by DJE Flexible Print Solutions, Cape Town

Contents

Acknowledgements

We would like to express our indebtedness to the many scholars and colleagues whose contribution has enhanced the quality of this publication.

As an intellectual piece, this book owes its debt of gratitude to several reviewers who set aside their time and effort.

This publication was made possible by the University of the Free State. We are grateful to the Academy of Multilingualism under the Director, Dr Nomalungelo Ngubane, for spearheading this publication. We acknowledge Dr Engela Van Staden, the Deputy Vice Chancellor of the University of the Free State, for providing funds for the publication of this book.

Our gratitude is extended to UKZN Press: Dr Phindile Dlamini for accepting this publication; and Ms Noxolo Mthethwa for project managing and guiding us throughout this journey.

Preface

Promoting multilingualism in South Africa is a commitment that must be pursued by all who work within intellectual spaces. The fallacy of the underdevelopment of African languages hinges on the continued reliance on colonial languages as the only tools of engaging intellectually with educational, business, judicial, scientific and communication issues. By way of illustration, every business transaction can be initiated and concluded in an African language; lessons and educational transactions can be executed in African languages; criminal charges are laid and tried and sentences are carried out in African languages; experiments are carried out in African languages; and communication is done in African languages. How then have we come to settle on the rhetoric of the underdevelopment of African languages? It is the perpetual elevation of colonial languages and neo-colonial regimes that seek to maintain the status of the dominance of European languages for the benefit of a few.

While the South African promotion of multilingualism is arguably premised on the 1996 Constitution that commits 'to heal the divisions of the past and to establish a society based on democratic values, social justice and fundamental human rights; to improve the quality of life of all and free the potential of each person', the question is how far have we gone into healing those divisions linguistically. Our African languages continue to be second-class citizens in the linguistic landscape, even though they are spoken by the majority of people. The linguistic arguments of the global north, which regard every language a minority one if it is not a European dominant language, have been carried over into the South African situation. Consequently, the majority languages have been 'minoritised' so that European languages can be 'majoritised' on the argument of being global languages. This linguistic injustice is unfortunately supported in the judiciary and in academia.

South Africa and the global south must rise up to the reality that no true democracy or justice can be attained while the linguistic aspirations of the majority are given secondary status. Failure to elevate African languages to their rightful place is retrogressive. No country can forge forward with development on the platform of a foreign language. That country will forever lag behind. And if South Africa is committed to the emancipation of its majority, the utilisation of the languages of the majority must be equally emancipative.

The essays in this volume are one way of demonstrating the utility of African languages in intellectual material. They serve as testament that South Africa is not only multilingual but can function multilingually in every aspect. Various topics and arguments are presented in a scholarly way, most of which come from empirical research. For instance, Khumalo argues for the imposition of African languages and indigenous knowledge systems in the South African education system. He probes the exclusion of African languages in institutions of higher learning and argues that African languages can be used as languages of communication, research, teaching and learning.

Ntombela and Mperwane examine the tapestry of languages in the education of an African child. Their argument uses language ecology to view the affordances of linguistic plurality in the education of Africans. They trace and narrate the utility of multiple languages in higher education. They reason that part of the resistance in the utility of African languages lies in the trappings of monolingual fallacy.

Ndebele and Busane ask whether students are learning to write academically in their own language. Their chapter focuses on the use of isiZulu as an academic language at a South African university. Their argument is that academic literacies should be developed in African languages.

Gumede, Ndaba and Zulu discuss the enhancement and use of indigenous languages as *ubuntu* in higher education. They present *ubuntu* as an antidote to the underutilisation of African languages, arguing that *ubuntu* philosophy has the potential to develop African languages within teaching and learning spaces to promote social cohesion. The centre of their argument is that the intellectualisation of African languages is an ingredient in the practice of *ubuntu* philosophy that can lead to collaborative learning and student success.

On another topic, Mashatole and Letsoalo argue for developing taxonomies for concept development in African languages in the case of Sesotho sa Leboa. They discuss how taxonomy contributes to the development of concepts for the continued use of marginalised languages. They argue for dynamic strategies and context-specific approaches for intellectualising African languages.

Ngcobo and Roya trace the reading motivations of a cohort of multilingual university students. They point to students' high interest in texts that recognise their linguistic background. These authors, therefore, argue that texts that mix languages are likely to keep students' reading motivation high. This is important not only as an intervention strategy but also as part of the continued development of African languages.

The chapter by Mthembu and Buthelezi discusses the importance of African languages and indigenous knowledge in higher education curricular. They argue that integrating indigenous knowledge in teaching and learning will not only help maintain traditional knowledge but will also benefit scientists, particularly in natural remedies and resources. Furthermore, they contend that the inclusion of African languages in the curriculum will empower languages and preserve African identity.

Sebola's essay centres on (re)thinking our academic 'linguiscape', which is about (re)situating African languages and indigenous knowledge systems in South African higher education. He draws his arguments on the promotion of multilingualism in South African higher education from the Constitution of 1996, the Education White Paper 3 of 1997, and the new language policy for higher education and training of 2020. Sebola presents multilingualism as a strategy and a tenable intervention towards the promotion of African languages in academia.

Similarly, Ngema argues for multilingualism as a tool for research and the production of knowledge. In research that focuses on agricultural extension, she highlights the importance of providing research analysis in a relevant language. Her conclusion is that the incorporation of isiZulu will enhance the understanding of agricultural extension education and improve smallholder farmers.

The chapter by Mabuya and Setaka aims to address the limited availability of digital language resources for the eleven official languages in South Africa. They argue that the development of digital language resources will enable indigenous languages to be fully functional and intellectualised, thereby eliminating problems associated with language barriers and accessibility.

Ngubane and Khohliso argue that while English and Afrikaans mother-tongue speakers continue to be educated in their languages, African children have to abandon their mother tongues and switch to English-medium instruction after Grade 3. Arguing from a human rights framework, they contend that mother-tongue education is not just a privilege but a right that all learners should enjoy equally.

We hope that this collection of scholarly essays will go some way in intellectualising African languages as viable tools for academic transactions in higher education. This book is a step towards the practice of multilingualism in higher education and we hope to inspire other sectors to follow. A commitment to multilingualism has never been more urgent.

1

Botemengata

Diphuputso tse ikgethileng tsa *South African Centre for Digital Language Resources* Bakeng sa ho Ntshetsa Pele Mehlodi ya Dipuo

Mmasibidi Setaka
Rooweither Mabuya

Selelekela

Mehlodi e balwang ka dikhomphutha bakeng sa dipuo tse ding ka ntle ho English e ntse e tswela pele ho haella (Hennelly, 2022; Chavula le Suleman, 2021). Ha ho bapiswa le dipuo tse ding, English e na le palo e hodimo ya mehlodi ka baka la matsete a jetsweng ho yona lefatsheng ka bophara; haholo ha e bapiswa le dipuo tsa matswallwa. Hona ho thatafatsa mosebetsi wa bafuputsi, matitjhere, le balaodi ba dibaka tsa dipontsho kapa dimuseamo ba sebetsang le ho ruta ka dipuo tse ding ka ntle ho English. Dipuo tsa matswallwa tse hlokang mehlodi ya khomputha hangata di laola hore ke mesebetsi efe e ka etswang, e ka etswa ka disebediswa dife le hore ke mekgwa efe e ka sebediswang (Viola le Fiscarelli, 2021). Afrika Borwa e na le dipuo tse 11 tsa semmuso, e leng: English, Afrikaans, Sesotho, Sepedi, Setswana, Tshivenda, Xitsonga, isiNdebele, isiXhosa, isiZulu le isiSwati). Ho tsona, tse robong ke dipuo tsa matswallwa tse tswang sehlopheng sa Bantu (ke ho re; Sesotho, Sepedi, Setswana, Tshivenda, Xitsonga, isiNdebele, isiXhosa, isiZulu le isiSwati). Mefuta e fapaneng ya dipuo tsa batho ba batsho e kenyeletsa dipuo tse fetang 400 tse buuwang karolong e kalo ka halofo e e ka Borwa ya kontinente ya Afrika. Dipuo tse supileng hara dipuo tsena, di kgobokantswe tlasa dihlopha tsa Bantu tsa Senguni le Sesotho (ke ho re, dihlotshwana tsa lelapa la dipuo tsa batho ba batsho), ho sa kenyeletswe tse pedi: Tshivenda le Xitsonga (Tsonga). Dipuo tse itseng tsa lelapa la Nguni di thabela ho utlwana ka moelelo. Hona ho ama dipuo tse kang isiNdebele, isiXhosa, isiZulu le isiSwati. Ka tsela e tshwanang, dipuo tsa sehlopha sa Sesotho di kenyeletsa sehlopha sa dipuo tse utlwanang ka moelelo, e leng Sesotho, Sepedi, le Setswana (Prinsloo le De Schryver, 2002). Naha ya Afrika Borwa e na le dipuo tse ngata mme ke e nngwe ya dinaha tse nang le dipuo tsa semolao tse ngata. Leha ho le jwalo, ho na le mehlodi e fokolang bakeng sa dipuo tsa matswallwa. Ho eketsa kgaello ena ya dibuka tsa kwahollopuo le didikshinare tsa dipuotsena, mehlodi e balwang ka dikhomphutha e filweng dipuo tsena e haella le ka ho fetisisa, mme hona ho etsa hore ho be boima ho sebetsa maemong a phahameng a *natural language processing* (tshebediso ya dikhomputha ho manolla puo ya batho).

South African Centre for Digital Language Resources (SADiLaR), e thehilweng ka selemo sa 2016, e reretswe ho rarolla bothata ba kgaello ya mehlodi ya dipuo tsa dijithale bakeng sa dipuo tse leshome le motso o mong tsa Afrika Borwa. Ka tshehetso ya matlole a Lefapha la Mahlale le Boitshimollelo *(DSI)*, *SADiLaR* e laola mananeo a mabedi: ho theha lenaneo la phetolelo ya dibuka, ditshwantsho kapa modumo hore khomputa e kgone ho di bala le sebetsang ka ho otloloha le ntshetsopele ya mehlodi ya dipuo tsa dijithale, le *Digital Humanities*, e reretsweng ho atlehisa diphuputso mererong ya dijithale tsa botho mona Afrika Borwa. Ena ke merero e tshepang phumaneho le tshebediso ya mehlodi ya dipuo tsa dijithale.

Kgaolong ena ya diphuputso, sepheo ke ho tlaleha le ho lekola boemo ba mehlodi ya disebediswa tsa puo tsa dijithale bakeng sa dipuo tsa Afrika Borwa mmoho le ho lemosa karolo e kgathilweng ke *SADiLaR* mabapi le ho tshehetsa dipuo tse 11 tsa semmuso.

Kakaretso

Dipuo ke disebediswa tse ikgethileng tse thusang batho ho utlwisa le ho hlalosa lefatshe, ho buisana, le ho fetisa ditaba, ho ya ka *UNESCO* (2022). E bile di sebetsa jwaloka disebediswa tsa ho theha dikamano tsa setjhaba esita le mekgwa e sebediswang ho itsebahatsa re le batho. Taba ya puo ha se mohopolo o motjha mona Afrika Borwa mme esale ho buuwa ka yona e le sephetho sa setumo sa bokolone ba nako ya mmuso wa kgethollo. Ho fihlela kajeno, puo e ntse e le taba e kgolo ya bohlokwa mona Afrika Borwa ka hore dipuo tse neng di qheletswe thoko, di kgethollwa; di

ntse di lwanela kananelo le tshebediso dikarolong tse ding tsa lefatshe ka
bophara. Ha re tea ka mohlala, ha ho na mehlala e setseng ya dipuo tsena
le mane inthaneteng.

Afrika Borwa ke naha e tsejwang ka leano la yona le tiileng la dipuo
le boleng ba botemengata le ho thoholetsa leano lena la botemengata
(Desai, 2001) ka kananelo ya dipuo tsa semolao tse 11. Dipuo tsena di
babaletswe hohle ke Molao wa motheo mme di lokela ho tsejwa le ho
amohelwa ka ho lekana, jwalokaha ho boletswe ho Molao wa motheo
wa Afrika Borwa wa selemo sa 1996. Ho feta mona, Molao wa motheo
o ananela hore boemo ba dipuo tse robong tsa matswallwa bo lokela ho
phahamiswa mme 'mmuso o lokela ho nka mehato ya sebele e lokileng
ya ho phahamisa le ho ntshetsa pele tshebediso ya tsona' *(Constitution of*
the Republic of South Africa, 1996). Ntshetsopele, kananelo le tlhokomelo
ya sekgahla seo botemengata bo nang le sona ka hara naha di tla thusa
hore dipuo tsohle tsa semmuso tsa Afrika Borwa di be le seabo ho dintlha
tsa thuto, dipolotiki le moruo wa setjhaba o amanang le tswelopele ya
naha. Le hoja dipuisano boholo ka seabo sa dipuo di atisa ho hatella
puo thutong (Desai, 2001), puo hape e ama maemo ka hara setjhaba,
dipolotiki esita le moruo.

Mmuso haesale o na le seabo se seholo sa ho theha mekgwa le
mananeo a ntshetsopele le katlehiso ya dipuo ao thomo ya ona e leng
ho hodisa boemo le tshebediso ya dipuo tsohle tsa semmuso mona
Afrika Borwa. Verhoef (1998) o hlokomela hore ho bile le mekutu le
boitekelo bo bongata ba ho aha botemengata bo hlwahlwa mona Afrika
Borwa boemong ba molao mme tshebediso ya botemengata ke ntho e
etsahalang letsatsi le letsatsi mona Afrika. De Wet, Badenhorst le Modipa
(2016) ba hlahisa maikutlo a hore le hoja maemo ana a rarolotswe ka tsela
e itseng, ho sa na le ho setseng ho lokelang ho etswa ho ya ka bobedi ba
puo le mohlodi wa puo esita le ntshetsopele ya theknoloji. E nngwe ya
diinstitjushene tse jwalo e thehetsweng sepheo sena sa tjhebelopele ke
South African Centre for Digital Language Resources (SADiLaR) e leng: 'Ho
kgothaletsa le ho thusa diphuputso tsa dijithale le ntshetsopele ya dipuo
tse 11 tsa semmuso mona Afrika Borwa, bakeng sa ho jala, ho theha
tlhokomediso le ho hodisa maemo a sekolo a *Digital Humanities* mona
Afrika Borwa le kontinenteng, ha ho ntse ho kopanywa le ho hokahanya
mekgwa ya baamehi ba lehae le ba matjhaba ba nang le disebediswa tse
tshwanang le tse sebeletsanang.'[1]

SADiLaR ke setsi sa naha se tsheheditsweng ke Lefapha la Mahlale le Boitshimollelo *(DSI)*. Sepheo sa setsi sena ke ho theha mehlodi ya dipuo ka dijithale bakeng sa dipuo tsohle tsa Afrika Borwa tsa semmuso hore ho etswe diphuputso ka tsona. Karolo e nngwe ya sepheo sa *SADiLaR* ke ho laola lenaneo la ho fetolela disebediswa tseo eseng tsa dijithale hore e be tsa dijithale mme le shebane haholo le ho theha le ho ntshetsa pele dingolwa tse tshwanelehang tsa dijithale, puo, le mehlodi ya mekga e mengata bakeng sa dipuo tsohle tsa semmuso tsa Afrika Borwa. *SADiLaR* e na le mosebetsi o sa feleng o tshehetsang diphuputso le ntshetsopele ya mekgahlelo ya ditheknoloji tsa puo le dithuto tse amanang le puo ho mahlale a botho le mahlale a setjhaba. Ho ba teng ha mehlodi le tlhokeho ya mekgwa ya nnete ya ho ntshetsa pele mehlodi ya puo bakeng sa baahi bohle ba Afrika Borwa e bile ka pele ho setsi sena.

Ho ya ka Muhirwe (2007) ho na le diphephetso tse pedi tse kgolo tse amehang bakeng sa ho theha Ditheknoloji tsa Puo ya Motho: *morphotactics* esita le diphetoho tsa mofoloji kapa sebopeho sa puo. *Morphotactics*, e bileng e tsejwang ka hore ke *morphosyntax*, e amana le melao e thata e laolang kamoo dikarolo tsa mantswe di kopanang ka teng ho bopa mantswe mmoho le kaho ya dipolelo. Dikarolo tsa mantswe ke dikarolwana tse nyenyane tse sa arolweng tsa lentswe tse nang le mosebetsi le moelelo. Diphetoho tsa dikarolo tsa sebopeho di amana le qapodiso ya medumo le/kapa le melao ya ho ngola e lokelang ho sebediswa e le ho etsa sebopeho sa tshebediso e theilweng ho sebopeho sa motheo.

Merero ya sepheo sa *SADiLaR* e mmedi ho e mene, e theilwe hodima ditheknoloji tsa puo e leng:

i)   ho fana ka thepa ya dijithale le disebediswa bakeng sa ho iqapela bongata ba tshebediso ya theknoloji ya puo, hammoho le

ii) ho boloka nalane ya boleng le tshebediso ya dipuo tsa Afrika tsa lebatowa, hammoho le mesebetsi ya moetlo, e le karolo ya sesiu se phelang[2].

Diphephetso
Hore *SADiLaR* e tle e phethe thomo ya yona, baamehi bohle, ho kenyeletswa le mmuso, mekgatlo e ikemetseng le setjhaba ka kakaretso, ba lokela ho sebetsa hammoho haholoholo naheng e nang le dipuo tse ngata

tjena. Ho ba teng ha setsi se jwalo ho a kgothaletswa le hoja diphephetso tsona di ka ba teng. Le hoja *SADiLaR* e sebetsa ka matla ho etsa bonnete ba hore dipuo tsohle tsa semmuso tsa Afrika Borwa di ba le mehlodi le disebediswa tse tshwanelehang, English le Afrikaans di ntse di le maemong a phahameng ho ya ka mehlodi ya puo e theilweng e ka bonwang sesiung sa mehlodi ya dipuo se teng mane *SADiLaR*. Ka ho phethahala, English e ntse e le puo eo ka lefatshe lohle e welang mokgahlelong wa dipuo tse phahameng ho feta tsohle tse nang le mehlodi, mme hona ho bolela hore e na le mehlodi e mengata le datha e ka fumanehang ho theha Tshebetso ya Puo ya Tlhaho le puo e sebedisang melao ya puo ka khomphutha. Ranathunga le ba bang, (2021) ba bolela hore dipapiso tse phahameng tsa dipuo jwaloka English le Sefora ha di na boiphihlelo ba mathata a mangata ka hobane di na le dipokello tse tshwanang sesiung sa tsona tseo bafuputsi ba di bokeletseng ka dilemo tse ngata. Leha ho le jwalo, maemo ana a ke ke a hlahiswa mabapi le palo e. Fetang 7000 ya dipuo ka hore mohlomong di ka ba le datha e tshwanangErekaha hoo ho sa etsahale ho tsona, hona ho baka diphephetso tse ngata tseo ka tsona dipuo tsena di tsejwang ka hore ke dipuo tsa mehlodi e fokolang.

Ho ba teng le ho ba siyo ha dintlha bakeng sa dipuo tsa Afrika Borwa
Ho ya ka Bosch le Pretorius (2003), English e tsejwa e le puo ya boemo ba bohlano Afrika Borwa. Hona ke diphesente tse robong (ho ya ka *Census* 2011) jwaloka puo ya lapeng. Leha ho le jwalo, baetapele ba setjhaba, boradipolotiki, bahwebi, le bahlanka ba mmuso ba rata haholo ho e sebedisa hangata ho feta puo efe kapa efe. Dipatlisisong tsa naha mabapi le tshebediso ya puo le tshebeletsano ka puo e entsweng ke *Pan South African Language Board (PanSALB)* ka selemo sa 2000, ke diphesente tse 22 feela tsa baarabi tse totobaditseng hore di utlwisisa ka botlalo dipuo le dipolelo tse hlahisitsweng ka English. Diphesente tse 19 tsona tsa baarabi tsona di bontshitse hore ke ka sewelo di utlwisisang ditaba tse hlahisitsweng ka English (Pretorius le Bosch, 2003).

Phihlello ena e toboketsa ntlha ya hore ho a hlokeha hore ho be le dipuisano le ditshebeletsano ka puo ya lapeng (motho ho motho, esita le motho ho khomphutha ya hae) mona Afrika Borwa. Hona ho ka etswa maemong a molao esita le maemong a botho. Tshebediso ya English maemong ana e fana ka monyetla o betere wa diphuputso tse ngata le mehlodi e entsweng, ha ho bapiswa le dipuo tse ding tsa matswallwa. Leha ho le jwalo, English e ka hlophiswa e le puo e nang le mehlodi e mengata lefatsheng. Ka bomadimabe ha ho jwalo ka puo ya English ya Afrika Borwa *(South African English)*, ka hore e ananelwa e le puo e nang le mehlodi e fokolang (Chavula le Suleman, 2021). Ho ya ka lehlakore la boemo bo itseng, ho na le tse ngata tse fapaneng esita le dipuwana hammoho le ditlhaloso tsa fonetiki tse e fapanyang le *British English*. De Wet, Badenhorst le Modipa (2016) ba hatella ntlha ena ha ba kenyeletsa English tlhophisong ya bona mme ba bolela hore dipuo tsohle tsa Afrika Borwa tsa semmuso ha di na mehlodi e lekaneng, haholoholo ho ya ka mehlodi ya puo e buuwang e batlehang bakeng sa kgolo ya theknoloji.

Bongata ba mehlodi

Tabeng ya pele, ho boima ho fumana mehlodi e meng kapa ho e fihlella, e leng ho boelang ho thatafatsa le ho eketsa bothata ba ho fokola le ho se fumanehe ha yona. Mehlodi e mmalwa e se e ntse e fumaneha empa e mengata ya yona e ka ba menyenyane haholo ho feta tekano, ya ho ba le boleng bo fokolang, kapa e na le diphephetso tse ngata ha e lokela ho fumaneha. Ho mehlodi e fumanehang, e mengata ya yona e a haella kapa ke ya boleng bo tlase mme ha e kgone ho phetha mesebetsi ya *automatic speech recognition* , ha mehlodi e meng yona e hlile e sa fumanehe setjhabeng ka kakaretso (Simonsen le ba bang, 2022). Mehlodi e mengata e entsweng bakeng sa dipuo tsa Afrika Borwa, haholoholo dipuo tsa matswallwa ke tsa boleng bo fokolang ka lebaka la ho hloka datha e sebediswang bakeng sa ho kwetlisa mefuta e fapaneng. Dipuo tse fapaneng di na le dipalo tse fapaneng tsa pokello mme tse fumanehang ka bongata ke tse laolwang ke mmuso tse tswang ho webosaete ya mmuso wa Afrika Borwa. Ditokomane, disete tse nyenyane tsa diatekele tsa ditaba, diatekele tsa mahlale kapa saense, diatekele tsa makasine le dipadi di kenyeleditswe (Eiselen le Puttkammer, 2014). Bangodi ba bile ba a hlalosa hore ha se puo ka nngwe e ka sebedisang datha tsohle ho tswa mehloding e fapaneng, mme ka hona dipuo tse ding di na le datha tse mmalwa ho feta tse ding. Mohlala o ka fumanwa ho phumaneho ya dipuo tsa Afrika Borwa ho *Wikipedia*, moo English e nang le diatekele tse 6 458 000 ha e bapiswa le puo ya isiZulu e nang le diatekele tse 10,667, Sesotho sona se na le diatekele tse 900, isiXhosa e na le 1,241 ya diatekele, athe puo ya isiNdebele yona ha e na letho[3]. Dipuo tsa Maafrika ka kakaretso le ka ho se qeaqee, di wela dipuong tse sa balweng ka bongata ke lefatshe.

Dintlha ka dintlha 'Metadata'

SADiLaR e na le disete tsa datha, disebediswa le mehlodi bakeng sa dipuo tsa Afrika Borwa mme e hlompha le ho kgema le maano a FAIR. Hona ho bolela hore datha le mehlodi e bolokilweng sesiung sa SADiLaR e lokela ho ba Findable, Accessible, Interoperable, and Reusable (Wilkinson le ba bang, 2016). Hona ho bolela hore datha e lokela ho fumaneha habobebe, ho se ke ha ba boima ho e fumana, e lokela ho ka hlaloswa ka mekgwa e fapaneng le ho sebediswa bakeng sa merero e fapaneng ya diphuputso. Ho etsa datha e fumanehang, ho ba le dintlha tsa dintlha tsa mehlodi eo ke ntho ya bohlokwa. Metadata hangata e hlaloswa e le 'dintlha ka dintlha'. Ho ya ka Burnard (2005), ke mofuta wa datha o batlehang ho ka hlalosa mohlodi wa dijithale ka bongata bo lekaneng le ka nepo ka ho tshwaneleha e le hore motho e mong a tle a kgone ho lekanya hore motho e mong a ka fumana hore mohlodi wa dijithale o a tshwaneleha bakeng sa potso kapa patlisiso e itseng. Boemong ba mehlodi ya puo ya dijithale, re ka arola mehlodi ka disete tsa datha ya puo (mohlala, khopora kapa lenane la mantswe) le disebediswa tsa khomphutha (mohlala, di-stemmer kapa di-tagger tsa karolo ya puo). E le ho kgona ho etsa qeto ya hore mohlodi o itseng o loketse ditshwanelo, dintlha ka dintlha tsa mohlodi di loketse ho thusa. Ha ho ipapisitswa le mofuta wa mohlodi, dintlha ka dintlha tse fapaneng tsa mohlodi di lokela ho hlahiswa. Dintlha ka dintlha di ka arolwa dikarolwana tsa diqujwana tse hlalosang dintlha tse ikgethileng tsa datha. Ho bile ho na le mekgwa e fapaneng ya ho arola dintlha ka dintlha ka mekgahlelo e fapaneng (Greenberg, 2005; Riley, 2017).

Ha re tea ka mohlala, disete tsa datha ya puo di ka hlaloswa ho ya ka mefuta e fapaneng ya dintlha ka dintlha:

Dintlha ka dintlha tsa tlhaloso di hlalosa matshwao a sete ya datha ya puo, jwaloka sehlooho, mabitso a batho ba theileng sete ya datha, jwalojwalo;

Dintlha ka dintlha tsa sebopeho di fana ka dintlha mabapi le kamano pakeng tsa dikarolo le mehlodi ya sethatho ya sete ya datha ya puo;

Dintlha ka dintlha tsa botsamaisi di boloka ditokomane tsa matshwao a botsamaisi a sete ya datha ya puo, jwaloka ditokelo tsa phihlello, matsatsi a boqapi, jwalojwalo;

Dintlha ka dintlha tsa boikgopotso di hlalosa dikateng tsa sete ya datha ya puo, jwaloka dibopeho tsa faele, boleng ba tiiso ya tokiso, jwalojwalo.

Ka tsela e tshwanang, bakeng sa disebediswa tsa puo ka khomphutha, ho ka hlwauwa ditlhaloso tse molemo tsa dintlha ka dintlha.

SADiLaR e fana ka disebediswa tsa ho arola mehlodi (esita le ho tswa ho bafani ba motho wa boraro). Mehlodi e ka fumanwa ho Tshupane ya Mehlodi ya Puo, e nang le dintlha tsa mehlodi ya datha ya puo e tsejwang, kapa Khathaloko ya Mehlodi ya Puo, e nang le dintlha tsa datha ya puo tse ka fumanwang ka ho otloloha ho tswa sesiung. Tshupane ya Mehlodi ya Puo ke sete e kgolo ya Khathaloko ya Mehlodi ya Puo.

Mokgwa wa ho ngola

Ho ngola puo ho bolela tsela e ikgethileng ya kamano pakeng tsa mekgwaritso ya ho ngola le qapodiso ya yona. Puo ka nngwe e na le mongolo o ikgethileng (Miller, 2019). Le hoja melao ya mongolo e le teng, ho ntse ho na le phapano e kgolo ya mopeleto. Hobane disebediswa tsa dijithale di kwetlisitswe ka hara sete e hlalositsweng ya datha, diphetho tsa tsona boholo di tla bontsha datha eo di kwetlisitsweng ka hara yona. Ha re tea ka mohlala mme re tadima Sesotho sa Afrika Borwa *South African Sesotho (SAS)* le Sesotho sa Lesotho *(LS)*, haeba sesebediswa se kwetlisitswe ka ho sebedisa datha e tswang ho Sesotho sa Afrika Borwa *(SAS)* le Sesotho sa Lesotho *(LS)*, sesebediswa se ka nna sa ba le bothata ba ba ho hlahisa tshwano hobane se ka nna sa sitwa ho lemoha kopano e itseng ya mantswe a dipuo tsena. Diphetoho kapa phapano ena e thatafatsa kwetliso ya disebediswa tsa puo tsa dijithale, haholoholo maemong ao ho nang le datha e haellang eo e leng yona feela e ka fumanehang.

Ho haella ha phumaneho ya disete tsa datha ya puo le hona ho na le sekgahla bakeng sa phethahatso ya disebediswa tsa thuto ya puo ka khomphutha tse kwetlisitsweng ka ho sebedisa ho ithuta ka motjhini. Erekaha mefuta ena ya disebediswa e sebedisa haholo boithuto ka motjhini ho hlwaya dipaterone tsa datha ya thutapuo, mokgwa ona o batla datha e ngata ya kwetliso. Ke ka hona dipalo tse haellang di nang le sekgahla se sebe bakeng sa tshebetso ya disebediswa tsena. Ho theha mehlodi e metjha ya puo ya dijithale, haholoholo pokello le tokiso ya disete tsa datha, ke mosebetsi o boima. Atkins le ba bang, (1992), ba fana ka tekolobotjha ya dintlha tse ngata tseo ho lokelang ho sebetsanwa le tsona ha ho thehwa khopase. Erekaha re boletse hore ho na le palo e fokolang ya datha ya puo ya dijithale e fumanehang ka dipuo tsa matswallwa, mengolo e fapaneng ya puo eo e tshwanang ke phephetso e lokelang ho rarollwa ka mekgwa ya ho theha tshwano ka tsela e itseng. Ha o tadima difuperweng tsa disete tse teng tsa datha ya puo, ho batla ho hlaka hore dingolwa di na le mekgwa e fapaneng ya mongolo. Mefuta e itseng ya dingolwa e tla bontsha hantle phapano ya mopeleto. Leha ho le jwalo, ha o tadima dingolwa tse lebeletsweng ho ba tsa molao mme e le tsa molao ka botlalo, jwaloka dingolwa tsa mmuso, dingolwa tsena ka nnete di latela melao ya puo ya semmuso (mohlala, mopeleto). Hona ho hlile ho molemo haholo ha ho na le palo e fokolang ya dingolwa e fumanehang, e le phapano ya mopeleto e tla thatafatsa boithuto ba puo ka motjhini o bolokang dipalopalo kapa khomphutha, e sebediswang ho ntshetsa pele disebediswa tsa puo ya khomphutha e le ho hlwaya dipaterone tse ntseng di tswela pele.

Ho ya ka Poulos le Louwrens (1994), mongolo wa dipuo tsa batho ba batsho mona Afrika Borwa, o 'tshwana haholo mme o bonahala ka sebopeho (ke ho re, mofoloji) esita le tshebediso ya mantswe ka hara polelo le yona mekgahlelo ya mantswe, dipuong tse fapaneng tsa lelapa la dipuo tsa batho ba batsho'.

Dipuo tsa Senguni di ngolwa ka ho kopanya: mabopi kapa dikarolo tsa mantswe (dikarolwana tse nyenyane ka ho fetisisa tse nang le moelelo puong) di hoketswe hammoho ho bopa mantswe a fapaneng. Ho fapana le mona, dipuo tsa Sesotho tsona di sebedisa mokgwa wa ho ngola ka ho arola. Mona ke moo mabopi a mangata a ngolwang a arohane le kutu, leha a ntse a theha ntho e le nngwe e nang le moelelo o phethahetseng.

Mongolo o na le seabo se seholo bakeng sa kgetho e tlwaelehileng ya mongolo wa mantswe (Prinsloo, 2014). Puo e ngotsweng ka ho arola jwalokaha Sesotho se ngola polelwana ena 'I am buying them' e le mantswe a mane ho ya ka mongolo; mohlala, 'ke a di reka', athe mongolo o kopanyang ona jwaloka isiZulu o ngola hona eka ke lentswe le le leng, e leng 'ngiyawathenga'. Boemong ba sebopeho, dipuo tsena ka bobedi di a tshwana, ke ho re, di sebedisa lehokedi + lebopi la lekgathe + lehokaetsuwa + kutu ya leetsi.

Ha o nahana ka kgaello ya datha ya puo ka dijithale, mekgwa ya tshebetso ya mongolo le ho tshwana ha sebopeho sa dipuo tsa batho ba batsho ke ntho ya bohlokwa haholo, haholoholo ha ho tadingwa ho tshwana ha tsona. Mohlala, ho ka nna ha kgoneha ho theha kwahollopuo ya sebopeho sa mantswe e ka sebediswang botjha (e na le diphetoho tse nyenyane) bakeng sa dipuo tse ngata.

Ka mokgwa o kgahlisang, ho sebedisa mantswe a dipuo tse fapaneng tsa batho ba batsho mona Afrika Borwa ha ho a ntjhafatswa ho latela mongolo, mareo, le melawana ya mopeleto mme hona ho baka diphetoho kgafetsa. Ke palo e fokolang feela ya dibuka tsa kwahollopuo le dibuka tsa tlotlontswe (didikshinare) e fumanehang bakeng sa dipuo tsena, ha disebediswa tsa khomphutha tse thusang ho ngola dingolwa (mohlala, mopeleto le dihlahlobo tsa kwahollopuo) tsona di bile di haella le ka ho fetisisa. Hona ho lebisa mathateng ha ho lekwa ho hlwaya diphetoho tsa tlwaelo ya mongolo. Bakeng sa merero ya tlhakisetso ya mathata ana a setseng, re tadima mongolo wa dipuo tsena tse pedi tse ikgethileng tse fapaneng: Sesotho le isiZulu e le dipuo tse bontshang mongolo ka ho arohanya le mongolo ka ho kopanya, ka ho latelana. Jwale mona re tla tadima ditaba tse amang tshebediso ya ditlhaku tse kgolo le ho fetoha ha mopeleto. Mathata ana ka bobedi a tla hlaloswa ka botlalo mona ka tlase.

Tshebediso ya ditlhaku tse kgolo

Dipuo tse buuwang mona Afrika Borwa di ngola mantswe ka ditlhaku tse kgolo maemong a fapaneng; ka mokgwa o jwalo, disebediswa tse ngata tsa tshebetso ya puo ya tlhaho, ho kenyeletswa tshebetso ya kananelo ya theho ya mabitso a tshwayang mabitso a batho, dibaka, jwalojwalo; di ngola ditlhaku tse kgolo tsa mantswe ka nako e tshwanelehang le sebakeng se tshwanelehang. Sebopeho sa tshebediso ya tlhaku e kgolo, ho ya ka Louis, le ba bang (2006), se nnetefaletsa mmadi hore lentswe le qala ka tlhaku e kgolo kapa tjhe. Ho na le mabaka a mangata a fapaneng a ho ngola mantswe ka ditlhaku tse kgolo. Ha re tea ka mohlala, ho ngola mantswe ka tlhaku e kgolo ho dumeletswe bakeng sa tlhaku ya pele e qalang ya polelo ka nngwe kapa mantswe a qalang a lebitso e leng akronimi (tsona di reretswe feela ditlhaku tse kgolo), mabitso a batho, le dintho tse ding. Ditshebetso tse bontshang meedi ya dipolelo di ka sebedisa mefuta e fapaneng ya matshwao a puo (jwaloka letshwao la kgutlo le bontshang kgonahalo ya qetello ya polelo) le latelwa ke lentswe le nang le tlhaku e kgolo e le mohlala wa kamoo tlhaku e kgolo e ka sebediswang ka teng (ka ho bontsha lentswe le qalang la polelo). Mokgelo ke hore mantswe a nang le ditlhaku tse kgolo feela a hlophiswa le ho bitswa diakronimi. Mabitso le ona a ka kenyeletsa mantswe a mang a nang le dikarolo tsa pele tse ngotsweng ka ditlhaku tse kgolo.

Mabitso a difane mona Afrika Borwa a fanwe e le mohlala ke Louis, le ba bang (2006), ba tadimaneng le dibukatlotlontswe tsa Afrika Borwa. Ho fumana mantswe a ngotsweng ka ditlhaku tse kgolo le ho hlwaya mabitso boemong bona, ke ntho e thata le ka ho fetisa. Mehlala ya mabopi a tlwaelehileng puong ya Afrikaans a kenyeletsa mabitso a lelapa a kang *de Waal* le *van Wyk*. Ho ngolwa ha mabopi sengolweng sena hangata ke ntho e sa tsepameng e fetofetohang kgafetsa. Mabitso a kang ana ha jwale a ngolwa ka mehla ho ya ka mopeleto e le *Dewaal, Vanwyk,* kapa *Van Niekerk* dibukeng tsa tlotlontswe tsa Amerika esita le manane a mang a mantswe. Lebopi le ka hla la ngolwa ka tlhaku e kgolo ho ya kamoo hantlentle le hlahellang ka hara sengolwa (mohlala, moo lebitso le hlahang qalong ya polelo). Leha ho le jwalo, boemo bona bo ka baka moferefere ha re tadima dipuo tse ding tsa Afrika Borwa. Sesotho le isiZulu di a tshwana ha re tadima tshebediso ya ditlhaku tse kgolo. Dipuo tsena ka bobedi di sebedisa mekgwa e mene ya ho ngola ditlhaku tse kgolo. Mehlala e latelang e bontsha kamoo ditlhaku tse kgolo di sebediswang ka teng:

Ditlhaku tse kgolo qalong ya mantswe mme mona ke tlhaku e le nngwe feela e qalang e ngotsweng ka ditlhaku tse kgolo, mohlala, Sesotho: Mopresidente *(English: the president)*, isiZulu: Ungqongqoshe *(English: the cabinet minister);*

Ditlhaku tsohle tse kgolo mantsweng a ngotsweng ka botlalo ka ditlhaku tse kgolo. Hangata mona re fumana dikgutsufatso kapa diakronimi, mohlala; *SARS;*

Ditlhaku tse kgolo tse kopakopaneng ka hara mantswe e leng moo tlhaku e qalang ya sehlongwapele se ngotsweng ka tlhaku tse kgolo esita le tlhaku e qalang ya lentswe leo la motheo, mohlala, isiZulu: *NguMongameli (English: the president);*

Ho ngola tlhaku e kgolo ka hare ho mantswe a fumanweng ka hara polelo moo sehlongwapele se dulang se ngotswe ka tlhaku e nyenyane athe tlhaku ya pele ya lentswe la motheo yona e ngotswe ka tlhaku e kgolo, mohlala, Sesotho: boDineo *(English: Dineo and other people), isiZulu: ePhalamende (English: in parliament).*

Puong ya isiZulu ho ka etsahala hore lentswe le qale ka ditlhaku tse pedi tse kgolo (mohlala, ha tumanotshi e qalang e le ka pela lebitso la motho kapa sebaka). Mohlala, ho *USipho (Eng: gift (as a name))*, e nang le sehlongwapele *U-* (sehlopha sa mabitso a *1a*) le lebitsobitso e leng Sipho. Lona lebitso leo le ka sebediswa hape e le lebitso feela jwaloka *isipho (Eng: a gift)*, e nang le sehlongwapele *is-* (sehlopha sa mabitso sa 7) le lebitso *-sipho*. Haeba ho ne ho latelwa melawana ya ho ngola ka ditlhaku tse kgolo ka nepo, ho ne ho lokela ho hlwaya maemo a jwalo dipuong tse fapaneng le ho fana ka tataiso ho tloha puong e nngwe ho ya ho e nngwe.

Ditaba tsena tsa mongolo di bile di ama tshebetso ya *Human Language Technologies (HLT)* hobane mekgwa ena ya ho ngola e lokela ho sebetswa ka ho arolwa. Mohopolo ona o matlafaditswe ke Taljard le Bosch (2006) ha ba bolela hore 'ha se feela mekgwa ya katamelo e fapaneng e batlehang bakeng sa ho tshwaya dihlopha tsa mantswe empa hape tatelano ya mesebetsi e laolwa haholo ke phapano ya mekgwa ya tshebetso ya ho ngola.' Hona ho bontsha hore bakeng sa sesebediswa ka seng se ahilweng bakeng sa dipuo tsa setso tsa Afrika Borwa, mekgwa ya tsona ya tshebetso ya ho ngola e lokela ho elwa hloko haholo.

Mehlodi ya dijithale ya dipuo mona Afrika Borwa

SADiLaR e na le sesiu sa mehlodi e teng ya dijithale ya dipuo mme e tshehetsa ntshetsopele ya mehlodi e metjha mona Afrika Borwa. Ho eketsa mona, e fana ka kwetliso mabapi le tshebediso ya mehlodi ena, haholoholo (empa eseng yona feela) ho bafuputsi lepatlelong la tsa botho le mahlale a setjhaba[4]. Sesiu sena se thusa bakeng sa dipuo tsohle tsa semmuso tsa Afrika Borwa esita le disete tsa datha tse tswang dipuong tse ding tsa Afrika, tse jwaloka *Multilingual Fulfulde-Bambara Children First Language Acquisition (Babbling & First Words)*[5].

Motho o ne a ka lebella hore ho tla ba le dintlha tse seng di ntse di fumaneha le ho ka fihlellwa tsa boithuti ba puo bakeng sa ntshetsopele ya mehlodi bakeng sa dipuo tsohle tsa Afrika Borwa tsa semmuso ha o nahana ka dipuo tse ngata tse buuwang. Leha ho le jwalo, ha ho jwalo, hobane mefuta e meng ya datha ya saense ya puo (jwaloka pokello ya dibuka, dipuo tse builweng ka molomo) mohlomong e thata haholo ho fumanwa kapa mohlomong ha e hlile ha e fumanehe ho hang. Hona ho etsahala le ka ntle le hore ditokomane tsa mmuso le thepa ya thuto di fumaneha tsohle, le hoja e ntse e le ka boholo bo lekanyeditsweng bakeng sa dipuo tsohle tsa semmuso. Hona efela e le nnete ha re tadima dipuo tse nang le palo e nyenyane ya basebedisi ba tsona jwaloka Tshivenda, Xitsonga, le isiNdebele (Lehohla, 2012). E le ho leka ho bokella datha le ho eketsa e teng, SADiLaR le *Council for Scientific and Industrial Research (CSIR)* di ikitlaeditse ho etsa projeke ya pokello ya datha ya puo ya molomo ka 2019. Mona sehlopha sa *Human Technologies Research Group* sa *CSIR* se ne se thaotha ditho tsa setjhaba ho ba le seabo mme dipuo tsohle tsa molao di ne di thoholetswa ho kenyeletswa le *Gujarati, Hindi* le puo ya India e nang le qapodiso ya English. Hona ke hobane palo e ngata ya datha e tshwanelehang e hlokeha bakeng sa ntshetsopele ya puo le theknoloji ya puo ya molomo (Badenhorst le De Wet, 2019).

Ha re tadima phumaneho ya disebediswa tsa puo ka khomphutha bakeng sa dipuo tse fapaneng, ho a bonahala hore ke palo e fokolang feela ya disebediswa e fumanehang. Tse ngata tsa tsona ke tsa boemo bo fokolang jwaloka disebediswa tse hlahlobang mopeleto, diarodi tsa mantswe, tse arolang polelo, kapa tse tshwayang mokgahlelo wa mantswe. Bakeng sa dipuo tse ngata, disebediswa tsa boemo bo phahameng (tse molemo haholo) (tse kang tsa tshebetso ya kananelo ya puo ya molomo) ha di yo ho hang. Diphihlello tsena di hlalositswe ka botlalo tekolong ya moraorao (Moors le ba bang, 2018; Wilken le ba bang, 2018), e leng ho hlakisang phumaneho e fokolang ya disebediswa tse fapaneng bakeng sa puo ka nngwe.

Ho feta mona, ho sebedisa disebediswa tse ngata tsa ho sebedisa puo, hangata ho batla tsebo e tswetseng pele ya khomphutha (mohlala, ho fetola dintlha tsa puo ho ya sebopehong seo di ka sebediswang e le karolo e ntjha ya sesebediswa kapa ho fetola karolo eo ho fetiswa e se e le sebopehong seo e ka balwang) ho eketsa tsebo ya kamoo o ka hlalosang tlhahiso ya disebediswa. Ha re tea ka mohlala, re fumana moelelo wa ditshupo tsa mokgahlelo wa mantswe kapa ditshupo tse bontshang dintho tse filweng mabitso. Ka tsela e jwalo, tsena di ka sebediswa feela ke batho ba tsebang le ho utlwisisa sepheo sa bona le ho tseba ho se sebedisa. Hona e ke ke ya ba bothata bakeng sa tshebediso ya mosebedisa jwaloka disebediswa tse hlahlobang mopeleto, ka hore ka bobedi di lomahane ka ho otoloha ka hara softewere ya khomphutha empa hona ha se bothata le ho disebediswa tse ding. Basebedisi ba *HLT* (ke ho re, batho ba tsebang kamoo o ka thehang le ho sebedisa disebediswa tsa khomphutha ka teng) mona Afrika Borwa, ba mmalwa haholo, mme ba kenyeletsa bafuputsi ba bangata ba tswang ho tse ding tsa ditsi tsa naha tsa thuto e phahameng. Mekgatlo e meng e thahasellang disebediswa tsena ke makgotla a saense a naha, dikhamphani tse mmalwa tsa mokga wa poraefete, le mmuso o tshehetsang diprojeke tsena ka ditjhelete (Grover le ba bang, 2011a). Ho hlakile hore lepatlelo lena la tsebo la *HLT* mona Afrika Borwa le sa ntse le wela ka lesakeng la boitsebelo bo fokolang ba mesebetsi mme naha 'ha e so kgone ho sebedisa menyetla ya yona le ho theha indasteri e tswetseng pele ya *HLT*' (Grover le ba bang, 2011a: 1). Ke ka lebaka lena 'Lefapha la Afrika Borwa la Bonono le Botjhaba *(DAC)* le ileng la amohela bohlokwa ba ho ntshetsa pele *HLT* boemong ba naha ka ho theha le ho ntshetsa pele mokgwa o hlwahlwa wa naha wa *HLT*' (Grover le ba bang, 2011b: 1). Palo e fokolang ya diprojeke tsa *HLT* e ile ya etswa diinstitjusheneng tse fapaneng ka hara naha, ha diyunivesithi tse mmalwa di ile tsa ithaopa ho ruta dimojulo tse itseng lepatlelong lena.

Dipuo tsohle tsa semmuso mona Afrika Borwa di filwe tiisetso ho ya ka molao wa motheo bakeng sa tshehetso ya mmuso *(Republic of South Africa, 1996, 2012)*. Hona ho bolela tshwanelo ya hore (bonyane) dipuo tsohle tsa semmuso di lokela ho hlokomelwa ho ya ka ntshetsopele ya disebediswa tsa *HLT* e le ho thusa dikamano le ho matlafatsa seabo sa dipuo boemong ba moruo, thuto, le mahlale kapa saense. Leha ho le jwalo, ha jwale ho ntse ho na le mathatanyana a tshehetso ya dipuo (mohlala, diwebosaete tse ngata tsa mmuso di fumaneha feela ka English mme kabo ya tshehetso ya ditjhelete bakeng sa puo ka nngwe ya tsona ha e hlile ha e a hlaka). Ka tsela e jwalo, *HLT* bakeng sa dipuo tsa Afrika Borwa e nkilwe e le sepheo sa ho qala ka hara naha le hoja ha jwale kgolo le ntshetsopele e sa ntse e le boemong bo qalang (DAC, 2019).

Diphuputso tse ngata le ntshetsopele ya *HLT* di etswa diyunivesithing le ditsheng kapa dithehong tsa mmuso. Adegbola (2009) o hlwaya diyunivesithi tse supileng tse sebetsang ka hara lepatlelo lena la *HLT*. Ho lenane la theibole ya 1, Mabuya le ba bang, (2020) ba fana ka tjhebokakaretso e kgutshwanyane ya dibaka tse tadimilweng tsa diyunivesithi tse fapaneng e le ho fana ka tjhebokakaretso ya naha ka bophara ha jwale e le diphuputso tsa *HLT* mona Afrika Borwa (tse fapanang ka nako le nako). Hlokomela hore *CSIR* ha se yunivesithi, empa ke mokgatlo oo ka karolo e itseng e leng wa mmuso: *Council for*

Scientific and Industrial Research. Hape, *CTexT* ke mokgatlo wa diphuputso le ntshetsopele mane khempaseng ya Potchefstroom ya Yunivesithi ya North-West.

Tjhebokakaretso ena ya tse ding tsa diyunivesithi (le mekgatlo) e sebetsang lepatlelong lena la *HLT* mona Afrika Borwa e nka taba tsena tsa *HLT* di le hlokolotsi haholo mme di tswele pele ho atleha ho sa natswe palo e fokolang ya baphethahatsi ba *HLT* ba fumanehang ka hara naha. Ho ka nna ha hlaka hore *HLT* e sa ntse e le boitsebelo bo fokolang le hore ho hlokeha keketseho ya ditsebi karolong ena ya bophelo. Ho feta mona, ka lebaka la ho phatlalla ha boleng ba diphuputso tsena le diphetoho tsa dihlooho tsa diphuputso, ho batla ho hlaka hore tjhebokakaretso ena ha e a fella.

Theibole ya 1: Tjhebokakaretso ya diyunivesithi le mekgatlo e etsang diphuputso tsa *HLT*, ho kenyeletswa sebaka le dihlooho e le mehlala. Di qotsitswe ho Mabuya, le ba bang (2020).

Yunivesithi	Sebaka	Sehlooho
Cape Town	Puo	Kananelo ya puo
Limpopo	Puo	Kgokahanyo ya dipuo (Sepedi, Setswana, Tshivenda, le Xitsonga)
Stellenbosch	Puo	Diphetolelo ho tloha puong e nngwe ho ya ho e nngwe ya molomo, dipuo tsa sehalo
CSIR	Puo	Ditshebeletso tse theilweng tshebedisong ya mehala
Witwatersrand	Puo	Kananelo ya puo, tshebetso ya ho tshwantsha
Pretoria	Sengolwa	Khopora, sebaka sa softewere
South Africa (UNISA)	Sengolwa	Tshekatsheko ya sebopeho sa puo, *Wordnet*
North-West (C-Text)	Sengolwa	Tshebetso ya diphetolelo ka motjhini, disebediswa tse hlahlobang mopeleto, ditlhophiso tsa Mekgahlelo ya mantswe *(POS)*

Ho theha mohlodi

Ho na le mabaka a mangata a bontshang hore dintlha tsa boithuti ba puo di molemo mafapheng a fapaneng a kang a baithuti ba puo ya saense ya dipuo, tsa botho, le mahlale a setjhaba ha ho ntse ho hlahlojwa karolo ya pele e fanweng ke *SADiLaR*, ya ho fetolela ho dijithale. Ha o theha tshebediso ena ya *HLT*, datha ena e molemo ha e shejwa lehlakoreng la tshebediso ya khomphutha. Ka hara mafapha a diphuputso ka lebaka leo disebediswa tsena di tshehetsa mekgwa ya kakaretso (le hoja e se hakaalo ya khomphutha) esita le mekgwa ya diphuputso tsa boleng.

Ho ya ka leano, ho na le mekgwa e mmedi ya ho etsa ditshebediso tse atlehileng tsa *HLT*. Ka lehlakore le leng, tshebetso tse theilweng hodima melao hangata di itshetlehile ka tshebediso ya matsoho mme di laolwa ke teori e le ho akaretsa boitsebelo ba mahlale a puo hore a ka sebediswa. Hona ho qobella hore ho be le tshebediso ya ditsebi tsa puo tseo, ha re tea mohlala, di ka hlakisang matshwao a puo jwaloka kwahollopuo ebe di sebedisa ditlhaloso tseo ho sekaseka, ho hlakisa mokgwa wa tshebetso kapa ho hlahisa dintlha tsa mahlale a puo. Ho fapana le moo, mekgwa e laolwang ke datha e batla datha e ngata ya tsebo ya mahlale a puo e hlahlobilweng ka tshwanelo. Datha jwale e sebediswa e le datha ya kwetliso bakeng sa ho ithuta ka motjhini ho fumana dipaterone tsa tlhahlobiso ya dintlha. Basebedisi ba kwetlisitsweng jwale ba ka sebediswa ho kwetlisa ka datha e ntjha e sa tsejweng ya puo.

Mekgwa ya katamelo ya ho ithuta ka motjhini o tsamaisang datha e laola lekala la mahlale a puo ka khomphutha. Hangata ba sebetsa hantle mme ha ho nke nako e telele kapa boitsebelo. Leha ho le jwalo, hobane dikatamelo tse laolwang ke datha di batla datha e ngata (eo hangata e hlahlobilweng), di ka nna tsa se sebediswe kapa mohlomong tsa qetella e le tshebetso e sa sebetsang hantle haeba datha e sa fumanehe.

Phihlello ya datha ya mahlale a puo le yona e a hlokeha mme ke ya bohlokwa ka hobane e thusa diphuputso tsa khopase kapa tse laolwang ke datha. E le ho hlwaya matshwao a theilweng haholo ka pokello ya dintlha (tsa puo ya mahlale), mekgwa ya khopase kapa e laolwang ke bongata ba dintlha (tse hlwayang matshwao a theilweng hodima dipokello tse nang le dintlha tse ngata tsa puo ya mahlale, dipokello tsena di hloka temoho, ho fapana le menahano e se nang ketso ya teori, e tsamaelanang le tshekatsheko e hlwahlwa ya tsebo, mohlala, ho hlokomela ho nepahala ha dipolelo ha o lekola teori ya puo. Motho a ka theha diteori tse ntjha mabapi le puo, jwaloka dibopeho tsa puo, kwahollopuo, jwalojwalo, kapa le mabaka a pokello ya dintlha tsa puo ya mahlale ka ho bokella le ho ba le boiphihlelo bo boholo ba tshebediso ya puo, le ho tadima dipaterone kapa tlwaelo mehlaleng ya tshebediso ya puo (ke ho re, tshekatsheko e theilweng hodima ditaba). Mofuta ona wa tshekatsheko ya dintlha tsa ditaba o ka batla diphuputso tsa bongata ba tse fuputswang (jwaloka ho bala palo ya dintho) kapa mekgwa ya boleng ba diphuputso le sepheo (jwaloka dipatlisiso tse tebileng tsa diphuputso). Ka bobedi di batla bongata ba dintlha tsa puo ya mahlale. Ho itshetlehilwe ka ditaba tsa thuto e hlokometsweng, ditaba tsa nnete tsa diphuputso di ka fapana. Ha re tea ka mohlala, dingolwa tse hlalosang meetlo ena ka nako e itseng, di ka lekolwa (ho ya ka khomphutha) ho lekola ditlwaelo tsa maemo a phahameng e le ho batlisisa diphetoho ka hara moetlo wa mmino.

SADiLaR e fana ka tshehetso ya matlole ka mokgwa wa mehala e bulehileng e le ho sebeletsa sepheo sa *SADiLaR*, se kenyeletsang ntshetsopele ya mehlodi ya puo ya mahlale ka khomphutha (ka bobedi disete tsa datha le disebediswa). Ho eketsa mona, makala a *SADiLaR* a ka etsa dikopo tsa tshehetso ya matlole ho ntshetsa pele mehlodi e amanang le boitsebelo ba bona ba boipabolo. Hona ho bakile le hore ho be le tswelopele le ntlafatso ya disebediswa tse mmalwa, ho kenyeletswa diphetolelo ka motjhini bakeng sa dipuo tsa semmuso, kananelo ya puo ya molomo e itaolang, le ntshetsopele ya disebediswa tse ka sebediswang, jwaloka dithusatswelopele ya ho ngola.

Mabapi le ho fetohela ho dijithale, ho ya ka mohlodi wa datha, ho ka hlokeha tshebetso tse fapafapaneng. Ha re tea ka mohlala, haeba dingolwa di hlahlojwa ka *skena*, ho tla lokela ho sebediswe sesebediswa sa *OCR (Optical Character Recognition)* ho *di skena* e le ho fetola ditshwantsho tsa dingolwa tse ka fumanwang hore di tle di hlahlojwe hape haholwanyane. Disebediswa tsena tsa *OCR* di na le mofuta wa puo (o tshwanelang ho thehwa botjha bakeng sa puo ka nngwe) o hlahlobang kgonahalo ya ho nepahala ha mantswe a hlahisitsweng ka tshekatsheko ya tlhaku ka tlhaku ka hara setshwantsho. Ha o sebedisa sesebediswa se jwalo dingolweng tse tswang puong e ikgethileng, mofuta o nepahetseng wa puo o lokela ho kgethwa. Bakeng sa puo ya English, mefuta ya puo e a fumaneha (mme *South African English* ke yona phapano e le nngwe ya puo boemong bona). Afrikaans e hlile e tshwana hantle le dipuo tsa Yuropo tseo mefuta ena ya dipuo e tswang ho tsona, jwaloka *Dutch*. Leha ho le jwalo, dipuo tse ding tsa Afrika Borwa, haholoholo dipuo tsa matswallwa tsa Afrika, di fapane haholo mme ke ka hona di hlokang mefuta eo e leng ya tsona ya dipuo.

Makala a *SADiLaR* le mehlala ya mehlodi e fumanehang ya botemengata

SADiLaR e entswe ka makala a tsheletseng a abetsweng diinstitjushene tse fapaneng, haholoholo diyunivesithi, ka ntle ho *CSIR* eo yona e leng ka hara indasteri. Makala ke Yunivesithi ya Pretoria, eo e leng lekala la tshebediso ya dijithale, *CSIR* eo e leng lekala la puo ya molomo, leo e leng kopano ya diyunivesithi tse hlano tse sebetsang ho ntshetsa pele mehlodi e kang diteko, thepa ya thuto bakeng sa ho thusa baithuti le barutwana ka tsela e betere, *North West University Centre for Text Technology* e tadimaneng le mehlodi e theilweng hodima sengolwa le Lekala la Ntshetsopele ya Puo ya Ngwana le beilweng mane Yunivesithing ya Stellenbosch. Makala ana ohle a sebetsa hammoho ho thusana ho phethahatsa thomo ya *SADiLaR* mme a sebediswa diprojekeng tse fapaneng tse kgothaletsang botemengata.

AwezaMed

Mehlala ya mehlodi e theilweng ho fihlela jwale, empa leha e se yona feela, e kenyeletsa *AwezaMed*[6] e leng mokgwa wa boitshimollelo o reretsweng ho thusa mokga wa bophelo bo botle ka ho fedisa lekgalo le teng pakeng tsa bakudi le baphethahatsi ba tsa bophelo bo botle. Ka ho thehwa ke *CSIR*, lehokelo lena le thusa bafani ba tsa bophelo bo botle ho sebedisa polelwana ena ya English, ho e fetolela ho puo efe kapa efe ya dipuo tsa matswallwa tsa Afrika Borwa, le ho sebedisa polelwana ka hara puo e kgethilweng. E etsa diphetolelo ho tloha puong ya sethatho ho ya puong ya eo eseng ya phetolelo, hape e na le *automatic voice recognition* bakeng sa dipuo tse 11 tsa semmuso. Ke tshebetso ya sengolwa ho ya puong e hokahanyang sengolwa se fetoletsweng ho ya puong e lebeletsweng. Marais le ba bang, (2020) ba toboketsa hore *AwezaMed* ke lenaneo la botemengata la diphetolelo tsa mekgwa e mengata ya ho tloha puong e nngwe ho ya ho e nngwe bakeng sa indasteri ya tlhokomelo ya bophelo bo botle e thehetsweng le ho fokotsa kgonahalo ya ho se utlwisisane.

Disebediswa tse hlahlobang mopeleto wa dipuo tsa Afrika Borwa

Disebediswa tsa ho hlahloba mopeleto le ho etsa ditlamo bakeng sa dipuo tse 10 tsa Afrika Borwa di ile tsa lokollwa haufinyana ke *CTexT*. Di theilwe hodima diphuputso tse kgolo tsa *CTexT* ho etsa bonnete ba hore mopeleto o nepahetseng le ho sebedisa ditlamo ho dipokello tsa tlotlontswe tse phethahatseng tsa dipuo tse leshome ho dipuo tsa Afrika Borwa le hore di fumaneha mahala.

Pokello ya Mareo a Thuto ya Saense ya Puo ya Botemengata

Pokello ya mareo ka mehala ya thuto ya mahlale a puo e entswe ke lekala la *SADiLaR* la Yunivesithi ya Afrika Borwa *(UNISA)*, le tadimanang le tlhahiso ya mehlodi ya puo. Basebedisi ba ka batla mareo a tlwaelehileng a Setswana, isiZulu, isiXhosa, Sepedi, Sesotho, isiSwati, Xitsonga, Tshivenda, kapa isiNdebele ka ho sebedisa polatefomo ya webe ya *Multilingual Linguistics Termbank* e ho *Lexonomy*, moo English e sebetsang e le puo ya pulamadiboho. Seo basebedisi ba lokelang ho se etsa ke ho etsa profaele eo e leng ya bona.

Ditharollo tse ka bang teng

Bangodi ba hlwaile mathata a mararo a maholo maemong ana a jwale a mehlodi ya dipuo tsa dijithale mona Afrika Borwa. Bothata ba pele bo ama kamoo *metadata* kapa dintlha ka dintlha di sebetswang ka teng ho *Language Resource Catalogue* le ho *Language Resource Index*. Bothata ba bobedi bo ama diphetoho tsa mongolo dipuong tse fapaneng tsa semmuso tsa Afrika Borwa. Bothata ba boraro ke kgaello ya disete tsa datha tse fumanehang bakeng sa dipuo tsa Afrika Borwa.

Mabapi le taba ya dintlha ka dintlha, ho hlakile hore enjene ena ya jwale ya ho batlisisa ha e a lekana, leha e hokahanywa le mehlodi ya puo ka boyona, ebile e hlophiseditswe hantle ka nepo. Taba ena e ka hlolwa ka karolo ka ho fetola enjene ya patlisiso e le ho tshehetsa dipatlisiso tse ding tse thata (mohlala, ka ho fokotsa puo ya diphuputso kapa ho batla ho feta ka nqane ho makala a dintlha ka dintlha).

Taba ya mantswe a ferekanyang e thata haholo. Diarodi tsa mantswe *(tokenizers)* di lokela ho kenyeletswa ka hara lenane la diphetho tsa patlisiso bakeng sa lereo lena 'searodi' hape le lona. Bothata bona bo ka rarollwa ka mekgwa e mengata (ho ya ka mekgwa ya phumano ya dintlha). Leha ho le jwalo, ha ho tsebahale hore ditharollo tsena di atlehile hakae hore di ka fuwa dintlha tsa sesiu esita le mehlodi. Ha re tea ka mohlala, mekgwa ya ho atolosa tletlebo jwaloka *pseudo-relevance feedback* (Buckley et al., 1995) kapa mekgwa ya *relevance feedback* jwaloka *Rocchio algorithm* (Manning le ba bang, 2008) e ka sebediswa. Erekaha mekgwa ena hangata e kopa dintlha ho basebedisi ho thusa ho hlakisa ditletlebo, e batla e se hlwahlwa bakeng sa ho theha phihlello e theilweng hodima sengolwa. Hona ho bolela hore mosebedisi a ke ke a romela tlhahiso ena haeba diphetho tsa pele e le tsa boemo bo fokolang.

Ditharollo tse fapaneng di ka sebediswa bakeng sa ditaba tse amang mongolo. Tabeng ya pele, dipehelo tsa ditshwanelo tsa puo tse matla di ka hlokeha bakeng sa ho sebedisa ditlhaku tse kgolo le ditaba tsa mopeleto. Le hoja mokgwa ona o ka sebediswa ha ho sebetsanwa le ditokomane tse nang le dikhoutu, jwaloka tse hlahisitsweng ke baromuwa ba mmuso, ho hlakile hore ena ha se tharollo ya maemo ohle a ditaba.

Haeba mopeleto le tshebediso ya ditlhaku tse kgolo di arohana ka tsela ya tlhaho ka botsona, ena ke ntho e lokelang ho ngodiswa direkotong ho na le hore e hlahlojwe e fetolwe. Le hoja ho na le disete tsa datha tse mmalwa feela hona jwale, mathata ana a ke ke a hlahella a le maholo hakaalo ha dintlha tsa datha tse ngata di ka bokeletswa. E le ka nnete, dintlha tse ngata tsa tlhaho (kgahlano le dintlha tsa mmuso) di tla thusa ho sebetsana le dihlooho tse fapaneng tsa diphuputso, jwaloka tse mabapi le ho theha dingolwa tseo eseng tsa molao.

Bothata ba boraro bo amanang le datha e haellang ke taba e hlobaetsang haholo ka hore ho thata ho kwetlisa tsamaiso ya tshebetso e seng e tswetse pele. Tharollo e kenyeletsa baamehi ba tshwanelang setjhaba, setjhaba sa poraefete le ditjhaba tse ding ho sebetsa hammoho, le ho thusa. Le hoja hangata ho na le mathata a ditokelo tsa kgatiso a hlahang, ho loketse ho hlokomelwe hore *SADiLaR* ha e na datha; empa ke lehae la naha le etsang hore datha e fumanehe ho ditsebi tse ding tsa diphuputso. Bothata bona bo bile bo amana le boitsebelo ba mesebetsi bo haellang ba dikhomphutha ka hara naha, ka hore ke batho ba mmalwa ba nang le boitsebelo bo hlwahlwa bo tshwanelehang le tsebo mabapi le ntshetsopele le boiqapelo ba mehlodi.

Qetello

Mehlodi ya dikhomphutha ya puo ya mahlale e molemo haholo bakeng sa kgolo ya dijithale le moruo ka hara dipuo tsa Afrika Borwa. Ke ka hona e hlwailweng ke mmuso e le karolo ya bohlokwa ho feta tse ding. Dipuo tsohle tsa Afrika Borwa di hloka datha haholo, mme erekaha kgopolo e ne e le hore English ke yona e nang le mehlodi, *South African English* e ntse e na le mathata a diphephetso le yona. Ho feta mona, dipuo tsa matswallwa tsona di hlile di na le tlhoko ka ho fetisisa. Ka ho ba le dipuo tse ngata hakana tsa semmuso, botemengata efela e le taba ya bohlokwa bakeng sa kaho ya setjhaba le ho ba le ho theha botemengata ke mosebetsi o boima. Ho lokela ho be le setjhaba se matla sa ditsebi lekaleng lena, haholoholo hobane, ka ho ba le motheo o motle wa disebediswa tsa *HLT* le boiphihlelo, ke ntho ya bohlokwa bakeng sa dipuo tsohle tsa Afrika Borwa.

SADiLaR e sebeletsa ho kwala sekgeo pakeng tsa dipuo ka ho etsa disebediswa le ho eketsa tlhokomediso ya disebediswa tsa botemengata. Ha jwale e ikemiseditse ho thusa ka ho kwetlisa bafuputsi ba thahasellang esita le baithuti ka mokgwa wa dithupelo tsa diwekeshopo. *SADiLaR* ha jwale e tshwere ka matla ho diprojeke tse pedi tse kgolo:

a) ho kwetlisa baithuti ba thahasellang (ba tsa botho, mahlale a setjhaba, le tse ding) makaleng a thuto a *HLT* le dijithale ho tse amang botho; le

b) ho thehwa ka dikhomphutha ha mehlodi e metjha ya puo ya mahlale (disebediswa le disete tsa datha) ka ho sebedisa lenaneo la ho fetolela ho dijithale.

Ho eketsa mona, ho molemo ho totobatsa bokgoni ba ditheknoloji tsa *HLT* le dijithale ho tsa botho e le hona ho kgona ho kwetlisa baithuti ba jwale ba yunivesithi ho ba moloko o tlang wa ditsebi tse hlwahlwa ho tsa *HLT* le dijithale ho tsa botho.

Ho thehwa le ho fumaneha ha mehlodi e kang *AwezaMed*, disebediswa tse hlahlobang mopeleto le banka kapa polokelo ya mareo, tse entsweng makaleng a fapaneng a *SADiLaR*, ke sesupo sa kamoo setsi, kapa tshehetso ya sona e matla e tswang ho *DSI*, e kgothaletsang botemengata ka hara naha. Le hoja ho ka ba le diphephetso mabapi le ho fumana datha, bonyane bo fumanehang bo sebedisitswe ho theha boitshimollelo bo fetolang bophelo bo tla thusa ho beha dipuo tsa molao tsa Afrika Borwa mmapeng.

Tlatsetso ya mehlodi

1. South African Centre for Digital Language Resources. 2023. 'Vision-Strategy'. https://www.sadilar.org/index.php/en/about/vision-strategy.
2. South African Centre for Digital Language Resources. 2023. 'Vision-Strategy'. https://www.sadilar.org/index.php/en/about/vision-strategy.
3. Wikimedia Commons. 2023. 'List of Wikipedia Projects'. https://meta.wikimedia.org/wiki/List_of_Wikipedias.
4. South African Centre for Digital Language Resources. 2023. 'SADiLaR Language Resource Repository'. https://repo.sadilar.org/.
5. Cisse, I.A.H. 2020. 'Multilingual Fulfulde-Bambara Children First Language Acquisition' (Babbling & First Words). https://repo.sadilar.org/handle/20.500.12185/535.
6. Stein, G. 2020. 'AwezaMed Covid-19'. https://play.google.com/store/apps/details?id=za.co.aweza.covid19.

Mehlodi e sebedisitsweng

Atkins, S., Clear, J. and Ostler, N. 1992. 'Corpus Design Criteria'. *Literary and Linguistic Computing* 7(1): 1–16.
Badenhorst, J.A.C. and De Wet, F. 2019. 'The Usefulness of Imperfect Speech Data for ASR Development in Low-resource Languages'. *Information* 10(9): 1–6.
Buckley, C., Singhal, A., Mitra, M. and Salton, G. 1995. 'New Retrieval Approaches Using SMART: TREC 4'. In D. Harman (ed.), *Proceedings of the Fourth Text REtrieval Conference (TREC-4)*, pp. 25–48. Gaithersburg: National Institute of Standards and Technology.
Burnard, L. 2005. 'Metadata for Corpus Work'. In W. Wynne (ed.), *Developing Linguistic Corpora: A Guide to Good Practice*, pp. 30–46. Oxford: Oxbow Books.
Chavula, C. and Suleman, H. 2021. 'Ranking by Language Similarity for Resource Scarce Southern Bantu Languages'. https://doi.org/10.1145/3471158.3472251.
Desai, Z. 2001. 'Multilingualism in South Africa with Particular Reference to the Role of African Languages in Education'. *International Review of Education* 47: 323–339. https://doi.org/10.1023/A:1017957927500.
Eiselen, R. and Puttkammer, M. 2014. 'Developing Text Resources for Ten South African Languages'. *Proceedings of the 10th Language Resource and Evaluation Conference (LREC)*, pp. 3698–3703. Reykjavik: European Language Resources Association (ELRA).

Eiselen, R. 2016. 'Government Domain Named Entity Recognition for South African Languages'. In N. Calzolari, et al. (eds), *Proceedings of the 10th Language Resource and Evaluation Conference (LREC)*, pp. 3344–3348. Paris: European Language Resources Association (ELRA).

Hennelly, M., Khumalo, L., Steyn, J. and Van Zaanen, M. 2022. 'Training of Digital Language Resources Skills in South Africa'. In D. Fiser and A. Witt (eds), *CLARIN: The Infrastructure for Language Resources*. Berlin: De Gruyter.

Greenberg, J. 2005. 'Understanding Metadata and Metadata Schemes'. *Cataloging & Classification Quarterly* 40(3–4): 17–36.

Grover, A.S., Van Huyssteen, G. B. and M. W. Pretorius. 2011a. 'The South African Human Language Technology Audit'. *Language Resources and Evaluation* 45(3): 271–288.

Grover, A.S., Van Huyssteen, G.B. and M.W. Pretorius. 2011b. 'A Technology Audit: The State of Human Language Technologies (HLT) R&D in South Africa'. In *Proceedings of PICMET'11: Technology Management in the Energy Smart World (PICMET)*, pp. 1–14. New York: IEEE.

Khumalo, L. 2017. 'Intellectualization through Terminology Development'. *Lexikos* 27: 252–264.

Lehohla, P. 2012. 'Census 2011: Census in Brief'. Technical Report 03-01-41, Statistics South Africa.

Louis, A., De Waal, A. and Venter, C. 2006. 'Named Entity Recognition in a South African Context'. *Proceedings of the 2006 Annual Research Conference of the South African Institute of Computer Scientists and Information Technologists on IT Research in Developing Countries*, pp. 170–179. South African Institute for Computer Scientists and Information Technologists.

Mabuya, R., Mathe, D.S., Setaka, M. and Van Zaanen, M. 2020. 'Digitizing Humanities in South Africa: Computational Linguistic Resources, Training, and Community Building'. *Pop! Public. Open. Participatory* 2. https://doi.org/10.54590/pop.2020.007.

Manning, C.D., Raghavan, P. and Schütze, H. 2008. *Introduction to Information Retrieval*. New York: Cambridge University Press.

Marais, L., Louw, J.A., Badenhorst, J., Calteaux, K., Wilken, I., Van Niekerk, N. and Stein, G. 2020. 'AwezaMed: A Multilingual, Multimodal Speech-to-Speech Translation Application for Maternal Health Care'. *IEEE 23rd International Conference on Information Fusion*, pp. 1–8. New York: IEEE. https://doi.org/10.23919/FUSION45008.2020.9190240.

Miller, R. 2019. 'English Orthography and Reading'. *The TESOL Encyclopedia of English Language Teaching*, pp. 1–7. Wiley/TESOL International Association. https://onlinelibrary.wiley.com/doi/10.1002/9781118784235.eelt0461.

Moors, C, Wilken, I., Calteaux, K. and Gumede, T. 2018. 'Human Language Technology Audit 2018: Analysing the Development Trends in Resource Availability in all South African Languages'. *Proceedings of the Annual Conference of the South African Institute of Computer Scientists and Information Technologists*, pp. 296–304. New York: Association for Computing Machinery.

Ndimande-Hlongwa, N. 2010. 'Corpus Planning, with Specific Reference to the Use of Standard isiZulu in Media'. *Alternation* 17(1): 207–224.

Poulos, G. and Louwrens, L.J. 1994. *A Linguistic Analysis of Northern Sotho*. Johannesburg: Via Afrika.

Prah, K.K. 2006. *Challenges to the Promotion of Indigenous Languages in South Africa*. Cape Town: Centre for Advanced Studies of African Society.

Pretorius, L. and Bosch, S.E. 2003a. 'Enabling Computer Interaction in the Indigenous Languages of South Africa: The Central Role of Computational Morphology'. *Interactions* 10(2): 56–63.

Pretorius, L. and Bosch, S. 2003b. 'Towards Technologically Enabling the Indigenous Languages of South Africa: The Central Role of Computational Morphology'. *Interactions of the Association for Computing Machinery* 10(2): 56–63.

Prinsloo, D. and De Schryver, G.-M. 2002. 'Towards an 11 x 11 Array for the Degree of Conjunctivism/Disjunctivism of the South African Languages'. *Nordic Journal of African Studies* 11(2): 249–265.

Prinsloo, D.J. 2014. 'A Critical Evaluation of the Paradigm Approach in Sepedi Lemmatisation – the *Groot Noord-Sotho Woordeboek* as a Case in Point'. *Lexikos* 24(1): 251–271.

Ranathunga, S. et al. 2021. 'Neural Machine Translation for Low-Resource Languages: A Survey'. *ACM Computing Surveys* 55(11): 1–37.

Riley, J. 2017. *Understanding Metadata, What Is Metadata, and What Is It For?* NISO.

Simonsen, F.A., Lamhauge, S.S., Debess, I.N. and Henrichsen, P.J. 2022. 'Creating a Basic Language Resource Kit for Faroese'. *Proceedings of the 13th Conference on Language Resources and Evaluation (LREC)*, pp. 4637–4643. Marseille: European Language Resources Association (ELRA).

Tagg, C. 2009. 'A Corpus Linguistics Study of SMS Text Messaging'. PhD thesis, University of Birmingham.

Verhoef, M. 1998. 'In Pursuit of Multilingualism in South Africa'. *Multilingua* 17(2–3). https://doi.org/10.1515/mult.1998.17.2-3.181.

Viola, L. and Fiscarelli, A.M. 2021. 'ChronicItaly 3.0.: A Deep-Learning, Contextually Enriched Digital Heritage Collection of Italian Immigrant Newspapers Published in the USA, 1898–1936'. https://doi.org/10.5281/ZENODO.4596345.

Wilken, I., Gumede, T., Moors, C. and Calteaux, K. 2018. 'Human Language Technology Audit 2018: Design Considerations and Methodology'. *International Conference on Intelligent and Innovative Computing Applications (ICONIC)*, pp. 1–7. IEEE.

2

Thekesonomi ya go Hlabolla Mareo a Maleme a Seaforika
Thuto-tlhahlo Ya Sesotho Sa Leboa

Abram Mashatole

Pamla Letsoalo

Matseno

Phetolelo le tšweletšo ya ditlabelotirišwa ka maleme a Seaforika diyunibesithing ke tlhobaboroko Aforika-Borwa. Go banyakišiši, go na le kgahlego ya go thoma go godiša maleme ao a bego a gateletšwe gore e be maleme ao a šomišwago dikarolong tša go fapanafapana, go swana le tša thuto, dipolitiki, saense gammogo le tša boradikuranta. Efela, go bonagala go se na katlego mo go tšwelopele le tlhabologo ya maleme a setlogo nageng. Ke dilo tše mmalwa tšeo di nago le seabe go se, go akaretšwa tlhokego ya boetapele bja sepolitiki, kgaotšo hlamo ya pholisi le maano a tiragatšo, taolo yeo e fokotšego ya diporojeke tša polelopeakanyo, gammogo le tshepedišo yeo e fokotšego ya mmušo le dihlongwathuto tša godimo (Mashatole & Makgoba, 2022). Ka fao, tlhokego ya maleba ya ditlabelotirišwa le kago ya maleme a Aforika-Borwa ga se e tšweletšwe ebile e ithekgile kudu godimo ga mošomo wo o dirwago ke banyakišiši bao ba lemogago bohlokwa bja leleme thutong, le bao ba nago le kgahlego go polelopeakanyo le tlhabologo ya maleme a selegae. Mo Pampiring ye re hlagiša ye nngwe ya maano ya go hlabolla le go thekga tšhomišo ya maleme ao a bego a gateletšwe ka mokgwa wa go hlama thekesonomi ya go hlama mareo ka maleme ao.

Pampiri ye e ikeme godimo ga thuto ya bolemepedi yeo e bitšwago BA (Contemporary English and Multilingual Studies) yeo elego thuto yeo e thomilwego ka ngwaga wa ketepeditharo (2003) Yunibesithing ya Limpopo (Letsoalo, 2014: 1). Go fihla gabjale, ngwaga wa ketepedimasomepeditharo (2023) o swaya mengwaga ye masomepedi ya thuto ye ya leleme la gae gammogo le Seisimane. Thuto ye ke ye nngwe ya dithuto tša go ikema ka ge e tšea maikarabelo a pitšo ya mmušo ka Aforika-Borwa go tšweletša dithuto tša bolemepedi ka leleme la Sesotho sa Leboa le leleme la Seisimane bjalo ka maleme a go ruta le go ithuta. Tšhišinyo ye ya go hlatloša le go godiša maleme a Seaforika e gateletšwe kudu ke Molaotheo wa Aforika-Borwa (1996). Mohlako wa Pholisi ya Maleme ya Naga (2003) o tšwetše pele ka go laodiša bohlokwa bja go tiišeletša tšhomišo ya maleme a semmušo thutong ya godimo ka go laela diyunibesithi nageng ka bophara go hlamaleswa pholisi ya leleme. Se ke sona seo se hlohleleditšego Pholisi ya Maleme ya Yunibesithi ya Limpopo. Go ya ka Pholisi ya Maleme ya Yunibesithi ya Limpopo (2020), leleme la Seisimane e tla dula e le leleme la go ruta le go ithuta dikarolong tša thuto ka lebaka la ge Yunibesithi ya Limpopo e amogela baithuti ba go tšwa Aforika-Borwa ka bophara gammogo le baithuti bao ba tšwago ka ntle ga naga ya Aforika-Borwa. Le ge go le bjalo, go dithuto tšeo di kgethilwego go swana le thuto ya BA (Contemporary English and Multilingual Studies), maleme ao a kgethilwego go swana le Sesotho sa Leboa le Seisimane a tla šomišwa go ruta le go ithuta.

Mo pampiring ye re šomiša tshedimošo ya khophase go tšwa go lenaneothuto la dikarolo tša BA CEMS Yunibesithing ya Limpopo go sekaseka mekgwa ya go hlabolla tlhamo ya mareo gommogo le mpshafatšo ya maleme ao a bego a gateletšwe pele ga mmušo wa tokologo, go swana le Sesotho sa Leboa. Go tlhabologo le mpshafatšo ye, re lebelela tšweletšo ya mareo le mekgwa ya go bula dikgoba tše bolementši e ka kgontšhago kgolo ya maleme a Seaforika. Go kgontšha tshekaseko mo nyakišišong ye, re hlamile khophase ya dingwalwa le dingwalollo ka leleme la Sesotho sa Leboa. Lereo le khophase, le hlalosa kgoboketšo ya dingwala, dingwalollo le dikgatišo tšeo monyakišiši a ka di šomišago go hlahloba dilo tše mmalwa ka leleme; go akaretša mareo, tšhomišo ya leleme le kgokaganyo ka bophara.

Bothata bja nyakišišo

Bontši bja baithuti Aforika-Borwa ba ikhwetša ba gapeletšega go ithuta ka leleme la Seisimane go ya go leleme la Seburu. Seo se ka lemogwa bjalo ka tšhitišo le go ba tlhobaboroko go kabo ya ditirelo tša thuto ka ge bontšhi bja didirišwa di theilwe godimo ga polelotee. Bolementši bo sa akanyetšwa bjalo ka bothata bjo bo swanetšego go rarollwa, goba

lepheko la go fenywa kudu ka polelo e tee yeo e bonwago e le yeo e
kopanyago batho (Webb, 2009). Gabjale, dikakanyo tše ntši mabapi le go
swanela ga Seisimane go tšwela pele go šoma bjalo ka leleme la go ruta
le go ithuta thutong ya godimo di a belaelwa ge go lebeletšwe ditlhohlo
tše di latelago tšhomišo ya leleme la Seisimane bjalo ka leleme le maatla
thutong. Ditlhohlo tšeo di akaretša dipoelo tša fasana tša baithuti ba baso
go fetša dithuto tša bona ka nako ya go amogelega. Go ya ka tshekaseko
ya mmušo ya 2019, sehlopheng sa 2010, 22% ya baithuti ke bao ba
phethilego mangwalo a thuto a tikrii ka mengwaga ye meraro, mola
39% e phethile dithuto tša bona ka ngwaga wa bone, gomme ke 56%
ya baithuti ba ilego ba fetša lengwalo la bona la thuto ka ngwaga wa
botshelela (Marwala & Mpedi, 2022). Lehumo la dinyakišišo le tšwela
pele go bontšha ka fao diyunibesithi di palelwago ke go rarolla ditlhohlo
tša go sepelelana le phihlelelo ya diteng tša kharikhulamo, kudukudu
moo go nago le go se swane magareng ga maleme a go ithuta le maleme
a gae a baithuti. Ka fao, dinyakišišo tša morago tša katlego ya baithuti
thutong ya godimo ya Aforika-Borwa di laetša gore phihlelelo ye mpe
le ditekanyo tša godimo tša go tlogela sekolo di godimo gare ga baithuti
ba bathobaso bao maleme a bona a gae a sa šomišwego go ruteng le go
ithuta (Letseka & Maile, 2008; Strydom & Mentz, 2010). Se se laetša gore
polelo yeo e šomišwago go ruteng le go ithuta ke selo se bohlokwa go
nolofatša goba go thibela phihlelelo ya baithuti le katlego ya go ithuta
(UNESCO, 2010). Phihlelelo ya baithuti go ithuta go molaleng gore e sa
dutše e le taba ye kgolo ditheong tše ntši tša thuto ya godimo tša Aforika-
Borwa (Madiba, 2010; Van der Walt, 2013). Le ge go le bjalo, tshepedišo
ya polelopeakanyo gammogo le tlhabollo ya maleme a Seaforika (bjalo
ka Sesotho sa Leboa) go ba maleme a go ruta le go ithuta thutong ya
godimo e sa fokotše. Ka fao, tlhokego ya maleba ya ditlabelotirišwa le
kago ya maleme a Aforika-Borwa ga se e tšweletšwe, seo e lego morero
wo o swanetšego go goga šedi ya batho ka moka bao ba amegago.

Polelopeakanyo ka Aforika-Borwa

Peakanyo ya polelo e šupa maitapišo a temogo a batho goba dihlongwa go
hlohleletša hlabologo, kgolo, tšhomišo ya leleme goba maleme setšhabeng
se se itšego (Tollefson, 2006; Picento 2006; Abajowa 2016; Pavelenko
& Sposky 2019). E amana le maano a go akaretša leleme thutong, go
sekaseka le go tšea diphetho tša ka fao maleme a šomišwago, a tšwetšwago
pele le go hlokomelwa ka gona.

Polelopeakanyo ke lereo le bohlokwa thutong le peakanyong ya mmušo, maikemišetšomagolo e le go hlama maano a go kgonthišiša kgolo, tlhabologo le tekatekano ya maleme setšhabeng. Go ya ka Oliver (2004), maikemišetšo a Boto ya Maleme ya Aforika-Borwa ke go kgaola thibelo ya tšhomišo ya maleme a Seaforika. Bangwadi ba bantši go swana le Haugen (1983) le Alberts (2010), ba bontšha gore pele leleme le ka beakantšhwa ka mokgwa wa maleba, go swanetše go be le tatelano yeo e itšego. Tatelano ye e akaretša gore leleme le swanetše le be le mongwalo, le fiwe maemo gomme le kgone go diragatšwa. Mo Aforika-Borwa, go thekga kabo ya ditirelo tša bolementši bjalo ka ge e hlalošitšwe Karolong ya 6(1) ya Molaotheo wa Rephaboliki ya Aforika-Borwa (1996) go hlongilwe Pholisi ya Maleme le Leano la Aforika-Borwa (2000), le Tlhako ya Pholisi ya Polelo ya Bosetšhaba (2002). Tše dingwe tša maano a go thekga polelopeakanyo mo nageng di akaretša pego ya Komiti ya Ditona ka ga Tlhabollo ya Maleme a Setlogo a Maaforika bjalo ka didirišwa tša thuto thutong ya godimo (2005), pego ya komiti ya ditona ya phetogo le kgokagano ya leago le go fediša kgethollo ka ditheong tša thuto ya godimo ya setšhaba (2008) le Tlhako ya Pholisi ya Polelo ya Dihlongwa tša Thuto ya Godimo ya Setšhaba (2020).

Tlhabollo ya maleme a Seaforika bjalo ka maleme a go ruta le go ithuta

Tlhabollo ya bokgoni bja maleme a Aforika e swere menagano ya banyakišiši ba bantši bjalo ka dikarolo tša maitapišo a go katološa tšhomišo le tlhabollo ya maleme ao a kgaphetšwego thoko historing go ya mafelong a go fapafapana. Le ge go le bjalo, go bile le katlego ye nnyane mabapi le tlhabollo, kgolo, le tšhomišo ya maleme a setlogo thutong. Ka lebaka leo, tlhokego ya methopo ye e lekanego le go aga bokgoni bja maleme a setlogo a Maaforika ga se ya fihlelelwa, gomme e ithekgile kudu godimo ga mošomo wa banyakišiši le dihlphatšomo tša go ba le kgahlego go mošomo wo (Beukes, 2010).

Kgang mabapi le go se lekane ga maleme a Seaforika go ba maleme a borutegi gantši e rotošwa neng le neng ge go rotoga dipotšišo mabapi le go re 'na pholisi yeo e lego mabapi le tšhomišo ya leleme la Seaforika goba leleme la go ithuta le go ruta e a kgonega goba aowa' (Bamgbose, 2003, letl. 1). Se se laetša tlhokego ya go hlabolla le go hlalefiša maleme a Aforika go ba maleme a sebjalebjale a borutegi. Seo e lego senotlelo sa lenaneo le la go hlabolla maleme a Seaforika go ba maleme a tlhaologanyo ke tlhokego ya diretšisitara tša kgalemo, mareo, le tshekaseko ye e theilwego godimo ga khophase ya maleme a Seaforika go kgonthišiša go swanelega ga ona bakeng sa merero yeo e akantšwego. Diithuti tšeo di tsepeletšego taba ya go dira gore maleme a selegae e be a bohlale goba a sebjalebjale ba dumelelana le gore ye nngwe ya mekgwa ye megolo ya go tliša le go otlela tshepedišo ye ke phetolelo ya dingwalwa go tšwa malemeng a mangwe, gammogo le tlholo ya dingwalo tše di diswa.

Yo mongwe wa banyakišiši wo a etšego kgang ye ya mpshafatšo ya maleme a Aforika ke Neville Alexander. Ka go aga godimo ga mošomo wa diithuti tša Mafilipino tša go swana le Sibayan le Gonzalez (1995: 11), Alexander (2011) o boletše go re tlhabologo le mpshafatšo ya maleme e bohlokwa gore a šomišwe magorong a mmušo, mahlale, thekenolotši, bongakeng, boentšenere, bjalobjalo.

Madiba le Finlayson (2002: 40) ba bontšhitše kholofelo ka go bolela go re tlhabologo le mpshafatšo ya maleme Aforika–Borwa e na le kgonagalo ya go atlega go feta dinageng tše ntši tše di lekilego go hlabolla maleme. Ba lebelela tlhabologo le mpshafatšo ya maleme ka Aforika–Borwa bjalo ka tshepetšo ye e rulagantšwego ya go akgofiša kgolo le tlhabollo ya maleme a setlogo go godiša kgokagano ya ona ye e šomago gabotse le ditlhabollo tša sebjalebjale, dithuto, le dikgopolo.

Kaschula le Maseko (2014: 10) ba lebelela lereo le 'intellectualisation' mabapi le maleme a Aforika e le (lereo) leo le tsošago ngangišano ye kgolo. Ka go naganišiša ga bona, ba botšiša gore:

Are not all languages equally intellectualized; underpinned by sophisticated, rule-governed and elaborate grammatical and sociolinguistic systems, regardless of whether they are used as languages of learning and teaching or whether they are used in high-status domain areas such as politics or not?

Go ya ka bona, potšišo ke gore, na ga se maleme ka moka ao a nago le tlhaologanyo ka go lekana? Potšišo ye e gatelela le go hlagiša kgopolo ya gore polelo ye nngwe le ye nngwe e kgona go fetiša dikgopolo dife goba dife. Se se tloga se la kgahlanong le kakanyo ya gore maleme a tlhago Aforika a swanetše go tlhabollwa le go fetolelwa go ba maleme a tlhaologanyo le barutegi pele a ka šomišwa thutong le magorong a mangwe. Potšišo ya gore ke eng seo se bopago polelo yeo e nago le tlhaologanyo e swere menaganong ya barutegi ba go fapafapana. Le ge go bjalo, Kaschula le Maseko (2014) ba tloga ba amogela gore maleme a SeAforika a sa na le dihlalelo tšeo di šitišago tšhomišo ya ona, go akaretša dingwalwa tše di farologanego, mareo, dipukuntšu. Go ya ka Sibayan le Gonzalez (1995), polelo yeo e tumilego ya sebjalebjale, yeo e šomišwago, mohlala, ka go methopo ya ditaba ya eleketeroniki le dipampiring e ka lemogwa bjalo ka polelo ye e hlabologileng. Ka gona, banyakišiši ba na le morero wo mogolo go karolo ye ya kgolo le mpshafatšo ya maleme.

Go bonagala go na le kwano gare ga banyakišiši gore hlabologo le mpshafatšo ya leleme e amana le dikarolo tše di fapanego tša ditsenogare tšeo di lebišitšwego go mpshafatšo ya khophase, go katološa mešomo ya leago, go dira gore polelo e kganyogege, kudukudu yeo e amanago le maleme ao a kgaphetšwego thoko historing. Ke moka go bonwa tlhaologanyo ye e le yeo e reretšwego go ba kgontšha go gola ka mešomong ya leago le dikarolong tša tšhomišo. Go tloga go le maleba gore ge leleme le swanetše go ba leleme la hlaologanyo ka mo go feletšego go re le ka šoma mafelong a mantši kudu a tlhaologanyo, dikarolong tšeo di nago le maatla a tša leago le tša dipolitiki le tšeo di akaretšago tlhabollo ya tsebo, tša boiphedišo, tša bobegakgang le dikarolong tše dingwe tša maemo. Ka nnete, dinageng tše dintši tša Aforika, go tshwenyega mo go sa kgaotšego mo go bontšhwago ke bakgathatema ba mmalwa, kudukudu ditsebi tša maleme le ditsebi tša thuto, ke maemo a fase a maleme a Aforika le tšhomišo ya ona ka dikarolong tše di thibetšwego (Bamgbose, 2011). Ka fao, go ba le tlhaologanyo go bonwa bjalo ka kgato ye bohlokwa go ya go phetogo ye ya maleme a Seaforika, e sego fela go ya ka ditshepedišo tša ona tša ka gare eupša le mešomo ya leago.

Go fihla mo lebakeng le, dingwalwa tša bjale ka ga tlhaologanyo ya polelo di lebane kudu le diporojeke tša mareo le mananeo a mantšu le dipukuntšu tša baithuti. Efela mošomo wo o sale o mogolo go akaretša maleme ka moka (Dalvit 2010; Maseko 2011). Le ge go dirilwe mo gontši tabeng ye, go fihleletšwe katlego ye nnyane hlatlošong le tšweletšong ya dingwalwa tša go kgontšha thuto ya leleme la gae kudu thutong ya godimo. Go ya ka Alwood le Hendrikse (2003), maleme a Yuropa a godišitšwe ka mokgwa wa go iša šedi kudu go peakanyo ya khophase. Ka gona mmušo o swanetše go leka ka bo gohle go tlhohleletša setšhaba go šomiša maleme a Seaforika-Borwa go mabaka ka moka, ebile go swanetšwe go hlongwa makala a tlhohleletšo ya tšhomišo ya maleme. Gomme legatong le diphatlalatši bjalo ka thelebišene le dira gore dilo di ka šomišwa go tšweletša mananeo ao a tlilego go laetša setšhaba gore Seisemane ga se leleme fela la maemo a godimo, eupša maleme ka moka a na le bokgoni bja go šomišwa go lekana le Seisemane.

Mokgwatshepetšo le peakanyo ya nyakišišo

Ka bophara bja yona, nyakišišo ye e nyakišiša mekgwa ya go thekga tšhomišo ya maleme a Seaforika bjalo ka (Sesotho sa Leboa) bjalo ka leleme la go ruta le go ithuta yunibesithing, le go tšweletša maano a rarolla tlhokego ya mareo, kudu ya maleme ao a bego a gateletšwe.

Go ile gwa latelwa magato a a latelago:

Go hlama khophase

Mo nyakišišong ye re thomile ka go aga khophase ye nnyane ya dingwalwa gammogo le dingwalollo go tšwa lenaneothutong la thutwana ya HMUS Yunibesithing ya Limpopo (elego motšulo wa tikrii ya BA CEMS), ye e rutwago le go hlahlobja ka leleme la Sesotho sa Leboa. Dithuto tše di rekhotilwego di akaretša dithero tša semmušo, ditlhagišo tša baithuti, ditherišano, le go akaretša dipoledišano tša sehlopha go tšwa go motšulo wa HMUS011/2. HMUS011 (Introduction to Multilingual Studies) le HMUS 012 (Communication Ethnography) ke dithuto tša maemo a pele gomme bobedi bja tšona di rutwa le go hlahlobja ka mokgwa wa Sesotho sa Leboa gomme ke karolo ya lengwalo la pele la maleme a mabedi Yunibesithing ya Limpopo. Motšulo o na le baithuti ba 26 gomme hlogotaba ya dipoledišano e be e akaretša dikgopolo tša nyakišišo, ditaba ka ga maleme a mantši setšhabeng, pholisi ya polelo, le diphethagatšo. Dithuto tše di be di akaretša poledišano ye e nabilego ya dikgopolo tše, go di šomiša le go di dira dikgopolo leswa ka mantšu a tšona. Bjalo ka karolo ya dithuto tša semmušo, baithuti ba be ba tlamegile go tšea karolo bjalo ka karolo ya mošomo wa bona wa thuto, gomme ka tlwaelo ba be ba tla hlohleletšwa go šomiša methopo efe goba efe ya polelo yeo e lego gona yeo ba nago le yona go fihlelela dikgopolo tša thuto.

Direkhoto le go ngwalolla

Go rekhota ditirišano tša ka phapošing ke karolo ye bohlokwa ya nyakišišo ye e theilwego godimo ga khophase, kudukudu ka diporotšekeng tša nyakišišo tše di raraganego tšeo di akaretšago tshedimošo ya ka phapošing moo mekgwa ya polelo e tsentšwego kudu ka gare ga seemo (Fitzgerald et al., 2013).

Mohuteng wo wa nyakišišo, tshedimošo ya polelo ye e rekhotilwego e loketše bokaone go fa direkhoto tša go ya go ile le tše di nago le dintlha tšeo di ka sekasekwago go tšwa go dipono tše ntši, gomme ka go realo tša ngwalwa. Datha ya tšhomišo ya polelo e kgontšha tshekaseko ya diphapantšho tša go nanya le tše ntši tšeo di lego bohlokwa go hlabolla kwešišo ye e tseneletšego ya dikarolo tše farologanego, go akaretšwa mareo, dika tša polelo lefelong le tše itšeng. Go sekaseka datha go ya pele go kgontšha banyakišiši go emiša, go khutša, le go sekaseka le go hlatholla gape disete tša datha tšeo le go humiša tshepedišo ya tshekaseko ya nyakišišo.

Ka morago ga go ngwalollo, *metadata* (e lego, tshedimošo ka ga datha ye e ngwadilwego) e tšerwe go fa seemo le lenaneo la dikarolo tše di fapanego tša tshedimošo ka ga mošomo wo o ngwadilwego.

Tshekaseko ya polelo ya khophase e fa tsela ye e fapanego ya go hlahloba datha ya khophase. Tshekaseko ya polelo ya khophase e dumelela tlhahlobo ya maemo a manyenyane ya boleng le ya boleng ya mantšu le tatelano ya mantšu ao ka tlwaelo a diregago mmogo sehlopheng se segolo sa dingwalwa tše di bolelwago goba tše di ngwadilwego.

Khophase ka kakaretšo e bopilwe ka kgoboketšo ya dingwalwa tše di ngwadilwego le tše di bolelwago, gomme e hlamilwe go kgontšha dikarolo tše di fapanego tša tshekaseko ye nnyane, gomme e ka bopa metheo yeo methopo ya go ithuta e ka tšweletšwago go yona. 'Ka khophase yeo e bolokilwego khomphutheng, go bonolo go hwetša, go hlopha, le go bala dilo, e ka ba bjalo ka motheo wa tlhalošo ya polelo goba go rarolla ditaba le mathata ao a amanago le polelo' (Kennedy, 1998, letl. 11). E utolla mantšu le dibopego tše dingwe tša polelo tšeo di dirišwago ka tlwaelo, kudu moo e lego gore ka tsela e nngwe banyakišiši ba ka di hlokomologa, gape e utolla bohlokwa bja dibopego tšeo go fapantšweng retšisetara e tee. Ke gore, tshekaseko ya polelo ya khophase e utolla boleng bja sete ya dingwalo (Phillips, 1989). Mo sengwalong se, re hlahloba mohola wa go šomiša tshekaseko ya polelo ya khophase ka kopanyo le tshekaseko ya polelo bakeng sa mokgwa wa mokgwa wo o hlakantšwego wo o kopanyago pono ya maemo a manyenyane le ya seemo, le ya maemo a magolo bakeng sa kwešišo ye e humilego, ye e feletšego ya ditsela tšeo dikgopolo tša thuto le polelo yeo e boledišanwego ka bontši bja methopo ya polelo thutong ya thutamaleme ye e dirišwago.

Ka go realo, nyakišišo ye e šomišitše tshekaseko ya khophase, yeo e sa tšwago go tšwelela bjalo ka mokgwa wa go sepediša dinyakišišo tše di tseneletšego. Yona e kgontšha monyakišiši go utollo tša diphihlelo tše bohlokwa ka polelo le ditiragatšo tša polelo ka ge di theilwe godimo ga maemo a kgokagano a nnete.

Bjalo ka ge Phillips (1989) a bolela, tshekaseko ya ditshwaotshwao tša tlwaelo polelong e ka utolla ka fao thulaganyo ya sengwalo e tšweletšago 'temogo ya monagano ya taba' ya motheeletši goba mmadi (letl. 7). Ka mantšu a mangwe, tshekaseko maemong a manyenyane – maemong a mantšu le dipolelwana – e ka thuša go utolla seo sengwalwa goba khophase e lego ka ga sona.

Go nepagala (validity) ga nyakišišo

Tshekaseko ya polelo ya khophase e fa mehola bjalo ka tlaleletšo go tshekaseko ya polelo. Sa pele, go fapana le tshepedišo ya go ngwala dikhoutu tša datha ya polelo ka seatla, ga e foše ka batho. Ka fao, ga e nyake dikhoutu tše di tlwaeditšwego go netefatša go tšweletšwa gape. Sa bobedi, e feta tlhaologanyo ya motho go šupa diponagalo tša polelo tšeo di swanetšego go hlahlobja kgauswi (McEnery & Wilson, 2001; Hunston, 2002). Sa boraro, e ka tšweletša dipoelo tšeo di ka akaretšwago, ge fela khophase e tloga e le sampole ya moemedi wa retšisetara ye kgolo.

Tshekaseko ya tshedimošo

Khophase e be e na le ditšhupetšo tše 30 222 tšeo di ilego tša sefelwa fase go mantšu a 26 100 a mošomo. Ye e be e le karolo ye bohlokwa ya go hlwekiša datha go netefatša boleng bja tshekaseko, gomme tshekaseko e tšweletšwa ka mo tlase:

Tshekaseko ya mareo

Mo re edišitše šedi go mareo a hlagago kgafetšakgafetša ebile a le karolo ye bohlokwa go lenaneothuto. Tshekaseko ya kgafetšakgafetša ke tshepedišo ya go itiriša ya go hlaola mantšu ao ka kakaretšo a lego kgafetšakgafetša kudu le go šomišwa ka tlwaelo mo mmeleng wa dingwalo (ke gore, dikhopora). Tshekaseko ye e na le mohola go beakanya polelo yeo e šomišwago ka dikgoba tšeo di nago le diteng tše dintši, ka go kgontšha dilentshe tša go fapana kudu tšeo ka tšona polelo e ka nyakišišwago le go dira gore dithoto tša polelo di bonagale (go swana le retšistara, go dira mantšu le ditshepedišo tša go dira thutapolelo bjalo ka ge di tsentšwe polelong) tšeo di ka bago di se bjalo e dirilwe gore e be ye e lego pepeneneng le ye e bonagalago ka go tsepelela go diponagalo tša tlhago tša sebopego le tša kakaretšo tša polelo maemong ao a se nago seemo.

Ka go ya datha, ditšhupetšo tšeo di tšwelelago kgafetšakgafetša kudu di tšweletše bjalo ka dikarolo tše bohlokwa tša thutapolelo ka Sesotho sa Leboa, go swana le, lediri la go thuša (go), go akaretšwa le dibopego (le, di) ka Sesotho sa Leboa, e lego seo se bego se letetšwe kudu. Seo kgahlišago ke gore leleme (polelo) le maleme (maleme) di tšweletše bjalo ka mantšu ao a šomišwago kudu ao a bego a letetšwe go lebelelwa gore dingwalwa di tšweletšwa go tšwa go thuto yeo e kgokaganego le thuto ya polelo.

Tshekaseko ya tshedimošo

Ka ge re hlalošitše, se bohlokwa mo pampiring ye ke go tšweletša maano a go tšweletša mareo a a lebanego seemotikologo se itšeng ka ge se e le tsela ya maleba ya go godiša maleme a Seaforika. Tshedimošo ye e tšwa go baithuti bao ba tsenetšego thuto ya BA (Contemporary English and Multilingual Studies) ka Yunibesithing ya Limpopo. Mo karolong ye, re ile go šomiša tshekaseko ya khophora yeo re agilego go hlagiša thekesonomi ya go bopa mareo ao a lebantšwego go seemotikologo sa bolementši. Bowen (2009) o laetša gore sedirišwa se sa tshekaseko ya khophase se dumelela monyakišiši gore a kgone go sekaseka ditokomane ka mokgwa wa setegeniki ka tatelano.

Mo karolong ye re sekaseka karaolo ya tshedimošo go tšwa go ngwalo ya kgatišo ya lenaneothuto la HMUS011. Mo tshekasekong re leka go hlagiša gore leleme la gae ke sedirišwa se bohlokwa thutong, ebile tshekaseko ye (ya Tšhomišo ya leleme) e ka kgontšha banyakišiši go ithuta ka mekgwa ye e farologanego baithuti ba hlamago dikakanyo le mareo ka maleme a selegae.

Tshedimošo ya pele: HMUS011 (*The sink or swim video task*)

128	S1	Ba ra go reng ge ba re sink or swim? *What do they mean by sink or swim?*
129	S3	Sink or swim as in like-
130	S2	-Drown
131	S1	Ga a e hlalose *Let her explain it*
132	S3	Ke gore e tla phomelela *It means it will succeed*
133	S1	Eng e tla phomelela *What will succeed*
134	S2	Ke gore to sink ke nthwela *It means to sink is that thing*
135	S3	Ke gore sink or swim ge ba ka go tšea ba go iša Noordeland will you swim will you swim le Afrikaans wa traya gore at least to swim le Afrikaans or o tlo no re ba bora e a mpalela ( ) Afrikaans ( ) (.) so if they were like to extend this sink or swim thing to high school gona will it work or not (.) eish ( ) *Sink or swim means if they take you to Noordeland will you swim will you swim with Afrikaans and try at least to swim with Afrikaans or will you just say its boring its difficult ( ) Afrikaans ( ) (.) so if they were like to extend this sink or swim to high school then will it work or not (.) eish ( )*
136	S2	( )
137	S3	Io wena ( ) *Hey you ( )*
138	S1	( )
139	S3	E botšišana le wena ( ) o tla kgona naa yela ya gore *Its asking you ( ) will you be able to do that one that says*
140	S2	( )
141	S3	E ka bereka ne (.) if like eh [*It can work (.) if like eh [*
142	S2	[e ka se bereke [*it won't work*

143	S3	Bona ( ) if like eh ba thoma ka African languages right from[*Look ( ) if like eh they start with African languages right* *from[*
144	S2	[(pre school)
145	S3	Primary right up to high school but if ( ) o a e bona *Primary right up to high school but if ( ) you see*
146	S2	Ke kwana le wena straight *I agree with you straight*
147	S3	Wena gonabjale [*You right now[*
148	S1	[Nna ga ke a le kwa *[I didn't hear you*
149	S2	Ba ba introdusa maybe African languages okay to when ba šetše ba le ( ) ke gore ( ) ya kgona go tšwela pele ba šetše ba le grade five they will- *They introduce African languages to when they are already ( )* *it means ( ) if they continue when they are already in grade five* *they will-*
150	S1	-Sink ka gore ba thomile llata *-sink because they have started late*
151	S3	Ee *Yes*

Mo go setsopolwa sa ka godimo, baithuti ba be ba lekolwa ka go sekaseka dikagare tša kgatišo ya S*ink or Swim* yeo e lego mabapi le tšhomišo ya leleme la isiXhosa go ruta le go ithuta. Mo go setsopolwa se, batšeakarolo ba be ba nyaka go kwešiša pele gore na lereo le s*ink or swim* le hlalošwa ka mokgwa mang. Ka ge re bona mo sebakeng sa 128 ge S1 a kgopela tlhaloso ya lereo le gomme go sebaka sa 132 S3 o hlalosa gore sink or swim e bolela gore go phomelela. Go ya ka tlhaloso ye, e bonagala e se ya kwešišega gabotse go batšeakarolo ka ge S3 a bile le kgahlego ya lentšu le *'swim'* gomme a tlogela tlhaloso ya lentšu le *'sink'*. Le ge go le bjalo, go seemotikologo se, ka ge kgatšišo ye e le mabapi le tšhomišo ya leleme la Seaforika go ruta le go ithuta, fa S3 o šomišitše mokgwa wa *'semantic extension'* go hlaloša kwešišo ya gagwe.

Ge re tšwela pele, go bonagala tlhaloso ya motšeakarolo S3 e sa kwagala gabotse gomme a leka go šomiša mokgwa wa *'paraphrasing'* mo go sebaka sa 135.

Tlhopho ya mareo

Tlhopho ya mareo ka maleme a Seaforika go thekga tšhomišo ya ona thutong e dutše e le tlhohlo go mang le mang, ebile ke selo seo se kgonthišago batho go humana tsebo le tshedimošo magorong a go fapafapana (Jacquemin, 2001; Bouri Gault le ba bangwe 2001). Ka bophara bja yona, tlhopho ya mareo e akaretša meepo ye e sa itirišego go hwetša mareo a maleba go tšwa go khophase ye e filwego. Se se na le mohola wa go laetša ditaba tše bohlokwa tša go bopa dikgopolo, popopolelo, le ka fao dikgopolo di hlangwago ka mantšu ka Seisimane le Sesotho sa Leboa ka gare ga khophase ya rena go tšwa lenaneothutong la HMUS. Se laetša gape gore khophase e ka ba motheo wo dikgopolo di ntšhwago godimo ga wona wo o lego bohlokwa go tlhaologanyo ya polelo.

Tafola ya 1: Mantšu ao a šomišwago gantši

n	Sesotho sa Leboa	English	n	Sesotho sa Leboa	English
1	*Setšhaba-polelo*	Speech community	11	*Ngwalollo*	Transcript
2	*Bolementši/ Polelontši*	Multilingualism	12	*Mmolelwana*	Register
3	*Polelo-peakanyo*	Language planning	13	*Molaokakanywa*	Legislation
4	*Peakanyo ya maemo*	Status planning	14	*Pholisi*	Policy
5	*Peakanyo ya khophase*	Corpus planning	15	*Mokgwatshepetšo*	Methodology
6	Taodišaserafe	Ethnography	16	*Dipotšišopapetla*	Questionnaires
7	*Bolemetee*	Monolingualism	17	*Polelosemmotwana*	Dialect
8	*Maleme*	Languages	18	*Maleme*	Languages
9	*Tshekaseko*	Analysis	19	*Ditiro-polelo*	Speech act
10	*Tsekaseko ya dingwalwa*	Text analysis	20	*Maikgopolelo*	Hypothesis

Dikgopolo tše di šišinya ditsela tše di nago le mohola tšeo mareo a
thuto ao a nago le bohlokwa bjo bo nabilego dithutong tše di itšego tša
thuto a ka hlaloswago gape ka maleme a go feta le tee, ao a godišago go
tlwaelana, gomme ka go realo a dira gore a fihlelelege. Mokgwa wo wa
go ntšha sengwalwa gape o oketša dibaka tša gore baithuti goba mang
le mang yo a nago le kgahlego go retšisetara a lebane le ditiragatšo tšeo
di diregago kgafetšakgafetša tša tšhomišo ya polelo, eupša gape le tša go
kgona ga bona go bona gore ke ka ditsela dife ditšhomišo tše bjalo tšeo di
sa tlwaelegago, di tšwelela ka gare ga maemo afe, le gore di tšwelela bjang
di lekana le mokgwa wa ditirišo tše dingwe tša maleba-thwi (Osborne
2001, letl. 486).

Tshwaoswao ya dipoelo

Diporotšeke tše di fapafapanego tša nyakišišo ka ga go hlabolla thekgo
ya baithuti ka mokgwa wa methopo ya maleme a mantši ka kakaretšo
di lebišitšwe go kabo ya dipukuntšu tša maleme a mantši ka dithutong
tše di itšego. Dipukuntšu tše ka kakaretšo di hwetšagala ka dithutong tša
go swana le molao, dipalo, mahlale a maphelo le mahlale a leago. Se se
gatelela gore tlhabollo ya khophase e bohlokwa ge e le gore diyunibesithi
di tla thuba mekgwa ya tšona ya polelo e tee, le go dira gore go bonagale
ka fao diteng tša thuto di ka dirwago gore di hwetšagale ka maleme
a go feta le tee. Se se ipontšhitše se le maleba kudu ka gobane gore
polelo e šomišwe mo dikarolong tša sebjalebjale, go fa mohlala, mererong
ya thuto, bjalo ka seemo seo se lego ka fase ga tshekaseko ka gobane
maleme a Seaforika ga a nyake fela mananeo a mantšu goba dipukuntšu
tša mareo eupša a nyaka le go ngwalwa (Madiba, 2012). Tlhokego ye ya
diretšisetara tša thuto e ka se rarollwe ka mekgwa ya go tloga godimo
go ya fase yeo e gatelelago tlhabollo ya mareo maemong ao a se nago
seemo kudu. Maikutlo a a abelanwa ke Keet & Khumalo (2014: 78) bao
ba lemogilego gore mafokodi a bjale a mokgwa wa go aga methopo wo
o laolwago ke mokgwa wa botšo le tlhaloso ya mantšu ka malemeng a
Aforika ka go lemoga gore ka dinako tše dingwe, sekgokanyimediamentši
sa sebolokikgolo magareng ga L1 le L2 se 'sekametše go diphošo gomme
ka go realo ga se šomišege' ga ešita le ge e ka amogelwa ka phapošing
ya borutelo, go na le kgonagalo ya gore e tla feleletša ka tlhabollo ye
nyenyane ya kgopolo.

Ka go realo, re lemoga go le bohlokwa go hlama thekesonomi yeo e kgontšhago popoleswa ya dikgopolo tša thuto.

Tafola ya 2: Thekesonomi ya go hlama mareo

Mekgwa *Modalities*	Tlhaloso *Explanation*	Mohlala *Example*
Go adima *Borrowing*	Ke ge lereo le adimilwe go tšwa go leleme la mathomo gomme le šomišwa ntle le go le fetolela ka leleme la bobedi. *When a term is borrowed from the source language and used without alteration in the target language.*	Sesotho sa Leboa: *Teori* Seisimane: *Theory*
Go tšeelwa legato ga setšo *Cultural substitution*	Ke go emela legato ga seka seo se amanago le setšo ka leleme la bobedi la phetolelo efela mareo ao gantšhi ga a na tlhalošo ya go swana go tšwa go leleme la mathomo la phetolelo. *To replace 'a culture-specific item or expression with a target language item which does not have the same propositional meaning but is likely to have a similar impact on the target reader' (Baker, 1992, p. 31)*	Sesotho sa Leboa: *Legoro* Seisimane: *Domain*
Phetolelo ya go se fetole sebopego sa lentšu *Transliteration*	Go fetola sebopego sa mantšu sa leleme *Alteration of the morphological structure of words sounds natural in the target language.*	Khophase Seisimane: Corpus Sampolo Seisimane: Sample
Nepišo ya maleba *Direct equivalent*	*When a word in the source language has a corresponding equivalent in the target language*	Nyakišišo (gammogo le risetšhe) Seisimane: *Research*

Koketšo ya semantiki *Semantic extension*	Tlhaloso ya lentšu e fetotšwe goba e okeditšwe go amogela tlhaloso ye mpsha goba tšhomišo ye mpsha *The meaning of a word is modified or extended to accommodate a new meaning or use.*	Sesotho sa Leboa: Nyakišišo ya boleng *Seisimane: Qualitative research*
Kopanyo *Compounding*	Mantšu a mabedi goba go feta a kopanywa go bopa lentšu le tee. *Two or more words are joined to form one*	Sesotho sa Leboa: Tlaleletšo ya bolementši *Seisimane: Additive multilingualism*

Thekeseonomi ye e šišinya ditsela tša boitlhamelo tšeo banyakišiši bao ba šomago ka maleme ba ka thekgago thuto ka maleme ao a bego a gataletšwe, ka ditsela tšeo di netefatšago tlhabollo ya dikgopolo le go dira gore maleme a setlogo e be a tlhaologanyo. Se se bohlokwa go thekga kgopolo ye, ke go tšeela godimo kudu ga maleme a setlogo maemong a thuto.

Mošomo wa Dlodlo (1999: 321) o tloga o bontšha gore maleme a Seaforika ga a šomišwe thutong, gomme ka lebaka leo, tlotlontšu ya sebjalebjale ya mahlale ga se ya hlabologa. O phegišana ka go fa tlhalošo ya mahlale go mantšu ao a fihlelelwago ka kakaretšo ao a hlalošago seemo, go ena le go adima go tšwa malemeng a Yuropa. Se se netefatša go tlwaelana ga dikgopolo, tswalano ya setšo le go kgontšha go dira tlhalošo ya dikgopolo tšeo ka tsela ye nngwe di bego di sa fihlelelege go baithuti bao ba tlago dipolelo le ditšo tšeo di fapanego. Go no tliša dikgopolo tša Seisimane ka gare ga maemo a polelo ya selegae (bjalo ka go fetolela) ga se mo go lekanego go thekga moithuti yo a tšwago maemong a maleme a mantši.

Go feta fao, polelong ya mahlale, mareo le dikgopolo di a amana, e ka ba go ya ka dikamano tša 'karolo tšeo di hlolago dihlopha le dihlophana, goba go ya ka dikamano tša hlamontšu go ya ka dikarolo le dikarololwana. Ka tsela ye, mantšu ao a tlwaelegilego, a letšatši le letšatši (mohlala, selo, kereiti) a fiwa tlhalošo ya setekniki gomme a tšwela pele go kgoboketša tshedimošo go tšwa ditlhalošong tše di latelago. Ke moka di šomišwa go hlološa mareo a maswa a setekniki go ageng ga tsebo ya thutamahlale ganyenyane-ganyenyane. Mareo a a bopa dihlopha tša mantšu tše di raraganego, kudukudu bakeng sa diretšisetara tša ditsebi. Dikamano tše di lekanago (mahlalošagotee) le tšona di tsentšwe ka gare ga thekesonomi ye. Mohola wa tšona o lebane le go kgoboketša dikgopolo ka moka tša mohuta wo o swanago, goba ka tlhalošo ye e sepelelanago go tšwa go polelo ya mothopo (Sesotho sa Leboa) go ya go Sesotho sa Leboa (polelo ya nepišo), le go fapana le seo.

Mafetšo

Pampiri ye e bega ka ga dikhuetšo go tšwa nyakišišong yeo e bego e nyaka go nyakišiša ka fao go fetolela polelo go šomišwago ka gona ka phapošing ya Sesotho sa Leboa ka poledišano go rerišana ka tlhalošo ya dikgopolo mo thutong ye e itšego ya thuto moo polelo ya go ithuta le go ruta, e sego ya tlhaologanyo ka botlalo, le moo go hlaelago mo gogolo ga bokgoni bjo bo šitišago tšwelopele ye e nago le mohola go ya go phihlelelo ya tsebo.

Gabjale, tlhohlo ya nyakišišo ya peakanyo ya polelo le tlhabollo ya mareo e letše go šomeng dintlha tša ka moo go ka hlolwago dipolelo tše di kgethegilego tša maleme ao a kgaphetšwego thoko historing bakeng sa merero ya mošomo (go fapana le ya go fo ba ya seka le ya go bontšha). Tlhokego ya go netefatša gore maleme a mangwe a mantši a kgona go šoma bjalo ka mokgwa wa go fetišetša tshedimošo le tsebo ye e kgethegilego e maleba kudu, ka fao e bohlokwa go phegelela dinepo lenaneong la lefase ka bophara go akaretšwa gare ga tše dingwe thuto, phihlelelo ya tsebo, temokrasi le bjalobjalo.

Methopo

Abajowa, S.O. (ed.). 2016. *Language Planning and Policy in Africa: Botswana, Malawi, Mozambique and South Africa.* Wilmington: Vernon Press.

Alexander, N. 2011. 'After Apartheid: The Language Question'. In I. Shapiro and K. Tebeau (eds), *After Apartheid: Reinventing South Africa*, 312–329. London: University of Virginia Press.

Alberts, M. 2010. 'Terminology Management at the National Language Service'. *Lexikos* 10: 234.

Bakhtin, M.M. 1986. 'The Problem of Speech Genres'. In *Speech Genres and Other Late Essays*, trans. V.W. McGee, pp. 60–102. Austin: University of Texas Press.

Bamgbose, A. 2003. 'A Recurring Decimal: English in Language Policy and Planning'. *World Englishes* 22(4): 419–431.

Bamgbose, A. 2011. 'African Languages Today: The Challenge of and Prospects for Empowerment under Globalisation'. In E.G. Bokamba, R.K. Shosted and B.T. Ayalew (eds), *Selected Proceedings of the 40th Annual Conference on African Linguistics*, pp. 1–4. Sommerville: Cascadilla Proceedings Project.

Beukes, A-M. 2010. '"Opening the Doors of Education": Language Policy at the University of Johannesburg'. *Language Matters* 41(2): 193–213.

Bowen, G. A. 2009. 'Document Analysis as a Qualitative Research Method'. *Qualitative Research Journal* 9(2): 27.

Bourigault, D. et al. (2001). *Recent Advances in Computational Terminology.* Amsterdam and Philadelphia: John Benjamins.

Constitution of the Republic of South Africa. 1996. Constitutional Assembly.

Dalvit, L. 2010. 'Multilingualism and IT Education at Rhodes University: An Exploratory Study'. PhD thesis, Rhodes University.

Department of Arts and Culture. 2003. *Implementation Plan: National Language Policy Framework.* Pretoria: Department of Arts and Culture.

Dyson, A.H. 2003. *The Brothers and Sisters Learn to Write: Popular Literacies in Childhood and School Cultures.* New York: Teachers College Press.

Dlodlo, T.S. 1999. 'Science Nomenclature in Africa: Physics in Nguni'. *Journal of Research in Science Teaching* 36(3): 321–331.

Finlayson, R. and Madiba, M. 2002. 'The Intellectualisation of the Indigenous Languages of South Africa: Challenges and Prospects'. *Current Issues in Language Planning* 3(1): 40–61.

Fitzgerald, M. et al. 2013. 'Embracing Digital Technology: A New Strategic Imperative'. *MIT Sloan Management Review* 1–12.

Haugen, E. 1983. 'The Implementation of Corpus Planning: Theory and Practice'. *Progress in Language Planning: International Perspectives* 31: 269–290.

García., O., Lin, A. and May, S. 2017. *Bilingual and Multilingual Education*. Springer International Publishing.

Hunston, S. 2002. *Corpora in Applied Linguistics*. Cambridge: Cambridge University Press.

Kaschula, R.H. and Maseko, P. 2014. 'The Intellectualisation of African Languages, Multilingualism and Education: A Research-based Approach'. *Alternation* 13(1): 8–35.

Keet, C.M. and Khumalo, L. 2014. 'Basics for a Grammar Engine to Verbalize Logical Theories in isiZulu'. Paper presented at the International Workshop on Rules and Rule Markup Languages for the Semantic Web.

Kennedy, G.D. 1998. *An Introduction to Corpus Linguistics*. London and New York: Longman.

Letsoalo, M.P. 2014. 'Turn-taking in a Dual-medium Degree: A Conversational Approach to Classroom Data'. MA thesis, University of Limpopo.

Letseka, M. and Maile, S. 2008. *High University Dropout Rates: A Threat to South Africa's Future*. Pretoria: Human Science Research Council.

Madiba, M. 2012. 'Language and Academic Achievement: Perspectives on the Potential Role of Indigenous African Languages as a Lingua Academica'. *Per Linguam: A Journal of Language Learning* 28(2): 15–17.

Madiba, M. 'Towards Multilingual Higher Education in South Africa: The University of Cape Town's Experience'. *Language Learning Journal* (38): 327–346.

Marwala, T. and Mpedi, L. 2022. 'If We Want to Fix Our Economy, We Must Increase University Graduation Rates'. https://www.dailymaverick.co.za/opinionista/2022-11-29-if-we-want-to-fix-our-economy-we-must-increase-university-graduation-rates/.

Maseko, P. 2011. 'Intellectualisation of African Languages with Particular Reference to isiXhosa'. PhD thesis, Rhodes University.

Mashatole, A. and Makgoba, M. 2022. 'Institutional Identity and Multilingualism at University of Limpopo'. In L. Makalela (ed.), *Language and Institutional Identity in the Post-Apartheid South African Higher Education*. Cham: Springer.

McEnery, T. and Wilson, A. 2001. *Corpus Linguistics: An Introduction*. Second edition. Edinburgh: Edinburgh University Press.

Pavlenko, A. and Spolsky, B. (eds). 2019. *Language Planning: From Practice to Theory*. Clevedon: Multilingual Matters.

Phillips, M. 1989. *Lexical Structure of Text*. Birmingham: English Language Research.

Sibayan, P. 1999. 'Difficult Tasks in Teaching Filipino Children in Two or Three Languages: Some Suggested Solutions'. In G. Tan (ed.), *The Filipino Bilingual: A Multidisciplinary Perspective*, pp. 4–10. Manila: Linguistic Society of the Philippines.

New University of Limpopo Language Policy. 2020. University of Limpopo, South Africa.

Sibayan, P. and Gonzalez, A. 1996. 'Post-imperial English in the Philippines'. In J.A. Fishman, A.W. Conrad and A. Rubal-Lopez (eds), *Post-imperial English: Status Change in Former British and American Colonies, 1940–1990*, pp. 139–172. New York: Mouton de Gruyter.

Ricento, T. 2006. *An Introduction to Language Policy: Theory and Method*. London: Blackwell Publishing.

Strydom, J.F., Kuh, G.D. and Mentz, M. 2010. 'Enhancing Success in South Africa's Higher Education: Measuring Student Engagement'. *Acta Academica* 42(1): 259–278.

Tollefson, J.W. 2006. 'Language Planning and Policy: Issues in Language Planning and Literacy'. In K. Brown (ed.), *Encyclopedia of Language and Linguistics*, pp. 753–757. Amsterdam: Elsevier.

Jacquemin, C. 2001. *Spotting and Discovering Terms through Natural Language Processing*. Cambridge, MA: MIT Press.

University of Limpopo. 2020. *Language Policy*. Polokwane: University of Limpopo.

UNESCO. 2010. 'Educational Equity for Children from Diverse Backgrounds: Mother Tongue-based Bilingual or Multilingual Education in the Early Years. http://www.unesco.org/en/languages-ineducation/publications/.

Webb, N. 2009. 'The Teacher's Role in Promoting Collaborative Dialogue in the Classroom'. *British Journal of Educational Psychology* 79: 1–28.

3

Udaba Lwezilimi Zomdabu Njengezilimi Zemfundo Ephakeme eNingizimu Afrika

Mthobisi Busane
Hloniphani Ndebele

Isingeniso

Ukubhala kwabafundi ngokwezinga lemfundo ephakeme kuyisisekelo ekufundeni nasekufundiseni emfundweni ephakeme futhi kuyindlela yokufunda eyenza ukufundwa kolwazi nokusetshenziswa kwalo kube lula. Abafundi bahlolisiswa kakhulu kwabakubhalayo, ngakho-ke kumele bakuqonde kokubili ukubhala; ukubhala okujwayelekile nokubhala okuqondene nokulandela amaphuzu athile ukuze bakwazi ukuphumelela emfundweni ephakeme. Ukubhala emfundweni ephakeme uma sibheka eNingizimu Afrika kubonakalisa ukuthi kubuswa isiNgisi nokuwulimi olumandla kakhulu ekufundeni nasekufundiseni. Lokhu eminyakeni eminingi edlule sekwenze ukuthi abafundi abasuka ezikoleni ezihlwempu imfundo yabo nokucabanga okusezingeni eliphezulu njengokubukisa izinto ngobuhlakani nokukwazi ukuzihlaziya ingabukeki ibasiza. Ngokunjalo nokuzithuthukisa ngokwamakhono kubukwa ngokwezinga labo lolimi lwesiNgisi nokuwulimi abangenalo amakhono alo, akubhekisiswa ukuthi indlela yabo yokubhala ayithikamezwa yini imvelaphi yabo yolimi (Pineteh, 2014).

Nanoma kunjalo, ukubelesela kweziphakamiso zokuthi kube nohlelo lobuliminingi emfundweni jikelele yaseNingizimu Afrika nokuwuhlelo olwesekwe izinqubomgomo nezinhlaka eziningi, sekubonakale kuthela izithelo ekufakweni kwezilimi zomdabu ezahlukahlukene emfundweni ephakeme. Lo mzamo ubukeka uhlabahlosile ekubhekaneni nezinkinga zokungalingani ngokolimi, ukungalingani ngokosikompilo, nokungatholi imfundo elinganayo kwabafundi nokungezinye zezinkinga abafundi ababukhali ezilimini zomdabu ababhekana nazo emfundweni ephakeme.

Nanoma sezithuliwe izilimi zomdabu njengezilimi zokufunda nokufundisa, ikakhulukazi eMinyangweni yeZilimi zoMdabu emfundweni ephakeme, izinkinga zokungakwazi ukubhala ngendlela yezinga lemfundo ephakeme zisabonakala. Nanoma kwaziwa kahle kamhlophe ukuthi ukubhala ngolimi lwakho kukunciphisela izinkinga, kumele kungacatshangwa ukuthi abafundi baba ngochwepheshe bokubhala uma benikwa ithuba lokubhala ngezilimi zabo zomdabu. Ngakho-ke inhloso yalesi sahluko ukubhekisisa kakhudlwana izingqinamba ezigqame ekubhalweni kwemisebenzi yabafundi bebanga lonyaka wokuqala ebhalwe ngolimi lwesiZulu, nokuwulimi olubalwa nezinye zezilimi ezisemthethweni eNingizimu Afrika.

Ekumiwe ngalo ngelokuthi ukubhala ngendlela okuyiyo, kunanoma yiluphi ulimi, kumele kuqhakanjiswe ngendlela eyamukelekile yemfundo nokuyiyo eletha ukudlondlobala phakathi kokufika komfundi emikhakheni yemfundo ephakeme nokuqonda izidingongqangi azidingayo ukuthi aqondisise inkambiso yemfundo ephakeme emataniswa nosikompilo lwakuleso naleso sikhungo semfundo ephakeme. Lolo lwazi kumele lubonakale luthuthuka ekufundeni nasekufundisweni ngezilimi zomdabu ngendlela eyinkambiso enobunyonico.

Isimo solimi emunxeni wemfundo ephakeme eNingizimu Afrika

Udaba lokusebenza kwezilimi zomdabu emfundweni ephakeme selube indaba egudwini iminyaka eminingi ezingxenyeni zebalazwe lase-Afrika. Amazwe amaningi e-Afrika agqilazwa ukubusa kwezilimi zengcindezelo njengesiNgisi, kanti kwezinye izindawo kudlange isiFrentshi – bese izilimi zomdabu zidudulelwa emsileni. Kwakhona ukuthi eNingizimu Afrika isiNgisi sisaqhubeka nokuba wulimi olunamandla lokufunda emfundweni ephakeme nesemazingeni aphansi emuva kokuba sekuphele isikhathi samashumi amabili eminyaka izwe lathatha inkululeko ngokomthethosisekelo, kushiya imibuzo. Lokhu kukhomba ukungabi mqoka nokungakhululani kwendlela okuqhutshwa ngayo izinto endimeni yobuliminingi.

Abanye abacwaningi bami ngelokuthi indlela yemfundo eNingizimu Afrika nase-Afrika imbala inomunxa wolimi olulodwa, akukhathalekile ukuthi umfundi uphuma ekhaya elinjani, imfundo yakhona isagcwele ingcindezelo (McKinney, 2017). Lokhu kusuka kakhulu ensileni yomlando wokungalingani phakathi kwezilimi ezisetshenziswa

emphakathini nezilimi ezisemthethweni zokufunda nokufundisa (Rassool, Edwards noBloch, 2006). Ingane ekhuluma ulimi lomdabu ingena esikoleni ifunde ngolimi lwayo lomdabu kuze kube ifinyelela ebangeni lesithathu (*grade 3*), kodwa uma idlula kuleli banga lesithathu isiyaqala futhi ifunda ngesiNgisi nesisuke sesiwulimi lokwengeza. Ekuqaleni kwebanga lesine (*grade 4*) sekuyaqala kulindeleka umntwana obekade azi kangcono ulimi lomdabu ukuthi azi isiNgisi sengathi usincele ebeleni, futhi naso kulindeleke ukuthi asisebenzise kuzo zonke izifundo ngaphandle kwesifundo esisuke siqondene nokuthi siwulimi lwakhe, njengesiZulu.

Izinsizakufunda njengezincwadi namabhuku emibhalo kutholakala ngesiNgisi, ngokunjalo nemisebenzi yekilasi iba ngesiNgisi. Okubuhlungu ukuthi lezi zingane ezimandla kakhulu ezilimini zomdabu kumele zithole imfundo efanayo neyalezo ezisebenzisa isiNgisi njengolimi lwasekhaya neningi lazo zisezikoleni ezithuthukile. Ulwazi lolimi namava abafika nawo abafundi abaqonda kangcono izilimi zomdabu uma bezofunda avele afane neze leze futhi angabasizi ngalutho uma sebedlule ebangeni lokuphothula (Christie noMcKinney, 2017). Isimo esifana nalesi siletha olunye utalatiya maqondana nentuthuko eqondene nabafundi abaqonda kangcono izilimi zomdabu, kugcina sekuqhakambiseka ukungalingani ngokwamasiko, bese kushabalala ubulungiswa.

Ngezikhathi zengcindezelo nobandlululo eNingizimu Afrika, inqubo yemfundo yakhona yayimiselwe ohlakeni olucwasayo nolubukela phansi ezinye izilimi nokwagcina sekuholele ekutheni abafundi abaningi abamnyama bagcine beshaywe ngesithende emfundweni eseqophelweni eliphezulu. Lokhu kwagqama kakhulu enqubomgomweni yemfundo ephakeme neyabe ibonakala ngokukhetha ibala nokwagcina sekwakha umehluko emfundweni ephakeme ngokuthi kunamanyuvesi okuthiwa awabamnyama, nokuthiwa awabamhlophe (Reddy, 2006; noBunting, 2004). Lokhu kuveza uqhekeko olumandla uma kubhekwa ibala, kubuye kuveze nendima edlalwe ulimi nesikompilo ekwakheni isithombe esiveza ubunjalo bezikhungo zemfundo ephakeme nhlangothi zombili – njengokuthi lana isezikhungweni zabamnyama, lapho ikwezabamhlophe (Bunting, 2004). IsiNgisi nesiBhunu kwakuyizona zilimi ezihamba phambili ezikhungweni zemfundo ephakeme. Ezomdabu zazifundiswa kubafundi abamnyama njengamamojuli okuqhuba isikhathi, ayikho into eyayitheni ababeyizuza kuzo.

Emuva kokushicilela umthethosisekelo wentando yeningi ngowe-1994, uhulumeni wazibophezela ekuthuthukiseni imfundo ephakeme. Lesi sibophezelo, izimpande zaso zimile kakhulu emigomweni yomthethosisekelo wentando yeningi oqhakambisa ukulingana, inkululeko, ukuhlonishwa kwesithunzi somunye nomunye nokungacwasani ngokwebala (Republic of South Africa, 1996). Nanoma kunjalo, kodwa kusabonakala ukuthi ukusebenza kolimi emfundweni ephakeme eNingizimu Afrika kusaqhubeka nokubhebhethekisa insila yesikhathi sobandlululo noma sekuphele isikhathi samashumi amabili (20) eminyaka inkululeko yaqala ukuphefumula (Desai, 2016).

IsiNgisi nesiBhunu uma ubhekisisa kahle yizona zilimi esingasho ukuthi zisaphethe emfundweni noma sekusobala ukuthi amaphesenti angama-76 abantu baseNingizimu Afrika akhuluma izilimi zomdabu (Heugh, 2003; Alexander, 2005; noDesai, 2016). Izilimi eziyi-9 zomdabu zisaqhubeka zizithola zidudulelwa emsileni ngokuthi zinganikwa indawo efanele emfundweni ephakeme (Heugh, 2003; noDesai, 2016). Nanoma kunjalo kodwa kukhona okunika ithemba, uhulumeni wentando yeningi eNingizimu Afrika usehlele inqwaba yezinqubomgomo zolimi okuhloswe ngazo ukuthi kwenyuswe izinga lokusebenza kwezilimi zomdabu emfundweni ephakeme.

Ezinye zalezi zinqubomgomo zibandakanya Umbiko Wekomidi LikaNgqongqoshe Ekuthuthukisweni Kwezilimi Zomdabu Wase-Afrika Njengezokufunda Nokufundisa Emfundweni Ephakeme, phecelezi iMinisterial Committee Report on the Development of Indigenous African Languages as Medium of Instruction in Higher Education (2003), Umbiko Wekomidi LikaNgqongqoshe Oguqukweni Nokuhlala Ngokubambisana kanye Nokuqedwa Kokucwasana Ezikhungweni Zemfundo Ephakeme, phecelezi iMinisterial Committee Report on Transformation and Social Cohesion and the Elimination of Discrimination in Public Higher Education Institutions (Department of Education, 2008), Umgomo Wemfundo Ephakeme Nokuqeqeshelwa Amakhono Emuva Kukamatikuletsheni, phecelezi iWhite Paper for Post-Secondary School Education and Training (Department of Higher Education and Training, 2012), Nombiko Oqondene Nokusetshenziswa Kwezilimi Zomdabu Njengezokufunda Nokufundisa Emfundweni Ephakeme, phecelezi iReport on the Use of African Languages as Mediums of Instruction in Higher Education (Department of Higher Education and Training, 2015).

Nanoma zikhona lezi zinhlaka, kodwa kubukeka kunobugwingcigwingci phakathi kwenqubomgomo nokusebenza kwayo njengoba isiNgisi nesiBhunu kusaqhubeka nokubusa ekufundeni nasekufundiseni emfundweni ephakeme nokuyinto ecindezela izilimi zomdabu nabanikazi bazo (Alexander, 2005; noPrah, 2006). Nanoma kubhekwa ushintsho ezibalweni zabafundi makubhekwa ubuhlanga nolimi lomuntu nomuntu, ubheka izinqubomgomo nokusebenza kwazo nohlelo lokufunda ezikhungweni zemfundo ephakeme. Kweziningi izikhungo lisavela iqiniso elisobala lokuthi ingcindezelo nobandlululo kusakhona futhi kuqhakambisa ubukhulu nokuphatha kwabamhlophe (Heleta, 2016).

Izinsizakufunda nezinsizakufundisa ezikhungweni eziningi zitholakala ngesiNgisi (Hibbert, 2011). Lokhu sekube nomthelela ongemuhle uma kubhekwa izinga eliphansi lokuzimisela kwabafundi emfundweni ephakeme kwabafundi. Ukuntuleka kwamakhono okubhala nokuqonda amatemu ezifundo nolwazi lwezithombe kubafundi abangesibo abanikazi bolimi oluyisikhondlakhondla, nokuyisiNgisi (Banda, 2009). Ukunezezela kulokhu, ucwaningo maqondana nokuphumelela kwabafundi emfundweni ephakeme luveza ukuthi isibalo ekuphumeleleni kwabafundi abamnyama sehle kakhulu, nezilimi zabo zishaywa ngesithende emfundweni ephakeme (Moeketsi noMaile, 2008). Ekuqondeni lokhu, ukuphumelela kwabafundi kusahleli njengenkinga enkulu ezikhungweni zemfundo ephakeme (Madiba, 2010).

Ukunqindeka kwamandla obandlululo ngowe-1994 kwaqinisekisa ukudlondlobala kwezibalo zabamnyama ekutholeni imfundo ephakeme (Pineteh, 2012; no-Archer, 2010) nokwaholela ebungxubevangeni bamasiko nezilimi ezikhungweni eziningi zemfundo ephakeme. Lolu guquko lweqophelo selubeke amanyuvesi aseNingizimu Afrika engcindezini yoguquko nokuzibonakalisa ngendlela yokuthi inyuvesi nenyuvesi iluphatha kanjani udaba lobuliminingi, futhi lokhu sekube nemixhantela kwezokufunda nokufundisa ngendlela ejwayelekile ngokunjalo nokusebenza kwabafundi njengokubhala ezingeni lemfundo ephakeme.

Izikhungo eziningi zemfundo ephakeme eNingizimu Afrika sezizilalelile izikhalo eziqondene nengcindezi eqondene noguquko oluphoqelela ukuthi kwezinye zezinto kwethulwe izinqubomgomo eziqhakambisa ubuliminingi, ziphinde ziqinisekise ngokugqamile ukuthi ukusebenza kwezilimi zomdabu njengezilimi zokufunda nokufundisa nokwenza imisebenzi yohlelo lokubhala emikhakheni ehlukahlukene kuqhubeka ngobunyoninco. Lokhu kubuye kufakazelwe nawukusebenza kwenqubomgomo entsha yolimi emfundweni ephakeme nekubeka kucace ukuthi zonke izilimi ezisemthethweni eNingizimu Afrika kumele zithathwe njengesizinda esimqoka ekudlulisweni kolwazi, ekuthuthukeni ngokomqondo nasekubambeni iqhaza ekudlondlobaliseni umnotho wolwazi (Department of Higher Education and Training, 2020).

Lesi sihlokwana esilandelayo sichaza ngomhlahlandlela wenjulalwazi yalesi sahluko.

Umhlahlandlela wenjulalwazi

Lolu cwaningo lwesekwe ngenjulalwazi ewumhlahlandlela wemfundo emfundweni ephakeme, phecelezi i-*academic literacies model* (Street, 2004; Lillis noScott, 2007; Carstens, 2012; Van Dyk noVan de Poel, 2013; noBailey, 2018;) neqhamuka ngokuthi iqiniso elimqoka ukuthi ukubhala ezingeni lemfundo ephakeme kumele kuqhakambise ukuthi abafundi baqonde izifundo zemikhakha enhlobonhlobo, baqonde usikompilo lwesikhungo esinjengenyuvesi, bakwazi ukuzikhulumela ngokubonisana ngemibono ehluzile, bakwazi ukukhulisa amagama abo ezindimeni zemfundo baphinde bakwazi ukuqondisisa ulwazi oluqondene ngqo nomkhakha abagxile kuwo kakhulu (Bailey, 2018).

Injulalwazi yomhlahlandlela wemfundo ephakeme igqamisa ukuthi, indlela yokubhala yabafundi incike 'ekufaneni kwamasiko abantu ababodwa, nasekufaneni kosikompilo lwabo nobugugu babo', nokungashiwo kungananazwa ukuthi 'iyona ndlela ekahle yokuziveza kwabafundi ububona nekuyiyona eyamukeleka kangcono kubafundi asebesezingeni lemfundo ephakeme' (Archer, 2010: 497–498). Ngaleyo ndlela, ukufunda kubukeka kubandakanya ingxubevange yamasiko agxile ekuvezeni obala imvelaphi yomfundi ngokubheka umlando wempilo yakhe, agxile ekuvezeni amandla nobudlelwano bemfundo yasesikhungweni esiphakeme namandla alele ekutheni yini okumele ngabe iqondisiswa umfundi (Carstens, 2012). Ukuchazisisa lokhu, kungashiwo ukuthi ukubhala ngezinga lemfundo ephakeme kuyindlela yokufunda eletha ukuxhumana 'phakathi kwendlela abafundi abayibuka ngayo imikhakha ehlukahlukene yemfundo ephakeme nendlela abalusebenzisa ngayo ulwazi abalutholile olumiselwe olweyamaniswa nemfundo ephakeme . . .' (Leibowitz, Goodman, Hannon noParkerson 1997: 5).

Okunye okumqoka kwinjulalwazi yomhlahlandlela wemfundo emfundweni ephakeme ukubaluleka kolimi empilweni yomfundi yasesikoleni (Lillis 2001). Njengengxenye emqoka ekudlulisweni kolwazi nasekucaciseni izincazelo, ulimi ludlala indima enkulu ekuthuthukeni komqondo ekutheni kubanjwe izifundo ezinhlobonhlobo, imisebenzi yekilasi nobumqoka bokuqonda izikhalo ezivela kuthisha ngokumaka (Bailey, 2018). Ukuqondisisa lokhu, kumele kuqondwe ukuthi ukufunda kuyimpilo uqobo lwayo – akusiyo ingxenye yayo, ngakho 'abantu bafunda kalula uma ukufunda kwabo kuyingxenye yesihloko esihlabahlosile nesibenza bazibone bekhululekile ukukhuluma izinto abaziqonda ngokwamasiko abo nabawathatha njengamagugu' nokuthi 'ukukhululeka lapho ukhona' kuwukhiye ekuqondeni ukuthi ukufunda kwenzeka kanjani ngendlela elula (Gee, 2004: 77).

Le njulalwazi ibuye ibe nenkolelo yokuthi ukufunda kudinga izindlela zokuxhumana ezinhlobonhlobo nezahlukahlukene (Street, 2004). Ngakho, kuyacaca ukuthi usizo lokweseka abafundi kumele luhlelwe ngendlela yokuthi lukwazi ukubanika amathuba okusebenzisa amakhono ahlukahlukene ezimweni ezehlukahlukene, emikhakheni ehlukahlukene, emathalenteni ehlukahlukene nokuzobenza bakwazi ukudlulisa ulwazi kwabanye njengendlela ezokwenza kube lula ukusebenzisa amakhono atholakale emfundweni ephakeme (Van Dyk noVan de Poel, 2013).

Lesi sihlokwana esilandelayo sibukisisa amagama amqoka odabeni lokubhala ngezinga lemfundo ephakeme, sibuywe sibukisiswe ucwaningo oseluke lwenziwa esigabeni seNingizimu Afrika maqondana nezingqinamba zokubhala ngendlela eyamukelekile kubafundi abasemfundweni ephakeme.

Ukubhala emfundweni ephakeme

Ukubhala ezingeni lemfundo ephakeme kungachazwa njengendlela esezingeni elikhethekile lokubhala nanoma yini esemkhakheni wemfundo ephakeme usebenzisa imithetho yesipelingi okuyiyo, amagama afanelekile nohlelomisho olulandelekayo (Morley-Warner, 2009). Le ndlela yokubhala ingaphinde ichazwe njengengxenye yokuqeqeshwa kwabafundi besesemazingeni aphansi njengoba besuke benenhloso yokuthi bafezekise izidingo ezibekelwe izinhloso ezithile emfundweni ephakeme njengokuthi kunemiphumela edingekayo ukuze umfundi angene esikhungweni semfundo ephakeme.

Indlela yokubhala esezingeni lemfundo ephakeme ibuye isetshenziswe uma kwenziwa ucwaningo lwesayensi noma kuyokwethulwa izifundo ezinkomfeni ezihanjwa abacwaningi bemfundo ephakeme nothisha bamabanga aphansi nathe thuthu. Okumqoka nokubaluleke kakhulu ekubhaleni ngendlela eyamukelekile emfundweni ephakeme, makubukwa indawo eyisikhungo semfundo ephakeme, ukuthi abafundi bafunde ukugxila ezinkingeni nokuhlaziya futhi kube kuqikelelwa nokuthi leyo ndlela idlulisela indlela yokucabanga ngokuzimela kusetshenziswa amasu emfundo amqoka nomhlahlandlela owamukelekile (Altiwal, 2012).

Ezingeni elifana nelenyuvesi, ukuba nekhono lokubhala ngendlela eyamukelekile kungeminye yemigomo okuhlolwa ngayo nokukalwa ngayo izinga lempumelelo yomfundi nokuthuthuka kwalo emfundweni ephakeme. Nanoma kunjalo, kubalulekile ukuthi kucaciswe ukuthi ukuchwephesha indlela yokubhala emfundweni ephakeme akusiwo umdlalo, futhi ikakhulu uma kusawunyaka wakho wokuqala, nokudalwa ukuthi inkambiso yasenyuvesi ibandakanya izinto eziningi ezingadida ikhanda, njengomzukuzuku wokuhlukanisa phakathi kombono womcwaningi othile nombono wakho ngqo njengomcwaningi (Harries noCunningham, 1994). Nanoma kungaba nzima kangakanani, kodwa uBazerman (1998) ubeka uthi amakhono okubhala ngendlela eyamukelekile emfundweni ephakeme abalulekile kubafundi abakuleli zinga ngoba noma kungathiwani ulwazi oluningi emfundweni ephakeme luhlelwe ngokubhalwa phansi.

Ukubuyekezwa kolwazi ekubhaleni ngezinga lemfundo ephakeme kuveza izindlela ezimbili ezihlabahlosile nokuyizo esezime isikhathi eside kulo mkhakha, indlela yokufunda ngokubuyekeza osuke wakufunda phambilini (*product approach*) nendlela yokulekelelwa noma yokucathuliswa (*process approach)*. NgokukaGabrielatos (2002), indlela yokufunda ngokubuyekeza okusuke kufundiwe ngaphambilini indlela yakudala lapho khona abafundi begqugquzelwa ukuthi babambe ngekhanda incwadi injengoba injalo, isikhathi esiningi leyo ncwadi ivame ukwethulwa nokuhlaziywa emazingeni aphansi emfundweni ephakeme.

Le ndlela yokufunda igxile kakhulu ekubhaleni ngendlela engenayo imidanti nokuwukubhala imisho ngendlela eqondile, ukuqaphela izikhala lapho kuqala futhi kuphela khona ikhasi okubhalelwa kulo, nokuqonda amagama ahambisana nemiqondo equkethwe amabinzana emisho (Hyland, 2003). Okunye okugqamayo ukuthi, ukuthuthuka kolwazi lokubhala kuthathwa njengomphumela wendlela yokufundisa ehlelwe ngendlela yokuqhamuka kwezingxoxwana ezisakulingisa phakathi kukathisha nomfundi, kokunye kube izingxoxwana ezidida umqondo ngokufihla izimpendulo *(quiz/puzzles)*, lezi zindlela zisetshenziswa uthisha uma efundisa (Hyland, 2003). Ngakolunye uhlangothi, indlela yokucathuliswa uthisha isho ukuthi okubhalwa abafundi kubuye kuxoxwe ngakho yibo ukuthi bakubhale kahle yini ngokuthi bahlangane bacebisane ngemibono kunokuthi indoda kube umazimele (Kroll, 2001).

Le ndlela yesekwa uZamel (1983) omi ngelokuthi indlela yokufunda ngokucathuliswa idala amakhono okukwazi ukusungula izinto ngobuciko iphinde yenze ababhalayo bakwazi ukuvundulula nokusebenzisa amakhono uma bezama ukuchaza okuthile. Ngokwale ndlela, ukubhala ngezinga lemfundo ephakeme kugcina sekubukwa njengendlela eletha inkululeko, ukubhala okunomthelela omuhle, nokubhala okungancikile ekhonweni elithile elilodwa. Kungumbono wabacwaningi kulesi sahluko ukuthi imfundo ephakeme kumele ihanjiswe ngenkambiso eqeda kuchazwa. Simi kulowo mbono ngenxa yohlangothi oluncane okugxilwe kulo kulolu cwaningo, ngeke kugxilwe kakhulu ekwakheni ukuphikisana nokuvumelana ngobumqoka balezi zindlela zombili.

Ucwaningo oluningi eNingizimu Afrika lumiselwe ukuthi lubhekisise izingqinamba abafundi ababhekana nazo emizamweni yokuqondisisa ukubhala ngendlela eyamukelekile (Niven, 2005; Banda, 2009; van Dyk, Zybrands, Cillie, noCoetzee, 2009; Pineteh, 2014; Cekiso, Tshotsho noSomniso, 2016). Lolu cwaningo iningi lwalo lwenziwe ngolimi lwesiNgisi nokuwulimi oluthathwa njengolumqoka ekubhaleni ngezinga lemfundo ephakeme ezikhungweni zemfundo ephakeme. Sisalindele ukubona ukuthi luzoba khona yini ucwaningo oluqondene nokubhala emfundweni ephakeme noluzoba ngolimi lomdabu olusemthethweni.

Okumangazayo ngalolu cwaningo olubalwe ngaphezulu ukuthi lonke lugxila ekwenzeni isithombe sokubuka ukubhala emfundweni ephakeme njengomqhudelwano wokuthi ubani ongcono kunomunye kubafundi abaningi abasezikhungweni zemfundo ephakeme eNingizimu Afrika. Uma kungachazisiswa kangconywana kulokhu, uBanda (2009) wathola ukuthi abanye babafundi abamnyama beza ezikhungweni zemfundo ephakeme nolwazi oluncane lolimi lwesiNgisi, nokuwulimi olubusayo emfundweni ephakeme, bese kuba wukuthi amakhono abo okubhala ayashoda kakhulu uma kubhekwa izimfuno nezimiso zenkambiso yezifundo zemfundo ephakeme.

Ucwaningo lukaBanda (2009) lwaphinde lwathola ukuthi bona futhi laba bafundi bazithola sebebhekana nokungalingani nabanye kwezemfundo, lokhu kudalwa ukuthi abanalo ulwazi oluthuthukile lwesiNgisi nokuyiso esitholakala olwazini olubekelwe umphakathi nabafundi. Ukunezelela kulokhu, uPineteh (2014) wathola ukuthi abafundi bafika ezikhungweni zemfundo ephakeme namakhono angenasisindo, bayahluleka ukubhekana nenkambiso yemfundo ephakeme nemigomo yemikhakha ehlukahlukene ebandakanya nokubhala ngendlela eyamukelekile.

Unezela ngokuthi indlela abafundi ababhala ngayo ivame ukushoda ngomsoco nentakasi nokuyinto egqama emagameni amqoka ezifundo abazifundayo, ukubuyekezwa kolwazi lwaphambilini nasekuhlaziyweni kwezimo nezinkinga (Pineteh, 2014). Ukunezela futhi kulokho, uCekiso nabanye (2016) babona izinkinga ekubhalweni kwesingeniso, inkinga yocwaningo, nokuthunga izigaba eziqukethe umqondo ozwakalayo nokubhala isiphetho esingashayi khona. Imisebenzi eminingi yale esibaliwe ihleli egameni lokuthi izingqinamba abafundi ababhekana nazo ziyimiphumela yolwazi abafundi abasuka nalo emazingeni aphansi, umsuka wempilo yabo nemicabango novalo bakuzwa uma sebefika esikhungweni semfundo ephakeme (Banda, 2009; Pineteh, 2014; Cekiso nabanye, 2016).

Ukunezela futhi kulolu lwazi oselwethulwe ngaphezulu, abacwaningi abafana nomMotlhaka nomMakalela (2016), uBanda noBanda (2018), uNgcobo noNdebele noBryant (2021) – ukukha nje kwabambalwa – sebekuveze obala ukuthi kumele kuhlelwe izindlela zokufunda eziqhakambisa ubuliminingi nezizovumela abafundi ukuthi bakwazi ukusebenzisa izilimi zabo zebele, ikakhulukazi ezomdabu, ekutheni kube nenqubekela phambili emfundweni yabo ephakeme. Ukuqondisisa izinkinga zabafundi eziqondene nokubhala ngendlela ekuyiyo odabeni lwezilimi zomdabu kubalulekile ekuzameni ukuqeda inkolelo engahunyushwa kahle maqondana namakhono okubhala abafundi okubukeka ecikizela, kungaphinde kusize ekutheni kuthuthuke izinga lokubhala ngezilimi zomdabu ikakhulukazi uma sibheka udaba lokuthuthukiswa kwezinga lokusebenza kwalezi zilimi emfundweni ephakeme.

Indlela yokuqhuba ucwaningo

Lolu cwaningo lusebenzisa indlela yokuqonda ulwazi ngokubhekisisa ubunzulu balo nokuyikhwalithethivu. NgokukaBabbie noMouton (2007), uMarshall noRossman (2011) indlela yokuqonda ulwazi ngokubhekisisa ubunzulu balo ivame ukubhekisisa ukuthi abayingxenye yocwaningo ithini imibono yabo namava abo, iphinde iveze indlela evulelekile yokubuka izinto ngeso lokusebenzisa izithombemqondo ezinhlobonhlobo ukuqondisisa isihloko ekusuke kugxilwe kuso, iphinde isize ukuqondisisa izindlela ezehlukahlukene zokuhumusha nokutolika ulwazi nokukwazi ukuthi yiziphi izinto ezinomthelela kuleyo nkinga esuke icutshungulwa.

Njengoba lolu cwaningo luncike ezinkingeni zabafundi bebanga lonyaka wokuqala esikhungweni semfundo ephakeme ikakhulukazi emkhakheni wokubhalwa kwama-eseyi ngesiZulu, indlela yokuqonda ulwazi ngokubhekisisa ubunzulu balo ibukeka ilulungele kahle lolu cwaningo. Ulwazi olusetshenziswe ukuthola izimpendulo zocwaningo lutholakale kuma-eseyi abafundi ababewabhala bengamaqoqo. Eqoqweni ngalinye abafundi babeli-10. Iningi labafundi likhuluma isiZulu njengolimi lwebele, baqala ukufunda isiNgisi njengolimi lokwengeza eminyakeni engama – 12 eyedlule. Bonke abayingxenye yocwaningo banikwa umsebenzi wokuthi babhale i-eseyi enamagama ali-100 kuya kwayi-1500: Isihloko somsebenzi wamaqoqo sasihlelwe kanje:

'Izaga zisuselwa ekubukeni indlela izinto ezenzeka ngayo, kanti ezinye zisuselwa emlandweni, ezinganekweni, emasikweni nokunye. Bhala i-eseyi uchaze ubuqiniso balesi sitatimende. Sekela impendulo yakho ngezibonelo zezaga zesiZulu.'

Abafundi banikwa isikhathi esingamasonto amathathu ukubhala umsebenzi wabo nabanye ozakwabo, kwakwenzelwa ukuthi bathole isikhathi esanele sokucabanga bese bebhala ngobuyoninco. Uhlaka lokumaka lwethulwa kubafundi ngaphambi kokuba baqale umsebenzi. Lo msebenzi wawuqondene nabafundi abakwenye ikhempasi eNyuvesi yaseFree State, wawungaqondene nabafundi besiZulu enyuvesi jikelele. Izinkinga ezagqama emisebenzini yabafundi zatshengisa ukuthi umqansa uyanyukela. Isihloko nezihlokwana ezilandelayo zigxile kuzo lezi zinkinga.

Izingqinamba ezibhekana nabafundi ekubhaleni ngesiZulu emfundweni ephakeme

Imisebenzi (*assignments*) yabafundi ihlaziywe ngezindlela eziyimigogodla ebalulekile kusetshenziswa indlela yokuqonda ulwazi ngokubhekisisa ubunzulu balo. Izingqinamba ezigqamile endleleni abafundi ababhala ngayo zibalulwe zagqanyiswa ezihlokwaneni ezilandelayo:

Ukubhala isingeniso

Isingeniso ngokwesimo saso kusuke kuhloswe ukuthi kuhehwe ofundayo ukuthi asheshe athole umnyombo wendaba/we-eseyi ngokuthi kwakheke izithombe ezihumushekayo nokwenza ofundayo azithole esefake amehlo njo embhalweni, nokwenza agcine esegqugquzeleka ukuthi avele awufunde wonke umbhalo noma indaba, okukanye i-eseyi. Nanoma zikhona ziningi izindlela zokubhala isingeniso, enedumela kakhulu njengohlaka olusebenzayo ileyo eyakhiwe yaba unxantathu, phecelezi i-*inverted triangle model* (Davis, Davis, Stewart & Bullock, 2013). Lolu hlaka olungunxantathu luveza umhlahlandlela olandelanisa ngononina izihlokwana ezibalulekile uma uqala isingeniso;

Umusho/imisho echaza okusobala

↓

Umusho ozochaza okuzogxilwa kukho

↓

Umbono umbhali ami kuwo ngesihloko noma ngombuzo womsebenzi

↓

Uhlelo lwe-eseyi

Ngokolwazi oselwethulwe lapha ngaphezulu, kubonakele ukuthi iningi lezingeniso zemisebenzi elethwe abafundi kuma-eseyi azikho izihlokwana ezikhuluma ngenkinga ekusuke kugxilwe kuyo, kokunye uhlaka lokusuke kuqukethwe, kusuke nje kungekho nhlobo. Kwezinye izimo kutholakala ukuthi umfundi uhlulekile ukuveza isisusa somsebenzi asuke ewubhala. Kuvezwe kahle lapha ngezansi ngesibonelo;

Isibonelo sokuqala:

Ubuciko bomlomo imisebenzi eyinhlanganisela esungulwa abantu ngobuciko noma ngekhono ngale kokuthi babhale phansi. Ubuciko bomlomo inkulumo eyingxoxo eyedluliselwa ezizukulwaneni ngomlomo kodwa esikhathini samanje sebuyaye bubhalwe phansi. Uma kukhulunywa ngobuciko bomlomo kukhulunywa ngezinganekwane, izinkondlo, iziphicaphicwano, imilozi, kanye nokunye. Ubuciko bomlomo bubaluleke kakhulu ngoba benza inkulumo ibe nobuchwepheshe. Buyasiza nasekuxhumaniseni imindeni nokukhuluma nabalele. Buphinde busisize ngokwazi imvelaphi yabantu abamnyama ukuthi bangakhohlwa imuva labo. Ukhumbule ukuthi ongazazi ubuyaphi akazazi uyaphi.

Isaga into enemiqondo eminingi noma izincazelo eziningi. Isaga siyaye sisetshenziswe ukuchaza into ewumhlola noma engajwayelekile ngaleso sikhathi esithile. Izaga ziyasetshenziswa uma kubhungwa noma kubhalwa. Zibuye zisethenziswe ukunonisa inkulumo, ukusonga, ukuxwayisa nokweluleka umuntu. Ulimi lwesiZulu lujulile futhi lunonile ngokusetshenziswa nangokhulunywa kwalo. Izaga indlela esetshenziswayo ukukhuluma sakutekula, ukuchaza kabanzi ngaleyo nto okukhulunywa ngayo. Inhloso yale eseyi ukucacisa kabanzi ngobuciko bomlomo, ikakhulukazi izaga. Kuchazwe ukubaluleka kwazo futhi zenza msebenzi muni esizweni sabamnyama. Kubhalwe le eseyi ngenhloso yokunanazela okwaziwayo nokufunda esingakwazi. Le eseyi inesingeniso, umzimba lapho kuzobe kugxilwe kakhulu ezinhlotsheni zezaga nezibonelo zazo bese kuba isiphetho lapho kuzobe kufingqwa konke okushiwo emzimbeni bese kubekwa umbono wokugcina.

Kulesi sibonelo esingaphezulu, ubumqoka bomsebenzi abugcwele kakhulu esingenisweni. Lolu lwazi olumqoka lomsebenzi luhlelwe ngendlela engagculisi kahle, ngeke ozofunda umsebenzi azwise ukuthi kuhlosweni ngawo. Makubhekisiswa kahle abafundi baxoxa ngesihloko esikhulu sobuciko bomlomo, yebo isifundo sisonke sigxile ebucikweni bomlomo kodwa uma esebubhala njengesihloko ekugxilwe kuso, usuyalahleka umqondo wokuthi isihloko empeleni sigxile kakhulu ezageni – nazo eziyingxenye yobuciko bomlomo. Abafundi lapha abagxilile embuzweni obayalela ukuthi bavume noma baphike ukuthi izaga zisuselwa kuphi. Kulindelwe ukuthi uma iqala impendulo sizwe amagama afana nokuthi:

> Izaga zisuselwa emaqinisweni aseke enzeka/izaga azisuselwa esimweni esifana nalesi esibalulwe esihlokweni . . . sikusho lokhu ngoba kukanje nakanje. Le eseyi izoveza ukuthi sikushiso yini lokhu ngokusebenzisa ulwazi olumqoka esilufundile.

Akushiwo ukuthi abafundi sibafunza amazwi okuthi kubhalwa kanjani, kodwa njengothisha balesi sifundo kuyaziwa siyakwazi ukuzwa ukuthi njengoba isihloko sihlelwe ngendlela ethile, kumele isingeniso sabafundi sizwakale ngendlela ethile. Kulesi sibonelo esingaphezulu okugqamayo ukuthi abafundi sebegxile kakhulu ekuchazeni isaga nasekuvezeni umsebenzi waso osikweni loMzulu. Okunye okugqamayo ukuthi bachaze ubuciko bomlomo baze bakhohlwa isihlokwana ekugxilwe kuso. Ngesikhathi kufundwa isingeniso umuntu uyazibuza ukuthi njengoba bekalelwe isibalo esithile samagama bazokwazi kanjani ukugxila olwazini olubalulekile ukuze kongeke isikhala sokubhala njengoba kubukeka sengathi intshisekelo yabo isekuchazeni isifundo kunokuthi bakhethe uhlangothi abahamba nalo bese beluseka ngamaphuzu.

Okunye futhi okugqamayo ukuthi inhlosonqangi yomsebenzi ayibhaliwe ngendlela egqamile futhi iphuzu abafundi abami kulo alibonakali nhlobo. Okunye futhi okugqamayo ukuthi abafundi bagxila kakhulu ekuchazeni ukuthi iyini i-eseyi nokuthi ibaluleke ngani esikhundleni sokuthi babike uvo lwabo ekutheni bawuzwa kanjani umbuzo futhi bazimisele ngokuwuphendula kanjani. Lokhu kungase kwenzeke ukuthi kudalwa ukushoda kwekhono lokukwazi ukuhlaziya umbuzo nezimfuno zawo nokungaqondisisi izindlela ezehlukahlukene zokwakha isingeniso esihehayo.

Ukuseka imibono

I-eseyi ekusuke kusekwe kahle kuyo amaphuzu abafundi abami kuwo yilona hlobo lwe-eseyi oluvame kakhulu emabangeni aphansi emfundo ephakeme ikakhulukazi ezifundweni zobuciko (Arts), ezoluntu (Humanities) nezesayensi yenhlaliswano (Social Sciences). Nanoma zikhona-ke izinhlobonhlobo zama-eseyi ezihamba ngomkhakha nomkhakha nemihlahlandlela yakhona, ukuzwakala kwephuzu umfundi ami kulo nalelo alishaya indiva yikho okuwukhiye ekubhalweni kwe-eseyi ngendlela eyamukelekile emikhakheni eminingi yemfundo ephakeme (Lea noStreet, 1998).

Ukuqokwa kwephuzu nokuhlatshwa kuhlikizwe okungahanjiswana nakho iyona ndlela emqoka emfundweni ephakeme emelwe ukusetshenziswa yinoma ubani ekusekeni amaphuzu nasekubekeni ubufakazi bokuthi ulwazi aluthathelwanga emoyeni kodwa lube nokuxhumana neminye imisebenzi ehlabahlosile egxile esihlokweni, njengokufunda ucwaningo oluhlobene nesihloko (Mayberry, 2002: 4). Lo mbono ubuye usekwe nanguFonseva no-Andrews (1995: 3) abachaza ubumqoka bamaphuzu omfundi uma enza umsebenzi ngokuthi 'ukubeka iphuzu lakho nokuveza ongakuzwisisi kahle kuyinhlanganisela yolwazi oluvela emithonjeni yolwazi eminingi ekuhloswe ngayo ukuveza uhlangothi olukhethwa umfundi/umcwaningi ngokwamaphuzu akhe nokwenza kugcine sekuphenduleka nalolo hlangothi olubonakala lungahambisani nendlela yokuhlaziya ehlelekile, ngoba kusuke sekuvela ukuthi yini eyenze lwangakhethwa lona.

Emisebenzini yabafundi okugqamayo ukuthi abafundi abaningi bahlulekile ukuveza uhlangothi olutshengisa ukuthi bayawuzwa yini umbuzo futhi bayaqonda yini ukuthi okungesilo iqiniso kungani bethi akusilona. Empeleni iningi labo baqhamuka sebephinda umbuzo womsebenzi ngokuwunonga ngezithako ezinhlobonhlobo. Kwezinye izimo kutholakala ukuthi abakaze bazame nokuzama ukuveza ukuthi abakushoyo bakushiso yini. Asibheke nasi isibonelo esilandelayo:

Isibonelo sesibili:
Ubuciko bomlomo kuwukusebenzisa amagama anembayo kanye nahehayo ukuletha umgqumo omnandi enkulumweni yesethuli, ngokusebenzisa izimo zokukhuluma ezifana nehaba, izifenqo, njalonjalo. Buphinde bube yigugu kubantu abamnyama ngoba budlala indima esemqoka ekuyaleni, ekuxwayiseni nokufundisa abantu, buphinde budlulise ubuhlakani, ngokusebenzisa izaga, izisho, amahubo, njalonjalo. Izaga ziyingxenye yobuciko bomlomo. Zona zichaza izimo ezithile, ziphinde zibe inkulumo enothile elangazelekayo edlulisa umlayezo. Zinomqondo ocashile. Le eseyi izobheka izaga ezisuselwa ekubukeni

indlela izinto ezenzeka ngayo, ezisuselwa emlandweni, ezinganekweni nasemasikweni.

Lolu lwazi olucashunwe ngaphezulu luveza ngokusobala ukuthi kusenokushoda kolwazi kubafundi lokuthi ukwakha isilandelo samaphuzu akho kuyini emfundweni ephakeme. Abafundi babuyisa umbuzo unjengoba unjalo esikhundleni sokuthi basho uhlangothi abami kulo maqondana nombuzo womsebenzi. Okunye okugqamayo ngasekugcineni ukuthi abafundi baveza ukuthi bazokhuluma ngezaga ezisuselwa ezihlokwaneni ezithile kodwa abakuvezanga ukuthi bayavuma noma bayaphika yini ukuthi zisuselwa kuzo lezo zihlokwana. Ngokwabo ungaze ucabange ukuthi bathi, 'Useyobona ofundayo/omakayo ukuthi vele siyavuma noma siyaphika!' Kuyafana nasesibonelweni sokuqala, akukho okugqamayo okukhombisa ukuthi nakhu abakukubeka njengombono wabo ozimele nosekwe eminye imithombo yolwazi ukuthi bami kuwo.

Uma kubhekwa nje kolunye lolwazi olubhalwe la, abafundi bathi, 'Sibhala le eseyi ngenhloso yokunanazela esikwaziyo nokufunda esingakwazi.' Sicabanga ukuthi bebeqonde ukuthi banezelela ngabakwaziyo . . . nalokho kusaveza ukushoda kwentshisekelo ekubhaleni umsebenzi ngokuveza inhloso ezokufinyelisa esiphethweni sempendulo yakho oyiveze ekuqaleni usakhombisa ukuthi uyasizwa isihloko ukuthi sidingani. Kubuye kuveze ukushoda kothando lomsebenzi uma ngabe abafundi beli-10 eqoqweni bebhala umsebenzi ongamakhasi amabili kodwa kuqhubeke kube khona amaphutha afana nawesipelingi namaphutha afana nokuthi wehluleke ukweseka uvo lwakho. Lokhu kukhombisa ngokusobala ukuthi kusanomqansa omude okumele unyukwe ngoba abafundi liyabashaya ikhono lokulalela isihloko somsebenzi, umbuzo womsebenzi, ukuveza uhlangothi okhombisa ngalo ukuthi umbuzo uyazwakala, ukuhluleka ukuveza ulwazi oluzoqukathwa umzimba nokuhluleka ukugabisa ngesiphetho ukuthi sizoma kanjani.

Ukuhlelwa kwezigaba

Ukuseka umbono ekubhaleni kwezinga lemfundo ephakeme yikhona okumqoka kakhulu uma kubhekwa ukuhlelwa kwamaphuzu emsebenzini obhaliwe. Umbono udinga ukusekwa ngendlela ebhalwe ngokulandeleleka kahle nesuke iqukethe lonke ulwazi oluhlabahlosile olumele iphuzu nephuzu olivezile. NgokukaWali noMadana (2020), isigaba iqoqa lemisho emele amaphuzu ahlobene, nethi uma isihlangene leyo misho bese kwakheka umqondo owodwa ozwakalayo. Ngokolimi olulula lapha sikhuluma ngamapharagrafu. Amapharagrafu ngokwemfundo ephakeme anendlela yawo emiselwe yokuwahlela.

Lokhu kuhleleka okuyikho kwamapharagrafu kwenza ofunda umsebenzi obhaliwe awuzwe kalula. Indlela ehlelekile elandeleka kalula yile yokuthi uqale ngomusho oqukethe umnyombo wesihloko, kube yile misho eseka lowo musho oqukethe umnyombo wesihloko bese kuba yilo ophetha ngawo novame ukuqukatha umbono wakho ozimele (Boardman noFredenberg, 2008). Ngamanye amazwi akulindelekile imithombo yolwazi eminingi esiphethweni socwaningo/se-eseyi ngoba sisuke sesizwa uvo lwakho emuva kokuba ukade wakhe impikiswano nemvumelwano ngokusebenzisa imithombo yolwazi enhlobonhlobo emzimbeni womsebenzi. Ezibonelweni ezilandelayo kunobufakazi obusobala bokuthi abafundi bayahluleka ukuhlela izigaba ngendlela eyamukelekile:

Isibonelo sesithathu:
Imvelo izinto ezingadalwanga umuntu, kodwa, zimane zivele ngoba ziyadingeka emhlabeni. Imvelo kungaba izinto ezifana nezihlahla nezilwane kuningi esingakubala okuyimvelo. Isaga esitholakala kungesemvelo esithi, 'Inkomo ingazala umuntu,' lesi saga sisuselwe ekutheni inkomo ngeke yamzala umuntu kusuke kufungwa ukuthi into ethile ngeke yenzeke. Esinye isaga semvelo esithi, 'Asikho isilima esindlebende kwabo' lesi saga sichaza ukuthi ngisho umuntu angaba mubi kangakanani ngezenzo zakhe kodwa abakubo bayohlezi bemthanda. Esinye isaga esimayelana nemvelo esithi, 'Ukhuni luzala umlotha'. Lesi saga sichaza ukuthi uma ukhuni lubasiwe lugcina luwumlotha, kanti eqinisweni lesi saga sisuke sifanisa singafuni ukukhomba ububi bozalo lomuntu. Ngumuntu lona osebizwa ngokhuni, nengane isibizwa ngomlotha. Ingane isuke ifuze umzali.

Iziphicaphicwano ngenye yezindlela zokudluliswa kolwazi ngabantu abadala ababedlulisela ngayo kwabasakhula. Iziphicaphicwano zihambisana nesikhathi. Uma kuphicaphicwana kuyaye kube khona umphici nabaphicwayo okungaba umuntu oyedwa noma ngaphezulu. Umuntu wokuqala okunguye ophicayo uqala ngokuthi, 'ngiphicaphica', bese kuthi lowo ophendulile kube nguye othola ithuba lokubuza ngokushintshana. Isibonelo: Ngiphicaphica ngomuntu wami othwele isambulela esimhlophe ~ impendulo, IKhowa. Ngiphicaphica ngesibhamu somthukuso ~ impendulo, ubhatata, Ngiphicaphica ngentombi yakwethu abaphenya isidwaba bese beyipheka ~ impendulo, Ummbila oyifutho. Uma uphicaphica kumele isiphicaphicwano sakho usichaze ngokusebenzisa amagama athile azosicashisa ukuze singabi sobala kulabo abaphicwayo bangasheshe bayithole impendulo. Lokhu kuyasiza kakhulu ke kuyena ophicayo nalabo abaphicanayo ukuze bajule ekusetshenzisweni kolimi.

Isibonelo esingaphezulu siveza izigaba ezimbili ezilandelanayo. Kuzo zombili, imisho engenisa isigaba ngasinye inokungazwakali kahle ukuthi kuqondwe kuphi, kushiwo lokhu ngoba akucaci zibekwa ukuthi yini le ekumele iqondwe ofunda umsebenzi njengolwazi lwesingeniso esigabeni ngasinye. Ngaphandle kokuthi izaga zisuselwa emvelweni ekubeni isihloko sesilibekile iphuzu eliwujuqu lokuthi zisuselwa ezenzweni, kusagqamile ukuthi akuveli ukuthi bayavuma noma bayaphika yini ukuthi izaga zisuselwa ekubukeni indlela izinto ezenzeka ngayo, kanti ezinye zisuselwa emlandweni, ezinganekwaneni, emasikweni nokunye.

Abafundi bachazelwa ukuthi izaga zisuselwa ezehlakalweni ezibukeka ziyiqiniso elingaguquki neligcina seliphenduka isifundo ekuhambeni kwesikhathi. Ngakho-ke, izaga ziqondene nempilo yomuntu kuphela, aziqondene nemvelo futhi azisuselwa kuyo, zisuselwa ezenzweni ezabonakala ngokobuhlakani ukuthi azinakuphikiseka, ziyohlezi ziqukethe ubuqiniso. Ukunezela kulokhu, okunye okugqamayo ukuthi, akukho ukuhambisana okusobala kweminye yemisho esigabeni ngasinye nokwenza umbhalo ungabe usalandeleka futhi ucobane.

Okunye okuthusa kakhulu ukuthi njengoba kwaziwa kahle kamhlophe ukuthi abafundi kumele beseke imibono yabo ngemisebenzi yocwaningo esike yenziwa ngaphambilini, abayinaki leyo, ayibonwa nangokhasha imithombo yolwazi emisebenzini yabo. Lokhu kugcina sekwenza ukuthi bavele njengabantu abanolwazi oluyisiqinisekiso esiwujuqu kuyo yonke into, babuye bavele njengabantu abavilaphayo ukucwaningisa ngemibono yabanye abacwaningi asebeke bacwaninga ngesihloko esifana nesomsebenzi wabo ukuze bezokwakha iphuzu besebenzisa imibono esivele isebenza njengesisekelo.

Ubhalomagama – Ukwephulwa kwemithetho yokubhala esiZulwini

Ubhalomagama lwesiZulu seludlule ezigabeni eziningi zokuluthuthukisa eminyakeni edlule, umzamo wokugcina ushicilelwe ngonyaka wezi-

2021 (Maphumulo, 2021). Nanoma kunjalo kodwa izikhalo aziphezi ukuvela maqondana nendlela engathokozisi ekubhalwa ngayo isiZulu emithonjeni eminingi ebika maqondana nezinto ezenzeka ezweni njengamaphephandaba.

Ukwephulwa kwemithetho esetshenziswa ekubhalweni kolimi lwesiZulu kuhlanganisa ukungaqondi ukusetshenziswa kwekhonco, ukufelebisa, ukunqanyulwa kwamagama nezimpawu zokuloba. Izibonelo zalokhu yilezi ezilandelayo:

Isibonelo sesine:

Okubhaleke kabi	Okubhaleke kahle
(i) Lesisaga	Lesi saga
(ii) Isizulu	isiZulu
(iii) amazulu	amaZulu
(iv) Ibe ilungile	ibilungile
(v) Umuntu omnyama	Umuntu Omnyama
(vi) njengazozonke	Njengazo zonke

Esibonelweni sokuqala (i), zonke izabizwana zokukhomba zibhalwa zehlukaniswe namabizo eziwandulelayo. Esibonelweni sesibili (ii) nesesithathu (iii) emabizweni akhomba ubuzwe nasemagemeni akhomba izilimi, kufanele kusetshenziswe osonhlamvukazi noma ukufelebisa. Esibonelweni sesine (iv), kunezimo ezingavumeli ukubhala insizasenzo -be noma -se engafinyeziwe. Kuyacaca kulezi zibonelo ezingaphezulu ukuthi abafundi banolwazi olungagcwele maqondana nobhalomagama lwesiZulu njengoba amaphutha amaningi ebonakale egqamile emisebenzini yabo.

Ukuhlela imithombo yolwazi

Emfundweni ephakeme uma abafundi bebhala umsebenzi kulindeleke ukuthi basebenzise ucwaningo olushicilelwe kanye neminye imithombo yolwazi ukweseka amaphuzu abo. Akugcini lapho, bayaphoqeleka ukuthi basho ukuthi leyo mithombo yolwazi bayithathephi ngesikhathi benza umsebenzi. Ukuhlela imithombo yolwazi kungachazwa njengendlela yokuveza imithombo yolwazi oyisebenzisile ngesikhathi wenza umsebenzi we-eseyi (Siligmann, 2017). Ukuhlela imithombo yolwazi kubuye kube wukhiye ekubhekeni ukuthi umfundi uthembekile yini, kuwumgomo nje futhi obalulekile ekubhaleni ngezinga lemfundo ephakeme ngoba kwenza leso sifundo sisimame, kuphinde kwazeke nokuthi obani abacwaningi abahamba phambili kuso ukuze njengomfundi uhlale unolwazi oluhlabahlosile ngalowo mkhakha noma leso sifundo. Le ndlela yokwenza kanje ibandakanya ulwazi lwayo oluhleliwe lokuthi uyiveza kanjani le mithombo yolwazi ngendlela ezosiza lowo ofunda umsebenzi wakho ukuthi akwazi ukuluthola lolo lwazi uma eludinga (Seligmann, 2017). Ezinye zezibonelo ezikhombisa ukuthi abafundi abaqikeleli ukunaka udaba lwemithombo yolwazi yilezi:

Isibonelo sesihlanu:

    i) Isaga esithi 'inyanga kayizelaphi' sisulelwa ekutheni noma ngabe inyanga inamandla amangakanani kepha kukhona izimo lapho izohluleka khona ukuzisiza. Kulapho okumele icele usizo kwabanye abantu (Zimu, 2017)

    ii) Umaqinase (N.Canocici), le nganekwane iyonkana nje singayichaza ngesaga esisodwa esithi: Akukho qili elazikhotha emhlane.

    iii) Mahaye, N. and Sithole, Z., n.d. Uju lwezinkondlo.

    iv) Indabukoyakho.com. 2022. Indabuko Yakho. [online] Available at: https://indabukoyakho.com

Ezibonelweni ezingaphezulu kunobufakazi bokuthi abafundi bayahluleka ukuhlela imithombo yolwazi, bayahluleka ukuhlela engaphakathi kuwo umsebenzi nokuyihlela isiwuhlu. Njengokuthi, esikhundleni sika (Zimu, 2017) bekumele bathi (Zimu, 2017). Lokhu bakwenza ngokuthi bafake izimpawu zokubhala ezingadingeki uma befaka le mithombo yolwazi engaphakathi emsebenzini. Uma sekuwuhlu, kusuke sekuyizibongo neziqalo ezimele amagama abacwaningi, kube unyaka, izihloko zezincwadi noma zolwazi abalethulayo, inkampani ekushicilelwe kuyo nedolobha layo. Konke lokhu akubhaliwe kahle kodwa khona kubhaliwe. Ngakho-ke, okuphikiswayo ukuthi kubhalwe ngendlela engahleliwe futhi engamukelekile.

Ukukopela

Ukukopela sekube umkhuba odlangile ezikhungweni zemfundo ephakeme, akusikhona lapha eNingizimu Afrika kuphela kodwa kwenzeka emhlabeni jikelele. Lokhu kwenza kube nemibuzo esolisayo maqondana nokuthembeka kwabafundi nothisha bemfundo ephakeme nokwenza kusale umbuzo othi, 'ngabe amanyuvesi asakhiqiza izifundiswa zangempela namanje?' (Ndebele, 2020). Ukukopela kungachazwa njengendlela lapho othile ethatha umsebenzi womunye umcwaningi noma umbhali unjengoba unjalo awufake kowakhe, kokunye angadidisi nokuthi afake amagama akhe qobo – awathathe enjengoba enjalo, bese ebhala amaphuzu omunye umcwaningi kodwa angalifaki igama lakhe, kokunye angalifaki ngisho nasohlwini lwemithombo yolwazi ukutshengisa ukuthi umbono awusukeli ekhanda lakhe.

Esikhathini esiningi lawo maphutha asuke engahlosiwe noma kungathiwa enzeka kunganakiwe nhlobo; noma kunjalo kodwa bakhona obabonayo ukuthi kube amabomu nokuvame ukubizwa ngokuthi, 'ukubhalelwa izipoki' – lapho kutholakala ukuthi abafundi bakhokhela abanye ukuthi bababhalele noma bathenge umsebenzi owake wabhalwa phambilini bese beletha lowo msebenzi sengathi owabo bazenzele kanti cha, babheke ukuthola amamaki ngokukhohlakala (Mainka noRaeburn, 2006; Badke, 2007; De-Jager noBrown, 2010; Belter nodu Pre, 2009). Abacwaningi babonile ukuthi izigigaba ezeyamaniswa nokukopela ziwumphumela wokuthi abafundi abanalo ulwazi ngokuthi isebenza kanjani imithombo yolwazi, abanalo ulwazi lokuthi kuwubungozi kangakanani ukukopela emfundweni ephakeme nokuzama ukuzenza sengathi bahlakaniphe kakhulu ngokuthi umuntu athathe umsebenzi osekhompyutheni awufake kowakhe unjengoba unjalo.

Isiphetho neziphakamiso

Lolu cwaningo seluveze izingqinamba eziningi abafundi abahlangabezana nazo uma bebhala isiZulu emfundweni ephakeme. Lezi zingqinamba zibandakanya ukubhalwa ngendlela okuyiyo kwesingeniso, imibono namaphuzu, ukuhleleka kwezigaba, ubhalomagama lwesiZulu, ukuhlela imithombo yolwazi nokukopela. Okugqamayo kulolu cwaningo ukuthi lezi zinkinga ezingaphezulu azihlasele esiZulwini kuphela, nasesiNgisini yiso leso. Ukuchaza kabanzi kulokhu, kumele kucaciswe ukuthi ukubhala ngezilimi zomdabu emfundweni ephakeme akusiso isixazululo esiwujuqu nesingasiza ukupheza zonke lezi zinkinga abacwaningi abakhuluma ngazo. Ukubhala ngendlela eyamukelekile kumele kubukwe njengendlela yosikompilo ekuhloswe ngayo ukusiza abafundi ukuthi baqonde imikhakha ehlukahlukene baphinde bakwazi ukusebenzisa ulwazi abalutholile emfundweni ephakeme ukwenza izinto ngendlela ekuyiyo kunoma yimuphi umkhakha abakuwo.

Lokhu kusho ukuthi abafundi kumele besekwe ngayo yonke indlela baphinde bafundiswe ngenqubo yemfundo ephakeme ukuze bezoba bukhali ezifundweni zabo. Nanoma kwenziwa lokhu kodwa akungabukwa ukuthi ulimi abagxile kulo yiluphi emfundweni yabo. Nanoma izikhungo zemfundo ephakeme sezizibophezelile ekutheni kwenziwe izinqubomgomo maqondana nokusetshenziswa kwezilimi zomdabu emfundweni ephakeme, kusabalulekile futhi ukuthi balekelele ngezinsizakufunda nezinsizakusebenza nezinye izinhlelo ezizosiza ukuthi kusizwe abafundi nothisha bemfundo ephakeme abanentshisekelo ezilimini zomdabu.

Imithombo Yolwazi

Alexander, N. 2005. 'Towards Mother Tongue-Based Bilingual Education: Summary of Input Given at a Workshop Hosted by the Eastern Cape Department of Education'. *Multilingualism Action Group Newsletter* 2, p. 9.

Altiwal, A. 2012. 'The Importance of Academic Writing Skills'. http://alialtiwal. blogspot.com/.

Archer, A. 2010. 'Challenges and Potentials for Writing Centres in South African Tertiary Institutions'. *South African Journal of Higher Education* 24(4): 495–150.

Babbie, E. and Mouton, J. 2007. *The Practice of Social Research*. Cape Town. Oxford University Press.

Badke, W. 2007. 'Give Plagiarism the Weight It Deserves'. *Online* 31(5): 58–60.

Bailey, R. 2018. 'Student Writing and Academic Literacy Development at University'. *Journal of Learning and Student Experience* 1: 1–12.

Banda, F. 2009. 'Challenges of Teaching Academic Writing Skills to Students with Limited Exposure to English'. In L. Makaleli (ed.), *Language Teacher Research in Africa*. Alexandria, VA: TESOL.

Banda, F. and Banda, D. 2018. 'Framing Theoretical/Conceptual Frameworks and Research Processes in African Indigenous Knowledge Systems and Everyday Experiences'. *Excellence in Higher Education* 8–9.

Bazerman, C. 1988. *Shaping Written Knowledge*. Wisconsin: University of Wisconsin Press.

Belter, R.W. and Du Pré, A. 2009. 'A Strategy to Reduce Plagiarism in an Undergraduate Course'. *Teaching of Psychology* 36(4): 257–261.

Boardman, A.C. and Frydenberg, J. 2008. *Writing to Communicate 2*. Third edition. Boston: Pearson Education.

Carstens, A. 2012. 'Using Literacy Narratives to Scaffold Academic Literacy in the Bachelor of Education: A Pedagogical Framework'. *Journal for Language Teaching* 46(2): 9–25.

Cekiso, M., Tshotsho, B. and Somniso, M. 2016. 'Exploring First-Year University Students' Challenges with Coherence Writing Strategies in Essay Writing in a South African University'. *International Journal of Educational Sciences* 12(3): 241–246.

Christie, P. and McKinney, C. 2017. 'Decoloniality and "Model C" Schools: Ethos, Language and the Protests of 2016'. *Education as Change* 21(3): 1–21.

Davis, R., Davis, L.K., Stewart, K.L. and Bullock, C.J. 2013. *Essay Writing for Canadian Students*. Seventh edition. Toronto: Pearson.

De-Jager, K. and Brown, C. 2010. 'The Tangled Web: Investigating Academics' Views of Plagiarism at the University of Cape Town'. *Studies in Higher Education* 35(5): 573–528.

Department of Education. 2003. *The Development of 'Indigenous African Languages' as Mediums of Instruction in Higher Education: Ministerial Committee's Report to the Minister of Education*. Pretoria: Government Printers.

Department of Education. 2008. *Ministerial Committee Report on Transformation and Social Cohesion and the Elimination of Discrimination in Public Higher Education Institutions*. Pretoria: Government Printers.

Department of Higher Education and Training. 2012. *White Paper for Post-secondary School Education and Training*. Pretoria: Government Printers.

Department of Higher Education and Training. 2015. *Report on the Use of African Languages as Medium of Instruction in Higher Education*. Pretoria: Department of Higher and Tertiary Education.

Department of Higher Education and Training. 2020. *Language Policy for Higher Education*. Pretoria: Government Printers.

Desai, Z. 2016. 'Learning through the Medium of English in Multilingual South Africa: Enabling or Disabling Learners from Low-income Contexts?' *Comparative Education* 52(3): 343–358.

Fonseca, J. and Andrews, A.C. 1995. *The Atlas of American Higher Education*. New York: NYU Press.

Gabrielatos, C. 2002. 'EFL Writing: Product and Process'. http://www.gabrielatos.com/Writing.pdf.

Gee, J.P. 2004. *Situated Language and Learning: A Critique of Traditional Schooling*. New York and London: Routledge.

Harris G.J. and Cunningham H.D. 1994. *The Simon and Schuster Guide to Writing*. New Jersey: Prentice Hall.

Heugh, K. 2003. 'Language Policy and Democracy in South Africa: The Prospects of Equality within Rights-based Policy and Planning'. PhD thesis, University of Stockholm.

Hibbert, L. 2011. 'Language Development in Higher Education: Suggested Paradigms and Their Applications in South Africa'. *Southern African Linguistics and Applied Studies* 29(1): 31–42.

Hyland, F. 2003. 'Focusing on Form: Student Engagement with Teacher Feedback'. *System* 31(2): 217–230.

Jones, C., Turner, J. and Street, B. 1999. *Students Writing in the University: Cultural and Epistemological Issues*. Amsterdam: Benjamins.

Kroll, B. 2001. 'Considerations for Teaching an ESL/EFL Writing Course'. In M Celce-Murcia (ed.), *Teaching English as a Second or Foreign Language*, pp. 219–232. 3rd Edition. Boston: Heinle and Heinle.

Lea, M.R. and Street, B.V. 1998. 'Student Writing in Higher Education: An Academic Literacies Approach'. *Studies in Higher Education* 23(2): 157–172.

Leibowitz, B., Goodman, K., Hannon, P. and Parkerson, A. 1997. 'The Role of a Writing Centre in Increasing Access to Academic Discourse in a Multilingual University'. *Teaching in Higher Education* 2(1): 5–19.

Lillis, T. and Scott, M. 2007. 'Defining Academic Literacies Research: Issues of Epistemology, Ideology and Strategy'. *Journal of Applied Linguistics* 4(1): 5–32.

Lillis, T. 2001. *Student Writing Access, Regulation, Desire*. London: Routledge.

Madiba, M. 2010. 'Towards Multilingual Higher Education in South Africa: The University of Cape Town's Experience'. *Language Learning Journal* 38(3): 327–346.

Mainka, C. and Raeburn, S. 2006. 'Investigating Staff Perceptions of Academic Misconduct: First Results in One School'. *Proceedings of the 2nd International Plagiarism Conference*, pp. 1–15. Newcastle: Northumbria Learning Press.

Maphumulo, A.M. 2021. *Ukuvamisa imithetho yokubhala nobhalomagama lwesiZulu lonyaka wezi-2021*. Pietermaritzburg: University of KwaZulu-Natal Press.

Marshall, C. and Rossman, G.B. 2011. *Designing Qualitative Research*. Fifth edition. Thousand Oaks: Sage.

Mayberry, R.I. 2002. 'Cognitive Development in Deaf Children: The Interface of Language and Perception in Neuropsychology'. *Handbook of Neuropsychology* 8(2): 71–107.

McKinney, C. 2017. *Language and Power in Post-Colonial Schooling: Ideologies in Practice*. New York: Routledge.

Moeketsi, L. AND Maile, S. 2008. *High University Drop-out Rates: A Threat to South Africa's Future*. Pretoria: Human Sciences Research Council.

Motlhaka, H.A. and Makalela, L. 2016. 'Translanguaging in an Academic Writing Class: Implications for a Dialogic Pedagogy'. *Southern African Linguistics and Applied Language Studies* 34(3): 251–260.

Ndebele, H. 2020. 'Demystifying Student Plagiarism in Academic Writing: Towards an 'Educational' Solution'. *Critical Studies in Teaching and Learning* 8(2).

Ngcobo, S., Ndebele, H. and Bryant, K. 2021. 'Translanguaging: A Tool to Decolonise Students' Experiences of Learning to Write for Academic Purposes in the South African University Context'. *Journal for Language Teaching = Ijenali Yekufundzisa Lulwimi = Tydskrif vir Taalonderrig* 55(1): 77–99.

Niven, P.M. 2005. 'Exploring First Year Students' and Their Lecturers' Constructions of What It Means to Read in the Humanities Discipline: A Conflict of Frames?' *South African Journal of Higher Education* 19(4): 777–789.

Pineteh, E.A. 2012. 'Using Virtual Interactions to Enhance the Teaching of Communication Skills to Information Technology Students'. *British Journal of Educational Technology* 43(1): 85–96.

Pineteh, E.A. 2014. 'The Academic Writing Challenges of Undergraduate Students: A South African Case Study'. *International Journal of Higher Education* 3(1): 12–22.

Prah, K.K. 2006. *Challenges to the Promotion of Indigenous Languages in South Africa*. Cape Town: Centre for Advanced Studies of African Society.

Rassool, N., Edwards, V. and Bloch, C. 2006. 'Language and Development in Multilingual Settings: A Case Study of Knowledge Exchange and Teacher Education in South Africa'. *Review of Education* 52: 533–552.

Republic of South Africa. 1996. *Constitution of the Republic of South Africa*. Pretoria: Government Printers.

Seligmann, J. 2017. *Academic Literacy for Education Students*. Cape Town: Oxford University Press.

Street, B. 2004. 'Academic Literacies and the "New Orders": Implications for Research and Practice in Student Writing in Higher Education'. *Learning and Teaching in the Social Sciences* 1(1): 9–20.

Street, B. 2004. 'Futures of the Ethnography of Literacy'. *Language and Education* 18(4): 326–330.

Van Dyk, T. and Van de Poel, K. 2013. 'Towards a Responsible Agenda for Academic Literacy Development: Considerations That Will Benefit Students and Society'. *Journal for Language Teaching* 47(2): 43–70.

Van Dyk, T., Zybrands, H., Cillie, K. and Coetzee, M. 2009. 'On Being Reflective Practitioners: The Evaluation of a Writing Module for First-Year Students in the Health Sciences'. *Southern African Linguistics and Applied Language Studies* 27(3): 333–344.

Wali, O. and Madani, A. Q. 2020. 'The Importance of Paragraph Writing: An Introduction'. *International Journal of Latest Research in Humanities and Social Science* 3(7): 44–50.

Zamel, V. 1983. 'The Composing Processes of Advanced ESL Students: Six Case Studies'. *TESOL Quarterly* 17(2): 165–178.

4

Ukwehlukahlukana Kwezilimi Ekufundiseni Ingane yase-Afrika Emfundweni Ephakeme

Berrington Ntombela

Salome Mpherwane

Isingeniso

Ulimi lwesiNgisi lusalokhu ludlondlobale njalo emfundweni jikelele. Lokhu kwenza ukuthi emicabangweni yabantu abaningi abafundayo nabafundile bangacabangi ukuthi kukhona ulwazi olungadluliswa ngezilimi ezahlukene ngaphandle kolimi lwesiNgisi. Lokhu kucabanga kuvela emandleni olimi lwesiNgisi emfundweni yabantu abaningi ababecindezelwe umbuso wamaNgisi. La mandla ashiya imibuzo eminingi ephathelene nokuthi ngabe lokhu kwenzeka ngokwemvelo yokukhula kwezilimi noma kusaqhubeka ubuqhwaga bombuso wamaNgisi (Spolsky, 1998).

Kuzokhumbuleka ukuthi eNingizimu Afrika, ngaphambi kombuso wentando yeningi, isiNgisi nesiBhunu bekuyizona zilimi ezisemthethweni ezisetshenziselwa ukufunda nokufundisa (Ntombela, 2017). Ngokufika kombuso wentando yeningi, uhulumeni wavumela zonke izilimi zomdabu ukuthi zibe semthethweni, zilingane nesiNgisi nesiBhunu (Ntombela, 2016). Lokhu kusho ukuthi iNingizimu Afrika igcine isinezilimi eziyishumi nanye (isiPedi, isiSuthu, isiTswana, isiVenda, isiTsonga, isiBhunu, isiNgisi, isiNdebele, isiXhosa nesiZulu) ezisemthethweni (Ntombela, 2017). Ngaleyo ndlela iNingizimu Afrika yakhombisa ukuzimisela kwayo ukuguqula indlela abantu abamnyama abebethathwa ngayo ngondlebe zikhanya ilanga.

Ngakho, lesi sahluko sibheka umthelela wobukhona bezilimi eziningi ezisemthethweni emfundweni yengane yase-Afrika. Ukuba semthethweni kwalezi zilimi kwaguqula amanga ayekhulunywa ondlebe zikhanya ilanga ukuthi iNingizimu Afrika iyizwe elilulimimbili, bebala isiBhunu nesiNgisi kuphela (Ntombela, 2008), futhi kwaqinisekisa kwagcizelela ukuthi iNingizimu Afrika iyizwe eliluliminingi. Ubuliminingi lobu bunomthelela omkhulu ekufundeni ngenxa yokuthi abafundi baletha izindlela ezahlukahlukene zokuxhumana nomhlaba obazungezile, kodwa ubudlobongela bolimi lwesiNgisi emfundweni ephakeme, kuthunaza ukufunda kwengane emnyama.

Lesi sahluko sidingida ubuliminingi okuyisimo esibusayo eNingizimu Afrika sibuqhathanisa nobulimilunye okungumqondo oyisisekelo saseNtshonalanga (Ntombela, 2020b). Kube sekuqhutshekwa kubhekwa izigigaba zikamakadebona ekufundeni nasekufundiseni okuyindlela yokuthola imininingwane yocwaningo kusetshenziswa incazelo esemqoka ye-*ethnography*. Injulalwazi esetshenzisiwe eye-*ecology* yolimi lapho kubhekwa ukuthintana kolimi nendawo eliyizungezile nomphakathi okhuluma lolo limi noma lezo zilimi (Haugen, 1972; Hornberger, 2002; Skutnabb-Kangas noPhillipson, 2012). Ngakho, ukuhlaziya kucaphune ekubukeni ngeso le-*ecology* yolimi.

Lesi sahluko sihlukaniswe izingxenye ezibheka okushiwo ongoti mayelana nobuliminingi nobulimilunye, ucwaningo lulandelwa injulalwazi i-*ecology* yolimi, ucwaningo ngendlela ye-*ethnography*, ukufunda nokufundisa emfundweni ephakeme (kusetshenziswa incazelo esemqoka ye-*ethnography*) ngokwempilo yombambiqhaza, ukuhlaziya bese kugcina ngesiphetho.

Ubuliminingi nobulimilunye

Kuliqiniso elingephikwe ukuthi umhlaba sewaba mncane kunalokhu owawuyikho. Ngalokhu, akushiwo ukuthi enye ingxenye yomhlaba seyandiza yaphumela ngaphandle komkhathi kwasala ingxenyana. Kuzanywa ukuchaza ukuthi ngaphambilini, umhlaba wawudatshulwa ngezinyawo. Lokhu kwakwenza ukuthi kuthathe isikhathi eside ukufinyelela kwezinye izingxenye zomhlaba. Ngokuhamba kwezikhathi nokukhula kwempucuzeko, izindlela zokufinyelela ezingxenyeni ezikude zomhlaba sezaba lula. Lokhu kusho ukuthi abantu sebexhumana nabanye ngokushesha. Lokhu kuxhumana futhi kusho ukuhlangana kwezilimi ezahlukene ukuze abantu bakwazi ukukhuluma bezwane. Yikho lokhu okwenza abantu abaningi bakwazi ukukhuluma izilimi ezingaphezu kolulodwa.

Lapha kungahlukaniswa ubuliminingi obuqondene nomuntu ngayedwana nalobo obufaka umphakathi (Spolsky, 1998). USridhar (1996) uyakucacisa ukuthi into ehamba phambili uma kukhulunywa ngobuliminingi kumuntu ngamunye ukuthi umuntu uzithola kanjani lezi zilimi ebuntwaneni noma ekukhuleni, futhi zima kanjani lezi zilimi emqondweni nokuthi zisetshenziswa kanjani ukufunda, ukubhala, ukukhuluma, nokuqondisisa. Ubuliminingi obufaka umuntu ngayedwana buvamise ukuthi bugqamise ubulimimbili. Ubulimimbili ebantwaneni budalwa ukukhuliswa abazali abakhuluma izilimi ezahlukene.

Umntwana ube esencela ulimi lukanina aphinde ahabule lolo olukhulunywa nguyise. Ngakho, umntwana ukhula ekhuluma ulimi lukanina nalolo lukayise. Ekukhuleni kwakhe abuye athole ontanga adlala nabo abakhuluma ulimi oluhlukile kunolwakhe. Lokhu kwandisa ubuliminingi ezinganeni. Kwesinye isikhathi umntwana uthi engena esikoleni athole ezinye izilimi bese kwengezeleka izilimi anazo. Yingakho eNingizimu Afrika, ikakhulukazi esifundazweni saseGauteng, kujwayelekile ukuthi umuntu oyedwa akhulume izilimi ezahlukene.

Ubuliminingi obenzeka emphakathini budalwa ubukhona bezilimi ezahlukene emphakathini. USridhar (1996) ubuye acacise ukuthi ubuliminingi emphakathini bubheka ukuthi izilimi ezikhona emphakathini zithathwa kanjani futhi zisetshenziswa kuziphi izimo nokuthi zihlobene kanjani nobuzwe, inkolo nezinga lokuphila labazikhulumayo. Lezi zilimi zisebenza ngezindlela ezihlukene ezimweni ezahlukene. Umphumela walokho ukuthi ezinye zalezo zilimi ziba namandla kunezinye ezingxenyeni ezithile zempilo. KwelikaMthaniya, kungabalulwa ulimi lwesiZulu olukhulunywa cishe izingxenye ezingamashumi ayisishiyagalolunye ekhulwini nolimi lwesiNgisi olusetshenziswa ezikoleni ukufunda nokufundisa. Lokhu kusho ukuthi ulimi lwesiNgisi luqhoqhobele phezulu uma kukhulunywa ngokufunda nokufundisa ngisho nasemsebenzini. Yingakho abanye benokulubukela phansi ulimi lwesiZulu ngoba lona alusetsenziswa ezikoleni zamabanga aphakeme ukufunda nokufundisa.

Ngakolunye uhlangothi, ubulimilunye buvamise kakhulu emazweni aseNtshonalanga (Wardhaugh, 1996). Lokhu kwenzeka kakhulu kubantu ngabanye. Kulokhu kungabalulwa amazwe anjengeMelika neBrithani. Amazwe amaningi aseYurophu anabo abantu abaningi abakhuluma ulimi olulodwa kuphela. EMelika naseBrithani, baningi kakhulu abakhuluma ulimi lwesiNgisi kuphela. Lokhu kwenza ukuthi abantu bakhona bacabange ukuthi umhlaba wonke ukhuluma ulimi olulodwa. Empeleni kubuye kwenze abantu bakula mazwe bathathe ulimi lwabo njengolubalulekile ukuzedlula zonke ezinye izilimi emhlabeni, bese belindela ukuthi bonke abantu emhlabeni kumele bakhulume ulimi lwabo (Crystal, 2012).

Uma kubhekwa e-Afrika, abantu abaningi ezingxenyeni eziningi zezwekazi bakhuluma izilimi ezingaphezu kolulodwa. Lokhu kujwayeleke kakhulu ezindaweni zokuhwebelana lapho kutholakala ukuthi odayisa uhlobo oluthize lomkhiqizo uvela kwenye ingxenye ekhuluma ulimi oluhlukile, kube khona abanekhono lokwenza umsebenzi othile njengokukhanda izicathulo, nabo bevela engxenyeni ethile ekhuluma ulimi olwehlukile, njalonjalo (Brock-Utne, 2017). Nakhona eNingizimu Afrika, KwaZulu-Natali, ungena esitolo okuthiwa esamaShayina ufice kukwitizwa, uphumele ngaphandle udlule ethendeni lesikhashana lokugunda izinwele uthi gozololo, abakhapheyana abakhuluma isiSwahili (bevela eKhongo) noma isiShangane (bevela eMozambikhwa) bakusize.

Njengoba kubekiwe kafushane ukuthi nasemandulo, abantu babexhumana nabanye noma kwakuthatha isikhathi eside ngoba babehamba ngezinyawo, babekhona abantu ababekhuluma izilimi ezingaphezu kolulodwa ngendlela yokuthi bakwazi ukuxhumana nabanye. Uma sekufika abahlwithi bezwe bevela eNtshonalanga ngaphesheya kwezilwandle embusweni wamaNgisi, baba nokubukela phansi zonke ezinye izilimi bephoqa abantu ukuthi bafunde futhi bafundiswe ngolimi lukaKhwini. Lokhu kuphakanyiswa kolimi lukaKhwini kuphela kwakudalwa inkolo yabaseNtshonalanga ethi kumele abantu bakhulume ulimi olulodwa ukuze babe yimbumba (Brock-Utne, 2017). Uma bekhuluma izilimi eziningi bazoletha uqhekeko embusweni. Ukuqhakambisa ulimi lukaKhwini lodwa kwakuyindlela amaNgisi ayebika ngayo ukuthi aseninqobile aze anqoba nezingqondo zenu.

Umkhakha owathinteka kakhulu kwaba ngowemfundo ngoba kulapho izingqondo zifakwa ulwazi ukuze kushintshwe indlela umuntu acabanga ngayo. Ngakho-ke, imfundo eyalethwa ngabaseNtshonalanga yazama ukukhipha inyumbazane izilimi zabomdabu ukuze abadlule emfundweni yaseNtshonalanga bacabange ngendlela yaseNtshonalanga kuphela. Ezikoleni kwakuba icala elibomvu ukutholakala ukhuluma ulimi lwasekhaya – lo mkhuba usaqhubeka kwezinye izingxenye ezikholelwa ukuthi ukukhuluma ulimi lwesiNgisi yiyona ndlela kuphela ekhombisa ukuba yisifundiswa (Phillipson, 2003). Ngeshwa, lokhu kudale ukuthi abantu abaningi abamnyama bagcine sebethathwa njengabantu abangabambi ngokushesha ezikoleni uma kuqhathaniswa nondlebe zikhanya ilanga (Ntombela, 2020a; noBrock-Utne, 2017). Kwakuyindlela yokubenza badikile izilimi zabo, babambelele kolwesiNgisi kuphela.

Empeleni, ukuqhakambisa ulimi lwesiNgisi ngaphezu kwazo zonke izilimi, kusukela ekutheni ulimi lwesiNgisi luqhwakele phezu kwazo zonke izingxenye zolwazi okungabalulwa kuzo ezikaqedisizungu, ezamabhizinisi, ezomthetho, ezobuchwepheshe, ezombusazwe, njalonjalo. Uma kubhekisiswa kahle lokhu, kusheshe kucace ukuthi akunjengoba amaNgisi nabaseNtshonalanga bekubeka. Zonke lezi zingxenye zolwazi ziyalandeleka ngazo zonke izilimi. Kungabalulwa ulimi lwesiBhunu lapha eNingizimu Afrika, isiJalimane, isiNtaliyane, isiHebheru, isiBhahasa, njalonjalo; okuyizilimi ezisebenza ngokufanayo nesiNgisi ekusingatheni ulwazi. Empeleni wonke amazwe nabantu bonke banezilimi zabo ezikwaziyo ukusingatha ulwazi ngendlela efanayo nesiNgisi. Okwenza amaNgisi aqhakambise ulimi lwawo kuphela ukuqhubeka enze imali ngolimi lwawo (Ntombela, 2022). Lokhu bakwenza ngokuthi baludayise ulimi lwabo kubo bonke abafuna ukuzuza ulwazi ngesiNgisi. Ngesikhathi abantu bethenga ulimi lwesiNgisi, luya njalo ludlondlobala bese kuthi ezinye izilimi zisalele ngemuva kube sengathi zisezingeni eliphansi.

Eqiniselweni, ubuqhwaga bolimi lwesiNgisi akuyona into okungathiwa izenzekela ngokwemvelo. Abanikazi bolimi bamatasatasa balufaka kuzo zonke izinxa emhlabeni wonke, ikakhulu emfundweni ephakeme nasemathubeni omsebenzi. Lokhu kwenza abazali abaningi bakholwe ngamampunge okuthi izikhungo eziningi emhlabeni zisebenzisa ulimi lwesiNgisi ngakho ukuze abantwana babo baphumelele emhlabeni kumele bafunde ngolimi lwesiNgisi. Iqiniso ukuthi izikhungo eziningi zemfundo ephakeme ikakhulu eYurophu zisebenzisa ulimi lwazo (Brock-Utne, 2017). Into eyenziwa amaNgisi ukubhebhezela ubuqhwaga bolimi lwesiNgisi ukuthi bavulela amathuba omsebenzi labo abakhuluma isiNgisi njengolimi lwebele. Lokhu kwabanga ukuthi kufakwe isikhalo oBumbanweni lwaMazwe aseYurophu (European Union) ngoba imisebenzi eyayikhiswa yayingabheki ukuthi umuntu ufunde kuphi kodwa kuphela ukuthi ukhuluma isiNgisi njengolimi lwebele.

Lokhu kwakuvalela ngaphandle ngisho labo abafunde ezikhungweni zemfundo ephakeme eNgilandi ngoba benezilimi zabo (Brock-Utne, 2017). Okwakuxaka ngoba uBumbano lwaMazwe aseYurophu lunezilimi eziningi okungafanele ukuthi uma kunomsebenzi ovelayo khona kubhekelelwe isiNgisi kuphela. Akumangalisi nokho ngoba abaphathi bolimi lwesiNgisi bakholelwa kubulimilunye, okuyisiNgisi. Ngaleso sizathu, kuyinto ejwayelekile ukuthi abakhulumi bolimi lwesiNgisi njengolimi lwebele bangabi nolunye ulimi abalukhulumayo futhi kubalungele lokho (Ntombela, 2016).

Isisombululo sokuthola ulwazi asilele olimini lwesiNgisi. Nakuba isiNgisi sengamele ulwazi oluningi olubhaliwe nolutholakala emfundweni, indlela yokuthola ulwazi ilele ekusebenziseni ulimi umuntu alukhuluma ekhaya ngoba kuba lula ukuncela ulwazi ngokuqonda (Klapwijk noVan der Walt, 2016). Lokhu kusho ukuthi iqhaza elibanjwa izilimi zomdabu ekutholeni ulwazi lukhulu kakhulu. Eqinisweni, ukusebenzisa izilimi zomdabu ekutholeni ulwazi kwenza kube lula ukufunda ezinye izilimi, njengaso isiNgisi. Uma umuntu esesifundile isiNgisi, uyakwazi ukuthatha ulwazi aluthole lubhalwe ngesiNgisi aluse olimini lomdabu; ngaleyo ndlela izilimi zomdabu zithola ukuthuthuka. Ngamanye amazwi, ngengoba kwasemandulo abantu babengalahli izilimi zabo uma bethola ezinye kodwa babandisa ulwazi abanalo, ukufunda ulimi lwesiNgisi akumele kunciphise ulwazi ezilimini zabomdabu kodwa kumele luthuthukiswe. Cishe ezinye zezizathu okwenza iNingizimu Afrika ikhiphe uMthethosisekelo oqhakambisa ubuliminingi, ukubhekelela umcebo wolwazi oqukethwe izilimi zabomdabu nokulungisa amanga atshalwa imithetho, imfundiso nemfundo yobandlululo.

Isibonelo salokhu siyatholakala ezwenikazi laseNingizimu neMelika, ezweni laseBolivia eNyuvesi yaseSan Simon njengalokhu kubika uHornberger noHult (2008). Kulesi sikhungo kunohlelo lweziqu zeMasitazi eziphathelene nobulimimbili nokuhlangana kwamasiko emfundweni. Phakathi kwabafundi abenza lezi ziqu kukhona abavela eBolivia (abakhuluma ulimi isiQuechua nesi-Aymara) abavela ePeru (abakhuluma isiQuechua, isi-Aymara, isi-Awajun, isiHuampi, nesi-Asheninka); abavela eChile (abakhuluma isiMapuche); abavela eColombia (abakhuluma isiCofan, nesiWayuni); abavela e-Ecuador (abakhuluma isiShwar) nabavela e-Argentina (abakhuluma isiColla besuka eJujuy). Kulesi sikhungo kusetshenziswa ulimi lwesiPenishi ngoba yilo olubusayo emfundweni ephakeme. Kwesinye sezifundo abafundi bacwaninga ngezilimi zabo bacobelelane ulwazi ngazo. IsiNgisi naso siyasebenza uma befuna ukuthola ulwazi olwengeziwe kokubhaliwe kwashicilelwa nakwezobuchwepheshe.

Uma abafundi (iningi labo elingothisha) sebegogodile, babuyela lapho besuka khona sebehlonyisiwe ngakho konke okuyobasiza bathuthukise izilimi zabo emiphakathini yabo. Kubalulekile ukuthuthukisa izilimi zomdabu ngoba uma abafundi bezibona nazo sezisebenza ekudluliseni ulwazi njengaso isiNgisi nesiBhunu, kwakheka umuzwa wokubaluleka kwazo ekutholeni ulwazi. UKlapwijk noVan der Walt (2016) bayakubalula ukuthi umuzwa wokungazigqaji ngolimi lomdabu ngabafundi abasezikhungweni zemfundo ephakeme kwenziwa ukuthi abanaso isibonelo sokusebenza kwazo – izibonelo abanazo isiNgisi nesiBhunu kuphela. UBrock-Utne (2017) ubalula nokuthi izilimi zomdabu kumele zisetshenziswe ukufunda nokufundisa bese kuthi ezinye izilimi, njengesiNgisi, zibe ezokwengeza. Into embi ukuthi abaphathi bolimi lwesiNgisi batshala into engalungile yokuthi ukuze umuntu alufunde kahle ulimi lwesiNgisi kumele lusetshenziswe ukufunda nokufundisa (Canagarajah, 1999). Lokhu kwenza ukuthi abazali bangawazi umehluko phakathi kokufunda ulimi nokusebenzisa ulimi ukufunda nokufundisa.

Ulimi lokufunda nokufundisa
Njengoba kucaca ukuthi ubuliminingi bunomthelela omkhulu emphakathini nasemfundweni, kwelikaMthaniya kuchanasa ulimi lwesiNgisi ekufundeni nasekufundiseni njengoba kubaluliwe. Kusho ukuthi izifundo ezifundwayo zifundwa ngolimi lwesiNgisi, kungaba izibalo, ezemvelo, ezendalo, ezomlando, njalonjalo. Ukusetshenziswa kolimi lwesiNgisi ukufunda nokufundisa kunomthelela ongemuhle ekufundeni kwabantu abamnyama. Lokhu kudalwa ukuthi ngesikhathi ulimi lwesiNgisi lusetshenziswa ukufunda nokufundisa, abafundi abaningi abamnyama basuke bengakalubambi ngokwanele lolu limi ukuthi bangakwazi ukulusebenzisela ukufunda. Ngale ndlela bazithola besalela emuva baze bathathwe njengabantu abakhubazekile ngokokuhlakanipha.

Eqinisweni, lapha eNingizimu Afrika kusetshenziswa ulimi lwasekhaya eminyakeni emithathu yokuqala bese kushintshelwa olimini lwesiNgisi ngonyaka wesine (Department of Education, 1997). Ezinye zezizathu zokwenza lokhu ukufeza ubuliminingi njengalokho kushicilelwe kuMthethosisekelo wezwe lapho isigatshana 29(2) sinikeza ilungelo lokuthi umuntu afundiswe ngolimi olusemthethweni uma kunokwenzeka (Potgieter no-Anthonissen, 2017). Lokhu kulandela emuva kokuba uhulumeni wentando yeningi aphakamisa izilimi zabomdabu ukuba zilingane ngokusemthethweni nolimi lwesiNgisi nesiBhunu okwakuyizona zilimi kuphela ezazisemthethweni kuhulumeni wengcindezelo (Heugh, 2007).

Ongoti bayakugcizelela ukuthi ulimi olunomphumela omuhle ekufundeni nasekufundiseni ulimi lwebele (UNESCO, 2016). Nakuba kunjalo, amazwe amaningi ase-Afrika asalokhu ebambelele ezilimini zaseYurophu ezafika nobukoloni. Isibonelo yizwe lase-Angola elisebenzisa isiPutukezi ukufunda nokufundisa, nolimi lwesiNgisi oseludlondlobala lusho ukuthatha isikhundla sesiPutukezi. Iningi labafundi abasikhulumi isiPutukezi nesiNgisi njengolimi lwebele okwenza ukufunda kuhambe ngonyawo lonwabu kudonsele phansi nezinga lemfundo (Diarra, 2003).

Izwe laseTanzania linabakhuluma isiSwahili abayizingxenye ezingamashumi ayisishiyagalolunye nanhlanu ekhulwini kodwa ekufundiseni izibalo nezifundo zobuchwepheshe kusetshenziswa isiNgisi (Brock-Utne, 2017). Umphumela walokhu ukuthi abafundi abaningi abenzi kahle ezibalweni nasezifundweni zobuchwepheshe. Lokhu kwenza kube sengathi lezi zifundo azidalelwe abamnyama.

EMalawi nakhona kusetshenziswa isiNgisi ukufunda nokufundisa nanoma sikhulunywa ingxenye engaphansi kokukodwa ekhulwini uma kuqhathaniswa nesiChichewa esikhulunywa izingxenye ezingamashumi ayisikhombisa ekhulwini (Brock-Utne, 2017). Lokhu kwenza abafundi abaningi bangakwazi ukuthola ulwazi olulethwa ngolimi lwesiNgisi ngoba abalukhulumi. Okubi ukuthi abakhuthaza lesi simo yilabo abahlomula esikhathini sobukoloni abafisa ukuthi baqhubeke bahlomule ngokuvalela iningi ngaphandle.

ERwanda kukhulunywa isiKinyarwanda izingxenye ezicela ekhulwini kodwa ulimi lwesiFrentshi yilona olubekwe phambili emfundweni. Okubi kakhulu ukuthi isiNgisi sesithatha indawo yesiFrentshi (Brock-Utne, 2017). Okusho ukuthi abafundi abaningi basuka ekungazini baya kokunye ukungazi. Inhlangano i-UNESCO Nobumbano lwe-Afrika (*African Union*) bazama ukusinqanda lesi simo ngokuxwayisa uhulumeni waseRwanda kodwa kwanhlanga zimuka nomoya.

Empeleni akwaziwa okwenza ama-Afrika amaningi abalekelane nokufunda nokufundisa ngezilimi zawo njengalokhu kubalisa uLuke (2005). Amazwe amaningi aseYurophu asebenzisa izilimi zawo ukufunda nokufundisa. Eqinisweni, inkolelo yokuthi isiNgisi sifundwa kalula uma usisebenzisa ukufunda nokufundisa iyize (Brock-Utne, 2017). Mhlawumbe kukhomba khona ukuthi nakuba ubukoloni buthathwa njengento eseyadlula, izingqondo zisalokhu zibambeke kubo ubukoloni.

Ucwaningo kulandelwa injulalwazi i-*ecology* yolimi

Ucwaningo lulandele injulalwazi i-*ecology* yolimi (*language ecology*). UHaugen (1972) uthathwa njengengqalabutho ekucubunguleni ubuliminingi esebenzisa injulalwazi i-*ecology* yolimi. I-*ecology* yolimi ibheka umthelela wolimi kwezinye izilimi; ibheke isimo solimi nezilimi emphakathini; ibheke ukulondeka nokuba sengcupheni kolimi; ibheke ukukhula, ukudlondlobala, ukuzinza, ukuhlehlela emuva kolimi nokufa kwalo (Hornberger, 2002; Skutnabb-Kangas noPhillipson, 2012). Ngokusho kukaNordquist (2020), i-*linguistic ecology* (ebuye yaziwe ngokuthi i-*ecology* yolimi noma i-*ecolinguistics*) icwaninga ngokuthintana kwezilimi nezimpawu zenhlalo ezahlukahlukene. Ngamanye amazwi, i-*ecology* yolimi isifundo sokusebenzisana phakathi kwanoma yiluphi ulimi nendawo ezungezile.

UMuhlhausler (1996) uthatha i-*ecology* yolimi njengesingathekiso esisebenza ngokufanayo nemindeni yolimi. Ngakho-ke, leli gama lisuselwa ekusebenzeni kwemvelo lapho kunokusebenzisana phakathi kwezitshalo, umhlabathi, amanzi, isimo sezulu, njalonjalo. Ngendlela efanayo, izilimi zinokusebenzisana nemiphakathi ekuzo nabantu abazikhulumayo. UWilliams noJukes (2017), uma bephendula umuzwa kaMufwene (2017), babalula ukuthi lesi singathekiso se-*ecology* sihambisana nesifundo sesayensi yezinto eziphilayo, kodwa ngokolimi sichaza ukuthi abantu bakhetha kanjani ukukhuluma ulimi oluthize ngesikhathi esithize nokuthi yini edlondlobalisa ulimi oluthize ikhinyabeze olunye.

UCalvet (2006) yena ukubeka ngokuthi ulimi njengoba lusetshenziselwa ukufeza izinhloso zokuxhumana, ngeke luthathwe njengokuxhumana kwemisindo kuphela, kodwa lumele lokhu okwenzekayo emphakathini ongeke ukwehlukanise nezinto ezenziwa emphakathini. Ngaleyo ndlela, ulimi luyaguqulwa yimvelo oluphila ngaphansi kwayo, okufaka ukuxhumana nezinye izilimi, ukukhula kwalo, ukwehluka kwalo nomthelela ulimi olunawo kwezinye izilimi ngendlela yokufanana noma ukwehlukana.

U-Abley (2003) uthi isingathekiso se-*ecology* esikhomba ukusebenza kwemvelo njengemixhantela yamagatsha esihlahla noma izimpande zaso kukhomba ukuthi kuningi okujulile okungakaziwa ngezilimi. Ulimi luthi lulodwa kodwa lube nezinhlobo eziningi. ENingizimu Afrika kukhona ukuhlobana kwezilimi zesiNguni bese kuba khona ukuhlobana kwezilimi zesiSuthu. Ngeso le-*ecology*, kungabukwa ukuhlobana nomthelela okhona phakathi kwalezi zilimi nokuhlukahlukana kwazo.

Besebenzisa injulalwazi ye-*ecology* yolimi, uPhillipson noSkutnabb-Kangas (1996) babika ukuthi ukudlondlobala kolimi lwesiNgisi emhlabeni jikelele kungamataniswa nohlobo lomnotho osebenza ngokwenza inzuzo nemikhiqizo nokutshalwa kwezimali, ezesayensi nobuchwepheshe, ezesimanjemanje, ubulimilunye, imibono ngokuhlangana kwezamazwe ngamazwe, ubuMelika nokufanisana kwamasiko emhlabeni, ukuqonela ngokolimi, ngokwesiko nangokuxhumana.

Ucwaningo ngendlela ye-*ethnography*

Imininingwane yalolu cwaningo itholwe ngokusebenzisa indlela ye-*ethnography*. Ngokusho kukaScott noMorrison (2007), i-*ethnography* yakheke isuselwa ekulumbaneni kwamagama amabili, elithi e-'*ethno*' elisho abantu no-'*graph*' osho ukubhala. Lokhu kusho ukuthi i-*ethnography* iphathelene nokubhala mayelana nabantu. Empeleni le ndlela yagqama kakhulu isetshenziswa abacwaningi ababefunda ngosikompilo lwabantu abehlukene ngokuvakashela izindawo abahlala kuzo beqaphela indlela abaphila ngayo nabenza izinto ngayo bese bekubhala phansi. Abezemfundo nabezokuhlaliseka komphakathi bayithatha le ndlela ukuze bafunde ngokuqaphela okwenzekayo ezikoleni nasemphakathini. USilverman (2011) ugcizelela ukuthi ucwaningo olusebenzisa i-*ethnography* lufaka umcwaningi nombambiqhaza kwesinye isikhathi benza izinto ezifanayo ukuze umcwaningi akwazi ukubhala konke akuqaphelile ngendlela ehlelekile.

Okuhle ngale ndlela ukuthi ivumela ukukwazi ukubheka izimo zokuphila ezehlela umbambiqhaza; ivumele ukuzithamunda njengokwenzeka kwazo bukhoma. Le ndlela isebenza ngaphansi kohlelo lwekhwalithethivu. Indlela yekhwalithethivu ayibeki imigoqo ngenani lababambiqhaza (Seliger noShohamy, 1990). Okubalulekile ukubheka ngokujula izimo ezizungeze umbambiqhaza. Ngakho-ke, imininingwane esetshenzisiwe ibalisa ngezinselelo ezibhekene nombambiqhaza ekufundeni nasekufundiseni. Le mininingwane ibe seyihlaziywa kusetshenziswa ulwazi olushicilelwe.

Ucwaningo luqinisekisile ukuthi konke kwenziwa ngendlela esemthethweni enobuqiniso nenobulungiswa. Izinto eziqashelwe ukuthi umbambiqhaza angadalulwa ukuze athole ukuvikeleka. Ngakho-ke, igama lakhe langempela ligodliwe kwasetshenziswa igama-mbumbulu (uTizana). Kuqinisekisiwe ukuthi eminye imininingwane engase imdalule okufaka indawo yokusebenza nezikhungo zokufunda akugagulwa. Nemvume yokushicilela iminingwane emayelana nombambiqhaza icelwe yatholwa kumbambiqhaza uqobo. Izigigaba zokufunda nokufundisa emfundweni ephakeme zombambiqhaza zethulwa ngokosiko lwencazelo emqoka ye-*ethnography* (*ethnographic thick description*) ukuze kuqondakale kangcono izizathu ezenza umbambiqhaza enze ngendlela enza ngayo.

Ukufunda nokufundisa emfundweni ephakeme ngokwempilo yombambiqhaza

UTizana ungumakadebona ekufundiseni ezingeni lemfundo ephakeme. Ukukhula kwakhe aze afike kuleli zinga akuzange kube lula. Ukhule ngesikhathi kuchanasa ondlebezikhanyilanga kuwo wonke amazinga emfundo, belawula nokuthi iyiphi imfundo okumele itholwe ngabamnyama. Ngesikhathi efika emfundweni ephakeme, watholana nezingqinamba eziningana ezazibangelwa ukuba mnyama. Nanoma kunjalo waziqinisa ngoba ephokophelele ukuphumelela aze afukule nabomdabu bonkana.

Kwezinye zezingqinamba abhekana nazo kungabalulwa ukwehluka kwendlela yokufunda emfundweni ephakeme kunaleyo ayeyijwayele ezikoleni adlula kuzo. Kwakuthi ngesikhathi esefundela umsebenzi esikhungweni semfundo ephakeme, enesiqiniseko sokuthi unembile, kubuye imiphumela imuqumbe phansi. Ekukhathazekeni ngale miphumela engashayi khona, uTizana wayelokhu ebuzisisa kothisha bakhe ukuthi yikuphi ayengakwenzi kahle. Babemutshela ukuthi indlela aphendula ngayo akakhombisi ukusebenzisa ulwazi ezimweni ezahlukene kodwa umane abuyise lokho okubhalwe encwadini njengoba kunjalo. Phela yiyona ndlela uTizana ayefunde ngayo ezikoleni. Kwakungelula ukushintsha indlela afunde ngayo futhi eyayimusebenzela ngendlela yokuthi waze wemukelwa nasesikhungweni semfundo ephakeme.

Othisha bakaTizana bazama ukumbonisa izindlela eziningi zokusebenzisa ulwazi ezimweni ezahlukene. Bamfundisa ukuqaphelisisa konke akubonayo emphakathini ukuze acabange ngokuthi angakuchaza kanjani akubonayo esebenzisa ulwazi alufundile. Babembuza ukuthi njengoba efike ekilasini ekuseni esuka ekhaya uboneni. Aphendule athi ubone abantu. Bamfake eminye imibuzo eyayiphoqa ukuthi aqaphelisise indlela abantu ababexhumana ngayo nabanye; indlela ababembatha ngayo okwakungakhombisa izinga labo lempilo; imithwalo ababeyiphethe; indlela abahamba ngayo engase iveze isimo sokuphila kwemizimba yabo, njalonjalo. Lokhu kwamsiza uTizana ukuthi akwazi ukuchaza isimompilo sabantu asibonayo esebenzisa ulwazi alufundile. Lokhu kwaba yisisekelo sendlela afundisa ngayo empilweni yakhe yonke.

Kuthe eseqeqeshekile, esefundisa abafundi emfundweni ephakeme, wasebenzisa indlela yobuntu ekucathuliseni abafundi. Ingqinamba enkulu abhekana nayo ekufundiseni kwakhe kwaba ubulukhuni bolimi lwesiNgisi kubafundi bakhe. Wakhetha ukusebenzisa ulimi olwaziwa ngabafundi ukuze achaze lokho okumele bakufunde. Akagcinanga nje kuphela ukusebenzisa ulimi oluqondwa ngumfundi ngamunye, kodwa wasebenzisa nezibonelo zosikompilo ukuze akwenze kuzwakale emizweni yabafundi lokhu akufundisayo. Izibonelo zakhe zazifaka izinto ezenzeka emakhaya okuthi uma ziqasheliswa zichaze lokho okulotshwe ngesiNgisi ezincwadini ezinkulu. Esinye sezibonelo zakhe kwakuba indlela ogogo abapheka ngayo.

Lesi sibonelo wayesisebenzisa uma echaza ngokungena kukasawoti ezicutshini zomzimba. Uma ugogo epheka inyama, akayithathi ayifake osawotini kodwa uthatha usawoti awufake enyameni. Ngokwesilinganiso, mncane kakhulu usawoti osebenzayo kunenyama. Lowo sawoti ungena kuzo zonke izingxenye zenyama ulethe ukunambitheka. Ngendlela efanayo, usawoti odliwayo ungena kuzo zonke izingxenye zomzimba wabantu, kodwa uma isilinganiso sikasawoti sisikhulu, umzimba uthwala kanzima.

Le ndlela yokusebenzisa ulimi lwabafundi kanye nosikompilo lwabo kwakubasebenzela abafundi. Ozakwabo bakaTizana, ikakhulu ondlebezikhanyilanga, babekhononda ngale ndlela afundisa ngayo bethi, ululaza imfundo futhi wenza kube lula kubafundi. Ngokwabo, abafundi kumele bafunde kalukhuni bazitholele bona, kuthi ohlulekayo asale kanjalo. Ngamanye amazwi babethi, ukusebenzisa ulimi oluzwakalayo kubafundi akulungile ngoba imfundo ingeyoqobo uma ilethwa ngolimi lwesiNgisi. Into ayebabuza yona uTizana ukuthi kubahlupha ngani uma yena ezifundisela ngendlela emsebenzelayo yena nabafundi bakhe.

Wayebabuza futhi ukuthi njengoba bethi ululaza imfundo, ingabe bayafeyila yini ezifundweni ababafundisa zona ngesiNgisi. Zazimane ziyime emthumeni ngoba indlela ayefundisa ngayo uTizana yayenza baqonde kangcono lokhu ababekufundiswa ondlebezikhanyilanga, bese bephumelela ngamalengiso. Cishe kungezinye zezizathu ezazenza bangakuthakaseli ukufundisa kukaTizana ngale ndlela ngoba uma abafundi bephumelela ngothi lwabo, bona babekuthatha ngokuthi izinga lemfundo lehlile, hhayi ngoba abafundi beqonda ngokwanele. Umqondo wabo wawubatshela ukuthi ingqondo yomuntu omnyama imfushane, ngakho kumele babe yingcosana abaphumelelayo.

UTizana wayenekhono lokukhuluma uxhaxha lwezilimi zomdabu nezaphesheya. Wayekhuluma ngokuqonda isiSuthu (saseNyakatho, sabeTswana, saseLesotho), isiVenda, isiShangane, isiShona, isiTshopi, isiZulu, isiNgisi nesiBhunu. Lokhu kwakumenza akwazi ukubekela umfundi ngendlela ehambisana nolimi lwakhe nosikompilo lwakhe. Kwesinye isikhathi le ndlela yayibonakala iqosheme kwabanye abafundi. Abanye babembuza ukuthi kungani esebenzisa ulimi oluqosheme kangaka. Enye yezimpendulo zakhe kwakungukuthi kulukhuni ukukhohlwa uma umuntu ekhulume kuwe amazwi ayinhlamba.

Esinye sesibonelo ayesisebenzisa komunye wabafundi bakhe, uMenziwa, sasithi abekho abantu abakwazi ukukhonkotha njengezingcanga okwedlula abakwaMthaniya. UMenziwa wayezizwa efuthelana uma uthisha wakhe ekhuluma ngale ndlela ngoba nguye kuphela owayevela kwelikaMthaniya ekilasini lonke. UTizana wayeqhubeka achaze ukuthi uma ufika nendaba enkulu, ikakhulu yokudlula emhlabeni kothize ngokungazelele, abakwaMthaniya uyobezwa bebabaza lesi sehlo bethi, 'hhawu, hhawu, hhawu, hhawu!' (Wena owabona kuhhewula ingcanga!) Le ncazelo yayiwehlisa amaphaphu kaMenziwa ayesephakeme ngoba eseqonda ukuthi uTizana ubebhekephi ngalesi sibonelo sakhe.

Omunye wabafundi bakhe onguMshangane kwakumele anikeze impendulo, abhale igama le ngxenye ethile yesitho sangasese. UTizana wameluleka ukuthi aphume aye endlini yangasese azipopole bese ebhala igama lalesi sitho ngolimi aluqondayo. Wabuya umfundi wathi uyalazi igama lalesi sitho kodwa akakwazi ukulibhala ngoba liyinhlamba. UTizana wakuqonda ukuthi ngesiShangane, kuyashalazelwa ukubiza ngembaba izitho eziphakathi kwesifuba naphezu kwamadolo. Ngakhoke, ukungabaluli ngembaba leso sitho akusho ukuthi umfundi akazi, njengoba ofundisa ngokomqondo waseNtshonalanga angase aphothule.

Ukuhlaziya

Kuyacaca ukuthi umthelela wemfundo yobandlululo mkhulu kakhulu ezimpilweni zabantu abamnyama. Ukufunda kukaTizana emazingeni aphansi kwakulawulwa inqubo yobandlululo (Timis nabanye, 2022). UTimis nabanye (2022) bayakucacisa ukuthi imfundo yobandlululo yayenzelwe ukukhiqiza abantu abamnyama abazoba izicashalala zondlebezikhanyilanga. Izinsizakufunda eziphuma kuhulumeni zazinqwabelana ezikoleni zabamhlophe. Lesi simo asikaze silungiseke ngisho emuva kokuthatha kukahulumeni wentando yeningi eNingizimu Afrika. Ngakho-ke, izikole zabamnyama zisalokhu zisilele emuva ngezinsizakufunda okubangela ukuthi namazinga okuphumelela kulezi zikole abe phansi.

Lesi simo asigcinangi nje emfundweni yamazinga aphansi. Kuyatholakala lapha ukuthi uTizana watholana nomehluko ekufundeni kwakhe emfundweni ephakeme uma kuqhathaniswa nemfundo yamazinga aphansi. Izikhungo zemfundo ephakeme zazehlukanisiwe ngokobuhlanga phakathi kwabaMhlophe, abaseNdiya, amaKhaladi, nabaMnyama. Njengezikole zabamnyama emazingeni aphansi, izikhungo zemfundo ephakeme zabantu abamnyama zazingeziningi futhi zazingenazo izinsizakufunda ezisezingeni uma kuqhathaniswa nezabamhlophe. Nalesi simo asikalungiseki ngisho emuva kukahulumeni wentando yeningi. Yizo lezi zimo uTizana adlule kuzo ekufundeni kwakhe nasekusebenzeni kwakhe. Empeleni iningi labafundi abamnyama, ikakhulu labo abasuka ezindaweni zasemakhaya, basathwele kanzima ngoba imfundo kubukeka sengathi izama ukuguqula impilo yabo ifane neyalabo abaphila emadolobheni (Ntombela noNtombela, 2022). Lokhu kusho ukuthi kuthatha isikhathi eside ukuthi abafundi abamnyama bakwazi ukuqonda indlela okusetshenzwa ngayo emfundweni ephakeme.

Kungacishe kuhlawumbiselwe ukuthi inselelo eyayenza uTizana afunde ngendlela afunda ngayo emazingeni aphansi, ulimi olwalusetshenziswa. Bayabalula ongoti (Brock-Utne, 2017; Trudell,

2016) ukuthi kulukhuni ukuthi umfundi aqonde okufundiswayo uma kusetshenziswa ulimi angaluzwa. Okugcina kwenzeka ukuthi umfundi azame ukubuyisa lokhu okubhalwe encwadini noma engakuqondi kahle ukuthi kuthini. Cishe abafundi abaningi bayakwazi ukubamba okwesikhashana ngekhanda. Lokhu kwenziwa kakhulu uma sekusondele isikhathi sokubhala izivivinyo, singasekho isikhathi sokuzilungiselela kahle.

Ukubamba okwesikhashana ngekhanda kuyahlupha ngoba akusebenzi ezimweni lapho kumele kukhonjiswe ukuthi ulwazi lusetshenziswa kanjani. ULeki (1989) uxwayisa ngokuthi ezinye izingozi zokubamba okwesikhashana ngekhanda zithinta ukuphazamiseka ekucabangeni ngenxa yokuthi kugqilaza ingqondo lapho umuntu ezama ukuyifuhlela ngolwazi oluningi esikhathini esifushane. Kwesinye isikhathi, kuqhubeka uLeki (1989), ababamba okwesikhashana ngekhanda bazama nokusebenzisa okuzobasiza ukuthi ingqondo ihlale iphapheme njengokuphuza iziphuzo ezinesithako esiqwashisayo esiningi. Lokhu kwenza ukuthi umzimba ungakutholi ukuphumula okwanele okuba nomthelela ongemuhle ekufundeni. Yile nselelo uTizana azithola ebhekene nayo.

Imfundo eyayinikezwa abantu abamnyama ngesikhathi sengcindezelo yayakhelwe ukuthi ibenze babe yizisebenzi zabamhlophe, njengalokhu kubaluliwe. Ngakho, kwakungabonakali kubalulekile ukuthi abafundi abamnyama bafunde futhi bafundiswe ngokuphila kwabantu kusetshenziswa izinjulalwazi zezemfundo. Yilo leli gebe elalikhona ekufundeni kukaTizana nemfundo ayifica esikhungweni semfundo ephakeme. Empeleni izikhungo zemfundo ephakeme zabantu abamnyama zasungulwa zibizwa ngamakolishi asehlathini ngoba izinga lemfundo yakhona lalibukelwa phansi (Council on Higher Education, 2022; Timis nabanye, 2022).

Indlela yaseNtshonalanga ayakhelwe esisekelweni sobuntu (Ngubane noMakua, 2021). Into ehamba phambili eNtshonalanga ukuphakama komuntu ngayedwana. Ama-Afrika akholwa ukuthi umuntu ngumuntu ngabantu. Ukukhuphuka komuntu oyedwa akusizi lutho uma kungabasizi abanye abantu abaseceleni. Ngaleyo ndlela ubuntu buqhakambisa ukuhlangana komphakathi ngesizathu sokufukulana (Ngubane noGumede, 2018; Hlatshwayo nabanye, 2020). Ngakho, ukufundisa kukaTizana kwakhelwa esisekelweni sobuntu ukuze afukule isizwe esimnyama.

Ukusebenzisa ubuntu kubalulekile ngoba ziningi izinselelo ezibhekene nabafundi abamnyama ezibangwa umoya wobukoloni. Lo moya ubonakala kakhulu ekusebenziseni ulimi londlebezikhanyilanga olulokhu luqhoqhobele ezemfundo, okwenza abafundi abamnyama kube sengathi ababambi kahle (Prah, 2018). Kubonakala sengathi umonakalo wobukoloni ulimaze izingqondo zosombusazwe abalokhu bekhuthaza ukusetshenziswa kolimi lwesiNgisi emfundweni (Trudell, 2016). Bancane kakhulu abazuzayo ekusetshenzisweni kolimi lwesiNgisi. Ngalesi sizathu ezinye izikhungo zemfundo ephakeme, njengeNyuvesi yaKwaZulu-Natali, seziqalile ukugqugquzela ukusetshenziswa kolimi lwesiZulu ukufunda nokufundisa (Ngubane, 2022). Lokhu kuyahambisana nobuntu ngoba kubhekelela ukusizakala kwabamnyama emfundweni. Yingakho uTizana akubona kubalulekile ukusebenzisa izilimi eziqondwa ngabafundi.

Nanoma abamnyama bezama ukufaka ubuntu, abafunde ngendlela yaseNtshonalanga babona sengathi ubuntu bululaza imfundo. Lokhu kuhambisana nenkolelo yokuthi imfundo yoqobo ileyo ehambisana nolimi lwesiNgisi (Alhassan, 2022). Yingakho ozakwabo bakaTizana bamujivaza ngokusebenzisa kwakhe ulimi oluqondwa abafundi. Ekufundeni jikelele, abafundi abamhlophe bathathwa njengabahlakaniphile ngoba bahlale bephumelela. Ukuphumelela kwabo kuhambisana nokusetshenziswa kolimi abaluqondayo nezinsizakufunda abazitholayo. Abafundi abaningi abamnyama bafundiswa ngolimi abangaluqondisisi nezinsizakufunda abanazo ngokwanele (Ntombela noNtombela, 2022). Empeleni kuba sengathi akulindelekile ukuthi abafundi abamnyama baphumelele ngothi lwabo. Uma bephumelela ngobuningi, lokho kuchazwa ngokuthi izinga lemfundo lehlile.

Ubuningi bezilimi yinto ekhona emhlabeni wonke (Spolsky, 1998; Wardhaugh, 1996; noSridhar, 1996). Umehluko ukuthi imfundiso yaseNtshonalanga icindezele ezinye izilimi ngoba ifuna ukuqhakambisa ulimi lwesiNgisi nosikompilo lwamaNgisi. E-Afrika, ubuliminingi yinto engeyona inkinga (Ntombela, 2020b). Ngesikhathi sobandlululo, ukuqagulisana kwamaNgisi namaBhunu kwenza ukuthi lezi zilimi zombili zibe ngezisemthethweni bese kuthi ezabomdabu zishaywe indiva. Okubi ukuthi izilimi zabomdabu zamataniswa nenqubo yemfundo yabantu okwakuyimfundo eyayakhelwe abamnyama isezingeni eliphansi.

Le mfundo yayenzelwa ukuthi igcine abantu abamnyama beyizisebenzi zabamhlophe. Cishe yikho lokhu okwenza ukuthi noma sesiphelile isikhathi sobandlululo zingaqhakanjiswa izilimi zabomdabu kodwa kuchume ulimi lwesiNgisi. Noma kunjalo, uhulumeni wentando yeningi wakushicilela kuMthethosisekelo ukuthi zonke izilimi zabomdabu zisemthethweni ngokufanayo nolimi lwesiNgisi nesiBhunu. Lokhu kwakwenzelwa ukuthuthukisa izilimi zabomdabu ukuze ukufunda kwabamnyama kube lula futhi kubasebenzele. Ngakho, uTizana wayehambisa ngakho ngokusebenzisa izilimi eziqondwa abafundi emfundweni.

Ukufundisa ngendlela yobuntu kusho ukuqonda usikompilo lokuhlonipha oluhambisana nokusebenzisa amagama athile. Ngenxa yokuthi imfundo yenzeka emphakathini, kulindelekile ukuthi indlela yokukhuluma eyamukelekile emphakathini isetshenziswe nasezikhungweni zemfundo. Njengalokhu kuchaziwe ngasemuva ngokubuka ngeso le-*ecology* yolimi, kunomthelela omkhulu ukuba khona kolimi oluthile emphakathini (Mufwene, 2017; Williams no Jukes, 2017). Nakuba ulimi lwesiNgisi lusetshenziselwa ukufunda nokufundisa, abafundi bafika nosikompilo lwabo oluhambisana nezilimi abazikhuluma emakhaya.

Ngakho, abafundi abakwazi ukuchezuka endleleni abaphila ngayo ehambisana nendlela abafundi abaxhumana ngayo nemvelo ebazungezile uma sebesezikhungweni zemfundo ephakeme. Yilesi isizathu esenza uTizana akuqondisise ukuhluleka komfundi ukugagula igama lesitho sangasese ngolimi lomdabu. Ukungasebenzisi izilimi zabomdabu ekufundeni kwenza abafundi balahlekelwe usikompilo lokuhlonipha. Lokhu kubonakala ngendlela osekuthanda ukwejwayeleka ngayo ukuthi izingane zigagule abantu abadala ngisho nabazali bazo ngamagama. Ngokwesintu akuvumelekile lokhu kodwa ngolimi lwesiNgisi yikhona okumele kwenzeke. Lokhu kwenza abafundi baphile ngendlela eyahlukile kunaleyo elindelekile emphakathini okudala udweshu phakathi kwesizukulwane samanje naleso sakudala.

Isiphetho

Lesi sahluko sibuke ubuliminingi emkhakheni wezemfundo. Ukuze kubonwe kahle umthelela wobuliminingi kusetshenziswe injulalwazi i-*ecology* yolimi eyenza kube lula ukubona ukuthintana kwezilimi nendawo ezungezile. Imininingwane yocwaningo itholakale ngokulandela ukuchaza okumqoka kwe-*ethnography* kulandelwa izigigaba zombambiqhaza ongumakadebona emfundweni ephakeme. Kuyacaca ukuthi zizeziningi izinselelo ezibhekene nabantu abamnyama ikakhulu emfundweni ephakeme. Umqondo wokusebenza wesikhathi sobandlululo awukapheli. Lokhu kubonakala ngokuqhwakela kolimi lwesiNgisi ekufundeni nasekufundiseni nakuba kungabasebenzeli abafundi abamnyama. Izigigaba zombambiqhaza ziyakhanyisa ukuthi labo abangondlebezikhanyilanga basasebenza ngomqondo wokucindezela abafundi abamnyama ngokolimi bengavumi ukuthi kusetshenziswe izilimi zabomdabu ngoba bekholwa ukuthi kuzolulaza imfundo.

Ukuzimisela kombambiqhaza ekufukuleni abafundi abamnyama ngokusebenzisa izilimi zabo kukhombisa ukuthi yinto eyenzekayo. Lokhu empeleni kuyahambisana nokushicilelwa kwezilimi zabomdabu ukuthi zibe sezingeni elifanayo nolimi lwesiNgisi nesiBhunu ngokomthetho. Okusho ukuthi bekumele izikhungo zemfundo zikusebenzele ukuqhakanjiswa kokusetshenziswa kwezilimi zabomdabu emfundweni ephakeme. Kuyancomeka ukuthi ezinye izikhungo zemfundo ephakeme (okungabalulwa iNyuvesi yaKwaZulu-Natali egqugquzela ukusetshenziswa kwesiZulu) seziqalile ukukhuthaza ukusebenzisa izilimi zabomdabu ekufundeni nasekufundiseni.

Kuyacaca futhi ukuthi ukusetshenziswa kwezilimi zabomdabu kunokubuyisela isithunzi sabantu abamnyama futhi kwakha ubudlelwano obuphephile phakathi kwabafundi nomphakathi abaphuma kuwo ngoba kungasekho ukushayisana kwemfundo nosikompilo. Ukusebenzisa izilimi zabomdabu kuyahambisana nobuntu ngoba kuvumela abafundi bakwazi ukuhlonipha lokho okuhlonishwayo ngokosikompilo okungelula uma kusetsheziswa ulimi lwesiNgisi.

Ngakho, lesi sahluko sincoma ukuthi kukhuthazwe futhi kusetshenzelwe ukusebenzisa izilimi zabomdabu ukufunda nokufundisa. Lokhu kuyofukula izimpilo zabafundi abamnyama abalokhu bethathwa sengathi abahluzile kahle emakhanda ngokokuhlakanipha. Ngalesi sahluko sibuye sishaye ikhwelo kulabo abaqhubeka nomqondo waseNtshonalanga ngoba benezindodla zezimali zokuyisa izingane zabo ezikhungweni zemfundo ephakeme ezibizayo futhi bengakugqizi qakala ukuthi zilahlekelwe izilimi zazo zabomdabu. Umqondo waseNtshonalanga awubhekeleli inhlalakahle yabantu ngothi lwabo kodwa unaka umuntu ngayedwana okungahambisani nesiko lobuntu.

Imithombo Yolwazi

Abley, M. 2003. *Spoken Here: Travels among Threatened Languages*. Boston: Houghton Mifflin.

Alhassan, A. 2022. 'EMI in Sudanese Higher Education: Opportunities and Challenges'. In S. Curle, H.I.H. Ali, A. Alhassan and S.S. Scatolini (eds), *English-medium Instruction in Higher Education in the Middle East and North Africa*. London: Bloomsbury.

Brock-Utne, B. 2017. 'Multilingualism in Africa: Marginalisation and Empowerment'. In H. Coleman (ed.), *Multilingualisms and Development*. London: British Council.

Calvet, L.J. 2006. *Towards an Ecology of World Languages*. Cambridge: Polity Press.

Canagarajah, A.S. 1999. *Resisting Linguistic Imperialism in English Teaching*. Oxford: Oxford University Press.

Council on Higher Education. 2022. *Institutional Audit Self-evaluation Report: University of Limpopo*. Pretoria: CHE.

Crystal, D. 2012. *English as a Global Language*. Cambridge: Cambridge University Press.

Department of Education. 1997. *Language-in-Education Policy*. Pretoria: Department of Education. http://www.gov.za/sites/www.gov.za/files/Language EducationPolicy1997_1.pdf.

Diarra, E. 2003. 'Choice and Description of National Languages with Regard to Their Utility in Literacy and Education in Angola'. In A. Ouane (ed.), *Towards a Multilingual Culture of Education*, pp. 333–348. Hamburg: UIE.

Haugen, E. 1972. 'The Ecology of Language'. In A. Dil (ed.), *The Ecology of Language: Essays by Einar Haugen*, pp. 325–339. Stanford: Stanford University Press.

Heugh, K. 2007. 'Language and Literacy Issues in South Africa'. In N. Rassool (ed.), *Global Issues in Language, Education and Development: Perspectives from Postcolonial Countries*, pp. 187–218. Clevedon: Multilingual Matters.

Hlatshwayo, M.N., Shawa L.B. and Nxumalo, S.A. 2020. 'Ubuntu Currere in the Academy: A Case Study from the South African Experience'. *Third World Thematics: A TWQ Journal*. https://doi.org/10.1080/23802014.2020.1762509.

Hornberger, N.H. 2002. 'Multilingual Language Policies and the Continua of Biliteracy: An Ecological Approach'. *Language Policy* 1(1): 27–51.

Hornberger, N.H. and Hult, F.M. 2008. 'Ecological Language Education Policy'. In B. Spolsky and F.M. Hult (eds), *The Handbook of Educational Linguistics*, pp. 280–296. Oxford: Blackwell Publishing.

Klapwijk, N. and Van der Walt, C. 2016. 'English-plus Multilingualism as the New Linguistic Capital? Implications of University Students' Attitudes towards Languages of Instruction in a Multilingual Environment'. *Journal of Language, Identity & Education* 15(2): 67–82. https://dx.doi.org/10.1080/15 348458.2015.1137475.

Leki, I. 1989. *Academic Writing: Techniques and Tasks*. New York: St Martin's Press.

Luke, A. 2005. 'Foreword: On the Possibilities of a Post-Postcolonial Language Education'. In A.M.Y. Lin and P.W. Martin (eds), *Decolonisation, Globalisation: Language-in-Education Policy and Practice*, pp. xiv–xix. Clevedon: Multilingual Matters.

Mufwene, S.S. 2017. 'Language Vitality: The Weak Theoretical Underpinnings of What Can Be an Exciting Research Area'. *Language* 93(4): e202–e223.

Muhlhausler, P. 1996. *Linguistic Ecology: Language Change and Linguistic Imperialism in the Pacific Region*. London: Routledge.

Ngubane, N. 2022. 'IsiZulu as the Medium of Instruction at University: Shifting Institutional Identities'. In L. Makalela (ed.), *Language and Institutional Identity in the Post-Apartheid South African Higher Education*, pp. 87–100. Cham: Springer.

Ngubane, N.I. and Gumede, M. 2018. 'The Use of Ubuntu Pedagogy to Facilitate Academic Support in a Higher Education Classroom'. *Indilinga: African Journal of Indigenous Knowledge Systems* 17(2): 245–258.

Ngubane, N.I. and Makua, M.J. 2021. 'Intersection of Ubuntu Pedagogy and Social Justice: Transforming South African Higher Education'. *Transformation in Higher Education* 6(0): a113. https://doi.org/10.4102/thev6i0.113.

Nordquist, R. 2020. 'Linguistic ecology'. https://www.thoughtco.com/what-is-linguistic-ecology-1691125.

Ntombela, B. 2016. 'The Burden of Diversity': The Sociolinguistic Problems of English in South Africa'. *English Language Teaching* 9(5): 77–84. https://doi.org/10.5539/elt.v9n5p77.

Ntombela, B. 2020a. 'Switch from Mother to English: A Double Jeopardy'. *Studies in English Language Teaching* 8(2): 22–35. httops://doi.org/10.22158/selt.v8n2p22.

Ntombela, B. 2020b. 'The Urgency of Decolonization from an African Student's Perspective'. *Alternation* 36: 14–30.

Ntombela, B. 2022. 'EMI in the Arab World: A Decolonial Interrogation'. In S. Curle, H.I.H. Ali, A. Alhassan and S.S. Scatolini (eds), *English-Medium Instruction in the Middle East and North Africa*. London: Bloomsbury.

Ntombela, B.X.S. (2008). 'Communicative Competence in English among Rural African High School Learners in the Eshowe Circuit'. PhD thesis, University of Zululand.

Ntombela, B.X.S. 2017. 'The Double-edged Sword: African Languages under Siege'. In V. Msila (ed.), *Decolonising Knowledge for Africa's Renewal*. Randburg: KR Publishing.

Ntombela, B.X.S. and Ntombela, G.A.L.Z. 2022. 'The Rural University and the Rural Student: Unequal Partners'. *Alternation* 29(1): 47–62. DOI: https:// doi.org/10.29086/2519-5476/2022/v29n1a4.

Phillipson, R. (2003). *English-only Europe? Challenging Language Policy*. London: Routledge.

Phillipson, R. and Skutnabb-Kangas, T. 1996. 'English-only Worldwide or Language Ecology?' *TESOL Quarterly* 30(3): 429–452.

Potgieter, A. and Anthonissen, C. 2017. 'Managing Multilingualism in Education: Policies and Practices'. In R.H. Kaschula, P. Maseko and H.E. Wolff (eds), *Multilingualism and Intercultural Communication: A South African Perspective*, pp. 131–155. Johannesburg: Wits University Press.

Prah, K.K. 2006. *Challenges to the Promotion of Indigenous Languages in South Africa*. Cape Town: Centre for Advanced Studies of African Society.

Scott, D. and Morrison, M. 2007. *Key Ideas in Educational Research*. London: Continuum.

Seliger, H.W. and Shohamy, E. 1990. *Second Language Research Methods*. Oxford: Oxford University Press.

Silverman, D. 2011. *Interpreting Qualitative Data*. Los Angeles: Sage.

Skutnabb-Kangas, T. and Phillipson, R. 2012. 'Counteracting Market-Force Monolingualism in a Multilingual World: Respecting Linguistic Human Rights in Education and Fighting Poverty through Language Policy'. Paper presented at ASSAF seminar, Stellenbosch University.

Spolsky, B. 1998. *Sociolinguistics*. Oxford: Oxford University Press.

Sridhar, K. 1996. 'Societal Multilingualism'. In S.L. McKay and N.H. Hornberger (eds), *Sociolinguistics and Language Teaching*, pp. 47–70. Cambridge: Cambridge University Press.

Timis, S., De Vet, T., Naidoo, K., Trahar, S., Lucas, L., Mgqwashu, E., Muhuro, P. and Wisker, G. 2022. *Rural Transitions to Higher Education in South Africa: Decolonial Perspectives*. London: Routledge.

Trudell, B. 2016. *The Impact of Language Policy and Practice on Children's Learning: Evidence from Eastern and Southern Africa*. Nairobi: UNICEF.

UNESCO. 2016. 'If You Don't Understand How Can You Learn?' Policy paper, Global Monitoring Report, UNESCO.

Wardhaugh, R. 1996. *An Introduction to Sociolinguistics*. Oxford: Blackwell.

Williams, F. and Jukes, A. 2017. 'Perspective: How Far Can the Language Ecology Metaphor Take Us? A Pacific Perspective on Language Vitality (Response to Mufwene)'. *Language* 93(4): e263–e274.

5

Ukusetshenziswa Nokuqhakambiswa Kwezilimi Zomdabu Ezikhungweni Zemfundo Ephakeme Njengesenzo Sobuntu

Mzuyabonga Gumede
Nobuhle Ndaba
Ntokozo Zulu

Isingeniso

NgokoMthethosisekelo waseNingizimu Afrika (1996) owashicilelwa emuva komphumela wentando yeningi eyaqala ngonyaka we-1994, zonke izilimi ziyalingana. Izinqubomgomo zemfundo ephakeme nazo zikubeka kucace bha ukuthi izilimi zomdabu ziyalingana futhi kumele zisetshenziswe ngendlela engabandlululi ezikhungweni zemfundo ephakeme, ngokwenhloso yalesi sahluko (*National Plan for Post-School Education and Training, 2020*). Ngokwabacwaningi, kuyavela ukuthi igxathu eselithathiwe ekuthuthukiseni izilimi zomdabu ezikhungweni zemfundo ephakeme aligculisi neze. Lokho kusho ukuthi kuningi okusamele kwenziwe ukuqinisekisa ukuthi izilimi zomdabu ziyathuthukiswa futhi zinikwa isithunzi esisifanele endimeni yemfundo ephakeme ukuze ziqhakambe.

Abacwaningi balesi sahluko bahlose ukuveza ukuthi ubuntu bungasetshenziswa njengenye yezindlela zokuthuthukisa izilimi zomdabu emkhakheni wemfundo ephakeme ukuze zisetshenziswe ekuthuthukiseni abafundi ngokolwazi namakhono. NgokukaSechoole no-Adeyemo (2016: 4), izikhungo zemfundo ephakeme kuwumsebenzi wazo ukuthi zenze amathuba okuthi abafundi bakwazi ukufinyelela olwazini ngokuthi zenze izinhlelo ezizobaseka ukuze bahlomule emfundweni. Ukusetshenziswa kwezilimi zomdabu kungenye yezindlela zokuthi abafundi bafinyelele olwazini ngaphandle kokubhekana nezingqinamba ezingadalwa ukufunda ngolimi okungelona olwendabuko yabo.

Abacwaningi baphinde baveze ukuthi ubuntu buyasiza ekuletheni ubumbano phakathi kwabantu ababambe iqhaza emfundweni. Izilimi nazo, ngokunjalo, ziyingxenye yobuntu ngoba zisetshenziswa emiphakathini lapho kuphilisana khona abantu. Ubuhlakani nolwazi olusetshenziswa abantu ukuthuthukisa imiphakathi yabo kudinga ukuthi abantu bakwazi ukusebenzisa ulimi ngendlela enobuchule. Ngakho-ke, lokhu kusho ukuthi ulimi luyingxenye yobuntu.

Ababhali babone kubaluleke kakhulu ukuthi igama 'ubuntu' balichaze bese beveza ukuthi linabudlelwane buni nokufunda nokufundisa. Igama 'ubuntu' lisuselwa esishweni sesiZulu esithi 'umuntu ngumuntu ngabantu'. Lokho kusho ukuthi abantu bayohlala bedingana ngaso sonke isikhathi enhlalweni yabo ukuze baphilisane ngendlela efanele futhi elandela imigomo yasenhlalweni (Le Grange, 2012; Metz noGaiel, 2010). Ngokwabacwaningi, ezinye zezinto ezikhombisa ubuntu ilezi: uthando nokuzwelana, ukunakekelana, ukunikana isithunzi, ukwesaba nokugwema ihlazo, ukuhloniphana, ukwazisana, ukusizana nenkuthalo. Ukucacisa kabanzi ngobuntu, uMsengana (2006: 89) uthi, ubuntu bubonakala ngalezi zimpawu: ukuhlobana, ukuphila ndawonye ngokubambisana nomoya wobumbano. Ngakho-ke, abacwaningi ababhale lesi sahluko banombono wokuthi ubukhona bezikhungo zemfundo ephakeme emiphakathini kuzenza zibe yingxenye ephelele yomphakathi enawo amandla okuphosa esivivaneni ezenzweni zokuthuthukisa umphakathi. Umphakathi oqhakambisa ulimi lwawo uvame ukuphumelela ezintweni eziningi ozenzayo ukuthuthukisa inhlalomnotho yawo.

Njengengxenye yomphakathi, izikhungo zemfundo ephakeme zifanelekile ukuthi zisebenzise izilimi ezihambisana futhi nezisetshenziswa umphakathi. Lokhu kuyizinkomba zezenzo zobuntu lapho abanikazi bolimi bezizwa behloniphekile futhi bekwazi ukuzuza ulwazi ngezilimi zabo. Ukusetshenziswa kwezilimi zomdabu ukuzuza ulwazi namakhono kuyabakhuthaza abafundi balezo zilimi ukuthi babambe iqhaza ngokuphelele ekufundeni kwabo. Ngakho-ke, ulimi olusetshenziswayo ekutholeni ulwazi namakhono luyaye lube nesithunzi lungabukeleki phansi. Ngokwababhali balesi sahluko, ukusetshenziswa kwezilimi zomdabu ekufundeni nasekufundiseni kuzibeka ethubeni lokuthi zithuthuke zibe izilimi zobuhlakani nokuhwebelana emhlabeni jikelele.

Lokhu kuholela ekutheni abasebenzisi balolo nalolo limi lomdabu bazizwe bengabantu ebantwini babe nesithunzi, bangazizwa bebukeleka phansi. Ulimi lomdabu oluhlakanisisiwe noluthuthukisiwe ngokwezemfundo lungagcina selutshala ilukuluku lokuthi abantu bezinye izinhlanga nezilimi balangazelele ukufunda lolo limi lomdabu olusetshenziswa kuleso sikhungo, yize kungelona abalusebenzisa emiphakathini yabo. Lesi simo, ababhali balesi sahluko, basibuka njengesimo esingaletha ubumbano ezikhungweni zemfundo ephakeme ngoba lapho kukhona ubumbano nobuntu bukhona.

Inhloso yalesi sahluko ngokwabacwaningi ukuveza ukuthi ubuntu bungasetshenziswa ukuthuthukisa izilimi zomdabu ekufundeni nasekufundiseni kanye nasekuletheni ubumbano phakathi kwabafundisi nabafundi. Lokho kungaholela noma kube nomthelela wokuthi abafundi baphumelele kahle ezifundweni zabo. Ingxoxo ngenhloso yalesi sahluko izolandela lolu hlaka: ukwethula inhloso yalolu cwaningo esingeniswen isalesi sahluko, ingxoxo ngomsebenzi wemfundo ephakeme, ukuveza ezisemgangathweni emfundweni ephakeme, ukucutshungulwa kwezinqubomgomo ezimayelana nezilimi nemfundo ephakeme, ukuxoxa ngokubaluleka koMthethosisekelo waseNingizimu Afrika (1996) nolimi, imfundo ephakeme nobunzima ebhekene nabo, ubulungiswa nezilimi zomdabu, ukuhlobana phakathi kolimi nesiko endaweni yokufunda, ukuchaza ngomthelela walolu cwaningo emfundweni ephakeme (ukuthi lusho ukuthini lolu cwaningo) nesiphetho esigoqa amaphuzu abalulekile avela engxoxweni yalesi sahluko.

Empeleni uyini umsebenzi wemfundo ephakeme?

Imfundo ephakeme umsebenzi wayo omkhulu ukuthuthukisa isizwe noma umphakathi (Moscardini nabanye, 2022). Lokhu kuchaza ukuthi izikhungo zemfundo ephakeme kumele kube ngumthwalo wazo ukwenza isiqinisekiso sokuthi bonke abafundi abasuke bebhalise ngaphansi kwazo bayasekelwa ukuze baphumelele kahle ezifundweni zabo, nokuthi bazuze imfundo esezingeni eliphezulu. Izilimi zomdabu ziyingxenye yemiphakathi, ngakho-ke ukusetshenziswa kwazo ezikhungweni zemfundo ephakeme kungenye yezindlela zokufinyelelisa abafundi olwazini nasemakhonweni azobasiza ekutheni bakwazi ukubamba iqhaza ekuthuthukisweni kwemiphakathi yabo nasekuqhamukeni nezisombululo zalezo nalezo zinselelo ezisuke zibhekene nomphakathi.

Ngokwabacwaningi, lokhu kusho ukuthi izilimi zomdabu zingamathuluzi asemqoka emphakathini ngendlela yokuthi kufanele zisetshenziswe ngendlela elinganayo nezinye izilimi ezisemthethweni ezisetshenziswayo ezikhungweni zemfundo ephakeme eNingizimu Afrika; izilimi ezinjengesiNgisi nesiBhunu. Njengoba omunye umsebenzi wemfundo ephakame kuwukuhola abafundi ukuze bafinyelele ezindleleni zolwazi, kubalulekile ukuthi imfundo ephakeme ibe yingxenye yolwazi lwendabuko ngoba ulwazi lwendabuko luqukethe injula yemiphakathi abafundi abasuke bedabuka kuyona. Ukufakazela lokhu, uHall noTandon (2017:13) baveza ukuthi alukho ulwazi okumele lube namandla ngaphezu kolunye, kubalwa nendlela olutholakala ngayo. Lokhu kuchaza ukuthi zonke izinqolobane zolwazi kufanele zibhekwe ngeso lokulingana futhi zihlotshaniswe uma zihlolisiswa. UHall noTandon (2017: 13) baqhubeka bacacise ukuthi inkululeko yolwazi imbandakanya lezi zinto:

- Iqhakambisa ukubaluleka kokufunda ngezindlela ezihlukene.
- Ulwazi luyakhiwa luphinde lwethulwe ngezindlela ezihlukene.
- Ulwazi luyithuluzi elinamandla lokuletha uguquko ezintweni ezenzekayo emiphakathini; luphinde luqinise lugcine intando yeningi isezingeni elithuthukisayo esikhathini samanje kuze kube isikhathi esizayo. Ukukhululeka ngokolwazi kusho ukuqinisekisa ukuthi izinhlelo zokuthola ulwazi zihlala zivulelekile ukuze wonke umuntu osuke eludinga lolo lwazi aluthole ngenkululeko.

La maphuzu abalwe ngenhla aholele ekutheni abacwaningi bajule ngemicabango, bathi ulwazi olukhululekile lubalulekile ekutheni lwenze amagugu ezwe abhekwe ngendlela engenakucwasa futhi ewanikeza isithunzi. Lokhu kwenza kusho lukhulu kwinhlalakahle yabantu abasuke bengabanikazi bawo lawo magugu asuke ethathwa njengabalulekile endaweni abahlala kuyo. Ngamanye amazwi, inhlalakahle yabantu yeyeme ezenzweni zobuntu. Kuyiqiniso elisobala ukuthi ulwazi lwendabuko abafundi abasuke beze nalo ezikhungweni zemfundo ephakeme basuke belufunde ngezilimi zabo abazisebenzisa emiphakathini yabo. Lokhu kuchaza kabanzi ukuthi ulimi lomdabu lungaba namandla kakhulu ekuthuthukiseni abafundi emfundweni yabo. Ukunikwa kwamathuba azokwenza izilimi zomdabu zisetshenziswe njengamathuluzi asemqoka ezinkundleni zemfundo ephakeme kuzosho ukuthi izikhungo zemfundo ephakeme zigcwalisa okushiwo uMthethosisekelo wezwe nezinqubomgomo ezihlobene nezolimi nemfundo ephakeme.

Ezisemgangathweni emfundweni ephakeme

Ukusungulwa, ukuqanjwa nokwethulwa kwezinqubomgomo ezingumhlahlandlela kwezemfundo ephakeme eNingizimu Afrika kweyeme nasezintweni ezisemgangathweni. Lezi zinto ezisemgangathweni ziba nomthelela omkhulu ekuphathweni nasekulawulweni kwezikhungo zemfundo ephakeme. Lokho-ke, kube sekuphoqa ukuthi izikhungo zemfundo ephakeme zenze imizamo yokuhambisana nezikhathi, ikakhulukazi njengoba ezemfundo seziyibhizinisi lapho amanyuvesi ehleze elwela ukuzithuthukisa ukuze ahehe abafundi abasezingeni eliphezulu. Lapha ngezansi, abacwaningi babheka kafushane ezinye zezinto ezisemgangathweni ezinomthelela ekulawulweni nasekuphathweni kwezikhungo zemfundo ephakeme eNingizimu Afrika:

Ukuhwebelana komhlaba wonke (iglobhalizeshini)

Ezemfundo ephakeme seziphenduke imboni enkulu emhlabeni jikelele. Ziqhakambisa nokuthi 'ukuhleleka kolwazi ngokukazwelonke' isona sizathu esibalulekile ukuheha abafundi abanamakhono, ukuthola izinsizakusebenza nokugcina isithunzi sesikhungo (Weiler, 2001). Ezinye zezizathu ezithuthukisa neziqinisa uhlelo lokuhwebelana ngokomhlaba wonke kwezemfundo ephakeme ilezi: i) isidingo sokwandisa nokusabalalisa ulwazi lwezomnotho; ii) abantu abafunde kakhulu kumele bathole amathuba okuqhamuka namasu anzulu, abangeke kuphela baqhamuke nezisombululo zasezweni labo kuphela; iii) ukukhuphula izinga leziqu ukuheha abafundi bakwamanye amazwe; iv) ezokuxhumana eziseqophelweni nezindleko ezingabizi kakhulu zezokuthutha ukuze abantu bakwazi ukufinyelela ezindaweni ezehlukene kalula (Wildavsky, 2010).

U-Albatch (2004: 5) naye uphinde achaze ezokuhwebelana komhlaba wonke njengento esemgangathweni embandakanya ezomnotho, ezobuchwepheshe nezesayensi ezinomthelela kwezemfundo futhi okungekho lula ukuthi zizitshwe. Ezombusazwe nesiko nazo ziyingxenye yalezi zinto ezihambisana nokuhwebelana komhlaba wonke. Izikhungo zemfundo ephakeme ziyakwazi ukuzinikeza isikhala nesikhathi lezi zinto, kodwa eqinisweni akukho lula ukuziziba. Ngaphezu kwalokho, uRizvi noLingard (2010) bona bathi uhlelo lokuhwebelana kukazwelonke lungaqondwa ngezindlela okungenani ezintathu: (i) izinguquko ezenzeka emhlabeni jikelele; (ii) icebo elithile elimele izinzuzo namandla athile ngokwezombusazwe; (iii) nohlelo olucatshangiwe lwendlela yokuphila kwabantu bonke olumayelana nobunjalo babo, izifiso zabo nezinto abalindele ukuzibona zenzeka.

Kuningi kakhulu osekushiwo mayelana nomthelela wezokuhwebelana emhlabeni jikele kwezemfundo ephakeme nomthelela wakho ekusungulweni kwezinqubomgomo. Ngokunjalo, uDarling-Hammond (2010: 23) uphawula ngokuthi ezokuhwebelana emhlabeni wonke zinomthelela omkhulu mayelana nendlela abantu abachaza nababona ngayo izinto ezingabathuthukisa empilweni. Ezinye izinqubomgomo zigcina zivuna abathile, hhayi lokhu okufunwa ngabantu lapho abasuke bephila khona. URizvi noLingard (2010) baphinde bavume ukuthi amazwe ngamazwe anezipiliyoni ezingafani zezokuhwebelana ngokomhlaba wonke, lokho okubuye kweyame ekutheni izwe libekeke kuphi ngokwebalazwe. Ukuhwebelana komhlaba wonke akuyona into engazitshwa inganakwa ngoba umlando uyaveza ukuthi izikhungo ezikhetha ukungazimbandakanyi nokwenzekayo zigcina zingasekho emgangathweni futhi zingasanakiwe (Albatch, 2004: 6).

Ezamazwe ngamazwe (Inthaneshinalizeshini)

Ngenxa yokuqoqelana ndawonye komnotho wolwazi ekuthuthukeni kweKhulunyaka lama-21, ezemfundo ephakeme zikuthathele phezulu lokhu, ikakhulukazi emazweni abo nasemhlabeni jikelele, lokhu kungenxa yeqhaza okumele lidlalwe ezemfundo ephakeme mayelana nokufundisa abantu ngokubaluleka nokusebenza komnotho omusha nokwakhiwa kolwazi olusha. Lokhu kufakazela ukuthi amanyuvesi aneqhaza elikhulu okumele alidlale emiphakathini lapho etholakala khona nokuthi futhi kumele ahambisane namazinga ajwayelekile nalindelekile ngokwezokuhwebelana komhlaba wonke (Albatch, 1998). Amanyuvesi aseNingizimu Afrika alindeleke ukuthi aqhamuke nezisombululo ezinkingeni ezibhekene nemiphakathi lapho ekhona. Ezinye zezisombululo ezingasiza, ngokwabacwaningi, ukunika amathuba izilimi ebezinganakiwe kwezemfundo, ikakhulukazi izilimi zendabuko. Lokhu kuzokwenza ukuthi abantu bakwazi ukufinyelela ngokuqonda olwazini olungabathuthukisa. Lokho kuyosho ukuthi izikhungo zemfundo ephakeme zibeka phambili abantu nokugcinwa kwamasikompilo abo. Ngokwenze njalo kuyobe kuqhakanjiswa isithunzi sabantu, okuyisenzo sobuntu.

Ngenxa yezinguquko emhlabeni, kwezombusazwe nakwezobuchwepheshe ezibhebhetheke ngeminyaka ye-1990 ngaphansi kwegama, 'ukuhwebelana kwamazwe wonke', amanyuvesi emhlabeni wonke agcine esephoqeleka ukuthi aguqule zonke izinhlelo namasistimu azo ukuze zihambisane nokwenziwa emhlabeni wonke jikelele. Lokhu kubala phakathi kwezinye izinto, ukuhlanganiswa kwamafakhalthi (*faculties*), ukuthuthukiswa kwabasebenzi nabafundi, ukuthuthukiswa kwezifundo nezocwaningo nezibophezelo zamasevisi awo (Dolby, 2011).

Amanye amanyuvesi aseNingizimu Afrika asebenza kanzima ukuguquka nokuqhudelana namanye asesigabeni somhlaba. Ngenxa yalokhu, kufanele abhekane nezinkinga eziningi ezibambezelayo ngaphakathi ukuze akwazi ukuya phambili ekuzithuthukiseni ezingeni lomhlaba. U-Albatch (2004: 6) uchaza ezamazwe ngamazwe njengento embandakanya izinqubomgomo nezinhlelo ezithile ezenziwa ngohulumeni, izinhlelo zezifundo nezikhungo zemfundo ukumelana nokuhwebelana komhlaba wonke. Ezamazwe ngamazwe zichaza ngezindlela ezinobuhlakani zokumelana nezimo ezihlukene zempilo. Ngaphezu kwalokho, ezamazwe ngamazwe ziphinde zimbandakanye inhloso eqhubekayo, ebheke ikusasa, ehlukene kaningi, efaka imikhakha ehlukene nelawulwa ubuholi obuqotho. Lokhu kumbandakanya ababambiqhaza abaningi abasebenza ndawonye ukuguqula izindlela zokusebenza zangaphakathi ezikhungweni ngokuhambisana nenhlalompilo egxile emhlabeni wonke ehlale iguquka njalo nekhombisa ukuhlukahlukana kwabo.

Ezinye izikhungo zemfundo ephakeme kuyenzeka zigcine sezilahlekelwa ongcweti ngenxa yokuthi ziyahluleka ukuhambisana nezinto ezisemgangathweni emhlabeni. INingizimu Afrika ilahlekelwa ongcweti abaningi abanamathalente abaphelela emazweni aseYurophu. Lolu fuduko selube nomthelela omkhulu ekuxegiseni ezinye zezikhungo zemfundo ephakeme ezisemazweni athuthukayo (Albatch, 2004: 13). UKishun (2007) yena ubalula ukuthi inqubomgomo ekhona njengamanje yemfundo ephakeme eNingizimu Afrika ayigxilile kakhulu kwezamazwe ngamazwe futhi uphinde abeke umbono wokuthi le nqubomgomo kumele iguqulwe ukuze iNingizimu Afrika izoqhudelana namazwe omhlaba wonke.

Ngaphezu kwalokho, uJansen (1998) yena ubona ukuthi amanyuvesi aseNingizimu Afrika asenakho ukuba manqikanqika ngokuvumelana nokuhambisana nezamazwe ngamazwe kwezemfundo ephakeme njengoba kusenesidingo sokuthi agxile kwizinqubomgomo zangaphakathi ukudambisa izimo zokungalingani eziwumthelela wombuso wobandlululo nengcindezelo. Lo mthelela wobandlululo usadla lubi endimeni yezilimi njengoba izilimi zomdabu zisaqhubeka nokubukeleka phansi. Nanoma kukhona okungcono okwenziwayo ukuzithuthukisa ezingeni lokufunda kodwa iqiniso ukuthi izinga lokwenza lokho liyanensa. Eminye yemisebenzi ehlobene nokubekwa kwezemfundo ephakeme ezingeni lamazwe ngamazwe kumele ihambisane namazinga ekhwalithi aphezulu ahlobene nezemfundo ephakeme eNingizimu Afrika (South Africa, Department of Higher Education and Training, 2017: 22).

UMcLellan (2008) uqhubeka aveze ukuthi ezamazwe ngamazwe zichazwa kancane noma kabanzi ngenxa yesidingo sokuthi iNingizimu Afrika kumele iqhudelane namanye amazwe emiphakathini yolwazi. Uma kubhekwa ezemfundo ephakeme, ukuqhudelana kwezikhungo zemfundo ephakeme kudinga izinhlelo zokuzidayisa ezinqala ukuze zizokwazi ukuheha abantu abafanele: abafundi, othisha nabaxhasi. Eminyakeni eyishumi edlule, amanyuvesi aseguquke aba amanethiwekhi anamandla abheke ukwenza inzuzo yize izindlela zawo zokwenza sezike zafakwa imibuzo izikhathi eziningi (Rutherford, 2005).

Ezokudayiswa kwemfundo ephakeme (Imakhethizeshini)

Muva nje, sekunezindlela ezihlukene zokuchaza ezemfundo ephakeme emhlabeni jikelele uma kubhekwa indlela elawulwa ngayo nezinhloso nezinjongo zayo ezingagcini kuphela ngokufunda nokufundisa. Empeleni, noma izikhungo zemfundo ephakeme zikhona ngenhloso yokufundisa, kodwa iqiniso lithi nazo kumele zenze inzuzo ekugcineni ukuze zikwazi ukuqhubeka nokuzimela. Ukufakazela lokhu, uLynch (2006: 4) uphawula ngokuthi izikhungo zemfundo ephakeme seziphenduke izinhlangano ezizimbandakanya nezenzo zokukhiqiza nasekuthengiseni imfundo emakethe yomhlaba wonke.

Ngokunjalo, uVarghese (2013) uphinde agcizelele ukuthi ukuqala kohlelo lwezokuhwebelana kwamazwe onke sekube nomthelela ekuguqukeni kweqhaza lamanyuvesi eselisuke ekuthuthukiseni isizwe labheka ngasekukhiqizeleni imakethe yomhlaba wonke. Amanyuvesi asekhethe ukuzimela, awasagxilile kakhulu oxhasweni oluvela kuhulumeni. Izinhlelo zawo zokusebenza zigxile kakhulu ekuzidayiseni. Ukudayiswa kwemfundo ephakeme kuletha izingqinamba kubabambiqhaza ngenxa yoguquko lwezamandla okuphatha, uxhaso lwezezimali, izimakethe nokuhlukana kakhulu kwezikhungo (Lowrie noHemseley-Brown, 2011).

Okuqapheleka kakhulu ukuthi amanyuvesi afakelwa ingcindezi yokuthi aguquke ekubeni 'izikhungo zemfundo' abe 'izikhungo zamabhizinisi' anezinhloso okumele azifeze ukuhambisana nezinhlelo zokuzidayisa (Doring, 2002: 6). ULynch (2006) uqhubeka acacise ukuthi imiphumela yokudayiswa kwemfundo ephakeme iqhamuka ngokwalezi zizathu nezinye: (i) akuyivuli intuba yokuthi abafundi bangene kalula ezikhungweni zemfundo ephakeme; (ii) kuphoqa ukuthi izikhungo zikhiqize izifundiswa ezigxile kakhulu ekwenzeni inzuzo kunezifundiswa ezinendaba nemiphakathi nezimpilo zabantu; (iii) ukuguquka kwezindlela zokuphila ukuze zihambisane nezidingo zomhlaba wonkana; (iv) kuphinde kube ingozi kulabo abamele umphakathi nabazikhulumelayo; (v) nokulawulwa kwemikhiqizo nolwazi.

UJudson noTaylor (2014: 54) bachaza ukuthi ukudayiswa kwemfundo ephakeme kugxile emigomweni yokusebenza, hhayi imigomo yokufunda. UBartlett nabanye (2002) baphawula ngokuthi ezokudayiswa kwezemfundo zihambisana nemithelela engemihle kwinhlalompilo yabantu. UMolesworth nabanye (2009) bona bathi ukudayiswa kwemfundo sekuholele esikweni lomdayisi nomthengi lapho abafundi bedinga khona ukuthola iziqu zabo kunokuba babe ngabafundi nje ngokujwayelekile. Ukudayiswa kwemfundo kuholela ekutheni abafundi bangagxili ngokuphelele emfundweni ngoba bezazi ukuthi bangabathengi futhi bakhiphe imali yabo.

Imfundo iyisevisi ehlukile kakhulu, isipiliyoni senyuvesi esibaluleke kunazo zonke ilesi esakhiwe ngokubambisana kwezinhlaka ezihlukene, futhi lapho ukwethulwa kwezinhlelo zamanyuvesi kubafundi kuhloswe ngakho ukuthi kuhambisane nezinhloso zesikhashana nemiphumela yesikhathi eside ewusiko lwezikhungo (Ng noForbes, 2009). Lezi zinhlelo

ezimayelana nokufunda kuyacaca ukuthi ukuze zifinyelele ngendlela
enomphumela omuhle kubafundi nabacwaningi bolwazi kufanele
zethulwe ngezilimi abantu abaziqonda kangcono njengemiphakathi
ebumbene engakhipheli abanye abantu ngaphandle, eyesekelwe wubuntu
(Odari, 2020: 61).

Ukwengeza kulokho, uMoelsworth, uNixon noScullion (2009)
bachaza ukudayiswa kwemfundo ephakeme njengenye yezinto eziguqula
abafundi ekubeni ngabantu abacabanga ngezinto ezibucayi babe
ngabathengi bolwazi. Ngakolunye uhlangothi, uNatale noDoran (2012)
bona bachaza lesi simo njengenye yezinkinga ezimayelana nokulawulwa
kwezikhungo zemfundo ephakeme. Eqinisweni buncane kakhulu
ubufakazi obuveza izinzuzo zabafundi nokugculiseka kwabo emfundweni
ephakeme. UJudson noTaylor (2014: 52), bagcizelela ukuthi izikhungo
zemfundo ephakeme zinenselelo yokuqeqesha abafundi ezifundweni
zezinto eziphathekayo ukuze bagculiseke ezinjongweni zabo.

Izinqubomgomo nokusetshenziswa kwezilimi zomdabu kwezemfundo ephakeme

Mhla zi-5 kuNovemba kowezi-2002, uNgqongqoshe wezeMfundo
wakhipha i-*Language Policy for Higher Education (LPHE)* eyayisilindwe
isikhathi eside. UVan der Walt (2004) uveza ukuthi kuyancomeka
ukuthi le nqubomgomo yagcina yethuliwe ngenxa yenani lezinkinga
obekufanele ubukhona bayo busize ukuthi zilungiswe. Ezinye zalezi
zinto zimbandakanya ubuliminingi bezikhungo zemfundo ephakeme
nezingqinamba okuza nazo. Ubuliminingi bezikhungo buqinisekiswe
bavunyelwa i-*LPHE* (Ministry of Education, 2002: 3), eqinisekisa
nokugqugquzela ukuthi zonke izilimi zomdabu ezisemthethweni
zaseNingizimu Afrika kumele zisetshenziswe ezikhungweni zemfundo
ephakeme, ngokuhambisana noMthethosisekelo wona ogqugquzela
ukungacwasi ngokobuhlanga nangokobulili.

Ngamanye amazwi, uMthethosisekelo waseNingizimu Afrika (1996)
uvikela isithunzi sabantu nokulingana okuyingxenye yobuntu. Konke
lokho akugcini ngokwenza izilimi zakhona zilingane, kodwa kugcizelela
ukuthi uhulumeni kumele aqikelele ukuthi uqhamuka nezinhlelo
ezinqala zokuthuthukisa nokunika lezi zilimi isithunzi (Section 6(2) of
the Constitution of the Republic of South Africa). Ngaphezu kwalokho,
i-*LPHE* (Ministry of Education, 2002: 4–5) iyakucacisa ukuthi

ulimi luyaba isithiyo kubafundi uma befisa ukungena emkhakheni wemfundo ephakeme. Esinye salezo zizathu ukuthi izilimi zomdabu azikathuthukiswa ngokwanele njengezilimi ezingasetshenziselwa ukufunda emazingeni aphakeme. Lokhu kubhebhethekisa ukungalingani kwezokutholwa kolwazi ngabafundi; okuyinto ephambene nobuntu obuqhakambisa ukuthuthukiswa komphakathi waseNingizimu Afrika njengomphakathi wase-Afrika.

Eqinisweni, izilimi zomdabu zisaqhubeka nokuba izithiyo kwezemfundo ephakeme, ikakhulukazi emigudwini yokuthola ulwazi olufanele nokuphumelela kwabafundi abamnyama base-Afrika. ULove (2009) uveza iphuzu elithi izikhungo zemfundo ephakeme zisabhekene nenselelo yokuthi zikwazi ukugcina abafundi ezikhungweni kusukela bebhalisa baze bayoqeda. Abacwaningi bayavumelana noLove (2009) ngoba ukusetshenziswa kwezilimi zomdabu ezikhungweni zemfundo ephakeme kungenye yezindlela ezingasombulula le nselelo yokungazinzi kwabafundi kuze kushaye isikhathi sokuthi baphothule izifundo zabo.

Ngale kokuthi izilimi zomdabu ziyizilimi ezisemthethweni, kule minyaka edlule nakulesi sikhathi samanje azikaze zinikezwe ithuba lokuthi zisetshenziswe ezindaweni ezibalulekile ezikhungweni zemfundo ephakeme njengokufundisa, ukuphrintwa kwezinsiza zokufunda, ukubanjwa kwemicimbi noma imihlangano, njengoba kwenziwa kwezinye izilimi ikakhulukazi isiNgisi nesiBhunu. Lokhu kusho ukuthi izilimi zomdabu zingabamba elikhu iqhaza ekusekeleni abafundi ukuthi baphumelele ezifundweni zabo (Andrews no-Osman, 2015).

Ezinye zezindlela zokuzama ukuthi izilimi zomdabu zisebenze ngezinga elifanayo nezinye, ukuthi amanyuvesi aqhamuke nohlelo lokuthuthukisa izikhungo zobuliminingi noma nezikhungo zokuthuthukiswa kolimi ngenhloso yokuthuthukiswa kwendawo lapho kusetshenziswa khona zonke izilimi ezisemthethweni ezweni laseNingizimu Afrika. Lezo zilimi ebezicindezelekile ngenxa yenqubo yobandlululo yizona empeleni okumele zinikezwe ithuba lokuthi zithuthuke zize zikwazi ukuzimela ngokuphelele ekutheni zihlinzeke ngolwazi namakhono kwezemfundo ephakeme.

I*National Plan for Post-School Education and Training* (2020), ithi kumele kuguqulwe izifundo ukuze kuzokhula izinga lokutholakala kolwazi, ikakhulukazi ngokusetshenziswa kwezilimi zomdabu. Ngokufanayo, i*White Paper for Post-School Education and Training* (2013), ithi kumele kube   khona   uhlelo   lokucutshungulwa   kwezinhlelo   zemfundo oluzoqinisekisa ukuthi izilimi zomdabu zase-Afrika ziyafakwa zibe yingxenye yezinhlelo zokufunda ezisemthethweni.

Ezinye zezindlela zokufeza lesi siphakamiso, ukuthola ukulekelelwa okuhlosiwe nokuthuthukiswa kweminyango yezilimi bese amanyuvesi ayagqugquzelwa ukuthi akhuphule izinga lokuqashwa kongcweti abazofundisa   izilimi,   ikakhulukazi   lezi   zaseNingizimu   Afrika ezisemthethweni.

Ngokwe*Language Policy Framework for Public Higher Education Institutions* (2002), zonke izikhungo kumele zithuthukise izifundo, izinqubomgomo nohlelo lokusebenza oluzoveza ukuthi sezikuphi nezinga ekuthuthukisweni kobuliminingi. Ekucaciseni izinhlelo zabo zokuqinisekisa ukuthi ukuthuthukiswa kwezilimi zomdabu ngokwezemfundo ephakeme kuyenzeka, izikhungo kumele ziveze okungenani izilimi ezimbili ezisemthethweni ezisetshenziswayo kuleso sikhungo nasendaweni ekusona, ngale kolimi olugunyaziwe lokuxhumana nolusetshenziselwa ukufunda nokufundisa.

Izinqubomgomo zolimi zidlala indima enkulu ekulekeleleni izikhungo zemfundo ephakeme ukuthi zikhiqize, hhayi kuphela imiphakathi yezifundiswa ehlukene, kodwa ziphinde zilekelele ekukhiqizeni otolika nabahumushi bezilimi. Lokho-ke kunomthelela ekuthuthukiseni ukubumbana   komphakathi   ukuze   kuqhanyukwe   nezisombululo zezidingo zomphakathi waseNingizimu Afrika ohlukene ngokwezilimi zawo ozikhulumayo. Ukubambana komphakathi kusho ukuthi bonke abantu abawakhele bayikhathelele intuthuko nenqubekelaphambili yezilimi zabo; okuwuphawu lobuntu oluqhakambisa ubumnini obuhlanganyelwe ekuqinisekiseni ukuthi amagugu anjengezilimi zomdabu agcinelwa izizukulwane ngezizukulwane ezizayo. Ukwethulwa kwe*Language Policy for Higher Education (LPHE)* (2002), kwenza ukuthi uMnyango Wezemfundo Ephakeme Nokuqeqesha uhlolisise isimo sezilimi zomdabu ezikhungweni zemfundo ephakeme nokuveza izinhlelo   zokungenelela   ezidingekayo   ukuqinisa   ukuthuthukiswa nokusetshenziswa kwezilimi zomdabu.

Ngokwe-*Use of Official Languages Act* yowezi-2012 nangokwezinye zezindlela zokuthuthukisa ukuzwana komphakathi nokwakha isizwe, yonke iminyango kahulumeni, izinkampani ezisemphakathini nezizimele zilindeleke ukuthi zisungule ingxenye yolimi ziphinde ziqhamuke nezinqubomgomo zolimi. Lokho-ke kumbandakanya noMnyango wezeMfundo. Izikhungo zemfundo kumele zithuthukise ziphinde zibuyekeze izinqubomgomo zazo zolimi, ziphinde zihlele ukubeka phambili ukubaluleka kwezilimi zomdabu zase-Afrika ngenhloso yokuthi zisetshenziselwe ukufunda nokufundisa, ukuxhumanisa imiphakathi, ucwaningo nezokuphatha.

Ukuthuthukiswa kwezilimi zomdabu zase-Afrika ukuze zisebenze ezikhungweni zemfundo ephakeme kuzodinga ukuthi kuthuthukiswe izichazamazwi, izinsizakufunda nezinga lokuqashwa kongcweti bolimi. Lokhu kuthuthukiswe ukusebenza kwazo zonke izilimi zomdabu eNingizimu Afrika. Iphinde ibalule ukuthi bonke abantu baseNingizimu Afrika banelungelo lokusebenzisa izilimi zabo noma ikuphi lapho befisa khona. Lokho kuholela ekutheni abantu bathole amasevisi nezinhlelo zikahulumeni kalula baphinde bakwazi nokuthola ulwazi ngendlela elula neqondakalayo.

Ukungathuthukiswa nokungasetshenziswa kwezilimi zomdabu kuyinkomba yokuthi izikhungo zemfundo ephakeme azikabi sezingeni eligculisayo ekuthuthukiseni izidingo ezehlukene zolimi; okuyizidingo zabafundi nabasebenzi. Ukusetshenziswa kwesiNgisi sodwa ngokuphindelela kukhinyabeza amathuba okuthuthukiswa kwezinye izilimi. Ngakho-ke, kumele kube khona izindlela ezisungulwayo zocwaningo nezifundo ezenziwayo ngezilimi zomdabu ukuze kuthuthukiswe futhi kuqiniswe ukulingana kwezinhlaka zezemfundo nemithombo yolwazi ehlukahlukene emikhakheni yemfundo ephakeme.

UMthethosisekelo WaseNingizimu Afrika wokusetshenziswa kolimi

Uhlelo lwemfundo ephakeme olwatholwa uhulumeni wokuqala waseNingizimu Afrika okhethwe ngentando yeningi kusukela kuMbasa we-1994 wemukela zonke izinto ezazingenabulungiswa zikahulumeni wobandlululo njengokungalingani kwabantu ngokwezinhlanga nobulili. Ngaphansi kombuso wobandlululo, ubudlelwano phakathi kwezikhungo ngazinye noHulumeni babuhlukene kakhulu. Kusuka ngonyaka we-1990, kwaba nezinkulumo eziningi mayelana nokuguqulwa, ukusungulwa nokuqanjwa kwezinqubomgomo zemfundo ezihambelana neNingizimu Afrika entsha (Hall noSymes, 2005: 202). Ubuntu budlale enkulu indima lapho ngoba bube nomthelela ekusebenzisaneni kwezinhlaka ezahlukene ngenhloso eyodwa, ukwenza ubulungiswa.

Imiphumela yomhlangano iveza ukuthi kwaba khona ukulalelana, ukubekezelelana nokuvumelana ngezinto. Konke lokhu nokunye kuyizinsika zobuntu.

Ngokuqonda ukuthi maningi amasiko akhona, kuningi okwakumele kwenziwe ukulungisa ukungalingani okwakudalwa wuhlelo lwemfundo yobandlululo. Izikhungo zemfundo ephakeme eziningi seziyishintshile imigomo yazo yokwamukela abafundi nokuqasha abasebenzi, lokho okungumthelela wokuguquguquka kwesimo sezemfundo ezweni (Norris, 1996: 25). Ngaphezu kwalokho, izinguquko zigxile kakhulu ekusetshenzisweni kolimi mayelana nokufunda nokuxhumana ezikhungweni zemfundo ephakeme. Lokhu kungeminye yemizamo yabantu abathile abalwela ukuthi zonke izilimi okubandakanya nezomdabu zisebenze ngendlela efanele noma ikuphi, ikakhulukazi ezikhungweni zemfundo ephakeme. Lokho kungesinye sezenzo zobuntu ngokuthi kube khona abantu abacabangela abanye ukulekelela ukuthi bathole ulwazi ngendlela elula nabayizwa kangcono.

Umqulu wokuqala ongumhlahlandlela uMthethosisekelo waseNingizimu Afrika (Act 108 of 1996) ubeka uthi, 'ngokubona ukuncipha kokusetshenziswa nesimo sezilimi zomdabu zabantu bakithi ngokomlando, uhulumeni kumele athathe izinyathelo ezisebenzayo neziqondile zokuphakamisa izinga nokuqhubekisela phambili ukusetshenziswa kwalezi zilimi'. Ngokufanayo, uSomqulu wamaLungelo aBantu nawo ubeka ukuthi, 'wonke umuntu unelungelo lokuthola imfundo ngolimi olusemthethweni noma ngezilimi azithandayo ezikhungweni zemfundo zomphakathi lapho leyo mfundo ingenzeka khona (Isigaba 29.2). Kungukuveza nokusebenzisa ubuntu ukuthi abantu banikwe ilungelo lokuthi bazikhethele bona ulimi abafisa ukufunda ngalo ngokwabo njengokuchaza kwale mibhalo emibili ebalulwe ngenhla.

Selokhu kwaqedwa ubandlululo, imfundo ephakeme eNingizimu Afrika ibe nezinguquko eziningi, okuhlanganisa nezinguquko kumgomo wolimi njengoba kumenyezelwa esigabeni sama-27(2) se*Higher Education Act of 1997*. Lo mthetho udinga ukuthi imfundo ephakeme ihambisane nenqubomgomo yezilimi kazwelonke nobunjalo bokuhlukana kwezilimi ezweni. I*Language Policy for Higher Education* yamukelwa ngoNovemba we-2002 ukuze kuqinisekiswe ukuthi zonke izilimi ezisemthethweni zisetshenziswa ngokulinganayo futhi zithuthukiswa njengezilimi zezemfundo, zesayensi emfundweni ephakeme. Le nqubomgomo kufanele ibonwe njengomzamo kahulumeni wokuhlonipha zonke izilimi zezwe okubonakala nasemfundweni ephakeme. Ngokobuntu, lokhu kuveza khona ukuhlonipheka kwezilimi ngokuthi alukho ulimi okufanele lubukeke lunamandla futhi lulukhulu ngaphezu kolunye. Kubalulekile ukuqonda ukuthi ukupheleliseka kwesiko lobuntu kutholakala ngokuqonda ukuthi abakhuluma ulimi thizeni bawuqonda kanjani umhlaba ngokwezilimi zabo. Njengoba kuyaye kuthiwe omunye umuntu akaphelele ngaphandle komunye, lokho kuveza ukuthi kungachazwa okufanayo ngezilimi: olunye ulimi luyaqina futhi lukhule ngokusekelwa olunye. Izilimi zomdabu ziyisithombe esiveza ukucabanga komuntu ngokwesiko lakhe futhi okungeke kwahlukaniswe nomphefumulo (Makalela, 2016: 191). Isona sizathu lesi esigcizelela khona ukubaluleka kwalezi zilimi ukuze abafundi bezoba ingxenye yokufunda ngokukhululekile bakwazi ukubuza, ukuphendula, ukuchaza nokubamba izinkulumo ngezilimi zabo.

Ezinye zezinzuzo zokusetshenziswa kwezilimi zomdabu kwezemfundo zidalwa ukuthi nabazali bayakwazi ukubamba iqhaza ekufundeni kwezingane zabo uma beqonda lonke ulwazi olufika kubo ngenxa yolimi abalusebenzisayo. Olunye ulwazi lufika ngabo abafundi abanokuzethemba ngabakuchazayo ngoba bekwenza ngolimi abakhululekile ukulusebenzisa. Ukuvumelana nalokho, uMadiba (2014) ubeka iphuzu elithi ukusetshenziswa kwezilimi zomdabu kungenye yezindlela zokuhlonipha ubukhona babazali bezingane ezifundayo ngoba bayakwazi ukuzibandakanya nemfundo yezingane zabo lokho kudalwa ukuthi izithiyo zolimi ziyancipha kulokhu kuxhumana. Konke lokhu kuhambisana neziphakamiso zoMthethosisekelo waseNingizimu Afrika (1996) ovikela abantu, izilimi zabo namalungelo abo okuthola ulwazi ngolimi lwabo futhi abaluzwa nabaluqonda kangcono.

Imfundo ephakeme nobunye bobunzima ebhekene nabo

Eqinisweni, ziningi izinqubomgomo nemizamo esiyenziwe eNingizimu Afrika kodwa kusabukeka usemuningi umsebenzi okufanele wenziwe mayelana nokuqinisekisa ukuthi izikhungo zemfundo ephakeme ziba ngezilinganayo ngakho konke, okubandakanya amasiko nolimi olusetshenziswayo (Makhanya noZibane, 2020: 24). Ngonyaka we-2008, uMnyango Wezemfundo Ephakeme Nokuqeqeshwa (*DHET*) wethula i*Draft Language Policy of Higher Education* ngenhloso yokugqugquzela ukuthi izilimi zomdabu zase-Afrika zisetshenziselwe ukufunda nokufundisa ezikhungweni zemfundo ephakeme (DHET, 2018).

Okunye okugcizelelwa ile nqubomgomo ukuthi izikhungo zemfundo ephakeme ziqhamuke namasu okuqinisekisa ukuthi izilimi zomdabu ziyafundwa ezikhungweni ukuthuthukisa ubumbano nokunikeza abantu baseNingizimu Afrika inkululeko yokusebenzisa zonke izilimi zabo ezisemthethweni ezindaweni ezehlukene lapho kudingeka khona. Abanye bababhali bayakuveza ukuthi ubuliminingi into engenzeka uma kuqondakala kabanzi wonke amasiko ngokwehlukahlukana kwawo (Kaschula nabanye, 2009: 45). Njengoba sekuke kwavela phambilini, lokho kuyizinkomba zokuthi abantu kumele babekezelelane empilweni yobuntu (Goduka,2000) futhi baqonde ukubaluleka kwabantu nokuhluka kwabo ukuze baphilisane kahle.

Ukungabandakanywa kwezilimi ezithile emikhakheni yemfundo ephakeme kubhebhethekisa ukungalingani ngokwamasiko nobuhlanga (Kaschula, 2013). UZhou nabanye, (2018) baveza ukuthi nakuba selilikhulu inani labantu abakhuluma izilimi zomdabu elibhalisayo ezikhungweni zemfundo ephakeme, phambilini obekungezabamhlophe nabomdabu baseNdiya, kodwa ulimi lwesiNgisi ilona olusabusa. Lokho kungezinye zezinkomba zokuthi izikhungo zemfundo ephakeme azikwenzi ngokugculisayo okushiwo yizinqubomgomo okukhulunywe ngazo kulesi sahluko. Kusobala ukuthi baningi abantu abaqhamuka ezinhlangeni nakumasiko angafani ababhalise ezikhungweni zemfundo ephakeme.

Okushaqisayo nokwethusayo ukuthi kusasetshenziswa ulimi olulodwa ekufezeni izinjongo zokufunda nokufundisa. Lokhu kukodwa kuyizinkomba zokuthi izikhungo zemfundo ephakeme zisenakho ukubandlulula (Reddy, 2006: 129). Ukugcizelela kulokhu, uCoetzee-de Vos (2019: 57) uveza ukuthi amanyuvesi asaqhubeka nokungazishayi ndiva izingxoxo neziphakamiso ezivevezа ukuthi ulimi lwebele kulufanele ukuthi lusetshenziselwe ukufunda nokufundisa ezikhungweni zemfundo ephakeme. Ukwengeza kulokhu, uKaschula (2013) ugcizelela ukuthi ambalwa kakhulu amanyuvesi anezinhloso nezinhlelo ezicacile zokuthuthukiswa kwezilimi zomdabu zase-Afrika.

Ngakolunye uhlangothi, uZikode (2017) yena uveza ukuthi kubalukile ukuqaphela ukuthi uma kukhulunywa ngokuthuthukiswa nokusetshenziswa kwezilimi ezikhungweni zemfundo ephakeme kusuke kubandakanyeka nezinqumo ezinqala okumele zithathwe mayelana nezezimali ezisuke zizosetshenziswa ngenkathi kuqhutshwa izinhlelo zokuthuthukiswa kolimi. Ngale kokuthuthukisa izilimi zomdabu, izikhungo eziningi zinezinhlelo eziyisipesheli zokufundisa abafundi izindlela zokusebenzisa isiNgisi kuleli zinga (CHE, 2001). Ngokusobala, lezi zinhlelo zingezinye zezindlela zokuqinisekisa ukuthi isiNgisi siyaqhubeka nokubusa ngaphezu kwezinye izilimi eNingizimu Afrika. Zimbalwa kakhulu izikhungo ezinezinhlelo zokufundisa noma ukusiza abafundi ngezilimi zabo zomdabu.

Izidingo zolimi zabafundi abamnyama azithathelwa phezulu noma sebebhalisile beyingxenye yohlelo lwemfundo ephakeme. Lokhu ke, kuveza ubungozi bokuthi izilimi zomdabu zase-Afrika ngeke zathola ithuba elilinganayo nesiNgisi ukusetshenziswa ngokusemthethweni ezikhungweni zemfundo ephakeme (DHET, 2018). Lokho kuyizinkomba zokuthi izizukulwane ezizayo nazo zisazoqhubeka nobunzima bokufunda ngolimi okungelona olwebele, lokhu nokho okungesona isenzo sobulungiswa obuwubuntu. Lokhu kudinga ukuthi izikhungo zemfundo ephakeme ziyithathele phezulu indaba yolimi ngoba kusobala ukuthi noma sekuphilwa eNingizimu Afrika yentando yeningi kodwa ababecindezelekile basacindezelekile namanje (Fraser, 2008: 40).

Ngaphandle kwezinkinga ezibalulwayo ezibhekene namanyuvesi ukuqinisekisa ukuthi ubuliminingi bubekwa eqhulwini, UMesthrie (2008: 322) uqhamuka neziphakamiso eziyisithupha ezihlukile njengoba ethi bukhona ubunzima obusobala obubhekene nezemfundo ephakeme okufanele buvunyelwe bamukelwe. Ubala izinto eziyisithupha okuyilezi:

• Amanyuvesi awasebenzi kuphela lapho ekhona. Ezinye zezinkinga zawo ezithinta umhlaba wonke jikelele. Amanyuvesi aseqophelweni aheha nabafundi bakwamanye amazwe.

• Imibono yokuthuthukiswa kobuliminingi ifika iqhamuke ngezinkathi ezimbi ngakwezezimali njengoba kunzima ukuqasha ongcweti bolimi nomabhalane.

• Uhlelo lwemfundo ephakeme eNingizimu Afrika kungelokwenza inzuzo, ngakho-ke izinqumo ezithathwayo zihlala njalo zibheke ukuthi zingasiza kanjani ekwenzeni inzuzo, noma ngabe ezinye iziphakamiso zinomqondo kangakanani.

• Nakuba ababhali bezinqubomgomo befaka amanyuvesi ngaphansi kwengcindezi yokuthi bathuthukise izinhlelo zobuliminingi, intsha yamanje encike kakhulu esiNgisini ingesinye sezizathu sokungathathelwa phezulu kwezilimi zomdabu ekufundeni. Lokhu kudalwa ukukhula kwezobuchwepheshe ngesivinini.

- Osombusazwe abafaka ingcindezi ezikhungweni kwabona basawuthobela umthetho wokusebenza kwesiNgisi njengoba nephalamende lisalawulwa imithetho yaso.
- Amabhodi aqokiwe ukulwa izimpi zezilimi zomdabu abuye agxile kakhulu ezimpini ezithinta ubuholi bawo, lokho okugcina sekubambezela inqubekela phambili yokuthuthukiswa kwezilimi.

Zonke izinkinga ezibhekene nezolimi ezikhungweni zemfundo ephakeme ziyadinga ukubhekisiswa ukuqinisekisa ukuthi bonke abafundi bazizwa bamukelekile lapho befunda khona. UNdimande-Hlongwa (2014: 81) uyawudlulisa umyalezo obalulekile othi 'ukufunda nokufundisa okubandakanya nokushicilelwa kocwaningo ngezilimi zomdabu zase-Afrika kuyadinga ukuthi kubuyekezwe ezikhungweni zemfundo ephakeme'. Lokho kuhamba ibanga elide ekuzinikeleni komuntu entweni ayenzayo ngoba ezibona eyingxenye yayo ngokuphelele. Abafundi abasebenzisa ulimi lwabo ngeke babe novalo lokubeka imibono, ukubamba iqhaza kanye nokuqhamuka namasu amasha okuxazulula izinkinga nokuthuthukisa umphakathi ngendlela elawulwa wubuntu.

Ubulungiswa nezilimi zomdabu

Kuyaziwa emlandweni ukuthi izwe laseNingizimu Afrika lalingaphansi kolawulo lombuso wengcindezelo ngaphambi kombuso wentando yeningi owaqala ngonyaka we-1994. Umbuso wengcindezelo owatshalwa abantu baseNtshonalanga wenza omkhulu umonakalo ekuphathweni kwezwe laseNingizimu Afrika. Ngokunjalo nemfundo yakhahlamezeka kakhulu ngenxa yokuba khona kwengcindezelo, ikakhulukazi ohlangothini lwabantu bohlanga lwase-Afrika. Lokhu kufakazelwa wuSechoole beno-Adeyemo (2016) lapho bephawula bethi umbuso wentando yeningi owazuzwa ngonyaka we-1994 wemukela imfundo ephakeme eyayingenabo ubulungiswa nokuphatha abantu ngendlela elinganayo. Ngakho-ke, abacwaningi balesi sahluko bakusho kugcwale umlomo ukuthi lesi senzo sokubandlulula nokucindezela sasiphambene nobuntu. Abantu njengezakhamuzi ezweni laseNingizimu Afrika bayalingana (*The Constitution of the Republic of South Africa, 1996*) njengalokhu belingana phambi kobuso bukaMvelingqangi.

Ngenxa yokuthi umthethosisekelo wezwe ubheka zonke izakhamuzi ngeso lokulingana, kubalulekile ukuthi izilimi zomdabu ezikhona lapha eNingizimu Afrika zenzelwe ubulungiswa ukuze zithole isithunzi ezisidingayo emfundweni ephakeme njengalokhu kwenzeka nakwezinye izilimi zokufika ezifana nesiNgisi nesiBhunu. Ngakho-ke, ngokwenza ubulungiswa ekuthuthukisweni kwezilimi zomdabu njengezilimi zokufunda nokufundisa (*intellectualization of indigenous languages*) ezikhungweni zemfundo ephakeme, kuyoba nomthelela omkhulu ekutheni abafundi bathuthuke kwezolwazi namakhono.

Lokhu kuthuthuka kwabafundi olwazini namakhono kungenzeka ngendlela ebasekelayo eyenza ukuthi bacabange kahle futhi bakwazi ukubeka imibono yabo ngendlela ecacile besebenzisa izilimi zabo zomdabu. Ukusebenzisa izilimi okungezona ezabo ekufundeni kubathwesa obukhulu ubunzima obunobungozi bokuthi bagcine bengaphumelelanga ezifundweni zabo. Uma kwenzeka abanye abafundi bephumelela ezifundweni zabo baphumelela ngengcacamezela ngenxa yakho njalo ukufunda nokufundiswa ngezilimi okungezona ezabo. Ngokuthuthukiswa kwezilimi zomdabu njengezokufunda nokufundisa ezikhungweni zemfundo ephakeme, abafundi bayothuthuka futhi bakwazi ukubamba iqhaza elikhulu ekuthuthukiseni inhlalomnotho yezwe laseNingizimu Afrika engagcina isinomthelela ngisho nasekuthuthukeni kwenhlalomnotho yomhlaba jikelele.

Abacwaningi balesi sahluko banombono wokuthi ukusetshenziswa nokuqhakanjiswa kwezilimi zomdabu njengamathuluzi okufinyelela olwazini, okuhlaziya ulwazi nokuluhlolisisa kuyisenzo sobuntu. Ngokunjalo, kuyisenzo sobulungiswa. Ubuntu nobulungiswa ngokwenkambiso yase-Afrika kuhlobene kakhulu futhi kuyahambisana (Letseka, 2014). Lokhu abacwaningi bakusho ngoba inhlalakahle yabantu ngokwenkambiso yase-Afrika idinga ukuthi abantu baphile njengemiphakathi eyazisanayo, enakekelanayo, ezwelanayo, enothando, enikana isithunzi nephathana ngenhlonipho (Goduka, 2000: 199).

Ukusetshenziswa nokuqhakanjiswa kwezilimi zomdabu emfundweni ephakeme kungaba namandla okucija abafundi ukuthi bakwazi ukubamba iqhaza ezingxoxweni noma kwizinkulumompendulwano ezisuke zihlose ukwakha nokuthuthukisa izwe ukuze inhlalakahle yabantu ingabi sengcupheni. Njengoba umthethosisekelo waseNingizimu Afrika ugqugquzela ubuliminingi (Nene, 2014) kuyefana nokuthi uqhakambisa amasiko namagugu ahambisana nalezo zilimi (Idang, 2015). Ngakho-ke, uma abafundi bebamba iqhaza emfundweni yabo ngezilimi zabo bazizwa bengabandlululeki ekutheni bakwazi ukubeka imibono yabo ngentshisekelo nangelukuluku abasuke benalo; bayaye bazibone bengabantu ebantwini (Letseka, 2012) bengavalelwe ngaphandle eshashalazini lokufunda.

Ukuhlobana phakathi kolimi nesiko emhlabeni wokufunda

Ulimi ludlala indima ebalulekile ekufundeni; kungaba isemiphakathini noma ezikoleni. UKavakli (2020: 89) uphawula ngokuthi isiko limelwa wulimi ngoba injula yalo ihumushwa futhi igcinwe ngolimi ukuze ingalahleki noma ingakhohlakali. Lokhu kuchaza kabanzi ukuthi ulimi luveza indlela yempilo yabantu endaweni abasuke bephila kuyona. Lokhu kusho ukuthi ukuthuthukiswa kolimi kuwukuthuthukisa inhlalakahle yabantu. Ngakho-ke, abacwaningi babona ukuthi isenzo sokuthuthukiswa kwezilimi zomdabu kusukela ezikhungweni zemfundo yamabanga aphansi kuya kweyamabanga aphakeme kuyisenzo sobuntu esizoholela ekutheni abafundi bahlomule ngokulinganayo emfundweni yabo.

Ngamanye amazwi, ukukwazi ukubeka imibono yabo abafundi ngezilimi zabo zomdabu ezinkundleni zokufunda kubenza bazizwe bengabantu abaphelele bengashiyekile ngaphandle njengoba kwaziwa ukuthi ulimi luyakwazi ukubuye lusetshenziselwe izinhloso zokuvalela ngaphandle abantu abathile abasuke becwaswa (Basher, 2010) kusuka emfundweni eyisisekelo kuya emfundweni ephakeme. UBasher (2010: 8) ubeka iphuzu elithi imfundo iyilungelo eliyisisekelo esinamandla ngoba iyakwazi ukwenza umuntu akwazi ukuthola izindlela zokuzikhulula kuzo zonke izinhlobo zobandlululo nokulawulwa okunengcindezelo. Izilimi zomdabu ngokunjalo zinawo amandla okuqhelisa imingcele yobandlululo zibeke phambili isithunzi somuntu esiyingxenye yobuntu, inqobo nje uma zingabelwa ithuba elithe thuthu lokuthi zithuthuke, ikakhulukazi ezikhungweni zemfundo ephakeme ngokwenhloso yalesi sahluko.

Ukuphucwa ilungelo lemfundo ekhululekile eqhakambisa futhi ezuzwa ngezilimi zonke okuxhunyanwa ngazo ezweni kuyisenzo esingenabulungisa futhi esingenabo ubuntu. Ukufakazela lo mbono wabacwaningi, u-Ezeanya-Esiobu (2019: 1) uphefumula uthi ukugxambukela kwamazwe aseNtshonalanga ne-Afrika kwasidicilela phansi isithunzi sokuphila impilo yomdabu yase-Afrika kangangokuba kwaze kwaholela ekujivazeni inhlalompilo namagugu abantu base-Afrika kubandakanya nohlelo lwemfundo yabo. Okuyiqiniso elingephikwe ukuthi izilimi zomdabu njengazo zonke izilimi ezikhona kodwa ezingezona ezendabuko e-Afrika ziyingxenye yamagugu ezwe laseNingizimu Afrika nezwekazi i-Afrika.

Abakushoyo abacwaningi wukuthi isidingo sokuthuthukiswa kwezilimi zomdabu kuyinselelo enkulu okufanele uhulumeni waseNingizimu Afrika njengohulumeni wentando yeningi ayisukumele ngezinyawo zombili ezingeni lemfundo. Ngokubona kwabacwaningi, ukuba wuhulumeni wentando yeningi kusho ukuthi inhlalakahle yomphakathi wonkana kumele ibekwe phambili, njengoba ubuntu bubeka phambili umphakathi namagugu awo. Amagugu omphakathi afana nolimi, ubuciko bomlomo, ukuhlonipha, umculo, ukusina (Mawere, 2015: 59) nezinye izinqolobane zolwazi lwendabuko zenza isizwe sizigqaje ngobunjalo baso.

Ukugcizelela ukubaluleka kolwazi lwendabuko esizweni, uMawere (2015: 61) uthi ulwazi lwendabuko luwulwazi oluqhamuka ngqo ezintweni abafundi abazifunda ngenkathi bekhula ezindaweni abasuke behlala kuzo. Uqhubeka aphawule athi ukufakwa kolwazi lwendabuko ezinhlelweni zokufunda nokufundisa kungagqugquzela abafundi ukuthi babambe iqhaza elikhulu ekukhuliseni ulwazi namakhono angasiza ukuthuthukisa izwekazi i-Afrika njengengxenye yokuthuthukisa imfundo nolwazi emhlabeni jikelele. Njengengxenye yolwazi lwendabuko, ukushaywa indiva kwezilimi zendabuko, ikakhulukazi ezikhungweni zemfundo ephakeme, ngokwenhloso yalesi sahluko, kungenza abafundi bazibone njengabalahliwe futhi njengezihambi.

Okushiwo yilo musho ukuthi abafundi bazibona bebalulekile esizweni uma bebona abakwaziyo, abakwenzayo nabakushoyo emiphakathini yabo kuthathwa njengokubalulekile futhi kuqhakanjiswa. Okuchazwa yile nkulumo wukuthi ulwazi lutholakala futhi lusatshalaliswa ngolimi. Ngamanye amazwi, ulimi luxoxa lukhulu ngezimpilo zabantu (Scentanda, 2022). Uma umfundi efunda ngolimi lwakhe kuba lula ukuthi abeke imibono yakhe ngendlela engenazithiyo. Lokhu kusho ukuthi ukwenyuswa kwesivinini sokuthuthukiswa kwezilimi zomdabu njengezilimi zokufunda nokufundisa ezikhungweni zemfundo ephakeme kungasho ukwenziwa kobulungiswa nobuntu, okuyinto efakazelwa nguMthethosisekelo weZwe laseNingizimu Afrika (1996).

Ngamafuphi, ngabe lusho ukuthini lolu cwaningo emfundweni ephakeme?

Lolu cwaningo olumayelana nokusetshenziswa kwezilimi zomdabu ezikhungweni zemfundo ephakeme lubaluleke kakhulu eNingizimu Afrika yesimanjemanje. Njengamanje, sisesikhathini lapho izwe libhekene nezinselelo zokuletha uguquko oluphathekayo, kungagcinwa ngokukhuluma kuphela. Abacwaningi bahlose ukukhuthaza izinhlaka ezilawula imfundo ephakeme ukuthi zenyuse izinga emizamweni yazo yokuthuthukisa imfundo yentando yeningi; imfundo engacwasi, ehlinzeka ngolwazi ngendlela ekhululekile (Hall noTandon, 2017). Lesi senzo sokusetshenziswa kwezilimi zomdabu ezikhungweni zemfundo, ikakhulukazi emfundweni ephakeme, abacwaningi basibona njengesenzo sobuntu. Ubuntu busho ukuthi bonke abantu abakhele izwe babalulekile ngoba bakha futhi baphila emphakathini ngokuhlanganyela nangokubambisana (Odari, 2020; noWaghid, 2016).

NgokukaHungwe benoNdofirepi (2022: 63), ubuntu bungenye yezindlela zempilo emsebenzi wayo ukuletha ubumbano nenhlalakahle yabantu emphakathini, neyenza idikholonizeyshini. Idikholonizeyshini bayichaza njengesenzo sokulungisa izinto ezoniwa ngohulumeni bengcindezelo nobandlululo emazweni ase-Afrika. Labo hulumeni babephethe izakhamuzi ngezindlela ezingalingani ezazeyeme ebuhlangeni. Ngamanye amazwi, idikholonizeyshini, mayelana nezwekazi i-Afrika, ihlose ukubuyisela emasisweni izinhlaka zolwazi lomdabu emfundweni ephakeme esekelwe empilweni yokusebenzisana ngokubambisana kwabantu emiphakathini yabo ngendlela enobuntu (Waghid, 2016).

Lokhu kubambisana kwezakhamizi emiphakathini yazo kugqugquzela ukusebenzisana ngenkuthalo ekuletheni intuthuko nokugcina amagugu ayo enesithunzi. Kugqugquzela nokuthi abantu abaphila njengomphakathi bavuleleke omunye komunye ukuze bakwazi ukufundisana. Ngamanye amazwi, omunye umuntu afunde komunye. Njengoba izinkundla zokufunda ezingaphansi kokulawulwa ezemfundo ephakeme zifana nemiphakathi, lokho kusho ukuthi kufanele bafundisane ngendlela enobuntu besebenzisa izilimi zabo zomdabu, phakathi kokunye.

Kubalulekile ukugcizelela ukuthi ulimi lungenye yezinsiza zokufinyelela olwazini ngokufunda, ngokulalela nangokuxoxisana.

Ngalolu cwaningo, abacwaningi bakholwa ukuthi abafundi nabanye ababambe iqhaza kwezemfundo ephakeme bangafunda baqonde ngokubaluleka kokufakwa kolwazi lwendabuko ezinhlelweni zokufunda noma kumakharikhulamu futhi baguqule nendlela ababuka ngayo ulwazi. Lokhu abacwaningi bakusho ngoba ulimi olusahamba phambili ezinhlelweni zokufunda eNingizimu Afrika wulimi lwesiNgisi, okuwulimi okungelona olwendabuko yase-Afrika, yize lusemthethweni. Ukuqhakambiswa kwamagugu aseNtshonalanga kwahola ekutheni amagugu nezinjula zolwazi lwase-Afrika kwehlelwe yisithunzi futhi kudicileleke phansi, okuyisimo esaziwa ngokuthi yi-ephistemisaydi (*epistemicide*) (Hall noTandon, 2017).

Njengengxenye yamagugu ase-Afrika, izilimi zomdabu nazo zishabalala namagugu ahambisana nazo uma zingasetshenziswa noma zingathuthukiswa. Phela izilimi zomdabu zinamandla okudlulisa ulwazi nobuhlakani obungumgogodla waleso naleso sizwe ezizukulwaneni zaso (Mundy noLloyd-Laney, 1992). Kuyiqiniso elingephikiswe ukuthi uma abantu benganikwa ithuba lokuthi bakhethe izinhlobo zezinsizakwamukela ulwazi nezinsizakudlulisa ulwazi, bangakhetha lezo ezikwazi ukufeza izidingo zabo. Ngokunjalo nasezilimini. Okuchazwa kabanzi yila mazwi ukuthi empilweni eyeyeme kubuntu kubalulekile ukuthi umphakathi ubhekelele inhlalakahle yabantu bonkana abasuke bephila kulowo mphakathi.

Ngakho-ke, akufanele abantu abaphila impilo yabo yendabuko baguqulwe abanye abantu abamasiko abo ahlukile kunawabo ukuthi babukele phansi noma balaxaze usikompilo lwabo abalubamba balugcina emphakathini wabo lisuka ezizukulwaneni ngezizukulwane. Yingakho kulesi sahluko abacwaningi beveza ukuthi kufanele ukuthi izikhungo zemfundo ephakeme zaseNingizimu Afrika zithi ukwenyusa isivinini ekuguquleni izinhlelo zokufunda ukuthi zingashiyi ngaphandle abafundi bendabuko ngenxa yolimi.

Ukwandisa amathuba okuthi abafundi bafunde bathole ulwazi ngezilimi zabo zomdabu ezweni labo lendabuko kungaba nomthelela omkhulu ekuphumeleleni kwabafundi ezifundweni zabo ezikhungweni zemfundo ephakeme. Lesi senzo singaba yizinkomba zobuntu, okuyizinkomba zobulungiswa kwezemfundo (Letseka, 2014), kuphinde kube enye yezindlela zokuzama ukubhalansisa phakathi kokuvuleleka kwabafundi ukuthi bangene ngobuningi babo emfundweni ephakeme nezinga lokuphumelela kwabo (Ramrathan, 2016). Ukwesekwa kwabafundi kuwubuntu; ubuntu busho ukutakulana nokuthuthukisana ebunzimeni obungabhekana nabafundi embhidlangweni wabo wokufunda.

Isiphetho

Kulesi sahluko, abacwaningi bebehlose ukuveza ukubaluleka kokusetshenziswa kwezilimi zomdabu kwezemfundo njengesenzo sobuntu okungaba nomthelela ekukhuthazeni imfundo ehlanganyelwayo nokuthola ulwazi ngolimi abaluqonda kangcono. Imfundo iyisikhali esikwazi ukuletha izinguquko emphakathini nasezweni lonkana. Ngokunikwa kwabafundi amathuba okuthi bathole ulwazi ngezilimi zabo zomdabu ezinkundleni zokufunda, lokho kubagunyaza ukuthi bakwazi ukubeka imibono yabo ngezilimi zabo futhi babambe iqhaza ekufundeni ngokukhululeka nokuzethemba. Ukufazela la mazwi, uMawere (2015: 64) ubeka iphuzu elithi ulimi lunamandla okulondoloza amasiko nokwakha isithunzi nokuzethemba kubafundi abasuke befunda ngolimi lwabo lomdabu.

Ngakho-ke, kubalulekile ukuthi izikhungo zemfundo ephakeme ziqhakambise ukusetshenziswa kwezilimi zomdabu ukuqinisekisa ukuthi kuvikeleke ulwazi lwendabuko (Hamilton-Ekeke noDorgu, 2015). Ngokwabacwaningi, ukuqhakanjiswa kwezilimi zomdabu kuwuphawu nesenzo sobuntu. Isenzo sobuntu sikhuthaza ubumbano kubantu abasuke bephilisana emphakathini. Ngalokhu, izikhungo zemfundo (ephakeme) zimele futhi ziyingxenye yomphakathi okufanele zinike abafundi amathuba ngokulinganayo kungabibikho ukukhishelwa ngaphandle kwabanye abafundi ngokobuhlanga nangokwendabuko yabo, njengoba kwaziwa ukuthi izilimi zomdabu zazibukelwa phansi nguhulumeni wobandlululo (Mbatha, 2020). Ngokwenza njalo, lolo hlelo lwemfundo luyoba uhlelo olunenkambiso yobulungiswa. Lapho kukhona ubulungiswa nobuntu bukhona.

Ngokwabacwaningi, akusafanele neze kuchithwe isikhathi mayelana nodaba lokwenza ubulungiswa obuphelele nobuphathekayo ezilimini zomdabu emfundweni ephakeme. Sekuyisikhathi eside kakhulu iNingizimu Afrika yathola inkululeko eyaba ngumphumela wentando yeningi kusukela ngonyaka we-1994. Intando yeningi yaba ngumhlahlandlela wokusungulwa kwezinqubomgomo nezinhlaka zokukhulula abantu emaketangweni obandlululo (South African Languages Bill, 2000; Language Policy for Higher Education, 2002; Use of Official Languages Act, 2012; White Paper for Post-School Education and Training, 2013), kubalwa nezinhlaka ezimayelana nokuthuthukiswa kwezilimi zendabuko zibe sezingeni elilinganayo nezinye izilimi ezisetshenziswayo ezweni, yize kungezona ezendabuko.

Lezi zinhlaka nezinqubomgomo zeyeme kuMthethosisekelo waseNingizimu Afrika (1996). Nakuba zikhona izinqubomgomo nezinhlaka zezilimi, kubukeka kusekuncane okwenziwe yizikhungo zemfundo ephakeme ukuthuthukisa ngokusobala izilimi zomdabu. Ulimi lwesiNgisi kuseyilo olusaqengqeleza phambili njengolimi lokufunda nokufundisa. UCostandius nabanye (2020: 43) baphawula bathi ukusetshenziswa kolimi olulodwa emfundweni akuphelele uma zingasetshenziswa ezinye izilimi ezisuke zikhona kuleyo ndawo.

Abacwaningi bavala ingxoxo yabo ngokugcizelela ukuthi kubaluleke kakhulu kubo bonke abantu ababambe iqhaza kwezemfundo (ephakeme) ukuthi balibuke ngeso elakhayo nelivelele iphuzu lokuthi kunesidingo esikhulu sokuthi kusetshenziswane ekuthuthukiseni izilimi zomdabu ukuze nazo zisetshenziswe njengamathuluzi okufinyelelisa abafundi olwazini nasekulwakheni ngokuxoxisana. Okubalulekile ukuthi lapho kuxoxiswana khona ngenkululeko noma ngezilimi eziqondakala kangcono, izinto zenziwa ngobuntu kulandelwa imigomo yobuntu evuleleke kubantu bonke bosikompilo. Ngalesi sizathu, ulimi luqukethe injula yamagugu esintu esawakha sawagcina ngomoya wobuntu nobumbano.

Imithombo Yolwazi

Altbach, P.G. 2004. 'Globalisation and the University: Myths and Realities in an Unequal World'. *Tertiary Education and Management* 10(1): 3–25.

Altbach, P.G. 1998. *Comparative Higher Education: Knowledge, the University, and Development*. Greenwich, CT: Ablex.

Andrews, D. and Osman, R. 2015. 'Redress for Academic Success: Possible "Lessons" for University Support Programmes from a High School Literacy and Learning Intervention'. *South African Journal of Higher Education* 29(1): 354–372.

Bartlett, L., Frederick, M., Gulbrandsen, T. and Murillo, E. 2002. 'The Marketization of Education: Public Schools for Private Ends'. *Anthropology and Education Quarterly* 33(1): 1–25.

Basher, S. 2010. *Exploring the Dynamics of Exclusion in Education*. Bangladesh: Friends in Village Development.

Council on Higher Education (CHE). 2001. *Language Policy Framework for South African Higher Education*. Pretoria: Council on Higher Education.

Coetzee-de Vos, G. 2019. 'Reflections on Language Transformation at Nelson Mandela University'. *Language Matters* 50(1): 45–63.

Costandius, E., Brand, A. and De Villiers, G. 2020. 'Redress at a Higher Education Institution: Art Processes as Embodied Learning'. *Critical Studies in Teaching and Learning (CriSTaL)* 8(1): 92–110.

Darling-Hammond, L. 2010. *The Flat World and Education: How America's Commitment to Equity Will Determine Our Future*. New York: Teachers College Press.

Department of Higher Education and Training (DHET). 2002. *Language Policy Framework for Public Higher Education Institutions*. Pretoria: Government Gazette.

Department of Higher Education and Training (DHET). 2017. *Draft Policy Framework for the Internationalization of Higher Education in South Africa for Public Comments*. Pretoria: Government Gazette.

Department of Higher Education and Training (DHET). 2018. *Draft Language Policy for Higher Education*. Pretoria: Government Gazette.

Doring, A. 2002. 'Challenges to the Academic Role of Change Agent'. *Journal of Further and Higher Education* 26(2): 139–148.

Ezeanya-Esiobu, C. 2019. *Indigenous Knowledge and Education in Africa*. Singapore: Springer.

Fraser, N. 2008. *Scales of Justice: Reimagining Political Space in a Globalizing World*. Cambridge: Polity Press.

Goduka I.N. 2000. 'African/Indigenous Philosophies: Legitimizing Spiritually-centred Wisdoms within the Academy'. *African Voices in Education*: 63–83.

Goduka M.I. 1999. *Affirming Unity in Diversity in Education: Healing with Ubuntu*. Kenwyn: Juta and Co.

Hall, B.L. and Tandon, R. 2017. 'Decolonization of Knowledge, Epistemicide, Participatory Research and Higher Education'. *Research for All* 1(1): 6–19.

Hall, M. and Symes, A. 2005. 'South African Higher Education in the First Decade of Democracy: From Cooperative Governance to Conditional Autonomy'. *Studies in Higher Education* 30(2): 199–212.

Hamilton-Ekeke, J.T. and Dorgu, E.T. 2015. 'Curriculum and Indigenous Education for Technological Advancement'. *British Journal of Education* 3(11): 32–39.

Hungwe, J.P. and Ndofirepi, A.P. 2022. 'A Critical Interrogation of Paradigms in Discourse on the Decolonisation of Higher Education in Africa'. *South African Journal of Higher Education* 36(3): 54–71.

Idang, G.E. 2015. 'African Culture and Values'. *Phronimon* 16 (2): 97–111.

Jansen, J.D. 1998. 'But Our Natives Are Different! Race, Knowledge and Power in the Academy'. *Social Dynamics* 24(2): 106–116.

Kaschula, R.H. 2013. 'Multilingual Teaching and Learning Models at South African Universities: Opportunities and Challenges'. Seminar on the Implementation of the Charter for Humanities and Social Sciences, University of KwaZulu-Natal.

Kaschula, R.H., Maseko, P., Dalvit, L., Mapi, T., Nelani, L., Nosilela, B. and Sam, M. 2009. 'An Intercultural Approach to Implementing Multilingualism at Rhodes University, South Africa'. *Stellenbosch Papers in Linguistics Plus* 39: 45–61.

Kavakli, N. 2020. 'The Relationship between Language and Culture and Its Implications in EFL Teaching'. In S. Celik and E. Solak (eds), *World Englishes and Culture in English as a Foreign Language (EFL)*, 88–100. Vizetek.

Kishun, R. 2007. 'The Internationalisation of Higher Education in South Africa: Progress and Challenges'. *Journal of Studies in International Education* 11(3–4): 455–469.

Le Grange, L. 2012. 'Ubuntu as an Architectonic Capability'. *Indilinga African Journal of Indigenous Knowledge Systems* 11(2): 139–145.

Letseka M. 2012. 'In Defence of Ubuntu'. *Studies in Philosophy and Education* 31(1): 47–60.

Letseka, M. 2014. 'Ubuntu and Justice as Fairness'. *Mediterranean Journal of Social Sciences* 5(9): 544–551.

Love, D. 2009. 'Student Retention through the Lens of Campus Climate, Racial Stereotypes, and Faculty Relationships'. *Journal of Diversity Management (JDM)* 4(3): 21–26.

Lowrie, A. and Hemsley-Brown, J. 2011. 'This Thing Called Marketisation'. *Journal of Marketing Management* 27(11–12): 1081–1086.

Lynch, K. 2006. 'Neo-liberalism and Marketisation: The Implications for Higher Education'. *European Educational Research Journal* 5(1): 1–17.

Makalela, L. 2016. 'Ubuntu Translanguaging: An Alternative Framework for Complex Multilingual Encounters'. *Southern African Linguistics and Applied Language Studies* 34(3): 187–196.

Makhanya, T. and Zibane, S. 2020. 'Students' Voices on How Indigenous Languages Are Disfavoured in South African Higher Education'. *Language Matters: Studies in the Languages of Southern Africa* 51(1): 22–37.

Mawere, M. 2015. 'Indigenous Knowledge and Public Education in Sub-Saharan Africa'. *Africa Spectrum* 50(2): 57–71.

Mbatha, S.T. 2020. 'Ukucwaninga Ukulungela Kothisha Abasaqeqeshwa Ukuyofundisa Izibalo Ngezilimi Zomdabu Emabangeni Ayisisekelo: Kugxilwe Olimini LwesiZulu'. Master's thesis, University of KwaZulu-Natal.

McLellan, C.E. 2008. 'Speaking of Internationalisation: An Analysis Policy of Discourses on Internationalisation of Higher Education in Post-apartheid South Africa'. *Journal of Studies in International Education* 12(2): 131–147.

Mesthrie, R. 2008. 'Necessary Versus Sufficient Conditions for Using New Languages in South African Higher Education: A Linguistic Appraisal. *Journal of Multilingual and Multicultural Development* 29(4): 325–340.

Metz, T. and Gaie, J.B. 2010. 'The African Ethic of Ubuntu/Botho: Implications for Research on Morality'. *Journal of Moral Education* 39(3): 273–290.

Ministry of Education. 2002. *Language Policy for Higher Education*. Pretoria: Ministry of Education.

Molesworth, M., Nixon, E. and Scullion, R. 2009. 'Having, Being and Higher Education: The Marketisation of the University and Transformation of the Student into a Consumer'. *Teaching in Higher Education* 14(3): 277–287.

Moscardini, A.O., Strachan, R. and Vlasova, T. 2022. 'The Role of Universities in Modern Society'. *Studies in Higher Education* 47(4): 812–830.

Mundy, P. and Lloyd-Laney, M. 1992. 'Indigenous Communication'. *Appropriate Technology* 19(2): 1–7.

Natale, S.M. and Doran, C. 2012. 'Marketization of Education: An Ethical Dilemma'. *Journal of Business Ethics* 105: 187–196.

Ndimande-Hlongwa, N. 2014. 'Ukufunda nokufundiswa kwezilimi zomdabu zase-Afrika ezikhungweni zemfundo ephakeme eNingizimu Afrika: Izingqinamba namathuba okusetshenziswa kwezilimi emikhakheni eyahlukene'. *Alternation* 13: 80–101.

Nene, B.G. 2014. 'Ukuhlelwa Kokufundwa Kolimi LwesiZulu Njengolimi Lwesibili: Kubhekwe Abasebenzi kanye Nabafundi BaseNyuvesi YakwaZulu-Natali'. Master's thesis, University of KwaZulu-Natal.

Ng, I.C.L. and Forbes, J. 2009. 'Education as Service: The Understanding of University Experience through the Service Logic'. *Journal of Marketing for Higher Education* 19: 38–64.

Norris, B.D. 2001. 'Transformation, Diversity, and Organizational Change within Institutions of Higher Education'. *South African Journal of Education* 21(4): 219–221.

Odari, M.H. 2020. 'The Role of Value Creating Education and Ubuntu Philosophy in Fostering Humanism in Kenya'. *Journal of Interdisciplinary Studies in Education* 9: 56–68.

Ramrathan, L. 2016. 'Beyond Counting the Numbers: Shifting Higher Education Transformation into Curriculum Spaces'. *Transformation in Higher Education* 1(1): 1–8.

Republic of South Africa. 1996. *Constitution of the Republic of South Africa (Act 108 of 1996)*. Pretoria: Government Gazette.

Rizvi, F. and Lingard, B. 2010. *Globalizing Education Policy*. London: Routledge.

Rutherford, J. 2005. 'Cultural Studies in the Corporate University'. *Cultural Studies* 19(3): 297–317.

Scentanda, M.E. 2022. 'Which Language(s) Matter(s) the Most? Exploring the "Schoolscapes" of Rural Primary Schools in Uganda'. *South African Journal of Languages* 42(1): 17–30.

Sechoole, C. and Adeyemo, K.S. 2016. 'Access to, and Success in, Higher Education in Post-apartheid South Africa: Social Justice Analysis'. *Journal of Higher Education in Africa* 14(1): 1–18.

South Africa, Department of Higher Education and Training. 2002. *Language Policy in Higher Education in South Africa*. Pretoria: Government Printers.

South Africa, Department of Higher Education and Training. 2013. *White Paper for Post-school Education and Training: Building an Expanded, Effective and Integrated Post-school System*. Pretoria: Government Printers.

South Africa, Department of Higher Education and Training. 2020. *Shaping the Future of South Africa's Youth: Rethinking Post-school Education and Skills Training*. National plan for post-school education and training.

Van der Walt, C. 2004. 'The Challenge of Multilingualism: In Response to the Language Policy for Higher Education: Perspectives on Higher Education'. *South African Journal of Higher Education* 18(1): 140–152.

Varghese, N.V. 2013. *Governance Reforms in African Higher Education: The Missing Link Chronicle of African Higher Education*. Boston: Center for International Higher Education, Boston College.

Waghid, Y. 2016. 'Knowledge(s), Culture and African Philosophy: An Introduction'. *Knowledge Cultures* 4(4): 11–17.

Weiler, H.N., 2001. 'Knowledge, Politics, and the Future of Higher Education: Critical Observations on a Worldwide Transformation'. In R, Hayhoe and

J. Pan (eds), *Knowledge Across Cultures: A Contribution to Dialogue Among Civilizations*, pp. 25–43. Hong Kong: University of Hong Kong.

Wildavsky, B. 2010. *The Great Brain Race: How Global Universities Are Reshaping the World*. Princeton: Princeton University Press.

Zhou, S., Landa, N. and Tshotsho, B. 2018. 'Crosslinguistic Influence and Translanguaging in a Multilingual Classroom: Towards a Humanizing Pedagogy'. Paper presented at the NAAAS international conference, 22–24 August, Nelson Mandela University.

6

Imfundo Yolimi Lwebele Ngale Kwebanga Lesi-3

Umbono Wamalungelo Abantu

Nomalungelo Ngubane
Xolani Khohliso

Isingeniso

Ngale kokuba i-*United Nations Educational Scientific and Cultural Organisation* (2016) nezazi zezinga lomhlaba (Alexander, 2005; Banda, 2010; noBrock-Utne, 2005) ziqinisa umqakuliswano wokuthi imfundo yeqophelo eliphezulu ileyo abafundi abayithola ngolimi lwabo lwebele nokuthi ukufunda ngolimi lwebele kuyilungelo labo abafundi elishicilelwe kuMthethosisekelo wezwe laseNingizimu Afrika (1996). Nakuba kunjalo, abafundi baseNingizimu Afrika basalokhu bencishwe njalo imfundo yeqophelo eliphezulu nolimi abaluqonda kangcono ngale kwebanga lesithathu lokufunda.

Ulimi lwebele maqondana nomongo walesi sahluko lusho ulimi abafundi abalufunda kuqala emakhaya ngaphambi kokuba baye esikoleni, ulimi abazihlobanisa nalo nabaluqonda kakhulu (Nqoma, Abongdia & Foncha, 2017; Heugh noMolumba, 2014). Isibonelo, KwaZulu-Natali, isiZulu singulimi lwabafundi abaningi kakhulu. Lokhu kusho ukuthi ngulimi lwabo lwebele. UNtombela (2020) uthi akusho lutho ukuthi ulimi lwande kangakanani, isibonelo, njengalolu lwesiNgisi noma obelucindezelwe ngaphambili njengesiZulu kodwa luhlala njalo luwulimi lwebele kwabalukhulumayo.

ENingizimu Afrika, isimo samanje sikhomba ukuthi abafundi bafundiswa ngolimi lwebele amabanga amathathu okuqala esikoleni. Nakuba kunjalo ngemuva kwamabanga amathathu okuqala, abafundi olimi lwabo lwebele kungesona isiNgisi baphoqelekile ukuba bamukele ukufundiswa ngolimi lwesiNgisi (Department of Education, Language in Education Policy, 1997). Lokhu kusho ukuthi abakhuluma ulimi lwebele lwesiNgisi nesiBhunu baqhubeka bafunde ngolimi lwebele ngenkathi abakhuluma izilimi zama-Afrika (isiZulu, Sesotho, Sepedi, Setswana, isiNdebele, Siswati, Tshivenda, Xitsonga, isiXhosa) bephoqelekile ukuba balahle ulimi lwabo lwebele ukuze bafunde NgesiNgisi kusukela ebangeni lesine kuya phezulu.

Lokhu kube sekwenza abafundi besiNgisi, okuwulimi lwebele lwabo bazuze kakhulu ngoba basuke bengalushintshi ulimi kodwa beqhubeka nokufunda ngolimi lwabo baze baqede isikole nangale kwebanga leshumi. Lokhu kungalingani ngokwezemfundo bekungaba okulindelekile ngaphansi kukahulumeni wobandlulululo kodwa kuyathusa ukuthi nangaphansi kukahulumeni wentando yeningi nenkululeko ngemuva kweminyaka engama-28 izwe lathola inkululeko kusekhona (Desai, 2001).

Ukushintsha ulimi okwenziwa abafundi bolimi lwebele lwama-Afrika kwenza onyakeni wabo wesine wokufunda kube nzima ukufunda kahle futhi kube nokudideka uma kuqhathaniswa nozakwabo abaqhubeka nokufunda ngolimi lwabo lwebele (Khosa, 2012). Abafundi abangama-Afrika kulindeleke ukuthi bafunde ulimi olusha okuyisiNgisi kanti kwabanye kuba yisiBhunu. Ubunzima bokufunda isiNgisi, okuwulimi lwesibili olulandela ulimi lwebele benyukela kakhulu kubafundi basemalokishini kanye nasezindaweni zasemakhaya lapho izinsizakufundisa zesiNgisi futhi zinganele kahle futhi azitholakali ngenxa yensila yobandlululo yokungalingani kwezemfundo. Ingxenye yesibili yenhlupheko kwezemfundo abafundi bolimi lwebele lwama-Afrika ababhekana nayo ileyo yokuthi kulindeleke ukuthi bafunde lonke uhlelo lwezifundo (ngaphandle kolimi) ngolimi olusha okuyisiNgisi.

Ngale kokungabaza, wonke la mathuba okufunda abawancishwayo abafundi aholela emiphumeleni engemihle maqondana nezinkinga zamazinga olwazimfundo aphansi okuphumelela, amazinga aphansi okufunda nokubhala kuzona zombili izilimi, olwebele nolimi lwesibili okuyisiNgisi nezinye izinkinga eziningi abafundi olimi lwabo kungolwebele lwama-Afrika nothisha abaqhubeka nokubhekana nazo eminyakeni yokufunda. Nokho akwethusi ukuthi ongoti abaningi ikakhulukazi zaseNingizimu Afrika (Makua & Ngubane, 2020; Foley, 2019). Zilokhu ziyifake njalo ingcindezi kuhulumeni ukuthi enze ubulungiswa kubafundi olimi lwabo lwebele kungolwama-Afrika bese ebavumela ukuba bafunde ngolimi lwebele nabo bazuze emfundweni njengalokhu abesiNgisi nabo bezuza, okuholela ekusebenzeni ngokusezingeni eliphezulu, bahlomule emfundweni ngokuqonda nangemiphumela emihle.

Ngenxa yalesi sendlalelo esinikwe ngenhla, lesi sahluko siveza ukuthi ukufunda ngolimi lwebele akukhona ukwenzelelwa kodwa yilungelo lomfundi lokuzalwa elishicilelwe kuMthethosisekelo waseNingizimu Afrika (1996). Lesi sahluko siqala ngokuchaza isimo samanje ohlelweni lwezemfundo eyisisekelo eNingizimu Afrika. Kube sekubuyekezwa imibhalo eqondene nokusetshenziswa kolimi lwebele ukufundisa ngokwemibhalo yaseNingizimu nomhlaba wonke jikelele. Kube sekwethulwa uhlaka lwamalungelo abantu okuyilona oluyisisekelo salo msebenzi. Lesi sahluko sibe sesiphawula ngenzuzo yemfundo yolimi lwebele nezingqinamba zemfundo yolimi lwebele eNingizimuAfrika, ekugcineni kwethulwe ukuphawula okuyisiphetho salo msebenzi.

Ulwazi Oluyisisekelo Ngezilimi Emfundweni Yamabanga Aphansi ENingizimu Afrika

Eminyakeni engamashumi amabili nesishiyagalombili ngemuva kwentando yeningi nangemuva kokunyuselwa kwezilimi zase-Afrika ezazincishwe amathuba phambilini zayiswa ezilimini ezisemthethweni, kodwa indawo yazo ezifundweni isashaywa indiva. Ukusetshenziswa kwazo njengezilimi zokufundisa akudluli ibanga lesithathu lokufunda ezikoleni zase-Afrika kanti ulimi lwangaphandle, isiNgisi, kusewukuphela kolimi olusemthethweni lokufundisa ngale kweminyaka emithathu yokuqala yokufunda. Lokhu kubukelwa phansi kwezilimi zase-Afrika kusaqhubeka naphezu kwezifiso ze-LiEP (1997) zokuthuthukisa lezi zilimi ukuze zisetshenziswe ekufundiseni ukweseka ukukhula komqondo phakathi kwabafundi, ngemuva kwebanga lesithathu lokufunda.

Nakuba omunye engase aphikise ngokuthi izikole, ngokusebenzisa isigungu sabazali esilawula izikole i-SGB zazo zinikezwe amandla yi-LiEP (1997) ukukhetha izilimi zazo zokufundisa. Nokho, ulimi olusahamba phambili isiNgisi ngoba sisabukwa njengolimi oluhambisana nempumelelo emiphakathini yase-Afrika nengqondo yobukoloni. Mayelana nokuba phansi nokungafaneleki kwezilimi zase-Afrika ezifundweni, kwenza abazali abaningi bakhethe isiNgisi kunezilimi zase-

Afrika, ngakho-ke, isimo sisaqhubeka (Probyn, 2005). Ongoti (Sarivaara, Maata no-Uusiautti, 2014; Phindane, 2015) baphawula ukuthi ezikoleni eziningi zase-Afrika, abazali bagcizelela ukuthi abafundi babo bafundiswe ngesiNgisi kuphela naphezu kokuthi ulimi luyisithiyo ekuqondeni kwabafundi ngempumelelo nempumelelo yokufunda kwabo.

Khonamanjalo, izazi eziningi ziveza ukuthi azikho izizathu ezizwakalayo zokufundisa ezisekela ukuthi kungani izilimi zase-Afrika zingenakukwazi ukusetshenziswa ukufundisa ngemuva kwebanga lesithathu lokufunda. Eqinisweni, lezi zazi zikhathazekile ngokuthi izinkulumo-mpikiswano eziphikisana nokusetshenziswa kwezilimi zase-Afrika njengezilimi zokufundisa zimane nje ziyizimemezelo zamakoloni. Ubukoloni busebenzise izilimi njengezikhali zokucindezela izingqondo zabafundi ababebuswa amakoloni nokubahlukanisa nengqikithi nobubona (Ntombela, 2020). Ngemuva kwamashumi eminyaka angaphezulu kwamabili kudlule umbuso wamakoloni, ukushintshela ekufundeni ngesiNgisi kuphela ngemuva kwebanga lesithathu lokufunda kwenzelwe ukugcina ulimi lwamakoloni lusemandleni nokuqinisekisa ukuthi abafundi base-Afrika bagcinwa beboshelwe emaketangeni ukuze bangaliboni iqiniso ngolimi lwamakoloni.

Inqubo yokucekela phansi noma yiziphi izinsalela zamasiko abo nobuntu babo besebancane. Ukuguqukela olimini lwababusi bamakoloni, isiNgisi, ebangeni lesine lesikole kuwukuphoqelelwa okungapheli kobukoloni nokubukelwa phansi okuqhubekayo kwezilimi zase-Afrika okudinga ukunakwa okuphuthumayo. Ukushintshela ekufundeni ngolimi olusha ebangeni lesine lesikole kuhloswe futhi ukugcina abafundi base-Afrika beqhuba kabi phakathi neminyaka yabo yokufunda uma kuqhathaniswa nabafundi abakhuluma ulimi lwebele lwesiNgisi abangaguquli ulimi. Ukwengeza, kuhloswe ngayo ukuphuca abantu abasha isithunzi namalungelo abantu (Ray-Campbell, 2019).

Izinkinga Zokuguqukela Olimini LwesiNgisi Lokufundisa

Abafundi nothisha ezikoleni zase-Afrika bakhuluma izilimi zabo zebele baphinde nabakhulume isiNgisi njengolimi lwesibili. Ukufunda ngolimi lwesibili kuveza izinselelo eziningi zemfundo kubafundi nothisha, hhayi eNingizimu Afrika kuphela, kodwa emhlabeni jikelele (Khumalo, 2016; May, 2018; noKrause, 2018). UKhumalo (2018), wenze isibonelo, ngokuphenya ngezinkinga zokusuka olimini lwebele kuyiwe esiNgisini phakathi kweZinhloko Zeminyango nothisha bebanga lesi-6 esifundeni esisodwa iKwaZulu-Natali. Othisha baveze ukuthi abafundi bebanga lesi-6 abakwazi ukuzifundela futhi baqonde imiyalelo yesiNgisi bebodwa. Baveze nokuthi iminyaka emithathu (ibanga 1 – 3) ayanele kubafundi bolimi lwesibili ukuthuthukisa amakhono esiNgisi . Ebangeni lesi-4 kuya phezulu, imibuzo yezifundo eziqukethwe ihlelwa ngesiNgisi futhi othisha bayenqatshelwa ukuchaza imibuzo yokuhlola kubafundi, okuyisimo esikhubazayo kubo bobabili othisha nabafundi (Khumalo, 2016).

Olunye ucwaningo oluzame ukuletha izinselelo abafundi ababhekana nazo ngemuva kokuguqukela olimini lwesiNgisi lokufundisa ebangeni lesi-4 yilolu olwenziwa nguSakati (2016) e-Eastern Cape. Ucwaningo luhlole imibono yabazali nothisha ngokusetshenziswa kolimi lwebele njengolimi lokufundisa ebangeni lesi-4 ezikoleni ezine zamabanga aphansi esifundeni sase-East London. Othisha nabazali bavumelana ngokuthi ukufundiswa ngolimi lwebele akuthuthukisi nje kuphela ukusebenza kwabafundi ezifundweni zabo, kodwa futhi kuthuthukisa ukuzibandakanya kwabazali emisebenzini yezemfundo yabafundi. Bobabili othisha nabazali bayavumelana ngokuthi ukufundisa ngolimi lwebele kugqugquzela ukulondolozwa kwamasiko namagugu esizwe. Othisha ocwaningweni bancome ukusetshenziswa kolimi lwebele njengolimi lokufundisa ebangeni lesi-4.

E-Afrika ngokusabalele, ukufundiswa ngolimi lwebele kube isisekelo sokungqubuzana kwezazi eziningi (Brock-Utne, 2005; Maalim, 2015; noSsentanda, 2014) eminyakeni engama-30 edlule noma ngaphezulu. U-Odour (2015) eKenya, uhlongoze ukusetshenziswa kwezilimi zomdabu zaseKenya nesiNgisi ezikoleni zamabanga aphansi naphezulu. Ucwaningo luxoxisane nothisha ukuze baqonde imibono yabo ngokusebenzisa izilimi zomdabu njengemithombo yokufundisa nokufunda. Imiphumela iveze ukuthi iningi lothisha likholelwa ekutheni uma kungasetshenziswa izilimi zomdabu uma kufundiswa noma kufundwa zisheshe zikhohlakale nokuyinto ezoba buhlungu ezizukulwaneni ezizayo. Ngaphezu kwalokho, othisha babona ukusetshenziswa kwezilimi zomdabu ukuze kufundiswe ngazo njengentuba ezoletha ukubaluleka kwezomnotho kulezi zilimi. Ucwaningo luphetha ngokuthi ubuningi nobuliminingi yinto ekhona e-Afrika, kunesidingo sokuthuthukiswa kwezinqubomgomo zolimi ezizoqinisa futhi zihloniphe isikhundla sezilimi zomdabu kwezemfundo (Kamwendo, Hlongwa noMkhize, 2013).

ETanzania, kusukela ngo-2005, ubRock-Utne uphawula ukuthi ubunzima obulethwa indlela yokufundisa yesiNgisi phakathi kothisha nabafundi bawo wonke amazinga esikole. NgokukaBrock-Utne (2005) ukuntula ikhono lesiNgisi kothisha nabafundi kulimaza izinga lokufundisa nokufunda. Lesi sazi sikholelwa ukuthi abafundi nothisha bangawugwema lo mjikelezo wokungakwazi ukusebenza ngendlela ngokutshala isiSwahili njengendlela yokufundisa. UBrock-Utne (2005) uthi nakuba othisha nabafundi babebazi ubunzima bolimi lwesiNgisi lokufundisa, nokho, bafundiswe amanga okuthi isiNgisi sokufundisa siyimpendulo futhi ngaphandle uma izifundo zifundiswa ngesiNgisi. Izinga lemfundo yabo liyangabazeka.

Lo mqondo wobukoloni ubdlange emazweni amaningi okuhlanganisa iNingizimu Afrika nePeru (Canagarajah, 2005). Kubalulekile ukuqaphela ukuthi nakuba ucwaningo luka-Brock-Utne (2015) lwenziwa eminyakeni engaphezu kweyi-15 edlule, nokho, kuncane okuguqukile eTanzania mayelana nendlela yokufundisa. Kamuva nje, uTibategeza noDu Plessis (2018) bathole ukuthi uhulumeni usaqhubeka nokwenza imigomo ethembisa ukuqhakambisa isiSwahili njengesisetshenziswa ekufundiseni kodwa yonke le migomo akayiboni ukuthi iyasebenza. Abafundi baseTanzania basafunda ngesiNgisi njengolimi lokufundisa naphezu kwezinselelo lokhu okunazo kothisha nabafundi.

Imfundo Yolimi Lwebele

Kunokwanda kwemibhalo eNingizimu Afrika nasemhlabeni jikelele ekhombisa ukuthi abafundi abasha bafunda kangcono ngezilimi zabo zebele noma ngolimi lwendabuko (Desai, 2001; Kamwendo, Hlongwa noMkhize, 2014; Khosa, 2012; Phindane, 2015; noNtombela, 2020). Nokho eNingizimu Afrika, ikakhulukazi, uhlelo lwezemfundo lusaqhubeka nokunaka kancane leli qiniso. UKhosa (2012) isibonelo, uphawule ukuthi abafundi abaningi abasebasha ezikoleni zamabanga aphansi abaqhubi kahle ngoba kunzima ukuqonda kahle ulimi lwesibili.

Ukufunda kuba nenjongo lapho abafundi befunda ngezilimi zabo, izilimi abangaveza imibono yabo futhi babuze imibuzo ngokukhululeka (Ball, 2011). NgokukaKhumalo (2016) kungolimi lwabo lwendabuko kuphela, lolu abalukhuluma ekhaya, lapho abafundi abasha bengakwazi ukuveza ngokucacile ulwazi, ubuhlakani, inkululeko namasiko.

Ngokunjalo uNtombela (2020) uthi ukufunda ngolimi lwesibili kudala imigoqo yokuxhumana phakathi kwabafundi nothisha babo naphakathi kwabafundi. Kuncane ukusebenzisana okwenzekayo phakathi kwabafundi ngolimi abangaluqondi.

Enye yezimbangela ezinkulu zezinselelo zokufunda phakathi kwabafundi basezikoleni zamabanga aphansi eNingizimu Afrika ukuthi abafundiswa ngolimi lwabo lwebele (Foley, 2019). UKhosa (2012) unombono wokuthi abafundi kufanele bafundiswe ngolimi lwabo lwebele lapho befunda esikoleni samabanga aphansi ukuze bagweme, okokuqala; ingcindezi yokukhulela endaweni entsha yolimi, okwesibili; ukuthuthukisa ulwazi lokufunda nolimi lwebele lwabafundi, okuyilapho bengeniswa kancane kancane olimini lwesibili lwesiNgisi.

ENingizimu Afrika, izazi ezinjengalesi (Ntombela, 2020) sezizwakalise ukukhathazeka kwazo mayelana nokushintshelwa kolimi esiNgisini njengendlela yokufundisa eyenziwa abafundi abancane ebangeni lesi-4. UKrause (2018) ukhathazekile ngokuthi ukushintsha ulimi masinyane kakhulu ebangeni lesi-4. Kulelo zinga, abafundi abasebasha abakabi ngisho nekhono lolimi lwengqondo olusukela olimini lwebele. Abakwazi ukulusebenzisa ulimi lwabo lwesibili, isiNgisi, njengolimi lokufundisa. USteward (2018) uthi laba bafundi abasebancane bazimisele ngokubeka esimweni esibucayi zisuka nje. Ucwaningo emhlabeni wonke (uCekiso, Meyiwa & Mashige, 2019; Huegh noMulumba, 2014; Maalim, 2015; noSsentanda, 2014) lubonisa ukuthi ukusebenza kwengqondo okuthuthukisiwe kubafundi abancane kufinyelelwa ngokufunda ngezilimi zabo. Ngaphezu kwalokho, uCekiso nabanye (2019) uthole ukuthi ukusebenza kahle kwesikole nekhono lolimi akuncikile olimini lwebele kuphela kodwa nasolimini lwesibili, lapho ulimi lwabafundi lwalusetshenziswa ekilasini ukufunda nokufundisa.

Umbono Wamalungelo Esintu

Isimemezelo se-*Universal Declaration of Human Rights* (United Nations, 1948) sibeka ngokusobala ukuthi imfundo yohlonze iyilungelo eliyisisekelo okufanele linikezwe bonke abantu, kungakhathaliseki ubuhlanga, ubuzwe, ubulili, amasiko nefa ngokwendawo (Isigaba 26.2). Ngaso leso sikhathi, uMthethosisekelo waseNingizimu Afrika (1996)

(Isigaba 6) wamemezela izilimi eziyi-11 (IsiZulu, IsiXhosa, Sesotho, Setswana, Tshivenda, Xitsonga, IsiNdebele, isiSwati, isiTsonga, isiBhunu nesiNgisi) njengezilimi ezisemthethweni zentando yeningi yangemuva kobandlululo eNingizimu Afrika. NgokoMthethosisekelo (1996) zonke lezi zilimi ezisemthethweni eziyi-11 zinezinga elilinganayo futhi kufanele zithathwe kanjalo emikhakheni ehlukene yomphakathi njengezemfundo. Ngaphezu kwalokho, iSigaba 29 (2) soMthethosisekelo sinikeza bonke abafundi baseNingizimu Afrika ilungelo lokufunda ngolimi abaluthandayo ezikhungweni zemfundo zikahulumeni.

Lawa malungelo emfundo abalulekile ekufinyeleleni kwabafundi emfundweni esezingeni eliphezulu nasekubambeni kwabo iqhaza elibonakalayo nokuzibandakanya okuphusile ekufundeni. Ngaphezu kwalokho, uMthethosisekelo waseNingizimu Afrika uqinisekisa bonke abafundi ilungelo lolimi namasiko abukwa njengezingxenye ezibalulekile zamalungelo abantu ngabanye (Isigaba 10). Eqinisweni, uMthethosisekelo (1996) uthi ukusetshenziswa kwezilimi zabafundi nokwamukela amasiko abo kungenye yezindlela ezibaluleke kakhulu zokubanikeza isithunzi sobuntu.

Okusho ukuthi, ukwenqatshelwa kwamalungelo abafundi ukusebenzisa izilimi zabo namasiko kuwukwenqatshelwa kwamalungelo abazalwa nawo, esithunzi sobuntu, ilungelo elivikelwe ngokusobala uMthethosisekelo (Makua noNgubane, 2021). Ecashunwa enkulumweni yoLimi Namasiko kuMthethosisekelo WaseNingizimu Afrika (2011), uWiechers (2010) uveza ukuthi uma umuntu ephathwa ngendlela engenabuntu, engenasithunzi, kanjalo isithunzi solimi lomuntu nalowo muntu singanyathelwa namasiko akhe ayathukwa futhi ayaphikwa. Amalungelo olimi namasiko, uMthethosisekelo uvikela amalungelo abafundi enkululeko yenkolo, izinkolelo nemibono (Isigaba 15 nese-16) okuyilapho kutholakala amalungelo olimi namasiko.

Ngokunjalo, kulesi sahluko kuthiwa ngokusebenzisa indlela yokufundisa izilimi namasiko abafundi kungavikelwa futhi kuthuthukiswe, kubanike amalungelo abo, isithunzi nemfundo esezingeni elibafanele. Ukufunda ngezilimi zabo abaziqondayo nabanekhono kuzo akuyona inhlanhla kodwa kuyilungelo labafundi. Imfundo eyakhiwe ngolimi lwangaphandle abafundi abangaluqondi ibabeka njengabaphansi ezifundweni futhi lokhu kukhinyabeza ukuzethemba kwabo kuyo yonke iminyaka yabo yokufunda. Kubalulekile ukuthi abasunguli bezinqubomgomo ngokubambisana nohulumeni bathathe umbono wamalungelo abantu njengomgomo wabo ohlanganisayo lapho bethuthukisa izinqubomgomo zolimi. Lezo zinqubomgomo zolimi zizobe sezisekelwe emigomweni yokuhlonipha amalungelo abafundi namafa abo olimi ahlukahlukene njengamathuluzi anamandla okukhuthaza ikhono lawo wonke umfundi.

Izinzuzo Zemfundo Yolimi Lwebele Eminyakeni Ephansi Yokuqala Ukufunda

Ngokuhamba kweminyaka ongoti abaningi ziye zavumelana ngokuthi amakhono okufunda nokubhala afana nokufunda okubhaliwe nokubhala eminyakeni yokuqala afundwa kalula ngolimi lwebele. Yonke indawo emhlabeni, izingane ezifunda ngolimi lwebele ziyakwazi ukufunda nokufunda okubhaliwe ngempumelelo (Khosa, 2012). Ukufunda ukubhala nokufunda okubhaliwe ngolimi lwesibili kuba lula uma abafundi sebefinyelele kumkhawulo wokufunda nokubhala ngolimi lwabo lwebele (MkKenzie, 2018). Ulimi lwebele lwenza abafundi bakwazi ukuveza imicabango, imibono nemizwa yabo ngaphandle kokwesaba ukwenza amaphutha. Kubasiza ekukhiqizeni imibono futhi bachaze imiqondo enzima kalula.

Mayelana nezinzuzo zokufunda ngolimi lwebele eNingizimu Afrika, u-Alexander (2002) uphawula ukuthi kungolimi lapho izingane zihlangana khona nezinto zomhlaba futhi zibe nomqondo nombono eziwutholayo ekufundeni. Ngokusebenzisa ulimi lwabo abafundi, bangakwazi ukuhlukanisa imiyalezo evela kothisha babo nemibhalo ebhaliwe. Bangakwazi ukuveza kangcono ukuqonda kwabo kwalokhu kufakwa nolwazi lwabo (Alexander, 2012). U-Alexander (2012) uqhuba athi kulapho abafundi befunda ngolimi abangaluqondi kanti nothisha bengenalo ulwazi lokuthi ukufunda ngolimi lwesibili kuba yisithiyo ekufundeni kwabo ngempumelelo.

Ongoti abaningi baseNingizimu Afrika nakwezinye izindawo bayafakaza ngezinzuzo ezitholwa ngokufundiswa ngolimi lwebele ngale nkathi yokufunda esikoleni. Ukwenza isibonelo, uKhosa (2012) uhlole ukusetshenziswa kwesiTsonga ekufundiseni nasekufundeni ukufunda nokubhala kubafundi nothisha bebanga lesi-3. Ucwaningo luthole ukuthi ukufundiswa ngolimi lwebele kunciphisa ukukhathazeka kwabafundi ekilasini futhi kusiza ekuqondeni ulimi lwesibili nezinye izifundo. Ucwaningo luphinde lwabona ukufundisa kukamama kube nomthelela omuhle ekwandiseni izingxoxo zobuhlakani nokubamba iqhaza kwabafundi.

UNtombela (2020) uphinde waphawula ukuthi ukushintshela esiNgisi ni njengolimi lokufundisa eminyakeni yokuqala yokufunda kunezinkinga eziningi kubafundi bolimi lwesibili. UNtombela uthi abafundi abakwazi ukubamba okuqukethwe njengoba bengakalitholi ulwazimagama oludingekayo olimini lwesibili. Lokhu kuholela ekuphumeleleni okuphansi kwezemfundo ezivivinyweni futhi laba bafundi bachazwa njengabantu abangahlakaniphile uma beqhathaniswa nontanga abafunda ngolimi lwabo lwebele (Ntombela, 2020).

Ukufundiswa ngolimi lwebele ngezilimi ezazinganakiwe phambilini kunomthelela ekuthuthukisweni kwalezi zilimi njengolimi lwezemfundo (Alexander, 2012). Ukujwayelanisa izilimi zendawo ngokwezinjongo zokufundisa kufanele kudlulele ngale kokuchaza izinganekwane. Kufanele kukwazi ukusingatha izinto ezifana nezinkulumo zesayensi nezobuchwepheshe. Ngakho-ke, imininingwane egciniwe yamagama kumele ihlanganiswe ukuze kubuyekezwe wonke amagama nezimo zokukhuluma ezikuyo futhi kusungulwe amasha ukuchaza izimpawu zomthetho, ezohwebo, ezokusebenzelana nezobuchwepheshe zempilo yesimanje (Agbedo, Krisagbedo & Eze, 2012).

Ngendlela efanayo, uCekiso, uMeyiwa noMashige (2019) bavumelana ngokuthi ulimi lubalulekile ekuqhubekiseni imfundo eyisisekelo esezingeni eliphezulu ngoba uma abafundi nothisha bekhuluma ngolimi abaluqondayo kwenza kube lula ukuzwana ekilasini. Ukufundiswa ngolimi lwebele kuphinde kusheshise ukufunda kwabafundi bolimi lwesibili noma bolimi lwesithathu abasuke bengalukhulumi lolo limi lwebele. Kusiza ekuhlobaniseni okuqukethwe ohlelweni lwezifundo namasiko endawo, ngaleyo ndlelakwenza ukufunda kuhambisane nabafundi (Cekiso, uMeyiwa noMashigo, 2019).

Isiphetho

Kulesi sahluko kutholakale ukuthi nakuba umuntu enelungelo lokufunda ngolimi aluthandayo, nolimi aluqondayo nokuqukethwe kuMthethosisekelo (1996), abanye abafundi baseNingizimu Afrika, ikakhulukazi labo abavela ezilimini zase-Afrika, bayaqhubeka nokuncishwa leli lungelo abanalo. Ngemuva kwebanga lesithathu bayaphoqeleka ukuthi bashintshe ukufunda ngolimi lwabo lwebele bafunde ngolimi lwangaphandle lwesiNgisi noma isiBhunu baze baqede isikole. Lesi simo sisekhona ngesikhathi abafundi ulimi lwabo lwebele kuyisiNgisi noma isiBhunu. Uma beqhubeka nokufunda ulimi lwebele babeka laba bafundi emathubeni okuphumelela ezifundweni zabo.

Kusetshenziswa uhlaka lwamaLungelo Esintu, lesi sahluko siveza ukuthi ukufundisa ngolimi lwebele akuyona neze inhlanhla kodwa kuyilungelo okufanele abafundi balijabulele. Kuphinde kutholakale ukuthi eNingizimu Afrika nakwezinye izindawo, ukufundiswa ngolimi lwebele kuyathandwa ngoba kwenza abafundi bakwazi ukubamba okuqukethwe kalula futhi bakwazi ukuxoxa nothisha nontanga nokuveza imibono yabo ngokukhululeka ngaphandle kokukhathazeka. Lapho besebenzisa ulimi lwabo lwebele, abafundi bangakha izinkulumo-mpikiswano ezithinta ingqondo futhi bachaze imiqondo eyinkinga kalula. Khona manjalo, ukufundiswa ngolimi lwebele ezilimini ebezinganakiwe phambilini kunomthelela ekuthuthukisweni nasekuphakanyisweni kwalezi zilimi njengolimi lwezemfundo kanjalo nokuthuthukiswa kwemiqondo ukuze zisetshenziswe ezingxoxweni zesayensi nezobuchwepheshe.

Kuphethwa lesi sahluko ngokuveza ukuthi ukufundisa ngolimi lwebele ngale kweminyaka emithathu yokuqala yemfundo kungenzeka kuxazulule izithiyo eziningi zokufunda nokuqonda okuyimpumelelo phakathi kwabafundi. Abafundi bayogqugquzeleka ekufundeni, bayoba nokuzethemba okuphezulu okuhambisana nokuveza imicabango yabo ngokukhululeka nokwenza ngcono ukusebenza kwabo. Ukushintshela ekufundisweni ngolimi lwebele kuyoqinisekisa nokufinyelela kwemfundo esezingeni eliphezulu kubafundi. Kuyakholeka ukuthi lokhu kungafezwa ngokuzimisela ukutshala izinsiza ekuthuthukisweni kwezilimi zase-Afrika. Ukufundiswa ngolimi lwebele akukhona ukwenzelelwa kodwa kuyilungelo okufanele linikezwe bonke abafundi ngokulinganayo.

Imithombo Yolwazi

Alexander, N. 2002. 'Linguistic Rights, Language Planning and Democracy in Post-apartheid South Africa'. In S. Baker (ed.), *Language Policy: Lessons from Global* Models, pp. 116–129. Middlebury: Monterey Institute of International Studies.

Ball, J. 2011. 'Enhancing Learning of Children from Diverse Language Backgrounds: Mother Tongue-based Bilingual or Multilingual Education in the Early Years'. http://unesdoc.unesco.org/images/0018/001869/186961e.

Banda, F. 2010. 'Defying Monolingual Education: Alternative Bilingual Discourse Practices in Selected Coloured Schools in Cape Town'. *Journal of Multilingual and Multicultural Development* 31(3): 221–235. https://doi.org/10.1080/01434631003658073.

Botha, C. 2017. 'Universities' Language Policies at a Crossroads? The Interpretation of Administrative Action'. *Politicsweb*, 23 May. https://www.politicsweb.co.za/opinion/universities-language-policies-at-a-crossroads.

Brock-Utne, B. 2005. 'Language-in-Education Policies and Practices in Africa with Special Focus on Tanzania and South Africa: Insights from Research in Progress'. In M.Y. Lin and P.W. Martin (eds), *Decolonisation, Globalisation: Language-in-Education Policy and Practice*, pp. 173–193. Clevedon: Multilingual Matters.

Canagarajah, A. S. 2005. 'Accommodating Tensions in Language-in-Education Policies: An Afterword'. In M.Y. Lin and P.W. Martin (eds), *Decolonisation, Globalisation: Language-in-Education Policy and Practice*, pp. 194–201. Clevedon: Multilingual Matters.

Cekiso, M., Meyiwa, T. and Mashige, M.C. 2019. 'Foundation Phase Teachers' Experiences with Instruction in the Mother Tongue in the Eastern Cape'. *South African Journal of Childhood Education* 9(1).

Department of National Education. 1997. *Language-in-Education Policy*. Pretoria: Government Gazette.

Desai, Z. 2001. 'Multilingualism in South Africa with Particular Reference to the Role of African Languages in Education'. *International Review of Education* 47(3–4): 323–339.

Foley, A. 2019. 'Mother Tongue Education in South Africa'. *Teaching English Today*. https://teachenglishtoday.org/index.php/2010/06/mother-tongue-education-in-south-africa-2/.

Heugh, K. 2002. 'The Case against Bilingual and Multilingual Education in South Africa: Laying Bare the Myths: Many Languages in Education: Issues of Implementation'. *Perspectives in Education* 20(1): 171–196.

Heugh, K. and Mulumba, B.M. 2014. 'Implementing Local Languages Medium Education in the Early Primary Curriculum of Ugandan Schools: Final

Report of an Evaluation of the Literacy and Adult Basic Education (LABE) Intervention in Six Districts of North and North-western Uganda'. http:// labeuganda.org/web/?page_id=200.

Kamwendo, G.H., Hlongwa, N. and Mkhize, N. (2013). 'On Medium of Instruction and African Scholarship: The Case of isiZulu at the University of KwaZulu-Natal in South Africa'. *Current Issues in Language Planning* 15(1): 75–89. https://doi.org/10.1080/14664208.2013.858014.

Khosa, M. 2012. 'Mother Tongue Education: A Case Study of Grade Three Children'. MA thesis, University of Johannesburg.

Khumalo, L. 2016. 'Disrupting Language Hegemony: Intellectualizing African Languages'. In M. Samuel, R. Dhunpath and N. Amin (eds), *Disrupting Higher Education Curriculum. Undoing Cognitive Damage*, 247–263. Rotterdam: Sense Publishers.

Krause, L-S. 2018. 'A Rethink on the Meaning of "Mother Tongue Education" Is Necessary'. *IOL*, 17 May. https://www.iol.co.za/news/opinion/arethink-on-the-meaning-ofmother-tongue-education-is-necessary-15029380.

Maalim, H.A. 2015. 'The Replacement of Swahili Medium of Instruction by English from Grade 5 in Zanzibar: From Complementary to Contradictory'. *Nordic Journal of South African Studies* 24(1): 45–62.

Makua, M. and Ngubane, N. 2021. 'A Critical Discourse Analysis of the Language Policy for Higher Education from the Social Justice Perspective'. *Journal of Educational Studies* 20(1): 1–15.

May, A. 2018. 'Pupils Struggle to Read in their Mother Tongue'. *IOL*, 12 June. https://www.iol.co.za/capeagus/news/pupils-struggle-to-read-in-their-mother-tongue-15472200.

Ngubane, N. 2022. 'IsiZulu as the Medium of Instruction at University: Shifting Institutional Identities'. In L. Makalela (ed.), *Language and Institutional Identity in the Post-Apartheid South African Higher Education*. Language Policy. Cham: Springer.

Ntombela, B. 2017. 'The Double-edged Sword': African Languages under Siege'. In V. Msila (ed.), *Decolonising Knowledge for Africa's Renewal*, pp. 161–179. Randburg: KR Publishing.

Ntombela, B. 2020. 'Switch from Mother Tongue to English: A Double Jeopardy'. *Studies in English Language Teaching* 8(2): 22–35.

Nqoma, L., Abongdia, J.F.A. and Foncha, J.W. 2017. 'Educators' and Learners' Perceptions on English First Additional Language Speakers' Use of English as Medium of Instruction'. *Gender and Behaviour* 15(2): 8819–8830.

Phindane, P. 2015. 'Learning in Mother Tongue: Language Preferences in South Africa'. *International Journal of Educational Science* 11(1): 106–111.

Roy-Campbell, Z.M. 2019. 'Revitalizing Languages for Transformation'. *Contemporary Journal of African Studies* 6(1): 27–45.

Sarivaara, E., Maata, K. and Uusiautti, S. 2014. 'Who Is Indigenous?' *European Scientific Journal* 1: 369–378.

Simpson, J., Caffery, J. and McConvell, P. 2011. 'Maintaining Languages, Maintaining Identities: What Bilingual Education Offers'. In B. Baker, I. Mushin, M. Harvey and R. Gardner (eds), *Indigenous Language and Social Identity: Papers in Honour of Michael Walsh*, 409–428. Canberra: Pacific Linguistics.

Ssentanda, M.E. 2014. 'Mother Tongue Education and Transition to English Medium Education in Uganda: Teachers' Perspectives and Practices Versus Language Policy and Curriculum'. DPhil thesis, University of Stellenbosch.

Stewart, G. 2018. 'What Does 'Indigenous' Mean, for Me?' *Educational Philosophy and Theory* 50(8): 740–743.

UNESCO. 2016. 'If You Don't Understand How Can You Learn?' Policy paper, Global Education Monitoring Report, UNESCO.

7

Ukumbandakanywa Kolwazi Lwendabuko Nezilimi zesiNtu Emfundweni Yasezikhungweni Zemfundo Ephakeme eNingizimu Afrika

Khayelihle Excellent Khumalo

Isingeniso

Kuncane kakhulu okubalulwa imfundo yasemabangeni aphakeme okuphathelene namasiko, ulwazi lwendabuko nezilimi zesiNtu. Imfundiso yabaqoneli nohulumeni wobandlululo yatshala ukuthi zimbili kuphela izilimi ezisemqoka emfundweni, kulezo zilimi kungabalwa ulimi lwesiNgisi nolwesiBhunu. UDjite (2008) uthi ulimi lwabaqoneli, ngokuvamile luthathwa njengolimi olubambe iqhaza ekuthuthukisweni komnotho ngakolunye uhlangothi izilimi zesiNtu zithathwa njengento engalutho. Lesi sahluko sibuza umbuzo wokuthi lezi eziyisishagalolunye zona zizothuthukiswa nini? Ukushaywa indiva kolwazi lwendabuko emfundweni kuveza ngokusobala ukuthi amalungelo abafundi abamnyama acindezelwe eNingizimu Afrika. USmith, (1999), Odora-Hopers (2002), Luis (2007), noChilisa (2019) bayavumelana ngokuthi izilimi zabamnyama namasiko kunesidingo esinqala sokuthi athuthukiswe ukuze kulwisanwe nokungalingani emphakathini.

Sekwaba yinto esemizweni yabantu ukuthi uma umuntu egula uya esibhedlela kanti ngokwesiNtu ugxoba amakhambi uwasebenzise bese uyalulama. Imfundo yanamuhla inomthelela omkhulu ekwenzeni abafundi bakhohlwe izimpande zabo. Likhulu iqhaza elingabanjwa ulwazi lwendabuko ekuthuthukiseni ulwazi lwabafundi ezikhungweni zemfundo ephakeme. UWarren, (1992: 24) uthi ulwazi lwendabuko luwulwazi lwasekhaya oluhlukile esizweni ngasinye noma emphakathini ngamunye. Ulwazi lwendabuko luyashayisana nalolu olugqugquzelwa emhlabeni wonke nolufundiswa emanyuvesi, ezikhungweni zokwenza ucwaningo nasemafemini azimele. Uma kubhekwa isifundo somlando esifundiswa ezikhungweni zemfundo ephakeme, kuncane kakhulu okuphawulwa ngomlando wasezwenikazi lase-Afrika.

Ulwazi lwendabuko nemfundo yasemabangeni aphakeme

Ulwazi lweNdabuko lungachazwa njengezimpande, umlando nenjula yomuntu omnyama. U-Ellen noHarris (2000: 02) bathi ulwazi lwendabuko luveza ulwazi olunzulu ngabantu abathile noma ngomphakathi othile, kuvezwa indlela ababuka ngayo umhlaba. Likhulu igebe elikhona phakathi kolwazi lwendabuko nolwazi lwaseNtshonalanga emfundweni yasemanyuvesi aseNingizimu Afrika. Ulwazi lwaseNtshonalanga lunikezwa ukunakekelwa nokuthuthukiswa okuseqophelweni eliphezulu. UBrush noStabinsky (1996) bathi ulwazi lwendabuko lubandakanya amasiko namagugu esizwe esithile abukelwa phansi ezinkolelweni zaseNtshonalanga.

Emfundweni yasemabangeni aphakeme kuba yichilo ukubona umfundi enza ucwaningo lweziqu eziphezulu esebenzisa ulimi lwakhe lwebele, kwesinye isikhathi uthathwa njengomuntu ongaphucuzekile. Kuba nemfundisoze ethi ulwazi lwaseNtshonalanga lungcono kunolwendabuko. Uma umuntu eshaywa inyoka, ngokolwazi lwendabuko kufanele akhothiswe izihlungu bese ephuza amanzi ngokushesha kanti ngolwaseNtshonalanga kufanele aphuthunyiswe esibhedlela. Imfundo yasemabangeni aphakeme akukho lapho ifundisa abafundi bamantombazane nabafana ngokuzigcina nangokubaluleka kobuntombi nobunsizwa. UMsimang (2020: 245) uthi ngamafuphi kungathiwa umemulo kwabe kungumsebenzi noma ijadu elenzelwa intombi esikhulile kakhulu kodwa ingakaqomi, imisile ngokuzithandela, kokunye ngokufisa ukuthokozisa uyise.

Njengamanje izinga lokukhulelwa nokusuleleka ngegciwane lesandulela ngculazi likhulu kakhulu ezikhungweni zemfundo ephakeme ngenxa yokushaya indiva ulwazi lwendabuko. Injulalwazi i-*Afrocentric theory* ikubeka kucace ukuthi abantu kumele benze izinto ngendlela yase-Afrika. U-Asante, (1987) uthi i-*Afrocentricity* umongo wayo owokuthi umuntu azazi ukuthi ukungubani, azi izimpande zakhe, igxila kakhulu emasikweni ase-Afrika ebhekwa ngeminxa ehlukene okungabalwa kuyo ezenkolo, inhlalo emphakathini, ezombusazwe nezomnotho. Kuncane okufundiswa abafundi ezikhungweni zemfundo ephakeme ngamaqhawe ezenkolo anjengoMaqhamusela Khanyile owaba ngowokuqala e-Afrika ukufela inkolo ngoba enqaba ukuthobela umthetho weNkosi uCetshwayo.

Iqhaza lolwazi lwendabuko ekulwisaneni nodlame olubhekiswe kwabesifazane nezingane eNingizimu Afrika

Amasiko esiNtu abahlonipha kakhulu abantu besifazane nezingane. Kwakuthi lapho ibambene impi owesilisa uma ebaleke wayozithukusa kumuntu wesifazane, simuyeke isitha. Abafana babeqhathwa, badle ubhedu, beluse izinkomo, baphume inqina baphinde babuthwe iNkosi babe yibutho. Zonke lezi zimo zazibalolonga ukuthi babe ngamadoda aqotho. Izingqwele, izinduna zezinsizwa nabadidiyeli bamabutho zazibakhulisa abafana zibadodise, zibacebise ngolwazi lobudoda. Uma kubhekwa imfundo yaseNingizimu Afrika ayisho lutho ngokukhuliswa kwezingane ngendlela yase-Afrika. Izwekazi lase-Afrika libhekene nesihlava sokuhlukunyezwa kwabesifazane nezingane.

Lesi sahluko libona sengathi ukungakhuliswa ngendlela yesiNtu kwezingane zabafana yikho okwenza zikhule zihlukumeze abantu besifazane. I-*United Nations* (1995) ithi udlame olubhekiswe kubantu besifazane nezingane lungachazwa njengezenzo eziholela ekutheni bagcine sebeshaywa, bahlukunyezwe ngokocansi, noma basatshiswe okungenzeka ezindaweni zomphakathi noma ezindaweni ezizimele. Abesifazane bazithola bengabagilwa ekubeni bengenzanga lutho olubi. Ngokwenkolelo yobu-Afrika, abesilisa bangabavikeli babantu besifazane. Injulalwazi i-*Afrocentricity* igqugquzela ukwazisa nokunakekela abanye abantu ngokubaluleka kokuxhumanisa abantu abaphilayo nabangasekho. Ukuhlukumeza abantu besifazane kungadala ukuziphehlela amanzi amnyama noma ukuziqhatha nedlozi kungenasidingo.

ULateef (2015) uthi injulalwazi i-*Afrocentricity* ibuka umuntu imuxhumanise namadlozi akhe. Le ndlela yokuphila ilandelwa kakhulu ezwenikazi lase-Afrika, liba likhulu izinga lokuxhumana phakathi kwabaphilayo namadlozi. Kuyaphawuleka ukuthi abafundi ezikoleni nasezikhungweni zemfundo ephakeme sebephelelwe inhlonipho ngenxa yokulandela kakhulu imfundiso yaseNtshonalanga. Kusadliwa ngoludala babethi uma sebefike esigabeni esithile babuthwe ingonyama ehleli esihlalweni, bafundiswe konke okuhambisana nobuqotho. Ukushoda kwezinhlaka zalolo hlobo kunomthelela ekwandeni kodlame olubhekiswe kwabesifazane nezingane.

Imibono yongoti

Baningi ababhali asebeke bacwaninga ngolwazi lwendabuko kodwa abekho asebeke babheka lo munxa umcwaningi awukhethile. UHarris (2006) uthi ulwazi lwendabuko luwulwazi lwasekhaya. Lususelwa endaweni ethile, nasentweni ethile eyayenziwa abantu bakuleyo ndawo. Lolu lwazi lugcina selusatshalaliswa nakwezinye izindawo. Kulesi sahluko kuhlaziywa indlela izilimi zendabuko esezidungeke ngayo ngenxa yomthelela wemfundo echeme nezilimi zamazwe aseNtshonalanga. USenanayake (2006) uthi iningi lezilimi zendabuko seziyashabalala ngenxa yokuqonelwa izilimi zasemazweni angaphandle. Lapha kucwaningwa iqhaza elingabanjwa ulwazi lweNdabuko ekuthuthukiseni izwe nomnotho. Imiphumela yalolu cwaningo iyakuveza ukuthi ulwazi lwendabuko e-Afrika alunakiwe emkhakheni eyehlukene.

UWarren, nabanye (1989) bathi ngenxa yomthelela wekhulunyaka leshumi nesishagalolunye kugcina sekukhandeka isithombe esingesihle ngezingabunjalo lolwazi lwendabuko. Kulolu cwaningo kwavela ukuthi ukuthuthuka kwezwe kugcina kunomthelela ongemuhle ekushayweni indiva kolwazi lwendabuko. Lapha kwahlaluka ukuthi kuleli khulunyaka okuphilwa ngaphansi kwalo umsoco wolwazi lwendabuko uya ngokuya uphela. U-Eyeford (1990) uthi ukuzitshwa kokubandakanywa kolwazi lwendabuko emfundweni kwaba nomthelela wokwanda kobugebengu, izidakamizwa, imibukiso yabanqunu, nezingqinamba zasemindenini nasemiphakathini.

Lolu cwaningo lwathola ukuthi ububi obusemiphakathini buyimiphumela yokulaxaza ulwazi lwendabuko kuchenywe nolwazi lwaseNtshonalanga. UMaurial (1999) uluchaza ulwazi lweNdabuko athi luwulwazi olujulile, olungabaliwe phansi kodwa oludluliselwa ezizukulwaneni ngezizukulwne ngomlomo. Kuyiqiniso elingephikwe ukuthi ulwazi lwendabuko lushaywe indiva emfundweni yaseNingizimu Afrika. UNel (2005) uthi ulwazi lwendabuko eNingizimu Afrika alushaywa mkhuba. Ulwazi lwendabuko alukaze lufakwe emfundweni yaseNingizimu Afrika futhi azikho nezinhlelo ezikhona zokufaka lolu lwazi emfundweni.

Imfundo yaseNingizimu Afrika iqhakambisa kakhulu ulwazi lwaseNtshonalanga uma umuntu ekhuluma ngolwazi lwendabuko uthathwa njengomuntu osemuva ngokucabanga. Ulwazi lwendabuko lwashenxiswa kwabe sekufakwa ulwazi lwaseNtshonalanga (Semali & Kincheloe, 1999). Ulwazi lwendabuko luyamaniswa kakhulu nemimoya nenkolo yabantu. UMasoga (2017) uyagcizelela ukuthi ulwazi lwendabuko lususelwa emimoyeni yabantu, ezintweni ezifundiswa yimpilo ezihlanganiswayo zisetshenziswe ukuze abantu baphile impilo esezingeni elingcono. UMasoga noShokane (2018) bathi ngaphambi kokuqala kwenqubo yobukoloni, imiphakathi eminingi yesiNtu yayisebenzisa ulwazi lwendabuko njengenxenye ebalulekile yezimpilo zayo.

Abantu baseNingizimu Afrika badukiswa inqubo yobuKoloni bagcina sebeduke unomphela, baze bakhohlwa yizimpande zabo. UMokuku noJanse van Ransburg nabanye (1997: 34) bathi ulwazi lweNdabuko kanye namagugu basebekushaye indiva abantu bendabuko nabahleli bezemfundo kodwa bachema nolwazi lwaseNtshonalanga. Namanje isekhona inhlese yabantu abamnyama abasabona sengathi usemuva umuntu uma ekholelwa olwazini lwendabuko. Mukhulu umonakalo owenziwa imfundiso namasiko aseNtshonalanga ezimpilweni zabantu baseNingizimu Afrika.

UPrah (2016) uthi imfundo yobuKoloni neyohulumeni wengcindezelo yenza abantu balubukela phansi ulwazi lwendabuko namgugu abo bachema nokwaseNtshonalanga base bephelelwa ukuzethemba. Kuyaphawuleka ukuthi nakuba izwe laseNingizimu Afrika selakhululeka kodwa emkhakheni wezemfundo lusacindezelwe ulwazi lwendabuko. UMkhize noNdimande-Hlongwa (2014) bathi nakuba inkambiso yobuKoloni seyaphela kodwa abaqoneli basaqhubeka nokucindezela amazwe ababewacindezele ngezikhathi zobandlululo, ikakhulukazi uma kubhekwa ulwazi lwendabuko.

Iqhaza lezilimi zeNdabuko emfundweni yasemaNyuvesi

Likhulu iqhaza elingabanjwa izilimi zomdabu emfundweni yasemanyuvesi. Kuyaphawuleka ukuthi imfundo yasezikhungweni zemfundo ephakeme izishaye indiva izilimi zendabuko nakuba kungabafundi bendabuko abaningi ezikhungweni zemfundo ephakeme. Kuyiqiniso elingephikwe ukuthi ziyishumi nambili izilimi ezisemthethweni kwelaseNingizimu Afrika kodwa kuyamangaza ukuthi kudalwa yini ukuba kuthuthukiswa olwesiNgisi nolwesiBhunu kuphela zishaywe indiva lezi eziyisishagalolunye. UGumbi (2019: 205) uthi, 'Nakuba kunenqwaba yezinqubomgomo ezigunyaza ukusetshenziswa kwezilimi zesiNtu ngendlela elinganayo emfundweni, ezinjengoMthethosisekelo wezwe laseNingizimu Afrika, (1996) i*Language in Education Policy (DoE, 1997)*, i*National Language Policy Framework (Department of Art and Culture (DAC 2003)*, kodwa zisakhishwa inyumbazane emfundweni yaseNingizimu Afrika.

Ulimi   lwesiNgisi   lusahamba   phambili   emfundweni nakwezobuchwepheshe ludlula izilimi zesiNtu.' Lolu cwaningo lilwela ukuthi izilimi zesiNtu zinikezwe ithuba ezikhungweni zemfundo ephakeme eNingizimu Afrika. Injulalwazi i-*Afrocentricity* ikubeka kucace ukuthi kubalulekile ukuthi kungagudlukwa ezimpandeni zobu-Afrika. UNdimande-Hlongwa (2014) uthi isizathu sokuthi kulokhu kuqhutshekiwe kuhanjiswa isiNgisi phambili kuwubufakazi bokuthi basacindezelekile abantu abamnyama ezingqondweni zabo kodwa bebe bethi bafundile.

Imibuzo yocwaningo
• Yini edala ukuthi ulwazi lwendabuko lushaywe indiva emfundweni yasezikhungweni zemfundo ephakeme?
• Yimuphi umthelela oba khona ngenxa yokushaywa indiva kwezilimi zesiNtu ezikhungweni zemfundo?
• Ngabe izwe laseNingizimu Afrika selikhululekile yini emkhakheni wezemfundo noma lisaphila ngaphansi kwenkambiso yabaqoneli?

Izinhloso zocwaningo
• Ukucwaninga ukuthi yini edala ukuthi ulwazi lwendabuko lushaywe indiva emfundweni yasezikhungweni zemfundo ephakeme.
• Ukuphenya ukuthi yimuphi umthelela oba khona ngenxa yokushaywa indiva kwezilimi zesiNtu ezikhungweni zemfundo?
• Ukuhlola ukuthi ngabe izwe laseNingizimu Afrika selikhululekile yini emkhakheni wezemfundo noma lisaphila ngaphansi kwenkambiso yabaqoneli?

Injulalwazi
Kulolu cwaningo kwasetshenziswa injulalwazi ye-*Afrocentricity* ukuthi kube yiyo eyesekela lolu cwaningo. Injulalwazi ilekelela umcwaningi abone ukuthi abantu basibuka kanjani isimo asicwaningayo. U-Asante (1990:

14) uthi injulalwazi ye-*Afrocentricity* isetshenziswa lapho kucutshungulwa okwase-Afrika. Umcwaningi wayibona ilusekela kahle lolu cwaningo le njulalwazi ngoba naye ucwaninga ngokushiywa ngaphandle kolwazi lwase-Afrika ezikhungweni zemfundo ephakeme. UMkabela (2005) uthi injulalwazi ye-*Afrocentricity* ihlaziya amaqiniso nge-Afrika. Lapha izimo zisuke zibhekwa ngeso lobu-Afrika, kusuke kubhekwa indlela ama-Afrika enza ngayo izinto, nalapho kusuke kuhloswe ukuthola ilaka labantu base-Afrika ngendlela ababuka ngayo ukubaluleka kwamasiko.

USchiele (1996) uthi i-*Afrocentricity* ichaza kabanzi ngeqhaza elibanjwa imiphefumulo empilweni yabantu yansuku zonke. UHountondji (1997) wayecwaninga ngokubaluleka komunxa wobu-Afrika ocwaningweni. Ucwaningo lwakhe lwathola ukuthi abacwaningi abaningi bakholelwa ezindleleni zaseNtshonalanga zokucwaninga bese belushaya indiva ulwazi lwendabuko. Lwaphinde lwathola ukuthi imiphumela yocwaningo ivama ukuthi ihambisane nezinkolelo zaseNtshonalanga. UMkabela (2005) uthi injulalwazi ye-*Afrocentricity* incoma amasiko asetshenziswa emphakathini ukuthi ayindlela enhle engasetshenziselwa ukuqonda kabanzi ulwazi lwendabuko.

Umcwaningi wakhetha le njulalwazi ngoba efuna kuvele ukuthi abantu kufanele bangazikhohlwa ukuthi bangobani. UGrill noLongshore (1996) uthi amasiko nobuntu obumumethwe injulalwazi ye-*Afrocentric* kulekelela ekutheni umuntu aziqonde kahle ukuthi ungubani. Ukusebenzisa le njulalwazi kwenza ukuthi abantu baqonde kangcono ukuthi e-Afrika kwakuphilwa kanjani bengakafiki abaqoneli eNingizimu Afrika. Injulalwazi ye-*Afrocentricity* imelene nesihlava sokukhwabanisa, ukuhlukumeza, ukuzithwala okubonwa kugubezele abantu base-Afrika kulezi zinsuku kodwa iqhakambisa ubuntu nobunye.

Izindlela zokuqhuba ucwaningo

Lolu cwaningo lwalandela indlela yekhwalithethivu ngoba umcwaningi wayefuna amaqiniso wodwa ngalesi simo asicwaningayo. Lwenziwa esikhungweni semfundo ephakeme eNyuvesi yaKwaZulu eNyakatho nesifundazwe saKwaZulu-Natali, eNingizimu Afrika. Kwacwaningwa abafundi abayishumi nabafundisi abahlanu kulolu cwaningo. Kwasetshenziswa isampula lenhloso ukuqoka ababambiqhaza, lokho umcwaningi wayekwenza ngenhloso yokuthola ulwazi kubantu abathinteka ngqo kulolu ucwaningo. UMaphalla (2014: 22) uchaza kabanzi ngesampula lenhloso, uthi uma umcwaningi eqoka abantu azobaphosa imibuzo, uqoka labo abona ukuthi maningi amathuba okuthi bamunike izimpendulo ezizohlomulisa ucwaningo. Lapha umcwaningi wakhetha ukusebenzisa indlelakubuka yokuhumusha. Yazan (2015) uthi indlelakubuka yokuhumusha iyindlela enhle kakhulu engasetshenziswa uma kucwaningwa, abantu beveza izimvo zabo. Ithebula elingezansi lichaza kabanzi ngababambiqhaza abasetshenziswa kulolu cwaningo, bainikezwa namakhodi athile ngenhloso yokubavikela.

Uhla lwababambiqhaza	Ababambiqhaza	Ikhodi	Inani lababambiqhaza
Abafundisi basenyuvesi	Abafundisi	LECT	05
Abafundi basenyuvesi	Abafundi	STUD	05
ISAMBA			10

Okwatholakala ocwaningweni

Kuningi okwatholakala kulolu cwaningo phakathi kokunye kwavela ukuthi ulwazi lwendabuko alunakiwe ezikhungweni zemfundo ephakeme. Amasiko, amagugu esizwe, ulwazi lokwelapha lwendabuko, ukubaluleka kokudla kwendabuko, ubuholi bendabuko, inkolo yendabuko, umlando wendabuko konke kushaywe indiva ezikhungweni zemfundo ephakeme kwachenywa nokwaseNtshonalanga.

Ziyafundiswa yini izilimi zesiNtu emaNyuvesi?

Lolu cwaningo lwathola ukuthi lincane kakhulu iqhaza elibanjwe izilimi zesiNtu emfundweni yasemanyuvesi nakuba iningi labafundi kungabantu abamnyama. Izilimi zesiNtu zinothe ngolwazi lwendabuko oluyisisekelo sokuziphatha ngendlela eyamukelekile. Ukunganakwa kwezilimi zesiNtu kwenza abafundi baphelelwe indlela yokuziphatha ngendlela eyemukelekile. Abafundisi basemanyuvesi nabo bayasibona isidingo sokuthi izilimi zesiNtu emanyuvesi zinikezwe ithuba emfundweni.

LECT: Izilimi zesiNtu ziwumgogodla wobu-Afrika. Inhlonipho, ubuntu, nokwazisa abantu kutholakala ezilimini zesiNtu. Ngaleyo ndlela abafundi abafundiswayo baphuthelwa lukhulu. Abafundi abazi nokuthi uma behlangana nomuntu omdala kufanele babingelele baphinde bamuphathise ngaphandle kokubheka inkokhelo. Ayisaphathwa eyokuphendula abantu abadala, ibuzwa kubona. Ukubuyiswa kwezilimi zesiNtu emfundweni kungadala ukuthi abafundi bazigqaje ngobubona futhi babe nekusasa eliqhakazile.

Abafundisi basemanyuvesi bayalibona igebe elisemfundweni yasemanyuvesi uma kuziwa ngasemkhakheni wezilimi zesiNtu. Lolu cwaningo lwathola ukuthi kukhona inqubomgomo yezilimi eqinisekisa ukuthi izilimi zesiNtu zinikezwe ithuba emkhakheni wezemfundo kodwa lincane kakhulu inani lamanyuvesi eliyilandelayo le nqubomgomo. UBeukes noPienar (2014: 122) bathi inqubomgomo yolimi emfundweni yaseNingizimu Afrika (*Language in Education Policy*) eyagunyazwa ngonyaka we-1997 ikubeka kucace ukuthi ukusetshenziswa kolimi lwebele lwabafundi njengolimi lokufunda nokufundisa kumele kuqaliswe emfundweni yasemabangeni aphansi kodwa umfundi kufanele afundiswe nolunye ulimi lokwengeza. Lolu cwaningo lwathola ukuthi iningi labafundi aliphumeleli kahle ezifundweni zabo, hhayi ngoba bengazi lutho kodwa kungenxa yokuhlulwa ulimi lwesiNgisi .

LECT: Lokhu kungafundiswa kwezilimi zesiNtu kunomthelela ongemuhle ekutheni abafundi bagcine sebelahlekelwa ulwazi olunzulu lolimi lwabo lwendabuko.

UDonald nabanye (1997: 197) bathi uma ulimi lwebele lwabafundi lubukelwa phansi lunganikezwa izinga elilufanele kungenza abafundi bagcine sebeluthatha njengento engenamsebenzi futhi engabalulekile. Abafundi nabo babeka uvo lwabo maqondana nodaba lokushaywa indiva kwezilimi zesiNtu emanyuvesi.

STUD: Ayikho into enzima njengokuba umfundi owenza unyaka wokuqala enyuvesi lapho khona yonke into iwulimi lwesiNgisi . Ngiyafisa sengathi kungaba khona okwenziwayo ukusilekelela nathi singabafundi bebala elimnyama. Ozakwethu bebala elimhlophe kulula ukufunda ngoba zonke izifundo zifundwa ngolimi lwabo. Isikhona inhlansi yethemba ngoba siyezwa kuthiwa sezikhona izikhungo zemfundo ephakeme khona lapha KwaZulu-Natali eseziqalile ukuqhakambisa izilimi zesiNtu ezivuna abafundi, siyethemba nakwesethu isikhungo kuyeza.

Izilimi zesiNtu zimumethe ubuntu, umsoco namagugu esizwe. Lezi zicaphuno ezingenhla zibonisa ngokusobala ukuthi abafundisi nabafundi basemaNyuvesi bayasibona Isidingo sokuthi kuthuthukiswe izilimi zesiNtu zenziwe izilimi zokufunda nokufundisa (LoLT).

STUD: Mina ngingumZulu kepha ngiyakuqaphela ukuthi ezifundweni zami akukho okuphathelene nolimi lwesiZulu. Kuyangikhubaza mina lokhu ngoba ngiyazigqaja ngolimi lwami lwesiZulu, nasesikoleni ebengifunda kuso bengiluphumelela ngamalengiso ulimi lwesiZulu. Kuyasilimaza kakhulu ukungafundiswa kwezilimi zesiNtu emanyuvesi ngoba silahlekelwa ulwazi lokusebenzisa izisho nezaga ngendlela.

Ziyishumi nambili izilimi ezisemthethweni lapha eNingizimu Afrika kodwa kuyaphawuleka ukuthi ulimi lwesiNgisi nolwesiBhunu oluthuthukiswayo emfundweni yasemabangeni aphakeme. Nakuba sekwashaywa umthetho wokuthi izikhungo kumele zilandele iNqubomgomo yeziLimi, kuncane kakhulu okusenziwe izikhungo zemfundo ephakeme ukuhambisana nale nqubomgomo. Ngokwenqubomgomo yezilimi kufanele ngabe zonke izikhungo zisebenzisa izilimi zesiNtu zilekelele olwesiNgisi.

STUD: Ukungalifundiswa ulimi lwami lwesiXhosa kwenza ikhozi yami ibe lukhuni gqithi. Asikutholi ukuchazelwa ngolimi lwethu uma sifundiswa kuba olwesiNgisi kuphela lokho kusithwesa ubunzima obuyisimanga. Ngendlela izifundo ezinzima ngayo kungaba kuhle uma kungasetshenziswa ulimi lwesiXhosa nje ukulekelela olwesiNgisi uma kufundwa.

Lesi sicaphuno esingenhla sikubeka kucace ukuthi ukunganikwa ithuba kwezilimi zesiNtu emfundweni yasemanyuvesi kwenza abafundi bazithole bekwenkulu inkinga. Lolu cwaningo lwathola ukuthi abafundi balahlekelwa lukhulu ngokungafundiswa izilimi zesiNtu ekubeni bezithanda izilimi zabo zesiNtu.

Ulwazi lwendabuko oluphathelene nokugcinwa kwamasiko esiNtu

Abantu base-Afrika bayakholelwa kakhulu emasikweni nasekukhonzeni abangasekho. UShangase (1996) uthi, 'kukhona umehluko phakathi kwesiko nosiko. Isiko yinto eyenziwa isizwe sonke ngokuhlanganyela, kanti usiko yinto eyenziwa isibongo esithile.' Ukuhlonishwa komsamo yinto eyenziwa isizwe sonke lokho kungabizwa ngesiko kanti ukugcaba yinto eyenziwa izibongo ezithile lokho kungabizwa ngosiko. Isizwe nesizwe sinamasiko aso. Isib. emaXhoseni banesiko lokusoka amakhwenkwe, amaZulu wona anesiko lokuhlolwa kwezintombi. Imfundo yasezikhungweni eziphezulu zemfundo kufanele ibafundise abafundi lolu lwazi ngoba sizokwandelwa isizwe esingakwazi ngisho ukushisa impepho emsamo. Imfundo yasezikhungweni zemfundo ephakeme kunesidingo esinqala sokuba ifake lolu lwazi kubafundi. Ulwazi lwemithi yendabuko asikho nasinye isikhungo semfundo ephakeme esilufundisayo kanti sikhulu isidingo salokho.

UGroombridge (1982) uthi bangaphezulu kwamaphesenti angamashumi ayisishagalombili abantu base-Afrika abasebenzisa imithi yesiNtu ngenxa yokuthi imithi yaseNtshonalanga ayitholakali kalula futhi iyabiza. Izibhedlela nodokotela bathwala kanzima ngenxa yomthamo omkhulu wabantu abafuna usizo lwezempilo. Phakathi kwemithi eyayisetshenziselwa ukwelapha kusadliwa ngoludala kungabalwa: umsuzwane, icimamlilo, icena, umadolwane, isibhaha, isiphindo neminye. Ngokwendabuko, owesifazane ozithwele wayelungiselela ukuthi abelethe kahle ngosuku olukhulu esebenzisa izihlambezo.

Inkinga yokungabatholi abantwana neyokuthola uhlobo olulodwa lwabantwana yayilungiswa ngemithi yendabuko. UMsimang (2020: 327) uthi, 'owesifazane othola abantwana baluhlobo lunye wabe esetshenzwa yizo izinyanga ngembiza. Le mbiza iluhlobo lwentebe, kumbiwa isigaxa sayo senziwe isichonco salowo owelashwayo. Uma kufuneka azale abafana sekuzosetshenziswa izingxabo zale mbiza ezifana nomtshazo nekhukhu lomfana kanti uma kufuneka amantombazane kusetshenziswa isigaxa esifuze isitho leso sentombazane. Le mbiza izingxabo zayo zifuze izitho zombili zobulili besilisa nobesifazane, yilokho okwakuyenza ibe namandla okuphendula inzalo.'

Likhulu iqhaza elibanjwe imithi yendabuko esizweni esimnyama. NgokukaMyeza (1999) imithi iyasetshenziswa ngokwehlukana kwezingxenye zayo. Kwezinye kusetshenziswa izimpande, amagxolo, amaqabunga, izigaxa noma isimila sonke. Kwesinye isikhathi kwenziwa izimbiza lapho kuhlanganiswa khona imithi eyehlukene kuphuzwe noma kuchathwe ngayo. Imithi iyasetshenziswa futhi ukwenza ubulawu bokuphalaza kukhishwa isidina, nentelezi okuchelwa ngayo ukuxosha imimoya emibi nokuziqinisa, izitha zithiyeke ekuhlaseleni. Abafundi emanyuvesi abazi lutho ngeqhaza lemithi yendabuko empilweni yabantu.

LECT: Ulwazi oluningi esilufundisa abafundi bethu lweyeme ezimfundisweni zaseNtshonalanga. Thina sibafundisa ngokubaluleka kokugijimela emtholampilo uma kukhona ongakuzwa kahle emzimbeni. Ukugquma nokuchatha ngemithi asikugqugquzeli ngoba kuqeda amandla uma ugula. Kulesi sikhathi esiphila kuso sekwaba khona izifo ezingalapheki ezinjengo-HIV/AIDS ngakho sekunesidingo esimqoka sokuthi umuntu aphuthume kodokotela uma engaphilile.

Lesi sicaphuno esingenhla siveza ngokusobala ukuthi izikhungo zemfundo ephakeme zisakholelwa kakhulu ekwelapheni kwaseNtshonalanga. INingizimu Afrika njengoba ingaka ngeke usithole nasinye isikhungo semfundo ephakeme esifundisa iziqu zobudokotela bemithi yendabuko. Uma bekuthiwa imithi yesiNtu iyanikezwa siyayinikeza isithunzi esiyifanele ngabe aziziningi kangaka izifo ezigubezele umhlaba.

STUD: Mina ngifundela iziqu zobuhlengikazi, angikhumbuli nangelilodwa ilanga ngifundiswa ngokunakekela umuntu ogulayo kodwa owelashelwa esigodlweni senyanga. Siyayifundiswa imithi yaseNtshonalanga kodwa asifundiswa imithi yeNdabuko. Uma umuntu efika esibhedlela ethi ubesathikazisa ngamakhambi esiNtu siye sikugxeke kakhulu lokho.

Imithi yesiNtu yayenza ukuthi impilo yomuntu omnyama ibe yinhle futhi ithokozelwe. Babengekho abantu ababegqekeza imizi yamadoda ngoba imizi yayilungiswa iqine ibe nesithunzi. Babengekho abantu abahamba begadwe ngezinhlokohlela zezibhamu ngoba kuthiwa kusatshelwa impilo yabo kodwa babeziqinisa abantu besebenzisa imithi yendabuko babe nesithunzi.

UNomdede noma umkhosi kaNomkhubulwane

Abantu ngesikhathi besabambelele ezimpandeni zabo besagcina umkhosi kaNomkhubulwane isomiso babesizwa ngendaba. Isizwe sase-Afrika sibhekene nokuguquguquka kwesimo sezulu okungaqondakali. Ihlobo selithwasa ngesikhathi esingafanele nezulu lidume ngendlela eyesabekayo, kube nezikhukhula ezesabekayo, okanye kube nesomiso ukudla kushe emasimini. Lo mkhosi wawugcinwa yizintombi nto ngesizathu sokuthi zingcwele azikaze zithintwe wumuntu wesilisa. Zazilima insimu kaNomkhubulwane bese zixoxe naye zicele imvula. UNomkhubulwane lona waziwa njengeNkosazane yamanzi.

UMsimang (2020: 351) uphawula uthi, 'uNomkhubulwane ukhonzwa ngezintombi phela ngoba naye uyinkosazane. Lezi zintombi zizohlanganela emaqhikizeni aziphetheyo, ngesokusa. Kufuneka zivuke ngovivi zikhuphukele eziqongweni zezintaba eziphakemeyo sezizihuqe ngebomvu. Zikhuphuka ziqhuba imihlambi yezinkomo zembethe amapense kuphela zingahlobanga ngalutho. Zikhuphuka ziyabhina kangangoba owesilisa ohamba ngendlela kufuneka avale izindlebe futhi agwegwese ukuze angahlangani nezintombi zikaNomdede.' Zizonele zifike entabeni bese ziwakhumula amapese, zembathe amahlamvu omsenge ziwenze izidiya ziwathunge ngomthombe, noma umgozi oluhlaza olungazange lungene ekhaya.

Sezizoqala umsebenzi wokuphendula amatshe ingxenye ebikade ihlatshwa ilanga ziyibuyisele ngaphansi, kuthiwa zenzela ukuphendula isimo sezulu. Alokhu ebhine umlibe belu koze kuphakame ilanga. Ayoze abuye lapho isithunzi somuntu sesingaphansi komniniso. Ziyehla ziqonde emfuleni lapho zizohlangana khona nonina bephethe izigubhu zotshwala. Ekufikeni kwezintombi emfuleni zizongena emanzini zibhukude zishayane ngamahlamvu zimemeza zithi, 'Nomdede, Nomdede! Siphe imvula. Kwakuvame ukuba zithi ziphuma nje emfuleni libe liyithela imvula. Lolu lwazi alufundwa ezikhungweni zemfundo ephakeme. INingizimu Afrika ayikaze icabange nokulusebenzisa lolu lwazi uma ibhekene nesomiso.

STUD: Mina ngafundiswa ukuthi ukuguquguquka kwesimo sezulu kudalwa yizimo ezahlukene esingabala kuzo ubudedengu bethu bokungayinakekeli imvelo ngendlela eyiyo nokushisa imililo okungenasidingo, konke lokhu kudala ukuthi ungwengwezi oluhlukanisa umhlaba nomkhathi ludabuke. Ukuvikela isomiso nesimo sezulu esiguquguqukayo kufanele sinakekele imvelo. Angiwazi umkhosi kaNomkhubulwane ukuthi nawo ungaba yisisombululo sale nkinga.

Lesi sicaphuno esingenhla senza kubonwe ukuthi imfundo yasezikhungweni zemfundo ephakeme ayizikhathazi ngolwazi lwendabuko kodwa igxila kakhulu kolwaseNtshonalanga. Ulwazi lwendabuko lusashoda kakhulu emfundweni yaseNingizimu Afrika.

Iqhaza lokudla kwendabuko empilweni yabantu

Kulesi sikhathi okuphilwa kuso usuthathwa njengomuntu ohluphekayo uma udla ukudla kwendabuko. Lokhu kudla kuhle ngoba akunawo amafutha futhi akunawo umthelela omubi ezimpilweni zabantu. Izikhungo zemfundo ephakeme emkhakheni wazo wezokupheka zifundisa abafundi izinhlobo ezehlukene zokudla kodwa azilokothi zibafundise ngokudla kweNdabuko. Lokhu kudla kuyasiza ngokuthi zande izinsuku zokuphila kwabantu emhlabeni. Ziningi izinhlobo zokudla kwendabuko kungabalwa kushone ilanga. Kukhona, amadumbe, ubhatata, ummbila, isijingi, nokunye. UMbokazi, (2002: 27) uthi '*imbasha,* ummbila ongakomi nke owosiweyo. *Umbhantshi* noma *umcuku,* amahewu avutshelwe nophuthu. *Umbhaqanga,* ubhontshisi ophekwa ubondelwe nempuphu. *Incwancwa,* idokwe elimuncu eliphekwe ngenhlama elazisiwe. *Ifutho,* lona ummbila ophekwa usemanzi, *Ingqatho,* ummbila owosiwa noma uphekwe sewomile hhayi nke. *Isigwamba,* inhlese ephekwe yajiya yaba iphalishi, uphuthu oluphekwe lwaxutshwa nemifino *isijabane.*'

STUD: Ngenza iziqu zokupheka enyuvesi. Uma sifundiswa akugxilwa nje ekudleni kwendabuko futhi abakholelwa nje kukhona. Ukudla esigxila kukhona uma sifunda ukudla kwaseNtshonalanga nezithako zakho.

Lolu cwaningo lwathola ukuthi akukuningi okufundiswa abafundi maqondana nokudla kwendabuko. Ukudla kwendabuko kunothe ngezakhamzimba ezilekelela amasosha omzimba ukuthi akwazi ukumelana nezifo. Lokhu kudla kwenza ukuthi imizimba yethu isebenze ngendlela ngale kokusebenzisa izikhuthazi.

Isiko lenqina

Leli yisiko lokuzingela elalenziwa abafana ngokuhlanganyela. Leli siko lalingaconsi phansi esizweni samaZulu. Isiko lenqina lalibakhulisa kakhulu abafana, lalenza ukuthi bakwazi ukumelana nobunzima bempilo lapho sebekhulile. Leli siko lalibasiza abafana bazi ukuthi izimo zempilo nizinqoba kahle uma niyimbumba. UKhumalo (1995: 20) uthi inqina inhlobo ningi. Kukhona ekhishwa yiZulu eliphezulu siqu salo. Uthole ukuthi ididiyelwa ilona mathupha. Kokunye liyikhiphe nje ukuba iyozingela imbube noma ibhidi elimathetha nangezinyembezi. Kokunye njalo inqina iphuma ngenhloso yokukhipha ihlambo lomnumzane.

STUD: Mina angiyazi nokuthi yini inqina. Angifuni ukukukhohlisa igama elithi inqina ngiliqala ngawe nje angikaze ngilizwe nhlobo. Kumina kuvele kwafika igama elithi inqina leli elidliwayo.

Inqina yayilekelela kakhulu ngokuthi ifundise abafana ukuhlonipha, ukusebenza ngokubambisana kukho konke abakwenzayo. Kusekhona inqina zazingekho lezi zigemegeme esezenzeka esikhathini sanamuhla lapho abantu besilisa sebaphenduka izilwane. Inqina yayikhulisa abafana ibalungisele ubudoda bazi ukuthi kufanele balethe okuthile ekhaya ukuze kudliwe.

Ukubaluleka komsamo esizweni saKwaZulu

Umsamo uyindawo engcwele, lapho kuxhunywana khona nezinyanya zekhaya, eba sendlini yakwagogo noma endlini yangenhla. Lena indawo eyigugu elikhulu KwaZulu. Umsamo womuntu ngamunye yiwona ocacisa kahle ngekusasa lakhe. USokhaya kuphela onemvume yokungena emsamo ashise impepho axhumane namadlozi ekhaya, uma engasekho uSokhaya abesilisa abahlambulukile kuphela abanemvume yokuya emsamo bashise impepho. UMkhize (2009: 18) uthi emsamo ilapho sishisa khona impepho uma sishweleza, kokunye sinxusa noma sibika. Umsamo ila kubekwa khona ukudla kwabangasekho, kushiswe impepho, kuxhumaneke nabangasekho. Umsamo indlela yokuxhumana. Uma kungabuzwa umfundi wasenyuvesi ukuthi kukhona yini ake akufundiswa maqondana nomsamo kungamangalwa. Lolu cwaningo lwathola ukuthi abafundi alukho olutheni abalufundiswayo maqondana nokugcina usiko lomsamo. Umsamo uyingxenye ebaluleke kakhulu ekhaya lomnumzane ngisho impumelelo itholakala khona emsamo. UMakhoba (2013: 29) uthi umsamo ungelinye lamathempeli amqoka esiZulwini. Welanywa yisibaya ngobumqoka. Empeleni, kuthiwa buyalingana ubumqoka bakhona, kushiyana imisebenzi yawo lamathempeli. Lolu cwaningo lubona sengathi iningi labantu alisayigcini imisamo isesimeni esikahle. Lokho ke sekudala ukuthi abantu babe nesinyama namathunzi. Kusadliwa ngoludala uma kukhona ilunga lomndeni eligulayo, uSokhaya wayethatha impepho aqonde emsamo afike ashweleze, uyothi ephuma nje uyobe eselulama lowo okade egula esecela idokwe. Kwakwenzeka futhi ukuthi owesifazane ozithwele ngesikhathi esebeletha kungavumi ukuhlukana kwenhloko nesixhanti. Isalukazi esidala sasekhaya sasiqonda khona emsamo sishise impepho sithethe sibuza izinyanya zekhaya ukuthi zithule zithini ingane yabantu izoze ife. Sasithi siphuma nje endlini yangenhla abe ebeletha ozithwele. Nakuba sesiphila ezikhathini zempucuzeko kodwa akumele sikhohlwe izimpande zethu. Kufanele sihlale sazi ukuthi umsamo uyithempeli lokusixhumanisa nezinyanya zekhaya.

STUD: Akukho nje nhlobo okukhuluma ngomsamo okuyingxenye yezifundo zami. Ekhaya sikholelwa kuNkulunkulu angazi lutho nje ngomsamo. Asinayo ngisho indlu enomsamo ekhaya. Mhlampe ukuba kukhona esikufundiswayo mayelana nawo ngabe kukhona engikwaziyo

Lesi sicaphuno esingenhla sibonisa ngokusobala ukuthi sikhulu isidingo sokuqalisa ukufundiswa kolwazi lwendabuko lapha eNingizimu Afrika. Ulwazi lomsamo lubaluleke kakhulu, ludinga ukusatshalaliswa ukuze laziwe nayizizukulwane ezizayo.

STUD: Mina ngazi ukuthi umsamo yindawo engenhla endlini. Angilazi iqhaza lawo ezimpilweni zethu. Ngazi lokho nje.

Lesi sicaphuno esingenhla sibonisa ngokusobala ukuthi abantu sekwagxila kubo impilo nolwazi lwaseNtshonalanga ngoba abasazi izinto eziwumgogodla wempilo yabo. Ngaphandle komsamo impilo ayikho. Isizukulwane esikhula manje asinalo ulwazi lokuthi uyini umsamo.

Isiko lokuzila

Ukuzila kwakuyisiko elibalulekile esizweni sakwaZulu. Kwakuthi lapho kukhona umuntu oshonile ekhaya kuzilwe. Kwakuzila wonke umuntu. Ukuzila kuqala ngesikhathi okuzwakale ngaso umbiko wokushona. Uma umuntu engazi ukuthi kukhona isihlobo sakhe esesishonile uba nesinyama, abantu bamushaye uma behlangana naye. UNyembezi (1992: 379) uthi isinyama ukungabi nanhlanhla, ishwa. Umnyama ukungabikho kokukhanya. Kubalulekile ukuthi uma sekukhona umbiko owutholile wokuthi sekushoniwe ekhaya uqale ngaleso sikhathi ukuzotha, ungabi wuvanzi. Kuyazilwa ekhaya okushonwe kulona akumenyezwa, awudlalwa umuculo, awudlalwa umsakazo, awudlalwa nomabonakude. Abantu abadala asebegcagcile abalulokothi ucansi kuze kube bayaqeda ukuzila. Uma uzilile awukhulumeli phezulu kepha ukhulumela phansi.

Isizathu sokuzila esokugwema ukudlula. Ukudlula ukwenza into ngisho ungasathandi ngoba nakhu wayenza kushoniwe. UMsimang (2020) Abesilisa babeziphatha kahle bazile, isifazane naso sizile isilisa. Kwakuzilwa nezinhlobo ezithile zokudla okwakuthiwa zizobafekethisa, ikakhulukazi ubisi, amasi, imfino nokunye. Kwakufuneka bazikhuze bangabi nomsindo, bakhulumele phansi. Imvamisa babegonqa ukuze bazisithe emehlweni ezinto nasemehlweni abantu ukuze bangabi ngothathekile, bese kuthiwa sebedlule. Lolu siko namanje lusagcinwa, kepha kuyaphawuleka ukuthi bancane kakhulu abantu abasalugcina ngendlela eyiyo. Ababambiqhaza ababuzwa ngaleli siko baphendula kanje:

STUD: Ayikho into engake ngayifunda esikoleni maqondana nokuzila. Kuyinto nje engiyazela ekhaya. Kuyazilwa ekhaya kugqokwe nenzila bese kuthiwa kumele sizithibe. Kuba isikhashana nje alipheli isonto sisazilile. Ngesonto elilandelayo uma sezihambile izihlobo siyaqaqeka nabangani siyophuza, siye ezintombini nakuba kusuke kusaziliwe. Siye sibone sengathi bayasethusa uma bethi sizodlula.

Lesi sicaphuno esingenhla sikubeka kucace ukuthi emfundweni yasemanyuvesi akukho okuthinta ulwazi lwendabuko. Kuyaphawuleka futhi ukuthi isizukulwane esikhulayo asinalo ulwazi oluthenti ngesiko lokuzila. Ukuzila ngendwangu kwakungekho KwaZulu, kuyinto nje engasho lutho eyafika nabamhlophe. Okubaluleke kakhulu ukuzila ngenhliziyo nangendlela oziphatha ngayo. Esikhathini sanamuhla abantu

Sebenza izinto ngokwedlulela, lokho-ke kudalwa ukwenza izinto ezingenziwa ngesikhathi sokuzila.

STUD: Mina nje indaba yokuzila angiyazi nhlobo, ekhaya asizili. Inkolo yasekhaya ayikugqugquzeli ukuzila ithi kuphambene nentando kaNkulunkulu. Ngisho ibhokisi alimbozwa uma kushone umuntu wasekhaya. Baye bafike omakhelwane basitshele ukuthi sizodlula njengoba silala size sivuke emini ekubeni kushoniwe sivele sibashaye indiva.

Lesi sicaphuno esingenhla siletha ungabazane lokuthi isizukulwane esizayo sesiyowezwa amanye amasiko esiNtu. Sekuyinsakavukela umchilo wesidwaba ukuthi ngemuva kokufihlwa komuntu osemusha kwenziwe idili okuthiwa ngelokwesula izinyembezi (*the after-tears party*). Leli dili lenziwa ngobusuku obulandela obokuthuna. Lesi senzo kufanele sigxekwe ngayo yonke indlela ngoba asihambelani nesiko lesiNtu.

Isiko lokuthwalwa kwentombi
Leli yisiko elalenziwa kudala KwaZulu futhi labe lilihle kabi. Kuyaphawuleka ukuthi sekwafika ongoma uyayona bafike balona leli siko. Kwakuthwalwa intombi nto, ithwalwe yisoka layo ngokuthanda kwayo intombi leyo, hhayi le nganekwane esiyenziwa manje. Kudala abazali babeba nomkhuba wokukhethela amadodakazi awo amasoka bawabhekele umizi okusuthwayo kuyona bethi abafuni ukuthi abulawe yindlala. Babekhuluma-ke abanumuzane, ozele insizwa nozele intombi, bavumelane baphume negama. Okwakubhekwa kakhulu isibaya somnumzane ukuthi sinezinkomo ezingaki. Emuva kwalokho sekuzobizwa intombi nensizwa kwethulwe lesi sifiso sabazali. Ngokuvamile abantwana babengayivumi le ndaba ngoba babenazo izintombi abazithandayo, nezintombi zazinazo izinsizwa ezizibonayo ngamehlo engqondo ukuthi lona kuzoba umyeni wami.

Abazali banhlangothi zombili babebaphoqelela-ke abantwana babo ukuthi abashade ngenkani. Kwakuthi sekuvunyelwene ngosuku lwamalobolo phakathi kwemindeni emibili bese intombi ivumelana nesoka elithandayo ukuthi alifike emfuleni ngosuku olwaluzolandela lizoyithwala ngoba ayifuni ukwenza intando yabazali yona ngoba ithanda leli soka layo. Nebala kwakuthi ngesikhathi sokuyokha amanzi izintombi ziwumshungu zehle ziye emfuleni, lifike isoka selihamba nabanewabo bafike bayithwale intombi bahambe nayo. Sekuyothi kusempondozankomo kuzwakale kumemeza abakhongi esangweni bethi, 'Sikhulekile ekhaya kobani, sizothi funelani nganeno'. Bayobe sebeyangeniswa ke sekuyalotsholwa njalo agane umuntu lapho ethanda khona, hhayi lapho kuthanda khona abazali.

LECT: Mina nje ngesingami angihambisani nesiko lokuthwala ngoba liyabacindezela abantu besifazane. Izingane zamantombazane zizithola zingabagilwa zinyukubezwe ngokocansi ngabantu bethi bagcina isiko lokuthwala. Kulezi zinsuku sekwandile ukuthi kuzwakale izigameko zokuthwalwa kwamantombazane amancane lapha esifundazweni saKwaZulu-Natali. Umuntu wesifazane uzithola esegane umuntu angamthandi ngenxa yaleli siko.

Lesi sicaphuno esingenhla sikhombisa ngokusobala ukuthi abantu abaningi abaluqondi usiko lokuthwala intombi ukuthi lwalwenziwa kanjani nokuthi lwalwenziwelani.

STUD: Mina bengingazi ukuthi ukuthwala kuyisiko. Bengizitshela ukuthi umkhuba nje omubi owenziwa ngabantu besilisa ngoba beholwa yinkanuko. Abantu besifazane bayathwalwa bazithole sebeyizisulu zesifo sengculazi kanye nokukhulelwa ekubeni besebancane. Mina ngithi aliqedwe leli siko.

Isiko lokuthwalwa laliyilekelela kakhulu intombi ngoba yayigcina igcagce nomuntu emthandayo, hhayi lowo othandwa ngabazali bayo. Leli siko lisenziwa kwezinye izindawo esifundazweni saKwaZulu-Natali. Imfundo yaseNingizimu Afrika akukho ekushoyo maqondana naleli siko, yikho abantu besilisa benza ngendlela okungesiyo.

Isiko lokukhula komfana esizweni samaZulu

Leli isiko elibalulekile kakhulu esizweni saKwaZulu. Uma ubheka kulezi zinsuku abafana sebekhula kungazi muntu nokuthi bakhulile baqede bangalulekwa ngendlela okumele bayilandele uma sebengene kuelsi sigaba. Kuyaphawuleka ukuthi abantu besifazane bayakuthola ukucathuliswa mayelana nezimo okumela bazilindele uma bengena esigabeni ngasinye sempilo, kepha abafana abakutholi lokho kucathuliswa. Kwakuthi lapho umfana eseneminyaka elishumi nesithupha bese eqala ephuma izinduna nezwi lakhe bese liyabhodla. Izingqwele seziyomtshela ukuthi akalindele ukuthi kungekudala nje usezoshaywa izibuko. Ukushaywa izibuko ukuphupha ulele nesalukazi. Babemtshela ngakho konke okumele akwenze ngalolo suku.

UMsimang (2020: 219) uthi nangempela uyovele aphuphe isalukazi, bese evusa abanewabo, baphume bakhiphe izinkomo. Baningi abaKwaZulu abasaligcinayo leli siko, kodwa sekukhona ukwehlukahlukana okuningi phakathi kwezigodi ngezigodi. Kwezinye izindawo sekuyikho nje ukugcina lona isiko ngoba kuke kwenzeke ukuba umfana akhule ebusika izinkomo zidla amahlanga uyoze azikhiphe ehlobo sekweluswa. Okusemqoka ukuthi umfana lowo nabanewabo bayahloma baphelele ngezinduku namahawu bese bekhipha izinkomo, hhayi ezakubo kuphela nezemizi engomakhelwane zisiwe ekhaphelweni kude nemizi. Sekuyothi lapho bevuka abadala babone ngezinkomo zingasekho esibayeni bese beyabona ukuthi usibanibani ukhululile.

Useyolandwa-ke ayiswe emfuleni ayogezwa bese uyise emgcoba ibomvu amfake endlini yokugonqa. Lapha emgongqweni uzongena nontanga bakhe nezinsizwa esezikhulile. Usezoyalwa ngokuthi kumele aqaphele lapho embatha nowesifazane ngoba usengakhuleliswa. Lapha wayefundiswa nangokweshela nangokusebenzisa ubulawu bokuzihlanza ukuze abe nogazi athandeke ezintombini. Lapha abafana babekhuliswa bahlonyiswe nangokuthi umuzi uphathwa kanjani. Leli siko lalibasiza kakhulu ngokuthi babethi beqambe beba ngabanumzane babe sebenolwazi ngezinselelo zalesi sigaba. Bebuzwa ababambiqhaza ngalokhu baphendula bathi:

STUD: Mina angikaze ngiyizwe indaba yokuthi abafana bayakhululiswa nabo njengamantombazane. Mina akekho umuntu owake wangitshela ukuthi yini okumele ngiyilindele njengoba sengingena esigabeni sokukhula. Ngicabanga ukuthi ukulondolozwa kwaleli siko kungenza abafana abancane bakhule bazi kahle ngeqhaza okumele balibambe lapho sebekhululile.

Liya ngokuya lishabalala izinga labantu abasaligcina leli siko. Lokho kuba nomthelela ongemuhle ekuziphatheni kwabafana kanye nasekubhebhethekeni kodlame olubhekiswe kwabesifazane nabantwana. Ukungakutholi ukunakekelwa nokuyalwa ngendlela efanele ngesikhathi abafana bekhula kuba nomthelela ongemuhle empilweni yabo yonke.

Ukuhlolwa kwezintombi

Ukuhlolwa kwezintombi isiko laKwaZulu elihle futhi elinomthelela omuhle empilweni yamatshitshi. Kulesi sikhathi esiphila kuso sezininigi izifo ezithelelana ngokocansi, ukuzithiba ocansini kunomvuzo omuhle. Izintombi zazihlolwa KwaZulu. Ukuzigcina kwabe kuyinto eligugu elikhulu. Kwakungumsebenzi wamaqhikiza nonina bamantombazane ukuthi bawaluleke ngokubaluleka kokuziphatha kahle. Bebuzwa ngaleli siko ababambiqhaza bathi:

STUD: Ngasekhaya kuyahlolwa njalo ngenyanga. Akuzona zonke izintombi ezihlohlwayo. Ezinye aziyingeni. Zithi zinelungelo lokungahlolwa ngoba imizimba ngeyazo, akumele ibonwe abantu. Mina emfundweni yami akukho esake safundiswa ngakho ngokubaluleka kokuzigcina. Mina ngesingami ukuhlolwa kufanele ngabe kwenziwa uyena wonke umuntu wesifazane osakhula ngoba kuyasiza.

Ukuhlolwa kuyisiko elisagcinwa esizweni saKwaZulu, futhi elinezithelo ezinhle. Kufanele ngabe kukhona okufundwayo mayelana nesiko lokuhlolwa nokuzigcina ngoba kudambisa ukudlondlobala kwezifo ezithathelana ngokocansi. ISilo samaBandla onke, uGoodwill Zwelithini Zulu, osanda kukhothama saze sabuyisa umkhosi womhlanga ngenhloso yokugqugquzela ukuziphatha kahle kubantu besifazane abasebancane.

Isiko lokwelusa

Abafana babekhuliswa ngendlela yokuthi babe namandla ukuze bakwazi ukumelana nobunzima bempilo. Ukwelusa ngenye yezinto eyayikhulisa abafana ngokomqondo. Kwakuthi lapho umfana eseminyaka esiyisikhombisa aqale aluse amathole ezinkomo. Miningi imikhuba emihle nemibi abafana ababeyifunda ekweluseni. Abafana kwakwenzeka bantshontshe izinkukhu zabantu baphinde bantshontshe nokudla emasimini abantu uma sebegajwe yindlala ekweluseni. Ubuholi babufundwa khona lapha ekwaluseni. Babeqhathwa abafana ekwaluseni kuze kubonakale ukuthi obani abazoba izingqwele. Babebuye baphandisane iqanda lenjelane ekweluseni. Iqanda lenjelane kwabe kuyindle embelwa emgodini ongashoni bese kucelwa omunye umfana ukuthi ayophanda ukuze alithole iqanda lenyoni okuthiwa injelane. Uyothi esaphanda azithele phezu kwayo indle.

Abafana ekweluseni babephinde babongele izinkomo babuye bafunde nokuqhatha izinkunzi. UMsimang (2020: 150) uthi akukhona ukukhalima izinkomo ukuthi zingadli amasimu kuphela okwakubalulekile kodwa kwakunolwazi olunzulu olwaluzuzwa ngabafana. Le nhlakanipho iqhathaniseka ncamashi nenhlakanipho ezuzwa ngabantwana banamuhla ezikoleni. Ukulusa izinkomo kwabe kuyisiko elibaqeqesha ukuthi bakwazi ukubhekana nekusasa nanezimo ezinzima. Kuningi okwakwenzeka ekwaluseni okungemnandi kepha okumukhulisayo umfana abe yindoda eqotho futhi ekwazi nokuthatha izinqumo eziphusile emzini wayo. Bebuzwa ababambiqhaza ngaleli siko bathi:

LECT: Isiko lokwelusa lihle kakhulu, nami ngalusa. Ziningi izinto esezifunda ekwaluseni eziwumgogodla wempilo. Umfana owelusa uba nezindlela eziningi zokumelana nempilo. Ukushela kufundiswana khona ekweluseni. Ukulwa ngezinduku kufundwa ekweluseni. Ukubekezela kufundwa ekweluseni. Phela imvula ina ize iphelele kuwena usehlane, kepha asikho isifundo esimayelana nalokhu esifundwa enyuvesi. Alukho ulwazi lwendabuko olufundwayo ezikhungweni zemfundo ephakeme.

Ekweluseni abafana babeqiniswa ukuthi bakhule babe ngamadoda aqotho. Kuyaphawuleka ukuthi kulezi zikhathi esiphila kuzo umuzi ofuyile uqasha umuntu ozokwelusa izinkomo, hhayi ukuthi kube ngumsebenzi wamadodana abo. Lesi senzo sincisha abafana amathuba lokukhula bezuze izaqheqhe zolwazi olutholakala ekwaluseni. Umbambiqhaza waphendula wathi:

STUD: Mina angikwazi ukwelusa ngoba ngihlala emadolobheni. Ngiye ngizwe nje kuthiwa emakhaya kuyeluswa izinkomo. Thina nabangani bami sikuthatha njengomuntu osemuva uma usixoxela ukuthi wena usuka emakhaya futhi kade welusa izinkomo. Akukho engake ngakuthola emfundweni okuchaza kabanzi ngokubaluleka kwesiko lokwelusa izinkomo.

Lesi sicaphuno esingenhla sibonisa ngokusobala ukuthi kuningi okusafanele kwenziwe maqondana nokufundisa isizwe ngokubaluleka kwaleli siko. Kuningi okwakufundwa ekweluseni okungaba yisisombululo ezinkingeni isizwe esibhekene nazo namuhla. Umfana owelusa umbona ngombala ngisho esekhulile uyakwazi ukwenza izinto zenzeke. Ebuzwa umbambiqhaza waphendula wathi:

STUD: Ngasekhaya babelusa abafana okunezinkomo emakubo belekelelana nabelusi abaqashiwe. Inkinga eba khona nje eyokuthi ugcina uphupha futhi ube nesidina ngisho ezintombini uma welusa izinkimo. Okunye engingakuthandi ngokwelusa izinkomo indlela okugqokwa ngayo ezinkomeni ayingichazi. Alukho ulwazi engake ngaluthola ezifundweni zami oluchaza ngobuhle bokwelusa.

Lesi sicaphuno esingenhla sikucacisa kahle ukuthi abantu abangama-Afrika bakushaya indiva okungokwabo kepha bachema nolwazi lwaseNtshonalanga. Lolu cwaningo lwathola ukuthi iningi labababambiqhaza lazi ukuthi ukwelusa izinkomo kuyinto engelutho futhi engabuyiseli ngalutho. Lolu cwaningo lulwela ukuthi izilimi nolwazi lwendabuko kulondolozwe ukuze kufundiswe nezizukulwane ezizayo. Abafana babefundiswa ukulwa ngezinduku bekubiza ngokuthi ukungcweka, okwakubenza bakhule bekhaliphile futhi bekwazi nokuzivikela. Lapha ekwaluseni ilapho kwakugqama khona ukuthi ubani ingqwele. Ingqwele phela kuba ngumfana obehlula bonke ontanga uma beqhathwa, oklonyeliswa ngokuthi adle inyama yekhethelo ephashini ebizwa ngokuthi ubhedu.

Ukubaluleka koBuntu esizweni saKwaZulu

Ubuntu buyinto ebaluke kakhulu esizweni saKwaZulu. Umuntu oxakekile wayaziswa kakhulu kusadliwa ngoludala. Kwakuye kwenzeke ukuthi kuqhamuke umuntu elambile ongaziwa nokuthi ngowaphi akhuleke emzini womnumzane, athi isisu somhambi asingakanani singangenso yenyoni. Wayebe esephakelwa ukudla anikezwe nendawo yokulala uma engowakude. Ubuntu babugqame kakhulu ngezikhathi zasendulo. Uma kukhona umnumzane ongafuyile, wayesiselwa noma afuyiswe inkomo ukuze aphembe isibaya sakhe naye ayeke ukuba umfokazana. Ingane yayifundiswa kabanzi ngobuntu isencane ikhule yazi kahle ukuthi buyini ubuntu. UBolden (2014) uthi u-Archbishop Desmond Tutu wachaza ubuntu wathi buyisipho okumele izwekazi lase-Afrika lisinikeze umhlaba bube yinto esebenza ngisho nasemazweni angaphandle kwe-Afrika. Bebuzwa ababambiqhaza mayelana nolwazi abanalo maqondana nobuntu baphendula kanje:

LECT: Engingakutshela khona nje mnewethu ukuthi ubuntu abusekho kubantu. Usuke uthi ulalele umsakazo noma ubukela umabonakude uzwe kuthiwa umuntu udlwengule ingane eneminyaka emihlanu, wayibulala. Ubuntu buchaza ukunakekelana, ukuhloniphana nokwazisa abanye abantu. Kodwa mina ngaphansi kwezifundo zami akukho isifundo esikhuluma ngobuntu. Buyinto nje umuntu ayifunda enganakile, bufundiswa ekhaya. Abazali yibona ababamba iqhaza elibalulekile ekufundiseni izingane ngobuntu.

Ubuntu kwabe kungumgogodla wobu-Afrika. Zazingekho izinkedama ngesikhathi abantu besenobuntu. Ingane kamakhelwane iyingane, yakho uma uthengela ezakho uyayithengela nayo. Onokudla noma okokwembatha okuningi wayabelana nababengamile kahle kwezomnotho. Wawungekho umuzi ongafuyile kusadliwa ngoludala, kwakusiselwana. Bebuzwa ngalokhu ababambiqhaza bathi:

LECT: I-Afrika yaziwa ngabo phela ubuntu. Ubuntu bugqugquzela ukuhlonipha, ukuzithoba kanye nokusiza abanye abantu. Ezikhathini zanamuhla sebuya ngokuya buphela ubuntu kubantu. Abantu sebezazi bona nemindeni yabo kuphela. Bathi lokho kwenziwa ngamanani okudla ezitolo asemba eqolo.

Lezi zicaphuno ezingenhla zikubeka kucace ukuthi kancane kancane iyancipha imfundiso yobuntu lapha eNingizimu Afrika. Abantwana abasabingeleli ngisho behlangana nomuntu omdala. Abafundi abasasizani uma kukhona odingayo, wonke umuntu uzibheke yena.

Ukuxoxela izingane izinganekwane

Ukuxoxela abantwana izinganekwane kwabe kungumsebenzi owawenziwa ngomama kumbe ogogo babantwana. Inganekwane yayixoxwa ilanga seliyozilahla kunina. Kwakusiza ukuxoxwa kwezinganekwane. Kwakuyigugu kakhulu kubantwana. Babenza isiqiniseko abantwana sokuthi basebenze basheshise khona kuthi kuqambe kushaya isikhathi sezinganekwane bebe beqedile ukusebenza. Zaziwukhulisa umqondo wabantwana izingwanekwane, zazibahlomisa zibalungiselele ikusasa. Lolu cwaningo lwathola ukuthi abantwana abasaxoxelwa izinganekwane ezikhathini zanamhlanje. Bebuzwa ababambiqhaza ngalokhu bathi:

STUD: Mina angikaze ngixoxelwe muntu inganekwane. Ugogo uvele athi yena akayena umuntu wasendulo akazazi izinganekwane. Kwesinye isikhathi kuvele kuthiwe asihambe siyobuka umabonakude. Mina ngangizithanda izinganekwane kepha akekho umuntu owake wangixoxela zona.

Izinganekwane lezi zazingagcini ngokunandisa kepha zaziphinde zikhululise izinga lokucabanga. Zazibanikeza amakhono esingabala kuwo ikhono lokuxoxa, ikhono lokufunda nelokubhala. Inganekwane iwubuciko bokudlulisa indaba isuka kwesinye isizukulwane iya kwesinye. Abantu abavamise ukuxoxa izinganekwane ngabantu asebekhulile asebengogogo. Inganekwane singayibiza ngendaba yasendulo enesifundo esithile. Inganekwane yayisetshenziselwa ukuxwayisa abantwana ngobubi obuthile obungenzeka ezimpilweni zabo uma bekhula. UMsimang (2020: 71) uyichaza kanje inganekwane:

Njengesaga, inganekwane iyindlela egigiyelayo yokudlulisa umyalezo othile esintwini. Zihlukene kaningi-ke izinganekwane kukhona inganekwane okuthiwa insumansumane, umzekeliso, inganeko njalonjalo. Umehluko phakathi kwezinganekwane neminye imibhalo yobuciko ukuthi yona ayinabo abalingiswa abangabantu kepha iba nabalingiswa abayizilwane futhi ayikholakali. Inganekwane yayenza ukuthi kube kukhulu ukuxhumana okukhona phakathi komxoxi wenganekwane nezithameli.

Umbambiqhaza waphendula wathi:

STUD: Umama akasazixoxi izinganekwane, uthi seziyisidala. Odadewethu nabafowethu abangelamayo bayajabula lapho bevakashele kagogo. Ugogo phela uyababiza bahlale bathi wathalalala phansi bamzungeze njalo ngezikhathi zantambama bese ebaxoxela izinganekwane. Akaconsi phansi ugogo ngalesi senzo sokuxoxa izinganenkwane. Sebehlale befuna ukuvakasha khona njalo.

Lolu cwaningo lubona sengathi umqondo wengane uyakhula uma ixoxelwa izinganekwane ebuncaneni bayo. Kuthi noma isifunda isikole, ingane ikhaliphe ngoba isikwejwayele ukuxoxelwa izinganekwane. Kwakungezona zodwa izinganekwane ezazikhulisa umqondo wabantwana, kodwa neziphicaphicwane zazibenza ukuthi bakwazi ukucabanga ngokushesha. Uma bungabuyiswa lobu buciko bomlomo ezikoleni ezisemabangeni aphansi, abafundi bangakhula benemiqondo esabalele futhi bacabange ngokujulileyo. Izinganekwane neziphicaphicwano kwakuyindlela elula yokwenza ukuthi izingane zikhonge ubuthongo. Zilalela izinganekwane zize zizunywe ubuthongo. Omabonakude abanayo imfundiso enhle ebantwaneni ngoba kuyenzeka kube nomdlalo kamabonakude ogqugquzela ubugebengu kanye nokuziphatha budlabha kwentsha bese lokho sikubone sekwenzeka emphakathini esiyakhele. Babezuza lukhulu abantwana ngezikhathi besalalela izinganekwane ezabe zixoxwa ngomama kanye nogogo ngezikhathi zakusihlwa.

Iziphakamiso

Ngemuva kokuhlaziya lonke ulwazi oluvela kubababambiqhaza abahlukene, ucwaningo lube seluqhamuka nalezi ziphakamiso ezine:

- Akufundiswe izilimi zesiNtu emfundweni yasemanyuvesi njengokulawula kweNqubomgomo yeziLimi. Izwe laseNingizimu Afrika linenani eliphezulu labantu abasebenzisa izilimi zendabuko njengoLimi lweBele kodwa ulimi olusetshenziswa yidlanzana labantu, okuwulimi lwesiNgisi, lubhula amaphiko emkhakheni wezemfundo yamabanga aphezulu.
- Imfundo yasemanyuvesi ayibandakanye uLwazi lwendabuko, ukuze kuqinisekiswe ukuthi uma abadala beshona umsoco wolwazi lwendabuko ngeke ushabalale.
- Amasiko esiNtu awathuthukiswe emannyuvesi ukuze athole isithunzi nokuhlonipheka okwafanele.
- Imfundo yase-Afrika ayiqhakambise ubu-Afrika nobuntu, hhayi ubuNtshonalanga.

Isiphetho

Lesi sahluko besiveza kabanzi ukubaluleka kolwazi lwendabuko kanye nezilimi zesiNtu emfundweni yasezikhungweni zemfundo ephakeme eNingizimu Afrika. Izwekazi lase-Afrika linothe ngamasiko namagugu ahlukene kepha angaqhakanjiswa emfundweni. Inhloso yalolu cwaningo kwabe kungukuthola ukuthi kudalwa yini ukuthi ulwazi lwendabuko nezilimi zesiNtu kushaywe indiva emfundweni yasezikhungweni zemfundo ephakeme. Ucwaningo lwathola ukuthi uMnyango weMfundo Ephakeme miningi imizamo osuyenzile ukulisana nokushaywa indiva kwezilimi zase-Afrika, phakathi kwaleyo mizamo singabala ukusungulwa kweNqubomgomo yoLimi *(Language Policy Framework for South African Higher Education, 2001* ne-*Language Policy in Higher Education, 2002)*.

Lolu cwaningo lwathola ukuthi nakuba lezi zinqubomgomo zikugunyaza ukufundiswa kwezilimi zesiNtu emanyuvesi kodwa iningi lawo alikakuqalisi ukubandakanya izimfundiso zesiNtu emfundweni. Umshikashika wokulwelwa ukukhululwa kwezilimi zesiNtu awugcinanga ngokuqanjwa kwalezi zinqubomgomo kodwa ngonyaka wezi-2003 kwasungulwa ikomidi elalizobhekelela ukuthi kuqaliswe ukusetshenziswa kwezilimi zesiNtu njengezilimi zokufunda nokufundisa lapha eNingizimu Afrika, leli komidi lalibizwa nge*Development of Indigenous Languages as Medium of Instruction in Higher Education, 2003.* Lolu cwaningo luthole ukuthi amanyuvesi amaningi awanaso isabelomali esanele sokuqalisa ukusebenza kwalezi nqubomgomo.

I*Department of Education,* (2002) ithi, 'Izikhungo zemfundo ephakeme zinomsebenzi wokubikela uNgqongqoshe wemfundo yamabanga aphekeme ngenqubekelaphambili eseyenzekile esikhungweni ngasinye maqondana nokuqaliswa kokusebenza kwale nqubomgomo.' Lolu cwaningo lubona sengathi kukhona ukuthalalisa okukhona malunagana nokuqaliswa kokusebenza kwezinqubomgomo zolimi ezikhungweni zemfundo ephakeme, sesiside kakhulu lesi sikhathi. Lolu cwaningo beluvula amehlo iziphathimandla zemfundo yasemabangeni aphakeme ukuthi akube khona ezikwenzayo maqondana nalolu daba. Likhulu iqhaza elingabanjwa ulwazi lwendabuko nezilimi zendabuko empilweni yamanje esibiza ngohlobo olwesabekayo kepha amathuba emisebenzi engekho.

Uma ulwazi lwendabuko lunganikwa izinga olulufanele izwekazi lase-Afrika lingathuthukela kwesinye isigaba esingakaze sibonwe. Izitshudeni ziyadinga ukuhlonyiswa ngolwazi lobu-Afrika ukuze zingeke zizilibale ukuthi zingobani, nesihlahla ukuze sikhule kahle sidinga izimpande. Lolu cwaningo sizokhanyisela uMnyango weMfundo Ephakeme ukuthi awuqikelele ukuthi ifa lolwazi lwendabuko esalishiyelwa ngokhokho lingashabalali ezandleni zethu. Inkululeko eyazuzwa yizwe laseNingizimu Afrika ngonyaka wezi-1994 kumele ibonakale isebenza nasekuguqulweni kwemfundo ihambisane nobu-Afrika, njengoba kuyalela izinqubomgomo zolimi nomthethosisekelo. Ulwazi lwendabuko nezilimi zesiNtu kumele zinikwe ithuba emfundweni yasemaNyuvesi aseNingizimu Afrika.

Imithombo Yolwazi

Asante, M.K. 1987. *The Afrocentric Idea in Education*. Revised and expanded edition. Philadelphia: Temple University Press.

Asante, M.K. 1990. 'African Elements in African American English'. In J.E. Holloway, *Africanisms in American Culture*, pp. 19–33. Bloomington: Indiana University Press.

Beukes, A.M. and Pienaar, M. 2014. 'Identities in Extended Afrikaans Speech Communities'. *Nordic Journal of African Studies* 23(3): 57–75.

Bolden, R. 2014. 'Ubuntu'. In D. Coghlan and M. Brydon-Miller (eds), *Encyclopedia of Action Research*. London: Sage.

Brush, S.B. and Stabinsky, D. 1996. *Valuing Local Knowledge: Indigenous People and Intellectual Property Rights*. Washington, DC: Island Press.

Chilisa, B. 2019. 'Indigenous Research Methodologies'. *International Journal of Critical Indigenous Studies* 5(1): 93–95.

Department of Education. 2002. *Language Policy for Higher Education*. Pretoria: Government Printers.

Djité, P.G. 2008. *The Sociolinguistics of Development in Africa*. Clevedon: Multilingual Matters.

Ellen, R.F. and Harris, H. 2000. 'Introduction'. In R. Ellen, P. Parkes and A. Bicker (eds), *Indigenous Environmental Knowledge and Its Transformation: Critical Anthropological Perspective*. Amsterdam: Harwood Academic Publishers.

Eyford, G.A. 1990. 'Cultural Dimensions of Learning'. *International Review of Education* 36: 195–205.

Grills, C. and Longshore, D. 1996. 'Afrocentrism: Psychometric Analyses of a Self-report Measure'. *Journal of Black Psychology* 22(1):86–106.

Gumbi, P. 2019. 'IsiZulu as an Indigenous African Language, and Technology in the Basic Education Sector in KwaZulu-Natal'. *South African Journal of African Languages* 39(2): 204–210.

Groombridge, B. 1982. 'Learning, Education, and Later Life'. *Adult Education* 54(4): 314–325.

Harris, R. 2006. *New Ethnicities and Language Use*. Cham: Springer.

Hountondji, P.J. (ed.). 1997. *Endogenous Knowledge: Research Trails*. Oxford: CODESRIA.

Janse van Rensburg, E.J., Orlandini, E., Sumners, D.W., Tesi, M.C. and Whittington, S.G. 1997. 'The Writhe of Knots in the Cubic Lattice'. *Journal of Knot Theory and Its Ramifications* 6(1): 31–44.

Khumalo, Z.L.M. 1995. *Ingulule*. Second edition. Pietermaritzburg: Shuter & Shooter.

Lateef, H. 2015. 'Afrocentricity Theory Revisited: An Alternative Framework for Assisting Black Youth'. https://uh-ir.tdl.org/server/api/core/bitstreams/966ffff3-a564-4e7c-9724-b727cadbdce1/content.

Louis, R.P. 2007. 'Can You Hear Us Now? Voices from the Margin: Using Indigenous Methodologies in Geographic Research'. *Geographical Research* 45(2): 130–139.

Makhoba, K.L. 2013. *Amagugu Esizwe*. Pietermaritzburg: Shuter & Shooter.

Maphalla, O.M. 2014. 'The Implementation of the Research Output Policy with Reference to the University of Pretoria and the University of Venda'. PhD, University of Pretoria.

Masoga, M.A. 2017. 'Critical Reflections on Selected Local Narratives of Contextual South African Indigenous Knowledge'. In P. Ngulube (ed.), *Handbook of Research on Theoretical Perspectives on Indigenous Knowledge Systems in Developing Countries*, pp. 310–331. Hershey, PA: IGI Global.

Masoga, M.A. and Shokane, A.L. 2018. 'Indigenous Knowledge Systems and Environmental Social Work Education: Towards Environmental Sustainability'. *Southern African Journal of Environmental Education* 35. https://www.ajol.info/index.php/sajee/article/view/187216.

Maurial, M. 1999. 'Indigenous Knowledge and Schooling: A Continuum between Conflict and Dialogue'. In L.M. Semali and J.L. Kincheloe (eds), *What Is Indigenous Knowledge*, pp. 59–77. New York: Routledge.

Mbokazi, S.D. 2002. 'Ucwaningo Ngeqhaza Elibanjwe Yimvunulo, Izitsha kanye Nokudla KwesiZulu Nemithelela Yakho Kwezokuvakasha Nasolimini LwesiZulu'. Honours thesis, University of Zululand.

Mkabela, Q. 2005. 'Using the Afrocentric Method in Researching Indigenous African Culture'. *The Qualitative Report* 10(1): 178–189.

Mkhize, V.V.O. 2009. *Umsamo: Iziko lamaThongo*. Johannesburg: Umsamo African Institute.

Mkhize, N. and Ndimande-Hlongwa, N. 2014. 'African Languages, Indigenous Knowledge Systems (IKS), and the Transformation of the Humanities and Social Sciences in Higher Education'. *Alternation* 21(2): 10–37.

Msimang, C.T. 2020. *Kusadliwa Ngoludala*. Fifth edition. Pietermaritzburg: Shuter & Shooter.

Myeza, M.C. 1999. 'Yazi ngemithi yesintu nobumvelo bayo'. Master's thesis, University of South Africa.

Nel, P.J. 2005. 'Indigenous Knowledge Systems: Contestation, Rhetorics and Space'. *Indilinga African Journal of Indigenous Knowledge Systems* 4(1): 2–14.

Nyembezi, C.L.S. 1992. *Isichazimazwi Sanamuhla Nangomuso*. Pietermaritzburg: Shuter & Shooter.

Odora-Hoppers, C.A. 2002. 'Indigenous Knowledge and the Integration of Knowledge Systems: Towards a Conceptual and Methodological Framework'. In C.A. Odora Hoppers (ed.), *Indigenous Knowledge and the Integration of Knowledge Systems: Towards a Philosophy of Articulation*, pp. 2–22. Cape Town: New Africa Books.

Prah, K. 2016. 'Thinking African: Reflections on Indigenous Knowledge and Development'. Presentation at the Annual School of Human and Social Sciences Lecture Series, 16–18 May, University of Venda.

Senanayake, S.G.J.N. 2006. 'Indigenous Knowledge as a Key to Sustainable Development'. *Journal of Agricultural Sciences* 2: 87–94.

Schiele, J.H., 1996. 'Afrocentricity: An Emerging Paradigm in Social Work Practice'. *Social Work* 41: 284–295.

Shangase, S.E. 1996. 'Isiko Lokuthethwa Kwedlozi'. Honours thesis, University of Zululand.

Smith, L.T. 1999. *Decolonising Methodologies: Research and Indigenous Peoples*. London: Zed Books.

United Nations. 1995. *Report of the Fourth World Conference on Women, Beijing 4–15 September 1995*. New York: United Nations.

Warren, D.M. 1992, August. 'Indigenous Knowledge, Biodiversity Conservation and Development'. Keynote address for the International Conference on Conservation of Biodiversity in Africa: Local Initiatives and Institutional Roles, National Museums of Kenya, Nairobi.

Warren, D.M., Slikkerveer, L.J. and Titilola, S.O. 1989. 'Indigenous Knowledge Systems: Implications for Agriculture and International Development'. Technology and Social Change Program, Iowa State University.

8

Ukubaluleka Kwezilimi zoMdabu noLwazi Lwendabuko Ezifundweni Zemfundo Ephakeme

Sithembiso Mthembu

Zanele Gladness Buthelezi

Isingeniso

Ukufundiswa nokukhaliphiswa kolimi lomuntu lwendabuko nokuhlonyiswa ngolwazi lwendabuko lwaleso naleso sizwe kungasiza ukugcina ubugugu baleso sizwe. Ulimi lwebele luyikho konke kumuntu nomuntu. UKim (2020) ubeka uthi ulimi lomuntu lunguye uqobo, luveza ubuyena, indlela acabanga ngayo, umlando ngemvelaphi yakhe, ubuzwe bakhe nolimi aluncela ebeleni kunina. UMakhoba (2014) ubeka uthi, ulimi yilo umuntu axhumana ngalo nonina esasesibelethweni. Waphinde wamukelwa ngalo mhla efika emhlabeni. Yingakho kuthiwa ulimi lwebele ngoba ulimi alufunda kunina aphinde akhuliswe ngalo. Wulimi lwesizwe sakhe nokuyisipho esivela kuMdali. Kumele baluvikele balubambise okwezikhali zamaNtungwa ngokuthi lufundwe nasemazingeni emfundo ephakeme.

UHale (1975) uthi kubalukile ukuthi ulimi nolwazi lwendabuko lugcinwe luphephile. Uqhuba athi, lokho kusiza isizwe ukuba sime njalo, singashabalali, kugcineke umlando waso kanye namagugu aso ame ingunaphakade. ULangacker (2014) uphawula uthi, ukufundwa kwezilimi zomdabu nolwazi lwendabuko kusiza ukugcina amagugu esizwe okungamasiko, ubuntu, kanye nokukhuthaza abantu ukuba bazigqaje ngobuzwe babo. Lolu cwaningo lukhuthazwe ukubona iningi labafundi ukuthi balubukela phansi ulimi lwabo lwebele. Ulimi okufundwa noma okuxhunywana ngalo eNingizimu Afrika, okuwulimi lwesiNgisi, luthanda ukumboza izilimi zesintu.

UKhumalo (2020) ubeka uthi inhlese yobandlululo inomthelela omkhulu ekutheni ulimi lwesiZulu lunganikwa isithunzi esilufanele.

Uqhuba uthi, intsha ngonyaka kowe-1976, yashaya phansi ngonyawo ilwisana nokufundiswa zonke izifundo ngolimi lwesiBhunu. UHulumeni wangaleso sikhathi wayeqhakambisa ulimi lwesiBhunu kwase kuthi ezinye izilimi wazibukela phansi. Abafundi banqoba, bathola inkululeko yolimi lwesiNgisi kwase kuthi ulimi lwesiZulu nezinye zesintu zasala ngemuva. UHiggs (2016) uphawula uthi, ulimi lwesiNgisi, wulimi lokuxhumana kodwa kubukeka sengathi seluthwelwe ngeqoma. Lokho kungadala izilimi zomdabu zishabalale. Ukushabalala kolimi kusho ukushabalala komlando wesizwe.

Iningi labafundi abafunda ezikhungweni zemfundo ephakeme baseyimilibe esakhasayo. Bancane ngokweminyaka. Iningi labo bangena ezikhungweni zemfundo ephakeme beneminyaka elinganiswelwa eminyakeni eli-18. Okusho ukuthi basadinga ukuqiniswa ukhakhayi ukuze bakhule benolwazi ngokubaluleka kolimi lwendabuko nolwazi lwendabuko. Kafushane-nje, basadinga ukuhlonyiswa ngezikhali zakubo, okubandakanya ubugugu obuqukethwe ulimi lwebele nokukhaliphiswa ngolwazi lwendabuko. Ngaphambi kokuhlabela phambili ngokubaluleka kokufundwa kwezilimi zomdabu emfundweni ephakeme, ake sichaze ngokubaluleka kolimi lwesizwe nolwazi lwendabuko.

Ukubaluleka kweZilimi zoMdabu nolwazi lwendabuko
Isizwe nesizwe sinobugugu baso esibuqhakambisayo nokuyibona obusenza sigqame futhi sihluke kwezinye izizwe. UMsimang (1975) uthi, isizwe nesizwe siyizwe ngobugugu baso. Ngamafuphi-nje, isizwe akufanele silahlekelwe ubugugu baso. Ukulahleka kobugugu kuwushabalala komlando wesizwe uqobo. UNtombela (2016) uphawula uthi, ubugugu kumele bubanjwe okwezikhali zamaNtungwa ukugcinela isizukulwane esizayo. Ubugugu bungagcinwa ngokuthi izilimi zomdabu zifakwe njengesifundo ezinhlelweni zemfundo ephakeme. Ukufakwa kwezifundo zezilimi zendabuko kungabamba elikhulu iqhaza ukugcina ukunotha kolimi kanye nolwazi lwendabuko. Ngamafuphi-nje, ulimi lulodwa luqukethe okuningi okubandakanya ulwazi lwendabuko. Ngakho-ke, ulimi luyigugu futhi yilo oluqhakambisa isizwe.

Ukuchaza ukuthi buyini ubugugu
Igama 'ubugugu' lisuka egameni igugu. UMbatha (2006: 403) ulichaza uthi, igugu yilokho okuthandayo noma okukhonzwe kakhulu.
UMakhoba (2013) uqhuba achaze ubugugu kanje:

Ubugugu yilokho okuthandayo okungaconsi phansi. Yilokho okukhonzile futhi ogabe ngakho noma oqhosha noziqhenya ngakho. Isibonelo: ulimi, isibongo nezithakazelo, inkolo, izindawo eziqukethe umlando nokuye okuwubugugu. Ubugugu buyifa lesizwe. Isizwe siwa sivuka nobugugu baso futhi siwakhulisa, siwalungise ngoba siyisizwe ngabo ubugugu baso. Ubugugu yilokho okuvikelayo noma okunakekelayo ngenhloso yokugcina/ ukulondoloza.

Ubugugu noma amagugu esizwe athinta wonke umuntu ozalwe ngaphansi kwaleso sizwe. Kunobugugu bomuntu ngamunye obuthinta yena qobo lwakhe, obuthinta umndeni okungaba izithakazelo, izibongo zezingqalabutho, nobugugu obuthinta isizwe sonkana okuyimikhosi egujwa isizwe sonkana (Nxumalo, 2021). Ubugugu noma amagugu esizwe yiwona ahlanganisa isizwe ukuba sibe yimbumba sikhule ngenhlonipho, sizazi ukuthi sona singobani futhi sisuka kuphi ngokomlando.

Ulimi olukhulunywa kuleso sizwe luhambisana nolwazi abanalo lwendabuko olubasiza ukuthi bakwazi ukuziphilisa. Lolo lwazi, luwulwazi lwabo abaluthatha ngokuthi luyigugu kubo. Umuntu nomuntu uzungezwe imvelo nokuyiyona esiza ukuba akwazi ukuphila. URagavan (2001) uthi ukuphila komuntu kuncike kwimvelo nasolimini olukhulunywayo oluhambisana nendawo umuntu azinze kuyo. Ngamanye amazwi ulimi luqukethe umlando wokusuka nokuhlala waleso sizwe (Winskel noBhatt, 2020). Kubalulekile ukuba ulimi nolwazi lwendabuko lugcinwe futhi luthuthukiswe ukuze lungashabalali.

Ubumqoka bolimi esizweni samaZulu

Ulimi luyisikhali esibaluleke kakhulu ekudaleni ukuxhumana phakathi kwabantu. Ulimi olukhulunywayo yilo oluletha indlela yokuxhumana phakathi kwabantu (Mngomezulu, 2014). Leyo ndlela yokuxhumana iyigugu futhi iyikho konke kubo njengesizwe esikhuluma ulimi olulodwa. Ulimi lwabo bayaziqhenya ngalo njengoba kuwulimi abanikwa lona uMdali. NgokukaGenesis (11: 5–7) eBhayibhelini kuyavela ukuthi isizwe sinolimi olulodwa lapho, kubekwe kanje:

UJehova wehla ukuba abone umuzi nombhoshongo okwakhiwa ngabantwana babantu. [6]UJehova wathi: Bheka, bonke basizwe sinye nolimi lunye; yikho abaqala ngakho; manje abayikunqanyulelwa lutho abahlose ukulwenza.[7] Wozani sehle, siye ukusanganisa ulimi lwabo ukuba bangezwani kube yilowo nalowo ulimi lunye.

Kafushane-nje, isizwe nesizwe sinolimi lwaso olungafani nolwesinye isizwe. Lokho kubanga ukuthi ukwazi ukuhlukanisa izilimi ngokulandela imvelaphi yomuntu ngokobuzwe bakhe. Isizwe, siyisizwe ngokusimamiswa ulimi lwaso. Okusho ukuthi isizwe nesizwe akulula ukusihlukanisa nolimi lwaso ngoba siyisizwe ngalo lolo limi. Lolo limi luba yigugu kubanikazi balo.

Ulimi luveza kabanzi ngesimo senhlalo saleso sizwe ngokuveza abaxhumana ngayo ngenkulumo. Kuningi okuvezwa ulimi olukhulunywayo. Lugqamisa imizwa yomuntu, okuyimizwa yokujabula okuhambisana nokuhalalisa, ukuthukuthela, ukujabha, kanye nenkulumo eyethulwa ngokuhlabelela (Makhoba, 2014). Ulimi lusiza ukulekela ukuveza imizwa yomuntu. Indlela umuntu azizwa ngayo ivezwa inkulumo. Ukwehlisa nokuphakama kwezwi kugqamisa isimo noma indlela lowo muntu azizwa ngayo. Inkulumo ehambisana nenhlonipho noma enobudlova igqame enkulumweni yomuntu nomuntu. Iveza ubuyena uqobo kanye nemvelaphi yakhe. Kuphinde kugqame isimo noma indlela umuntu akhuliswe ngaso nendawo akhule ngaphansi kwayo (Msimang, 1975). Ngakho-ke, ulimi lomuntu nomuntu, lunguye uqobo. Ngeke umhlukanise umuntu nolimi lwakhe. Ulimi luveza okuningi ngaye, singabala isiko (inhlonipho), ukubambisana nokuzwelana, ukwazisa omunye umuntu, njalonjalo. Konke lokhu kugqanyiswa ulimi. Yingakho ulimi lungelinye lamagugu angaconsi phansi ezizweni ngokuhlukahlukana kwazo.

Ubumqoka Kokufundwa Kwezilimi ZoMdabu Emfundweni ephakeme

Kubalulekile izilimi zomdabu zithuthukiswe ngezindlela eziningi ezahlukene. Lokho kusiza ukuba izilimi zigcinwe zilondekile futhi zivikelekile zingashabalali. Izikhungo zemfundo ephakeme zingabamba iqhaza elikhulu ekuthuthukiseni nasekuvikeleni ulimi lungashabalali. Nazi izinto ezimqoka ekufundiseni nasekufundeni izilimi zomdabu:

Ukukhaliphisa umqondo womfundi – ukufundwa kwezilimi zomdabu kusiza ukukhaliphisa nokuhlakula ingqondo yomfundi ngokuthi abe nolwazi olubanzi ngolimi lwakhe angazitholi eselahla okwakubo athathe amasiko ezinye izinhlanga noma izizwe. Ngamafuphi-nje, ukufunda ngamasiko esizwe nokuba nolwazi ngokubaluleka kwawo, lokho kungawuvula umqondo womfundi ngokuthi akwazi ukuzithathela izinqumo empilweni mayelana nenkolo okumele akholelwe kuyo. Okwesibili, ukufunda nokufundiswa ulimi, ikakhulukazi uhlelo lolimi, kungasiza umfundi ukuthi akwazi ukubona amaphutha olimini olukhulunywayo. Ulimi lunamagama amaningi athekelwe kwezinye izilimi. Ngakho-ke, ukufunda uhlelo lolimi kungasiza umfundi akwazi ukuhlukanisa amagama athekelwe kwezinye izilimi bese akwazi ukuqamba amagama amasha ngolimi lwakhe. Ukuqanjwa kwamagama amasha kuyingxenye yokuthuthukisa nokugcina ulimi luhlezi luvikelekile.

Ukuvusa noma ukuvuselela amakhono – Ulimi luqukethe ikhono lokhuluma okuhambisana nekhono lokusebenzisa amagama ahlabahlosile. Lapha kubalwa ikhono lobuciko bokukhuluma noma lokuxoxa izindaba noma lokubhala indaba; izinganekwane, amanoveli, imidlalo, izindaba ezimfushane, izimvusamqondo, izinkondlo, njalonjalo. Ukufunda ulimi kungaphinde kuvuse futhi kuthuthukise ikhono lokwazi ukuhumusha nokutolika. Empeleni maningi amakhono angavuka ngenxa yokufundiswa kwezilimi zomdabu emfundweni ephakeme, ikhono lokubhala izindaba eziwumdlalo, izindaba ezahlukene, ikhono lokuqamba izibongo kususelwa emlandweni womuntu oqophe umlando, ingqalabutho noma uhlabene emncintiswaneni ethile.

Ukuletha ukuxhumana phakathi kwemfundo ephakeme nomphakathi – Ulimi luqukethe umlando wesizwe, ukusunguleka kwaso, ukusunguleka kwezibongo nezithakazelo, ukwethiwa kwamagama ezintaba, imifula, imigwaqo, izakhiwo nemvelo okungamagama ezihlahla, utshani, njalonjalo. Ukufundwa kwakho konke lokhu osekubaliwe kuxhumanisa umkhakha wezemfundo nomphakathi ngoba ulwazi lomlando cishe lonke lutholakala emiphakathini.

Ngamafuphi-nje, ukufundiswa nokufundwa kolimi lwebele kuvuselela inhlese yokuthi umfundi azikhumbule ukuthi ungubani futhi aziqhenye ngobuyena nangobuzwe bakhe. Ulimi lulodwa lunomsebenzi walo omkhulu esizweni nesizwe. Nansi eminye imisebenzi ebalulekile yezilimi zomdabu.

Umsebenzi weZilimi zoMdabu

Umsebenzi	Incazelo
Ukugcina umlando wesizwe	Ulimi luqukethe umlando nemvelaphi yesizwe nesizwe. Luphinde luveze ukuhlobana elinabo nezinye izilimi. Isibonelo izilimi zesiNguni zihlanganisa isiXhosa, isiZulu, isiNdebele nesiSwati.
Ukuletha ubumbano	Ulimi luletha ubumbano, ukuzwana nemfudumalo yothando emndenini, emphakathini nasezweni jikelele. Abantu abakhuluma ulimi lunye bayaziqhayisa ngolimi lwabo (Khumalo 2008). Lokho kwenza isizwe sibe yinkatha, sibumbane sibe yimbumba.
Ukulondolozwa kolimi olunothile	Izaga, izisho, izifenqo ziwulimi olunothile. Lokhu kwenza abantu balwazi ulimi lwabo nokunotha kwalo. Lokhu kusiza ngokuthi ulimi nesizwe lugcineke, lungashabalali, luhlale lumi njalo ngaleyo ndlela.
Ukugcina amasiko namagugu esizwe	Isiko nesiko lihambisana nendlela yokuhlonipha kwaleso sizwe. Lokhu kuthinta ukuhlonipha okubalwa ukusetshenziswa kolimi lokuhlonipha, ukuhlonipha imvelo enomlando (izintaba, imifula, amahlathi) nokugujwa kwemigubho engamagugu aleso naleso sizwe (Ghahramani, McArdle, noFatorić, 2020).
Ukuthuthukisa amakhono olimi	Ulimi nolimi luqukethe ubuciko-mazwi, okuyindlela yokusebenzisa amagama ngendlela emnandi yokucikoza. Lokho kugcina sekuvusa amakhono ehlukahlukene (Bengu 2019). Kungabalwa ikhono lokuqamba amagama, lokukhuluma, lokubhala nokuhaya izinkondlo, ukubhala izibongo zezingqalabutho zesizwe, ukubhala izindaba ezisuselwa ekhanda, ukubhala amahubo/amaculo, nokunye okuningi.
Ukuvuselela ubumbano ezizweni ezihlobene	Izilimi zendabuko zihlobone ngolimi. Ukuhlangana kwezinhlanga zezilimi ezihlobene kuletha ubumbano esizweni. Izilimi zabeNguni (isiZulu, isiXhosa, isiSwati, nesiNdebele) zinobuhlobo, kanjalo nezilimi zabeSuthu zinobuhlobo. Ngokulandela umlando, kungavela umsuka nemvelaphi yezilimi zendabuko.

Ubumqoka bokufundwa kolwazi lwendabuko

Isizwe nesizwe siba nolwazi olunzulu ngemvelo esizungezile. Imvelo iyikho konke kuleso sizwe. Isizwe sithembela kuyo imvelo yaso. Sikwazi ukuziphilisa ngayo imvelo futhi sithole nokuya ethunjini ngayo. UHadlos nabanye (2022) bachaza ulwazi lwendabuka bathi:

> *Indigenous knowledge is the term used to describe the knowledge, abilities, and philosophies that have been developed by societies that have had extensive interactions with nature. Local expertise helps rural and indigenous people make decisions about crucial elements of daily life.*

Ulwazi lwendabuko yigama elisetshenziswa ukuchaza ulwazi, amakhono nolwazi longoti ukuthuthukisa imiphakathi ngokusebenzisa imvelo. Ubuchwepheshe bendawo busiza abantu basemaphandleni nabomdabu ukuthi benze izinqumo mayelana nezinto ezibalulekile zokuphila kwansuku zonke.

Lesi sicaphuno sichaza ukuthi ulwazi lomdabu yigama elisetshenziswa ukuchaza ulwazi, amakhono, okuthuthukiswe imiphakathi kokusebenza okuhambisana nemvelo. Ngeke kuphikwe ukuthi abantu abazinze ezindaweni zasemaphandleni yibo abanolwazi olunzulu ngolwazi lwendabuko nemvelo. Ngakho-ke, kubalukile ukucoshela lolo ulwazi ebantwini abadala bese kwenziwa izinhlelo zokuthi ludluliswe entsheni efunda emfundweni ephakame. Ukwazi noma ukuqonda ngolwazi lwendabuka lwesizwe sakho, kuwukuqonda imvelo ophila nayo. Ulwazi lonke luncike kwimvelo. UZhang (2004) uchaza uthi umuntu ophila ebalazweni lomhlaba uba nendlela yokuphila ebambisane nabanye ngokubheka okuyizinsiza zempilo ngokubuka imvelo. Kwesinye isikhathi kuba umcabango owubuhlakani omfikelayo ngokufunda isimo sezulu kanye nemvelo.

Ulwazi lwendabuko luphinde lube izinkolelo ezisuselwa ekubukeni imvelo. Lezi zinkolelo zigcina zibhebhetheka bese zigcina ziba izinkolelo zesizwe sonke. Lezo zinkolelo ziphenduka zibe amasiko. UNyembezi noNxumalo (1966) bathi isiko liwumkhuba owenziwayo; inqubo eyejwalekile elandelwa yisizwe; indlela yempilo eqokothisiwe yaba nesigqi somthetho – okuthi lapho umuntu uma eyeqa leyo mithetho avelelwe amashwa, yena noma umndeni noma naso sonke isizwe. La masiko kungaba indlela eyinqubo yokucela, njengokuthi isizwe samaZulu sicela imvula enkosazaneni uNomkhubulwane), ukubonga, ukushweleza. UStevenson (1996) uchaza ulwazi lwendabuko ubeka kanje:

> *Indigenous knowledge can be broadly defined as complex knowledge systems developed over time by a specific group of people in a specific area and passed down from generation to generation. It includes ecological, scientific, and agricultural knowledge, as well as teaching and learning processes. In human interaction, ideational factors are widely shared or 'intersubjective' beliefs that are not reducible to individuals, and these shared beliefs construct the interests of purposeful actors.*

Ulwazi lwendabuko lungachazwa ngokuthi ulwazi olunzulu olwasungulwa iqembu labantu abathile abazinze kuleyo ndawo futhi ladluliselwa kwesinye isizukulwane kuye kwesinye. Lolu lwazi kubandakanya ulwazi lwezemvelo, lwesayensi, ezolimo, kanye nezinqubo zokufundisa nokufunda. Enhlalweni yabantu, kunezinto eziwumgogondla zokuxhumana kwabantu okubandankanya izinkolelo abakholelwa kuzo ngenhloso ethile.

Lesi sicaphuno sithi ulwazi lwendabuko lungachazwa njengezinhlelo zolwazi olwaqhamuka neqeqebana elithile labantu endaweni ethile futhi ladluliselwa kwesinye isizukulwane. Kubandakanya ulwazi lwezemvelo, lwesayensi, ezolimo nezinqubo zokufundisa nokufunda. Ulwazi lwendabuko lungavela ngezindlela ezahlukene. UMulalap nabanye (2020) bathi, ulwazi lwendabuko lungavela kumuntu othile owatshelwa elele ephusheni noma kwaba isibonakaliso esikhomba indlela okumele ilandelwe ewusikompilo. Lungavela ngomndeni othile, bese nomphakathi ulandele indlela oqhuba ngayo lowo mndeni, kugcine sekuyinqubo eyenziwa esizweni.

Isibonelo, uZulu kwakuwumndeni othile kodwa emuva kwesikhathi umphakathi wagcina uwutusa lo mndeni, kwagcina sekuyisizwe, namuhla uZulu usudume umhlaba wonke kodwa akukakajiki ukuthi umndeni othile owaba namandla ekudluliseleni ulwazi lwendabuko kwabanye abamnyama. Abanye abalandela leyo nqubo yesiko, abanalo ulwazi olujulile ngomsuka walo. Babona kukuhle, futhi kufanele ukuthi nabo benze njengabanye (Ditsele noMann, 2014). Nakuba abanye bengenalwazi, nesizathu sokuqhutshwa kwalelo sikompilo kodwa lusuke lunaso isizathu sokuthi kungani lwenziwa. Abanye bangabuka noma becabange ukuthi alubalulekile kodwa yilo oluveza ubunjalo besizwe nesizwe. Lokho okwakwenziwa abadala kuba yigugu kuleso nakuleso sizwe njengesiko lokugqoka ibheshu, isidwaba, njalonjalo.

Ukubaluleka kokufundwa kolwazi lwendabuko

Umsebenzi	Incazelo
Ukuvuselela ulwazi lwenkolo noma izinkolelo zesizwe	Isizwe nesizwe sinokwaso esikholelwa kukho nokugcina sekuyinkolo yaso ethinta imvelo. UPotter (2003) uthi ukholelwa ukuthi isizwe nesizwe sivikelwe amadlozi aso. Ngakho-ke, kunenqubomgomo elandelwayo ekuxhumaneni namadlozi esizwe. Leyo nqubomgomo iphenduka ibe inkolo yesizwe. Isibonelo: Isizwe samaZulu sivamise ukuyokhuleka entabeni sicele imvula edlozini uNomkhubulwane.
	Isizwe sinemigubho yaso eyenzeka unyaka nonyaka. Leyo migubho ithathwa ngokuthi inkolo noma umkhuleko waleso sizwe. Sisuke sikhuleka sixhumana namadlozi aso. Kunenkolelo yokuthi isizwe nesizwe simadlozi aso asisingethe.
	Kunenkolelo yokuthi amadlozi yiwona avikele nalawula imvelo nabantu abaphila kuyo. Konke lokho okwenziwayo ukuxhumana namadlozi esizwe kuthathwa njengenkolo yaleso sizwe. Leyo nkolo noma inkolelo yaqhamuka nabadala abake baphila. Kuthathwa ngokuthi kuwulwazi lwendabuko njengoba kuwulwazi olwashiywa amathongo amadala.
	Idlozi nethongo izinto ezimbili ezehlukene. Idlozi isidalwa noma isithunywa sikaMvelinqangi esabekwa kuqeda ukubunjwa umhlaba. Idlozi alifi kodwa lihlezi likhona. Isidalwa esiyimvelo.
	Kuphinde kube khona ithongo, ithongo umuntu owake waphila emhlabeni osewadlula. Kuthiwa usebuthongweni, ulele. Yingakho bebizwa ngokuthi amathongo yingoba basebuthongweni.

Ukuhloma ngolwazi lwemvelo nokulapha kusetshenziswa amakhambi emvelo	Ukufunda kafushane ngokubaluleka kwemvelo ekusetshenzisweni kokulapha kwesintu. Ukuba nolwazi ngokusebenzisa imvelo okuyizihlahla, izigxabu zemithi, utshani, nezitho zezilwane (Ozioma noChinwe, 2019). Konke lokhu kuwulwazi lomuntu lwemvelo futhi olususelwa kuyo imvelo.
Ulwazi ngamazinga okukhula noma okukhuliswa komuntu	Umuntu nomuntu udlula ezigabeni ezithile zokukhula. UCele (2012) uthi lezi zigaba zihambisana nosikompilo oliqondene naleso sigaba sokukhula. Lokhu kuhambisana nenkolo yaleso sizwe isibonelo: ukusoka kwabafana entabeni. Lezi zigaba zokukhuliswa komuntu ziqukethe ulwazi oluthile, okuwulwazi lwendabuko lwaleso sizwe. Ngakho-ke, umuntu ongenzelwanga usikompilo oliqondene neleso sigaba akuso, kunenkolelo yokuthi uzokhungathwa amashwa namathunzi amnyama empilweni yakhe (Ngwenya, 2017).
Ukukhuthaza amakhono emisebenzi yezandla	Isizwe nesizwe sinemisebenzi yaso eyakhiwa ngezandla ewubugugu kuso. Le misebenzi yezandla ihambisana nemvelo noma nempilo ephilwa yileso sizwe. Le misebenzi ithathwa ngokuthi yavela ngokuhlakanipha komuntu mumbe noma kwabantu bakuleso sizwe. Kuvela indlela yezinsizakusebenza ababeziphilisa ngazo. Le misebenzi ingaphinde ivuse amakhono esizweni sanamuhla kuqhathaniswa nobuchwepheshe banamuhla.
Ukufunda ngokubaluleka kwamasiko	UMthiyane (2014) uthi amasiko nenqubo yawo ahambisana nolwazi oluthile oluthinta imvelo. Amasiko esizwe athathwa ngokuthi ayinkolo yaleso sizwe. Kukhona amasiko esizwe kanye namasiko aqondene nomuntu ngamunye. Kunezizathu nezinkolelo mayelana zokuqhutshwa kwalawo masiko. Isibonelo: ingane yentombazane yenzelwa isiko elibizwa ngokuthi umhlonyana uma isingene esigabeni sokukhula noma sobuntombi.

Ukubuyekezwa kwemibhalo

Baningi ongoti ababhalile ngokubaluleka kwezilimi zendabuko emfundweni yize lokhu kungakabonakali kuthathelwa phezulu. UMbatha (2014) ukhuthaza labo abafundisayo ezikhungweni zemfundo ephakeme ukuthola izindlela zokufundisa kodwa bangalushiyi ngaphandle ulimi lomdabu. Lokhu kuphinde kwagcizelelwa uZondi (2014) othi kumele kube khona ukuxhumana phakathi kokusebenza kwabafundi nolimi lokufundisa. Ungoti wolimi uNdimande-Hlongwa (2014) ubambe iqhaza elikhulu ngokuncoma ukugunyazwa kwabafundi ukufunda ngezilimi zabo ezisemthethweni ezikhungweni zemfundo ephakeme.

UGumbi (2014) uthi, abantu abasemandleni nalabo abashaya umthetho othinta izilimi, bavamisile ukuthi bangayigqizi qakala eyokuthuthukiswa kwezilimi zomdabu. Abasemandleni kubukeka sengathi bazibukela phansi izilimi zomdabu, kodwa baqhakambise ulimi lwesiNgisi ngoba cishe izifundo zonke zifundwa ngolimi lwesiNgisi. Lokhu kugqanyiswa ukuthi izinto eziningi zibhalwa ngolimi lwesiNgisi futhi azihunyushelwa ezilimini zomdabu. Ngamanye amazwi, izilimi zomdabu zincishwe amandla ezikhungweni zemfundo ephakeme. UNkosi (2018) ubeka uthi, nakuba inyuvesi yaKwaZulu-Natal okuyiyona eqhambisa ukufundwa kolimi lwesiZulu, kodwa kubukeka sengathi akwanele. Uqhuba uthi, ezinye zezinselelo ukuthi iningi labafundi abanalo ulwazi olulindelekile njengabafundi abasezingeni lokuphothula izifundo zabo. Okusho ukuthi abafundi baphuma bengaqeqeshekanga kahle.

Ulwazi lwangaphambili ngokubaluleka kokufundwa kolimi lwebele

Ulimi lwebele noma lwendabuko luyisikhali somuntu akwazi ukuzivikela nokuziphilisa ngaso. Lokhu kuchaza ukuthi umuntu kumele akhuliswe futhi akhule nalo ulimi lwakhe (Mthembu-Ngema, 2021). Ulimi luyikho konke kumuntu noma esizweni. Ulimi ludlulisa lokho okusuke kusuka engqondweni yomuntu. Imicabango yonke uyidlulisa ngalo ulimi. Umuntu ukwazi ukuyibeka kahle inkulumo uma esebenzisa ulimi lwakhe (Mbatha, 2020). Kubalulekile izingane zifundiswe kabanzi ngokubaluleka kwezilimi zendabuko. Zingagcini ngokwazi kodwa ziphinde zithuthukiswe ngolwazi lwezilimi zendabuko ngezindlela eziningi ezingaba usizo. UMbatha (2020: 23) ubeka uthi:

> *Language may not only be regarded as a tool of communication, but it also refers to the representation of social or group individuality as an emblem of group association and solidarity.*

Ulimi aluthathwa njengethuluzi lokuxhumana kuphela, kodwa luphinde lubhekelele impilo yenhlalo yabantu noma yomphakathi njengophawu lokwakha ubumbano emphakathini.

Lesi sicaphuno sichaza ukuthi ulimi aluyona indlela yokuxhumana kuphela, kodwa luthathwa ngokuthi lumele isizwe. Ulimi yilona oluwuphawu lwesizwe, olwenza umuntu akwazi ukuhlukanisa ulimi ngokobuzwe.

Ulwazi lwangaphambili ngokubaluleka kokugcinwa kolwazi lwendabuko

Ulwazi lwendabuko luyinqolobane yobuhlakani besizwe. Lolu lwazi luhambisana nezindlela zokwenza noma zokuphila/ukuziphilisa ngemvelo. Ulwazi lwendabuko lususelwa kuyo imvelo. Imvelo iyikho konke kumuntu noma esizweni. Umuntu uphila ngaphansi kwemvelo. Ulwazi lonke namaqhinga okuziphilisa kuncike kuyo imvelo njengethuluzi okumele lisebenze ukuze kuqhubeke impilo (Msimang, 1975). Kubalulekile ukugcina lolo lwazi oluveza ukuthi abantu ababephila phambilini babenza kanjani ukuze bakwazi ukuphila. Abantu banamuhla bangahlomula lukhulu ngamasu nobuhlakani. Bangagcini ngokuba nolwazi kodwa lolu lwazi baluthuthukise ngokuthi benze okunye okuningi kokuziphilisa.

Ulwazi lwangaphambili nobumqoka bokufundwa kolwazi lomdabu emfundweni aphakeme

Ukufunda nokufundisa ngolwazi lwendabuko kungakhuthaza abafundi ukuthi baziqhenye ngemvelaphi yesizwe sabo. Bangaphinde bahlomule ngamasu okwenza izinto ezithile zokuziphilisa. Imfundo ephakame iyisizinda solwazi esingasiza ukuhlomulisa abafundi ngokuthi bafunde kabanzi ngemikhakha ehlukene yokuzithuthukisa ngolwazi lwendabuko (Msimang, 1975). Lokhu kungasiza ukugcina imvelaphi yesizwe mayelana nobuhlakani babantu ababephila ngaphambilini.

UZungu noSiwela (2017) bathi isizwe samaZulu siyisizwe esinamasiko amaningi kakhulu esiwagcinayo nesabe sivele siwagcina kwasemandulo. Ngokufunda ngokujula nokuba nolwazi olubanzi ngamasiko ayegcinwa emandulo. Kubalulekile ukuba nolwazi nokuthola izizathu zokuqhutshwa kwalowo masiko isibonelo, ukufunda ukubaluleka kosiko lokuphehla ingane, ukubuthwa kwabafana namantombazane kanye namanye amasiko. Emfundweni ephakeme ikakhulazi emakolishi, kufundiswa izifundo zamakhono ezandla. Azikho izifundo eziqeqesha abafundi ukuba bazi kabanzi ngolimi lwabo lwebele kanye nolwazi lwendabuko lwesizwe sakubo. UKhumalo (2021) ecaphuna uButhelezi, (2016: 2) ubeka uthi:

The NCV is a three-year qualification, offered at Levels 2, 3, and 4. Each level takes a full year of study and a student is required to take 7 subjects for each level. A student has to take three compulsory fundamental subjects, which are language, Life Orientation, and Mathematics or Mathematical Literacy. Over and above this, a student takes four vocational subjects which can be chosen from Business, Engineering, or General Studies.

I-NCV iyiziqu zeminyaka emithathu, ezinikezwa kumazinga 2, 3, no-4. Izinga ngalinye lithatha unyaka ogcwele wokufunda futhi umfundi kudingeka enze izifundo eziyisi-7 ezingeni ngalinye. Umfundi kufanele enze izifundo ezintathu eziyimpoqo, okuwulimi, iLife Orientation, neMathematics noma iMathematics Literacy. Ngaphezu kwalokhu, umfundi uthatha izifundo ezine ezingakhethwa kwezamabhizinisi, ezobuNjiniyela, noma iZifundo Ezijwayelekile.

Lesi sicaphuno sichaza ukuthi isitifiketi se-NCV sithatha iminyaka emithathu ukusifundela. Izinga ngalinye lithatha unyaka ukulifundela. Umfundi kufanele abhalise izifundo eziyisikhombisa ngezinga ngalinye. Zintathu izifundo eziyimpoqo kulesi sitifiketi; yizibalo *(Mathematics/ Mathematical Literacy)*, ulimi lwesiNgisi ne*Life Orientation*. Emuveni kwalokho umfundi kufanele enze izifundo ezine zamakhono azikhethele wona kwezamabhizinisi, *(Business)*, ubuNjiniyela *(Engineering)*, kanye nezijwayelekile *(General Studies)*. Lesi sicaphuno sifakazela khona ukuthi izilimi zoMdabu zishaywa indiva ezikhungweni zemfundo ephakeme.

Injulalwazi esetshenziswe kulolu cwaningo

Lolu cwaningo lukhethe injulalwazi kaVygotsky (1896) ye*constructivism*. Le injulalwazi isebenza ukuveza inkolelo yolwazi ukucubungula inkulumo ethulwe kulolu cwaningo. UVygotsky (1978) umcwaningi waseRussia lapho ebheka khona inqubo yokufunda nokufundisa eyenzeka emphakathini. Ubuka ukwenzeka kwezinto ngendlela eyejwayelekile ukuthi lowo ofundiswayo kukhona yini akwaziyo nakutholayo kulowo ofundiswayo. Lokhu kusho ukuthi lowo ofundiswayo noma oqeqeshwayo kule nto afundiswa noma aqeqeshwa kuyo kumele kube yinto ake wahlangabezana nayo endaweni noma emhlabeni aphila kuwo. Lolu cwaningo lusebenzise le njulalwazi ukubhekisisa ukuthi luyasetshenziswa yini ulwazi lwendabuko nezilimi zomdabu ezikhungweni zemfundo ephakeme. Le njulalwazi ichazwa uVygotsky (1978) ngokuthi:

The constructivism theory is based on observation about how people learn. It says people construct their own understanding and knowledge of the world through experiencing things and reflecting on those experiences. When we encounter something new, we must reconcile it with our previous experience, changing what we believe or maybe discarding the new information as irrelevant. In any case, we are active creators of our own knowledge. To do this we must ask questions, explore, and assess what we know.

Injulalwazi ye*constructivism* isekelwe ekuqapheliseni ukuthi abantu bafunda kanjani. Ithi abantu bazakhela okwabo ukuqonda ngolwazi lomhlaba kanye nokuqonda ngokulandela ulwazi lwabo lwangaphambili. Uma sihlangabezana nokuthile okusha, kufanele sikuqhathanise nalokho okwethu kwangaphambilini okungase kushintshe esikholelwa kukho noma mhlawumbe silahle ulwazi olusha olungadingeki. Esikhathini esiningi, siba nezindlela zokuqonda ulwazi ngokwethu. Ukuze senze lokhu kufanele sibuze imibuzo, sihlole, futhi sihlole ngalokho esikwaziyo.

Lesi sicaphuno sithi le njulalwazi isekelwe ukuqaphelisa ukuthi abantu bafunda kanjani. Ithi abantu bazakhela okwabo ukuqonda ngolwazi lomhlaba. Uma behlangabezana nokuthile okusha, bakuyamanisa nolwazi abanalo lwangaphambilini.

Le njulalwazi igxile ekubhekeni ukuthi abantu bafunda kanjani. Le njulalwazi ikholelwa ukuthi abantu bazakhela ulwazi abaluqondayo kangcono ngezinto ababhekana nazo imihla ngemihla. Uma behlangabezana nezinkinga ezintsha kumele bazilungise babheke ulwazi abanalo nosekuke kwadlulwa kulo esikhathini esedlule kumbe kube noguquko kulokho abakholelwa kukho noma kungabe kusasetshenziswa okusha uma kubonakala ukuthi akunalo usizo (Mbokazi, 2022). Le njulalwazi igcizelela ukuthi abantu abazinze kuleyo ndawo ethile, yibona abaqonda kangcono ulwazi lwabo njengoba kuyibona abasunguli balo.

Le njulalwazi igcizelela ubudlelwano obuphakathi kolwazi lomfundi avele enalo nosikompilo lwalapho efundiswa khona, nokuyinto ehambisanayo nalolu cwaningo. Lokhu kwafakazelwa nawuMason (2005) uma egcizelela ukuthi le njulalwazi yakhelwe phezu kwesisekelo esithi abafundi kumele babambe iqhaza elikhulu ekufundeni kwabo, ngisho besezikhungweni zemfundo ephakeme.

Izindlela zokuqhuba ucwaningo

Lolu cwaningo lukhethe indlela yekhwalithethivu ngaphansi kwenkambiso yokuhumusha, ye-*interpretivsm paradigm*. Le ndlela ibheke ukusetshenziswa kwezilimi zomdabu nokubhekelelwa kokufundwa kolwazi lwendabuko. Inkambiso yokumusha ibizwa ngokuthi indlela ye*phenomenological*. Lena yindlela ehlose ukuqonda ngabantu (Bain noVenter, 2015). Ngakho-ke, inkambiso yokuhumusha igxile ekuhloleni izenzo zomphakathi ngenhloso yokuthola ukuqonda kahle indlela abantu abaphila ngayo. Inhloso ukuchaza nokuhumusha izinto ezenzeka nsuku zonke okungaba amasiko nokunye okuyimicimbi, okuhlanganisa izinhlaka zomphakathi kanye namagugu abantu okuveza ubunjalo babo. Konke lokhu kuncike olimini ngoba ulimi luyikho konke emphakathini (Mhlanga noBabatunde, 2018).

NgokukaCreswell noClark (2007) ocwaningweni kuqoqwa imininingwane ehambelana nalokho okucwaningwayo noma kuphendulwa imibuzo engumgogodla wocwaningo. Lokho kusiza umcwaningi ukuba akwazi ukufinyelela encazelweni mayelana nenkulumo ethulwe yilabo ababambe iqhaza ocwaningweni. Imininingwane kulolu cwaningo, luqoqwe ngendlela yohlumibuzo ebibhekiswe kubafundisi bolimi lwesiZulu. Ucwaningo luphinde lwabandakanya abafundi abafunda ulimi lwesiZulu yize befundela imikhakha ehlukene enyuvesi yaKwaZulu Natal. Luphinde lwaqoqwa kubafundi bezinhlanga ezahlukene abafundi, ulimi lwesiZulu njengolimi lokwengeza (*Basic in isiZulu*) enyuvesi yaKwaZulu Natali. Laba bafundi baqokwe ngenhloso yokuthola amaqiniso mayelana nokufundwa kolimi lomdabu kanye nokufunda ngolwazi lwendabuko. NgokukaTeddlie (2007) uthi izindlela zokuqoqa ngenhloso zifuna ukubandakanya ababambiqhaza abafanele futhi abaziwayo ukuthi banolwazi ukuze baphendule imibuzo ezonikeza ucwaningo ulwazi olwanele. Lokhu kufakazelwa uCohen, uManion noMorrison (2011: 157) uma bethi:

> *In many cases purposive sampling is used in order to access knowledgeable people, i.e., those who have in-depth knowledge about particular issues may be by virtue of their professional role, power, access to network, and expertise.*

Ezimweni eziningi zokuqoqa ulwazi ngenhloso zisetshenziswa ukuze kufinyelelwe ebantwini abanolwazi olunzulu ngokucwaningwa ngakho futhi okungukuthi banolwazi olujulile lwezinto ezithile kungaba ongoti, iziphathimandla, abanolwazi ngezokuxhumana ngomoya, ezobuchwepheshe, nezingcithabuchopho.

Lesi sicaphuno sigcizelela ukubaluleka kokuthi umcwaningi akhethe ababambiqhaza abazolekelela ngemininingwane ezokwazi ukuphendula imibuzo yocwaningo emuva kokuba isihlaziyiwe.

Inqubo Yokuqoqa Ulwazi

Ulwazi lwemiphumela yocwaningo luqoqwe emanyuvesi amathathu esifundazweni KwaZulu Natali; unyuvesi yaKwaZulu-Natali (UKZN), inyuvesi yeZobuchwepheshe yaseThekwini (DUT) nenyuvesi yaKwaZulu (UNIZULU).

Umcwaningi uqale wafakana imibuzo nabafundisi bolimi lomdabu (ulimi lwesiZulu) ezikhungweni zemfundo ephakeme. Uphinde wafakana imibuzo nabafundi bezinhlanga ezahlukene abafunda ulimi lwesiZulu njengolimi lokwengeza (UKZN). Ucwaningo luphinde lwagxila kubafundi abangamaZulu kodwa abanganalo ulimi lomdabu emikhakheni yezifundo zabo (DUT nase-UNIZULU) nakulabo imikhakha yabo egxile olimini lwesintu. Kusetshenziswe indlela yokukhetha ngokwenhloso. Umcwaningi ukwenze lokhu ngokuthi acele imvume kubaphathi abangamele iminyango ukuthi bamxhumanise nabafundi angakwazi ukuxoxisana nabo.

Ukuhlaziya Ulwazi Okutholakale

Ukuhlaziywa kwemininingo kuyingxenye emqoka ocwaningweni. UBogdan noBiklen (2003) bachaza ukuhlaziywa kwemininingwane yocwaningoluhlonze ngokuthi kuwukuyibhekisisa kabusha, uyihlele uyehlukanise ngezigatshana, ubheke okuhambisanayo nokungahambisani ukuze ubone amaphethini kulokho okushiwoyo. Yikho lokhu umcwaningi akwenza emuva kokuqoqa imininingo Umcwaningi ube esehlela ngezihlokwana ukuze okukhulunywa ngakho kuzohlala obala (Richard noMorse, 2017). Umcwaningi uqale wafakana imibuzo kubafundisi bolimi lwesiZulu ezikhungweni zemfundweni ephakeme. Uqale wafuna ukuthola ukuthi ngabe abafundi bayakuthakasela yini ukufundi ulimi lwesiZulu okuhambisana nolwazi lwendabuko.

Ukuphawula Kwabafundisi Emanyuvesi
Intshisekelo yokufunda ulimi loMdabu

Inhloso yalo mbuzo ukuzwa ukuphawula kwabafundisi ukuthi ngabe abafundi banalo yini uthando lokufunda ulimi lomdabu. Abafundisi baphawule babhekisa kubo bonke abafundi abafunda ulimi lomdabu.

Umfundisi wokuqala uphawule wabhekisa kubafundi abagxile olimini lomdabu okuwumkhakha wabo ngokwezifundo. Uphawule wathi:

> Abafundi bayakuthakasela kakhulu ukufunda ulimi ikakhulukazi uhlelo lolimi, ukufunda ngomlando wesizwe (ukuvela kwesizwe sakwaZulu nokuqambeka kwaso), amasiko emikhosi esizwe, namasiko aqondene nomuntu ngamunye (ukukhungwa/ ukufakwa isiphandla, umhlonyana, umemulo, ukusokwa kwamantombazane nabafana) nezizathu zakuqhutshwa kwawo

amasiko. Bayathakasela ukufunda ngomsuka wokuqanjwa kwamagama; ukuqanjwa kwamagama ezindawo, izintaba, emifula, amagama emizi, nezindlela zokuqanjwa kwamagama abantu kuqhathaniswa nezinye izinhlanga.

Uqhubeke wabeka wathi:

Iningi libanokudideka ukuthi yikuphi okumele likulandele phakathi kwenkolo noma amasiko esintu (inkolo ethinta amadlozi) nenkolo yobuKristu. Kuba nemibuzo eminingi nempikiswano phakathi kwenkolo yesintu neyobuKristu.

Ukuphawula komfundisi kuveza ngokusobala ukuthi abafundi bayakulangazela ukufunda babe nolwazi olunzulu ngamasiko okubalwa khona izinkolelo zesizwe nesizwe. Ukuba nolwazi lwamasiko nezizathu zokuqhutshwa kwawo kungasiza ukuvikela ukuguguleka kwamasiko esizwe ngoba isizwe siyisizwe ngamasiko aso.

Umfundisi wesibili uphawule wabhekisa kubafundi abafunda ulimi lwesiZulu njengolimi lokuqala olwengeziwe (*Basic isiZulu*). Uphawule wathi:

Bayakuthakasela ukufunda nakuba bebanovalo lokukhuluma uma sekumele bakhulume. Bayakulangazelela ukwazi kabanzi ngamasiko abantu kanye nezinkolelo (Isb. UNomkhubulwane) nokuba nolwazi mayelana namasiko aqondene nezigaba zokukhula komuntu (isb. umhlonyana, ukubuthwa komfana). Nakuba iningi likuthakasela kodwa kunedlanzana-nje elidonsa izinyawo. Lokho ngikubona ngokuthi bangalubhadi ukuzothamela izifundo emaklasini.

Okusho ukuthi kunesidingo ukuba ezinye izinhlanga zifunde kabanzi ngolimi namasiko esizwe abazinze kuso. Lokhu kusiza ukuba babe nolwazi ngemigomo yolimi (indlela yolimi lokuhlonipha), ukuba nolwazi lwamasiko nokubaluleka kwayo.

Umfundisi wesithathu uphawule wabhekisa kubafundi abagxile olimini lomdabu okuwumkhakha wabo ngokwezifundo. Uphawule wathi:

Kuyadabukisa ukubona abafundi ukuthi abakugqizi qakala ukufunda ulimi lwabo. Abafundi abangabanikazi bezilimi zomdabu bakushaya indiva ukufundwa kolimi. Abenzi ngendlela okulindeleke ngayo, kube sengathi bagcina icala.

Okusho ukuthi isenkulu inselelo uma abanye babanikazi bolimi kuyibona abalubukela phansi ulimi lwabo. Akungatshazwa nakancane ukuthi ulimi lwesiNgisi, oluthathwa njengolimi lokuxhumana, yilo olunomthelela ekucindezeleni kwezilimi zomdabu (Khumalo, 2021).

Ukubhalwa nokukhuluma ulimi ngendlela eyamukelekile

Umcwaningi ufune ukuthola ukuthi ngabe abafundi bayakwazi yini ukukhuluma baphimise kahle izinhlamvu zamagama ngokulandela incazelo yamagama (Isb. umlayezo, umyalelo/ukuhlomisa, ukuhlonyiswa) nokubhala ngendlela eyamukelekile; ukubhala isipelingi esifanele, nokubhala izimpawu zokubhala endaweni efanele.

Umfundisi wokuqala uphawule wathi:

> Iningi liyaphunyuka libhale ngendlela elibhala ngayo ezinkundleni zokuxhumana. Babhala ngendlela yokunqamula amagama. Ukubhala kokweqiwa kwezinhlamvu phakathi noma ekugcineni umkhuba odlangile olimini lwesiZulu. Lokho kungadalwa injwayezi yokubhala ezinkundleni zokuxhumana.

Ngokulandela okuphawulwe ngenhla, kuveza ukuthi kunesidingo sokuba kukhuthazwe abafundi ukuba bahloniphe futhi baluthande ulimi lwabo lomdabu. Ukubhala ngokunqamula amagama kugqamisa ukungaluhlonophi ulimi. Umuntu nomuntu kumele ahloniphe ulimi lwakhe futhi aluthande ngoba luyigugu kuye. Luveza konke ngaye; umsuka nemvelaphi yakhe, okubandakanya indawo noma isizwe sakhe (Makhoba, 2013).

Umfundisi wesibili uphawule wathi:

> Okubi kakhulu ukuthi ulimi olunothile luya luyashabalala. Abafundi abawazi amanye amagama anothile. Kunamagama

asetshenziswayo alahla ncazelo olimini (Isib. ngobani esikhundleni sokuthi ngoba kwenzenjani/ ngoba yini). Lokhu kudalwa ukunganaki incazelo yegama negama emshweni waleyo nkulumo (Isib. Ngikhonzela esikhundleni sokuthi ngikhonza). Kwesinye isikhathi kuba amagama athathelwe kwezinye izilimi zesintu kodwa abizwe ngenye indlela olimini lwesiZulu.

Lokhu kuveza ukuthi kusamele kubhukulwe, kufingqwe imikhono kusetshenzwe ezikoleni kusukulela emabangeni aphansi kuya emabangeni aphezulu mayelana nokufundisa nokufundwa kwesakhiwo sencazelo magama. UNzuza (2021) ubeka uthi, uhlamvu nohlamvu lunomsebenzi walo egameni. Uqhubeka athi, uma kucutshungulwa kusuke kubhekwa zonke izakhi ezakhe igama. Okuchaza ukuthi, zonke izakhi zinomsebenzi wazo egameni futhi yizo izakhi ezibumba igama ukuze likhiphe umqondo ophelele. USchmitt noSchmitt (2020) bayakufakazela lokhu bathi igama lakhiwa inhlanganisela yemisindo noma izakhi ezahlukene ezakha umqondo ozwakalayo.

Umfundisi wesithathu uphawule wathi:

Iningi labafundi bayadideka ukubiza noma ukubhala izinombolo ezinkulu. Izinombolo bazibhala bazixube nolimi lwesiNgisi. Lokhu kuwumphumela wokuthi abajwayele ukusebenzisa ulimi lwabo lomdabu ekubizeni izinombolo.

Umfundisi wesine yena uphawule wathi:

Abafundi bayahluleka ukusebenzisa izaga nezisho enkulumweni yabo noma embhalweni (Isib. Azibuyele emasisweni esikhundleni sokuthi azibuye emasisweni). Bazigaxa-nje enkulumweni engahambisani nencazelo yesaga noma isisho ngalokho akushoyo. Ukunotha kolimi kuya kushona phansi.

Okuphawulwe ngenhla kuveza ukuthi kubalulekile ukuvuselelwa kwezichazamazwi kanye nezincwadi zezaga nezisho. Kubalulekile futhi ukuthi abafundi bakhuthazwe ukuthi bafunde amagama amasha atholakala kuzichazamazwi. Okunye okugqamayo ukuthi abafundi abakugqizi qakala ukuthola incazelo ebanzi kanye nomsuka wesaga noma isisho. Izaga nezisho zisuselwa ezintweni ezikhona esiphila ngazo ezimvelo yesizwe (Nyembezi noNxumalo, 1966).

Ukufunda nokufundiswa kolwazi lwendabuko

Umcwaningi ube esehlola ukuthi ngabe luyafundwa yini ulwazi lwendabuko; inkolo yomdabu, amasiko, ubugugu kanye nokuningi okuyinkolelo okuthinta imvelo.

Umfundisi wokuqala uphawule wathi:

Yebo, bayafunda ngamasiko, okubalwa imikhosi egujwa esizweni, okukhuliswa kwengane yomfana neyentombazane kodwa akwanele. Ziningi izihlokwana ezifaka ulwazi lwendabuko okungakuhle zifundiswe njengokufunda ngokubaluleka kwemvelo; izihlahla, izinyamazane ezingasiza ukulapha umzimba womuntu.

Uqhubeke wathi:

Abantu bakudala babekwazi ukuphila zingekho izibhedlela nemitholampilo, bakwazi ukubeletha abantwana ngaphandle kwezibhedlela, bakwazi ukukhulisa abantwana ngaphandle kwemithi etholakala emtholampilo. Babenolwazi olujulile. Ngakho-ke, ukufunda ngolwazi lwendabuko kungabasiza ukuqhathanisa nalokho okubhalwe nokushiwo ososayensi.

Umfundisi wesibili uphawule wathi:

Empeleni thina sisalele emuva uma kuqhathaniswa namazwe aseNtshonalanga ekuthuthukiseni ulwazi lwendabuko. Amazwe aseNtshonalanga ayaluthuthukisa ulwazi lwabo lwendabuko beluyamanisa nezobuchwepheshe. Ukufundwa kolwazi lwendabuko lungasiza ukuthuthukisa nokuvuselela amakhono kuyamaniswa nobuchwepheshe; ukubaza, ukwakhiwa kwezinkamba, imvunulo, utshwala besintu nedokwe. Konke lokhu kungathuthukiswa kwenziwe ngendlela yesimanje engaheha abantu kanye nabanye abakwamanye amazwe. Ziningi izinto eziwulwazi lwendabuko okumele zibukelwe eduze ezingasiza abantu ukuthi bakwazi ukuziphilisa futhi nokugcina amagugu esizwe.

Abafundisi baveza ukuthi kubalulekile ukufunda ngolwazi lwendabuko ukuze luthuthukiswe ngobuchwepheshe besimanje okungaba ikhono lokubaza, ukwakhiwa kwezinkamba, imvunulo, utshwala besintu nedokwe nokunye okuningi.

Ukuphawula kwabafundi bezinye izinhlanga ngokufunda izilimi zomdabu
Umcwaningi uxoxe nabafundi abafunda ulimi lomdabu okuwulimi lwesiZulu lokwengeza ngokwezifundo zabo abafunda enyuvesi yakwaZulu-Natali.

Uthando nentshisekelo yokufunda ulimi nolwazi lwendabuko
Umcwaningi ubuze ukuthi ngabe abafundi bayathakasela yini ukufunda ulimi lomdabu kanye nokuba nolwazi oluphathelene nobugugu, imvelo okuwulwazi lwendabuko.

Umfundi wokuqala uphawule wathi:

Mina ngiyakujabulela ukufunda ulimi lwesiZulu ukuze ngikwazi ukulalela umculo ngithole ukuthi badlulisa muphi umlayezo. Lokho kwenza ukuthi ngikwazi ukufunda ngenhlalo nangempilo yabantu jikelele ngokulalela inkulumo edluliswa ngomculo.

Mayelana nolwazi lwendabuko, uqhubeke wathi:

Ngokolwazi lwendabuko, angikhumbuli kukhona engikufundayo kodwa ngingakuthokozela ukwazi kabanzi ngamasiko kanye nezinkolelo zesizwe. Lokhu okuthinta izinto eziyigugu abantu babeziphila ngakho, okunye kwakho ngiyakwazi; ukhezo, ukhamba, ithunga, nokubaziwe njengezigqoko.

Ukuphawula kwalo mfundi kuveza ukuthi nezinye izinhlanga ziyafisa ukufunda ulimi lomdabu nokuqonda ngolwazi lwendabuko oluwusikompilo lwabantu.

Umfundi wesibili uphawule wathi:

Mina ngiyakuthakasela ukufunda ulimi lwesiZulu. Ngiyafisa kube khona umuntu ongangifundisa ngiqale ngikwazi ukulukhuluma ngaphambi kokuba ngifunde ukubhala.

Uqhubeke wathi:

Ngingakuthokozela futhi ukufunda ngolwazi lwendabuko, njengolwazi lokusebenza kweminithi yesintu, inkolo yesintu nezinkolelo abanazo.

Umfundi wesithathu uphawule wathi:

Ngiyafisa ukufunda kafushane ngenqubo kanye nesizathu zokwenziwa kwamasiko esintu. Ngifunde ngibe nolwazi ngosiko lwabantu futhi ngikwazi ukubona imizwa yomuntu. Abanye abantu abakukhombisi ukucasuka kodwa bayahleka ekubeni edinwe egane unwabu. Ngiyafisa ukufunda usikompilo lwabantu okuthinta ukukhuliswa kwengane ize ifinyelele ezingeni lokuganwa noma lokugcagca.

Uqhubeke wathi:

Ngokwami akwanele ukufunda unyaka owodwa. Kungakuhle ulimi lwesiZulu lufundwe iminyaka emibili noma emithathu ukuze siphume siqeqesheke kahle futhi sinolwazi oluningi ngesizwe samaZulu.

Baphawule bathi banentshisekelo yokufunda kafushane ngenqubo nesizathu zokwenziwa kwamasiko esintu. Lokhu kuyobasiza ukuqhathanisa, bathole umehluko phakathi kwamasiko akubo namasiko ezizwe zaseNingizimu Afrika. Isibonelo; esizweni samaZulu umuntu omdala akubhekwa emehlweni, ubheka phansi, okuwuphawu lokukhombisa inhlonipho. Isizwe samaNgisi sikholelwa wukuthi umuntu kumele umbheke ezinhlamvini zamehlo. Lokho kuhambisana nokufunda umqondo womuntu nokuthi bakholelwa ukuthi uyisigebengu umuntu ofihla amehlo.

UWinskel noBhatt (2020) baphawula bathi:

Language is the communication of thoughts and feelings through a system of arbitrary signs such as voice, sounds, or gestures and asserts that the system includes rules for combining its components such as words. Language is primarily a system for communication.

Ulimi luwukuxhumana kwemicabango nemizwa ngohlelo lwezimpawu ezithile okuyizwi, imisindo, noma ukuthinteka kwezitho zomzimba ezihlanganisa uhlelo lwamagama akhulunywayo. Ulimi luyinhloko lohlelo lokuxhumana.

Lokhu okungenhla kuchaza ukuthi ulimi luwukuxhumana kwemicabango nemizwa ngohlelo lwezimpawu ezifanele njengezwi, imisindo noma ukuthinteka komzimba. Okuphawulwa abafundi ukuthi abakwazi ukubona imizwa yokujabula. Lokho kubanika izinkinga ngoba kwenza umuntu angaqondakali kahle ukuthi uluhlobo luni.

Umfundi wesine uphawule wathi:

Ulwazi lwendabuko yilona engifisa kakhulu ukwazi ngalo nezinkolelo. Ngike ngibone umuntu oshonile bekhuluma naye, etshelwa ukuthi sekwenzekaleni manje aze ayofihlwa emathuneni. Ngifisa ukufunda okuningi ngamasiko kanye nolwazi lwendabuko oluxuba ukusetshensizwa kwemithi yesintu nokunye okuthinta imvelo.

Abafundi baphawule bathi bayafisa ukufunda ngamasiko ikakhulukazi izinhlosongqangi zokugujwa kwemikhosi yesizwe nesizwe. Ukuthola ukubaluleka kokusokwa entabeni kwabafana nokusokwa kwamantombazane okungamasiko.

Ngokulandela okuphawulwe abafundi ngenhla, abafunda enyuvesi yaKwaZulu-Natali okuyibona abafunda ulimi, baveza ukuthi ulimi lomdabu lufundwa kuyo yonke imikhakha kodwa akwanele. Iningi liphawule lathi likuqala enyuvesi ukufunda kahle ulimi. Okusho ukuthi badinga isikhathi esanele sokufundiswa ukuze bezoluqonda kahle.

Ulimi lokuhlonipha nezinkolelo zosikompilo zokuhlonipha eziwulwazi lomdabu

Ulimi lomdabu luqhakambisa ulimi lokuhlonipha. Kunendlela yokukhuluma nabantu abadala, ukugwema amagama alumelayo kanye nezikolelo zamasiko zokuhlonipha eziwulwazi lwendabuko. Umcwaningi ube usebuza imibuzo ukuthi ngabe bayakuqonda yini lokho abafundi.

Umfundi wokuqala uphawule wathi:

> Yebo, ngiyaqonda ukuthi umuntu omdala akumele uphakamise izwi uma ukhuluma naye, futhi kumele ugobe, ungami phuhle uma ukhuluma naye. Siyafundiswa ukuthi umuntu akakhonjwa ngomunwe kodwa ugobisa umunwe uma umkhomba ebuqamama.

Umfundi wesibili yena uphawule kanje:

> Nakuba ngingakaze ngifunde kakhulu ngakho kodwa ngike ngizwe kuthiwa kunendlela eyiwumkhulelo yokuhlonipha okuhambisana nokucela kunkosazane uNomkhubulwane. Kusuke kucelwa imvula, inala noma ukushweleza mhlawumbe uma kunomkhuhlane obulala abantu, noma kukhona okubi abantu abakwenzile okuyihlazo. Yilokho kuphela engikwaziyo ukuwusiko lokuhlonipha oluthinta imvelo.

Ukuphawula kwabafundi bezinhlanga ezahlukene kuveza ukuthi kunesidingo sokuthi bafundiswe babe nolwazi mayelana namasiko nokuhlonishwa kwemvelo. La masiko awumkhuleko wesizwe ngakho-ke, kubalukile ukuthi afakwe ezifundweni zabo.

Izingqinamba ekufundeni ulimi lomdabu

Umcwaningi ube esefuna ukuthola ukuthi ngabe zikhona yini izingqinamba abafundi abahlangabezana nazo ekufundeni ulimi lomdabu.

Umfundi wokuqala ubeka wathi:

> Mina ngihluleka ukuhlukanisa amagama asebunyeni nasebungini (*singular and plural nouns*), izingcezu zenkulumo, ukuhlukanisa

amagama ayizenzo nangamabizo, ukuhlukanisa amagama ngokwemikhakha yawo, ukwakha ukuxhumana kokuvumelana kwamagama emshweni, ukushintsha inkathi, ukwakha umusho ophikayo (*changing present tense verbs from positive to negative*) nokuphimisa ezinye izinhlamvu zamagama, nokunye nokunye.

Umfundi wesibili yena uphawule wathi:

Mina ngiyahluleka ukuhlukanisa ulimi lwesiZulu kanye nolimi lwesiXhosa nesiSwati. Mina ngizwa konke kufana. Empeleni kunzima ukufunda ulimi usukhulile. Kungaba ngcono uma ulimi singaqala ukulufunda kancane kancane sisemabangeni aphansi emfundo futhi kube yimpoqo.

Iningi labafundi likhale ngokuthi kunzima ukufunda ulimi kulesi sigaba semfundo ephakeme. Kafushane-nje, kungakuhle ukuthi ulimi baqale ukulufunda basasemabangeni aphansi emfundo.

Ucwaningo luphinde lwagxila kubafundi abangamaZulu (DUT nase-UNIZULU)
Umcwaningi ube esefisa ukuthola ukuthi ngabe bathini abafundi abangenalo ulimi lomdabu emikhakheni yezimfundo abaqondene nazo mayelana nokufunda ulimi nolwazi lwendabuko.

Ukuntula kolwazi lwamagama anothile
Umcwaningi ube esexoxa sakubuza kumfundi ngamunye ukuthi ngabe uyazazi izithakazelo zakubo, waphinde wambuza izaga nezisho ezimbalwa kanye nobuciko bomlomo.

Umfundi wokuqala uphawule wathi:

Ukungafundi ulimi lwethu lwebele kuyasilimaza futhi kulimaza ikusasa lesizwe. Mina angijwayele ukusebenzisa izaga nezisho. Nakuba ngike ngicoshe uma abantu bekhuluma kodwa kuba nzima ukukhuluma inkulumo ongenayo incazelo yayo kahle. Ulimi olunothile ngize ngilufunde kulaba abahaya izinkondlo.

Umfundi wesibili uphawule wathi:

Izilimi zomdabu zisacindezelwe futhi kubukeka kusekude ukuthi zikhululeke nathi sikhululeke. Amazwe aseNtshonalanga cishe konke akufunda ngolimi lwabo. Thina ngapha esizweni sethu sigqilazekile, sifunda izifundo ngolimi lwabezizwe. Lokho kwenza nokuthi singakhululeki ngoba konke kufundwa ngolimi lwesiNgisi.

Ukuphawula kwabafundi kuveza ukuthi nakuba befisa ukufunda ulimi lwesintu kodwa abanakho ukukhuthazeka ngoba izilimi zendabuko zibukelwa phansi. Baphawule bathi bayafunda ngolwazi lwendabuko kwezinye izifundo kodwa akwanele. Nakuba zifundwa izilimi zesintu kodwa kusadinga kube nendlela yokubuyisa isithunzi sezilimi zesintu.

Abanye baphawule babeka amaphuzu alandelayo:
- **Ukuhluleka ukuhlukanisa kokubaluleka phakathi kwenkolo yesintu neyobuKrestu**
  Iningi linokudideka ukuthi iyini inkolo yesintu futhi kungani kufanele kulandelwe inkolo yesintu. Banokuzibuza ukuthi kungani kunezinkolo ezimbili. Iyiphi inkolo ebaluleke ukudlula enye njengoba kuphinde kuqhakanjiswe inkolo yesintu? Kungabe ezinye izizwe zakwamanye amazwe nazo zinezinkolo ezimbili njengoba kwenzeka eNingizimu Afrika? Imibuzo ehambisana nokudideka kwabafundi iveza ngokusobala ukuthi bayadinga ukufundiswa ukuthi yini inkolo yesintu.

- **Ukukhetha phakathi kwamasiko nenkolo yobuKrestu**
  Iyiphi inkolo okumele kulandelwe yona njengoba kunemibono ephikisanayo evezwa ngongoti bale mikhakha yezinkolo zombili? Okugqame kakhulu kulolu cwaningo ukuthi inkolo yesintu abayiqondi kahle-hle nokubaluleka kwayo. Ukushayisana phakathi kwesiko nenkolo yomuntu. Abafundi baveze ukuthi kunokushayisana phakathi kwalezi zinkolo.

- **Ukuhlukanisa amadlozi namathongo kanye nezinkolelo zawo**
  Abafundi abakwazi ukuhlukanisa idlozi nethongo. Amadlozi ayizinsika ezizimamise isizwe. Amadlozi ayimvelo, awafi kodwa ahlale ekhona ingunaphakade. Yiwona alawula imvelo, inala

nendlala, ukuna kwezulu. Isizwe nesizwe sinamadlozi aso. La madlozi kukholelwa ukuthi ayizithunywa zikaMdali. Abantu bacela noma bakhuleka kuwo, bese wona edlulisa okucelwa abantu kuMdali (Makhoba, 2013). Amathongo abantu abake baphila emhlabeni abashona. Igama elithi ithongo lisuselwa egameni ubuthongo. Okusho ukuthi abantu abalele abasebuthongweni.

- Ukungaqondi ngokubaluleka kwamasiko esigabeni sokukhula somuntu
  Kunokungaqondi ukubaluleka kwamasiko enzelwa umuntu uma efika esigabeni esithile. Isizwe nesizwe sinamasiko aso esiwalandelayo. La masiko agcinwa kumuntu ophilayo, nalapho umuntu eseshonile noma sekukade walala kobandayo. Esizweni samaZulu amasiko aqalwa lapho umuntu ezalwa enzelwe isiko lembeleko kulandele namanye ekukhuleni kwakhe. Ingane yentombazane ithi ingaphuka yenzelwe isiko lomhlonyana, kulandele usiko lokumulisa.

Abantu abaningi bake bathi usiko lokumulisa lwenzelwa intombi esifike eminyakeni yamashumi amabili naye (21). Ongoti bamasiko bathi isiko lokumulisa kuba uthando olusuka kubazali bentombi bebonga ukuziphatha kahle kwayo. Ngakho-ke, ayikho iminyaka emiselwe yosiko lokumulisa. Intsha yanamuhla yazi ukuthi usuke unikwa isikhiye sokuthi angakhululeke ekhethe isoka ngokusemthethweni. Akulona iqiniso lokho. Leli siko lamaZulu eliveza ukubonga kwabazali ngokuthi ingane yabo isikhule yaze yafika ezingeni lobudala ingakaze iphoxe.

Lezi zingqinamba ziveza ukuthi kuningi okumele abafundi bafundiswe khona ngolwazi okuthinta ulimi lolwazi lwakubo lwendabuko mayelana namasiko. Okubalwa khona nosiko lokulobola nokuganiselana nokubaluleka kokugcinwa kwamasiko. Ucwaningo luthole ukuthi nakuba enyuvesi yaKwaZulu-Natali ulimi lwesiZulu okuwulimi lwesintu, lufundwa yizo zonke izinhlanga kulesi sikhungo, kubukeka sengathi kudinga ukuthi kwengezwe izifundo zesintu ezigabeni ezintathu zokufunda onyakeni.

Ukuphawula kwabafundi abagxile ekufundeni ulimi lomdabu ngokomkhakha wabo wezifundo
Abafundi baphawule bathi bakubona kubalulekile ukuthi wonke umuntu afunde ulimi lomdabu ikakhulukazi umuntu omnyama.

Umfundi wokuqala uphawule wathi:
Siyafunda ngolwazi lwendabuko kwezinye izifundo kodwa akwanele.

Omunye wabafundi uphawule wathi:

Umuntu nomuntu akumele aqhelelaniswe nesifundo esifundisa ulimi lwakhe lomdabu. Lokho kuzomsiza ukuba afunde ngokwakheka kwamagama, ukuphinyiswa kwawo nencazelo yawo.

Ulimi nolimi lwakhiwa amagama. Igama lakhiwa izakhi eziveza umsuka wegama. Ukuze kuqondwe kahle ulimi kubalulekile uqonde lokhu okulandelayo:

Igama ngokwakheka kwalo
U -Aronoff noFudeman (2022) bathi, igama livezwa yizakhi ezilakhile. Izakhi yizo eziveza ziphinde zicacise imvelaphi yalelo gama. Igama elithi '*morphology*' igama lesiNgisi elichaza uhlaka lokwakheka kwemisindo yegama. UFromkin noRodman (2014:572) bathi:

Morphology is the study of the structure of words; the component of grammar that include the rules of word formation.

I*morphology* isifundo sesakhiwo magama; ingxenye yohlelo lolimi ehlanganisa imithetho yokwakhiwa kwamagama.

Lesi sicaphuno sichaza kuthi imofoloji isifundo esicubungula ukwakheka kwegama. Sibheka izakhi ezakhe lelo gama ezihambisana nezimiso zokwakheka kwamagama. Izakhi zakha uhlelo lomsindo onomqondo futhi onencazelo ezwakalayo. UZiervogel noMabuza (1976:09) bathi igama kumele libe nalezi zakhi ezilandelayo; isiqalo, isiqalo ngqa, isiqalo ngqo, isiqalo esiphelele olimini, isiqu, umsuka, isigaxeliso nesijobelelo.

Igama ngokwempimiso yalo

USaidi (2017) uchaza igama ngokwempimiso uthi yilapho kucutshungulwa igama ngokubizeka kwalo. Lapha kubhekwa kakhulu ukwehla nokwenyuka kwephimbo (Trask, 2004). Ngokuphawula kwabafundisi kubalulekile ukuba amagama aphinyiswe ngendlela efanele. Le migomo ebalwe ngenhla, iyabasiza kakhulu abafundi ukuqonda umsuka wegama kane nezakhi ezilakhile. Lokhu kusiza ukuthuthukisa ikhono lokuqanjwa kwamagama kubafundi.

Igama ngokwencazelo yalo

Lo munxa ubheka incazelo yegama nokwakheka kwalo. Lolu hlobo luchazwa njengengxenye yolimi olunamagama anezakhi ezinomqondo. USchmith noSchmitt (2020) bathi inhlanganisela noma izakhi ezahlukene ezakha umqondo ozwakalayo.

Kubalulekile abafundi bafundiswe futhi babe nokuqonda kwezakhimagama. UTuck nabanye (2014) babeka bathi, ulimi nolimi lunemithetho nemigomo okumelwe ilandelwe ukuze ulimi luzwakale, luqondwe kahle yilabo abalukhulumayo. Le mithetho nemigomo iyisisizinda sokuqonda nokuzwana kwalabo abakhuluma lolo limi. Ulimi luhlukaniswa kabili. Ulimi olukhulunywayo olufinyelela ezindlebeni ngomsindo wempimiso nezindebe zomlomo, kuphinde kube nolimi lokulingisa ngezandla. Ulimi olukhulunywa ngomlomo lufinyelele ezindebeni ngomsindo womoya yilo oludinga ukuvikelwa. Ukuze ulimi luvikele-ke kahle kudingeka ukuba umnikazi walo aqonde kabanzi ngezakhimagama nangendlela yokuphimisa igama. ULeech nabanye (1982) babeka kanje:

If we study the grammar of our native language, then we are trying to make explicit the knowledge of the language that we already have. We might do this out of pure curiosity as to how the language works, but we might also find the knowledge useful for another purpose.

Uma sifunda uhlelo lolimi lwethu lomdabu, sisuke sizama ukucacisa ngolwazi lolimi esesivele sinalo. Lokhu singakwenza ngenxa yelukuluku lokufuna ukwazi ukuthi ulimi lusebenza kanjani, kodwa singase futhi siluthole luwusizo ngokubheka ezinye izinhloso zokufundwa kolimi.

Lesi sicaphuno sichaza ukuthi uma abantu befunda ulimi lwabo abalukhulumayo, kusuke kuyindlela yokufunda nokuqonda kangcono ulimi. Ukufunda kabanzi ngolimi kusiza ukufunda nemigomo nomsuka walo ulimi. Lokho kusiza ukulondoloza futhi kugcine ulimi luphephile.

Ukuhlaziya imiphumela yocwaningo

Ucwaningo luveza ukuthi liselikhulu igebe phakathi kwezilimi zesintu nolimi lwesiNgisi. Nakuba izilimi zomdabu zakhululwa emuva kokuthola intando yeningi kodwa isekhona inhlese yokuthi zisacindezelekile. Lokhu kubonakala ngokuthi abanikazi balo ulimi abalukhuthalele ukulufunda bathole nomnotho oqukethwe yilo ulimi. UKhumalo (2021 ucaphune uGoduka 1998: 35) lapho ebeka ethi:

The socio-political history of South Africa has contributed significantly to the exclusion of multilingualism in South African schools and South African society. For many years, English and Afrikaans were maintained as the official languages in South Africa, to the cost of black languages.

Umlando wezombusazwe eNingizimu Afrika ube negalelo elikhulu ekukhishweni kwezilimi eziningi ezikoleni zaseNingizimu Afrika nasemphakathini waseNingizimu Afrika. Iminyaka eminingi, isiNgisi nesiBhunu zazigcinwa njengezilimi ezisemthethweni eNingizimu Afrika, lokho okwagqilaza izilimi zendabuko zabamnyama.

Lesi sihumusho sichaza ukuthi umlando wezombusazwe unomthelela omkhulu ukuthi kubukelwe phansi izilimi zesintu njengoba kwenzeka nanamuhla. Izilimi zesintu zakhishwa inyumbazane, kwaqhakanjiswa ulimi lwesiNgisi nolimi lwesiBhunu. Zombili lezi zilimi zabekwa zaba semthethweni. Zathathwa njengezilimi zokuxhumana eNingizimu Afrika. Zanikwa namandla cishe kuyo yonke imikhakha; ezikoleni, nesemfundweni ephakeme, nasezindaweni zokusebenza.

Ngokuthathela ezingxoxweni zalabo obekuxoxwa nabo ababambe iqhaza ocwaningweni. Okugqama ukuthi izilimi zesintu kufanele zifakwe kuyo yonke imikhakha yezemfundo emfundweni ephakeme. USzilagy noSzecsi (2020) bathi lokhu kungasiza ukugcina amagugu esizwe njengoba ulimi luqukethe okuningi ngesizwe.

Baqhubeka bathi, ukusimama kolimi kuwukusimama kwesizwe. Ulimi luyasihlanganisa isizwe, sikwazi ukuphilisana ngokuthula, sikwazi nokuqhamuka namaqhinga okunqoba indlala, ubugebengu nokunye okuningi okuyizithiyo ezweni. UKaya noSeleti (2014) bathi ukuthuthukiswa nokufakwa kwezilimi zomdabu emfundweni ephakeme kungathuthukisa amakhono amaningi olimi. Kungaphinde kusize ukuvuselela ubuntu ebantwini. Abantu bazikhumbule ukuthi bangobani ngokobuzwe. Yikuphi okulindeke kubo njengabantu bebala eliMnyama. Isaga sesiZulu sithi, 'isikhuni asivuthi sisodwa'. Ulimi ukuze luthuthuke ludinga abazolukhwezela, luvuthe amalangabi lungafi. Naso isikhuni sidinga ezinye ukuze kube nekloba lomlilo. Ngokunjalo nolimi ludinga abakhwezeli ukuze luvuseleleke nalo luthuthuke luye phambili njengoba ezobuchwepheshe zithuthuka usuku nosuku, zifika namagama amasha (Nzuza, 2021).

Ukubaluleka kwezilimi zesintu ekufundeni nasemphakathini
Kubalulekile ukuthi izilimi zesintu zifakwe njengezifundo ezizimele kuyo yonke imikhakha yokufunda. Ulimi lomuntu lunguye uqobo, luhambisana nesiko lakhe. Yingakho u-Oxford (1992: 54) uma ebeka ngokuthi:

Language and culture are so close that being identified as a synonym. On the other hand, language is used to express people's cultural thoughts, and beliefs and to communicate, on the other hand, culture is embedded in the language.

Ulimi namasiko kusondelene kangangokuthi kuchazwa njengegama elifanayo. Ngakolunye uhlangothi, ulimi lusetshenziselwa ukuveza imicabango ngamasiko abantu, izinkolelo kanye nokuxhumana. Ngakolunye uhlangothi, isiko lugxile olimini.

Ulimi nesiko kusondelene ngale ndlela yokuthi kuthathwa ngokuthi kuyafana. Kwenye ingxenye ulimi lusetshenziswa ukubonisa imicabango ngamasiko abantu, izinkolelo nokunye okuyimikhuba okwenziwa emiphakathini. Ukufundwa kwezilimi zesintu kuvikela isizwe nesizwe ukuba kungashabalali isiko laso. Ulimi luhlukanisa umuntu nabanye, luveza imvelaphi ngaye nendlela abaxhumana ngayo esizweni sakubo. UMbatha (2020) ubeka uthi:

If the speaker, group of speakers or a speech community continues to use their language in some or all areas or domains of life regardless of the dominant or majority language surrounding that community, then that is known as language maintenance.

Uma umuntu ekhuluma lolo limi, iqeqebana abantu abathile bakhuluma lolo limi noma umphakathi uqhubeka nokusebenzisa ulimi lwabo ngaphandle kokungenwa noma kokunaka ulimi olubusayo noma oluningi oluzungeze lowo mphakathi, lokho kuthathwa ngokuthi kuwukugcinwa kolimi kulaba abalukhulumayo.

Lesi sicaphuno sichaza uma ulimi lukhulunywa noma umphakathi uqhubeka nokusebenzisa ulimi lwawo kuzo zonke izindawo noma ezizindeni zempilo. Inhloso enkulu yokusebenzisa ulimi ukudlulisa ulwazi lusuka kumuntu luye komunye. Lokhu kusiza ukugcina ulimi. UCoombe (2001) uthi ukufundwa kolimi nokukhulunywa kwalo emiphakathini kusiza ukuthuthukisa ulimi futhi lugcineke luphephile.

Ucwaningo luthole ukuthi ukufundiswa kwansuku zonke kolimi ezikoleni kukhungethwe ukufunda ulimi lwesibili lwesiNgisi ngabakhuluma ulimi lokuqala lwesiZulu. Lokhu kukhinyabeza izilimi zomdabu. Ukungafundwa kolimi lwebele yikho okukhinyabeza ulimi ngoba iqhaza likathisha wolimi ukuba sesimweni sokubona la maphutha olimi, awachaze, futhi azame ukulungisa izinkinga (Dei, 2000).

Isiphetho
Ucwaningo luthole ukuthi kubalukile ukufundwa kwezilimi ukuze umuntu abe nolwazi olunzulu lolimi lwakhe lwesintu. Ukufundiswa nokucijwa kwabafundi ngolimi lwabo, kungavusa amakhono amaningi; okubalwa ikhono lokukhuluma, lokuqamba amagama, lokubhala nokuhaya izinkondlo ezinohlonze, ukubhala izindaba ezisuselwa ekhanda, ukubhala amavesi omculo nokunye okuningi. Ukuhlonyiswa

ngamasu okubhala indaba esuselwa ekhanda (inoveli, indaba emfushane, umbhalo wedrama/umdlalo, imvusamqondo, inganekwane). Lezi zindaba zingaguqulwa zibe imidlalo edlalwa kumabonakude nemidlalo yaseshashalazini. Kungaphinde kuthuthukise ikhono lokuhumusha nokutolika. Ukufundwa kolwazi lwendabuko ezikhungweni zemfundo ephakeme kungasiza ukugcina amagugu esizwe, ukuba nolwazi ngamasiko aqondene nomuntu ngamunye, ulwazi ngemvelo nokusetshenziswa kwayo emikhakheni eyahlukene okubalwa kuyo amakhono ezandla (ukubaza, ukwakha imvunulo) nokwelapha kwesintu nokunye okuningi. Lolu lwazi lungaphinde luhlomise ososayensi ukuba baqhamuke nokusha kodwa okuthathelwa olwazini lwendabuko. Ucwaningo luthole ukuthi izikhungo zemfundo ephakeme yizona zigceme ezingasiza ukufundisa zithuthukise izilimi zomdabu nolwazi lwendabuko. Isisho sesiZulu sithi, inkunzi isematholeni.

Imithombo Yolwazi Esetshenzisiwe

Aronoff, M. and Fudeman, K. 2022. *What Is Morphology?* New York: John Wiley & Sons.

Bain, E.G. and Venter, J.C.M. 2015. 'A Deconstruction of the Term "Revolution"'. http://dx.doi.org/10.19108/koers.80.4.2246.

Bhengu, R.M.M. 2019. 'Ucwaningo ngokusetshenziswa kolimi lwesiZulu ngenhloso yokuqhakanjiswa kwala makhono: elokulalela, elokubhala, elokufunda, elokukhuluma kanye nelokwethula lwenziwe ezikoleni ezikhethiwe esifundeni saseKing Cetshwayo'. PhD thesis, University of Zululand.

Buthelezi, Z.G. 2016. 'The Policy-Practice Interface: Exploring Technical Vocational Education and Training Lecturers' Educational Reform Experiences'. PhD thesis, University of KwaZulu-Natal.

Buthelezi, Z.G. Mbokazi, S.D. Mthembu, M.Z. and Mthembu-Ngema, W.N. 2022. *Izisekelo Zokulungisa Okubhaliwe: Izinjulalwazi Nokwenziwayo*. Cape Town: MLA Publishers.

Case, J.M. and Marshall, D. 2022. 'Knowledge-building in Higher Education Research: Analysing the Work of a South African Scholar, Suellen Shay'. *Teaching in Higher Education* 27(8): 1–17.

Cele, P.M. 2012. 'Zibanjwa zimaphuphu kwelikaMthaniya kaNdaba'. PhD thesis, University of Zululand.

Cohen, L., Manion, L. and Morrison, K. 2011. *Research Methods in Education*. Sixth edition. London: Routledge.

Coombe, R.J. 2001. 'The Recognition of Indigenous Peoples' and Community Traditional Knowledge in International Law'. *St Thomas Law Review* 14: 275–285.

Creswell, J.W. and Clark, V.C.P. 2007. *Designing and Conducting Mixed Methods Research.* Thousand Oaks: Sage.

Dei, G.J.S. 2000. 'Rethinking the Role of Indigenous Knowledges in the Academy'. *International Journal of Inclusive Education* 4(2): 111–132.

Di Sciullo, A.M. Piattelli-Palmarini, M., Wexler, K., Berwick, R.C., Boeckx, C., Jenkins, L. and Bever, T.G. 2010. 'The Biological Nature of Human Language'. *Biolinguistics* 4(1): 4–34.

Ditsele, T. and Mann, C.C. 2014. 'Language Contact in African Urban Settings: The Case of Sepitori in Tshwane'. *South African Journal of African Languages* 34(2): 159–165.

Dlamini, P. 2021. *Avoiding Potholes in Translation: A Practical Perspective on Translation between English and isiZulu.* Pietermaritzburg: University of KwaZulu-Natal Press.

Fromkin, V., Rodman, R. and Hyams, N. 2014. *An Introduction to Language.* Boston: Cengage Learning.

Gumbi, P. 2014. 'Multilingualism in the Free State Province: A Case of Classroom Practice at the University of Free State'. *Alternation* 13: 173–190.

Hadlos, A. Opdyke, A. and Hadigheh, S.A. 2022. 'Where Does Local and Indigenous Knowledge in Disaster Risk Reduction Go from Here. A Systematic Literature Review'. *International Journal of Disaster Risk Reduction* 79: 103160.

Hale, K.L. 1975. *Gaps in Grammar and Culture.* Harrisburg: Peter de Ridder Press.

Higgs, P. 2016. 'The African Renaissance and the Transformation of the Higher Education Curriculum in South Africa'. *Africa Education Review* 13(1): 87–101.

Kaya, H.O. and Seleti, Y.N. 2014. 'African Indigenous Knowledge Systems and the Relevance of Higher Education in South Africa'. *International Education Journal: Comparative Perspectives* 12(1).

Khumalo, K.E. 2021. 'Ucwaningo ngokungafundiswa kwezilimi zesintu Kwi-NCV emakolishi emfundo yamakhono (Tvet Colleges): kubhekwa isiZulu emakolishi amabili KwaZulu-Natali'. PhD, University of Zululand.

Khumalo, M.Z. 2008. 'Iqhaza elingabanjwa ubuciko namasiko ukukhuthasa ukuzwana nokubekezelelana ngokwamasiko nokuvuselela ubuntu phakathi kwezinhlanga ezahlukene KwaZulu-Natal'. PhD, University of KwaZulu-Natal.

Kim, D. 2020. 'Learning Language, Learning Culture: Teaching Language to the Whole Student'. *ECNU Review of Education* 3(3): 519–541.

Langacker, R.W. 2014. 'Culture and Cognition, Lexicon and Grammar'. In M. Yamaguchi, D. Tay and B. Blount (eds), *Approaches to Language, Culture, and Cognition*, pp. 27–49. London: Palgrave Macmillan.

Makhoba, K.L. 2013. *Amagugu Esizwe*. Pietermaritzburg: Shuter & Shooter.

Makhoba, K.L. 2014. *Uju Lwezizukulwane*. Cape Town: Oxford University Press.

Mason, M. 2005. 'Teachers and Critical Mediators of Knowledge'. *Journal of Philosophy of Education* 34: 343–354.

Mbatha, T. 2014. 'Teaching Literacy in Linguistically Diverse Foundation Phase Classrooms in the Mother Tongue: Implication for Teacher Education'. *Alternation* 13: 236–256.

Mbatha, N.T. 2020. 'Language Maintenance, and Shift: A Survey of IsiZulu Speakers Residing in Soshanguve'. PhD thesis, University of Zululand.

Mbokazi, S.D. 2022. 'Amava abafundisi bolimi lwesiZulu ezikoleni eziqokiwe: ucwaningoqhathaniso ngabathwasiswe ngokwe PGCE ne B.ed Emayunivesi akwaZulu-Natali'. PhD thesis, University of Zululand.

Mhlanga, N. and Babatunde, D.O.K. 2018. 'Improving Interface Management on a Mega Construction Project'. PhD thesis, University of the Witwatersrand.

Mngomezulu, I.B. 2014. 'Ukusetshenziswa kolimi lwebele ekufundiseni izingane zonke izifundo, ukubuyiswa kobucikomlomo ezikoleni nomthelela wakho emphakathini nasezikhungweni zikahulumeni'. PhD thesis, University of Zululand.

Msimang, C.T. 1975. *Kusadliwa ngoludala*. Pietermaritzburg: Shuter & Shooter.

Mthembu-Ngema, W.N.Z. 2021. *Ubunjalo bolimi lwesiZulu*. MTM Publishers.

Mthiyane, T.R. 2014. 'Ucwaningo ngokubaluleka kwamasiko esiZulu kugxilwe Kumsamo nesibaya. Umqulu ongashicilelwe'. PhD thesis, University of Zululand.

Mulalap, C.Y., Frere, T., Huffer, E., Hviding, E., Paul, K., Smith, A. and Vierros, M.K. 2020. 'Traditional Knowledge and the BBNJ Instrument'. *Marine Policy* 122: 104103.

National Language Policy. 1997. Department of Education. Republic of South Africa.

Ndimande-Hlongwa, N. 2014. 'Ukufunda Nokufundiswa Kwezilimi Zomdabu Zase-Afrika Ezikhungweni Zemfundo Ephakeme ENingizimu Afrika: Izingqinamba Namathuba Okusetshenziswa Kwezilimi Emikhakheni Eyahlukene'. *Alternation* 13: 80–101.

Ndimande-Hlongwa, N. 2009. *Ukuhlelwa Kolimi*. Pietermaritzburg: Shuter & Shooter.

Ndimande-Hlongwa, N., Mkhize, N. and Kamwendo, G. 2014. 'Africa Languages in South Africa's Dispensation of Freedom and Democracy'. *Alternation* 13: 1–7.

Ngobeni, W.P., Maimane, J.R. and Rankhumise, M.P. 2020. 'The Effect of Limited Sign Language as a Barrier to Teaching and Learning among Deaf Learners in South Africa'. *South African Journal of Education* 40(2): 1–7.

Ngwenya, E.T. 2017. 'Ucwaningo ngesiko lenhlonipho njengensika yesizwe samaZulu'. PhD thesis, University of Zululand.

Nkosi, Z.P. 2018. 'Izinselelo zabafundisi besiZulu ekufundiseni isiZulu eNyuvesi yaKwaZulu-Natali'. *South African Journal of African Languages* 38(1): 61–72.

Ntombela, S.A. 2016. 'Umculo womaskandi: Ukuhlaziywa komculo wesiZulu womdabu kusetshenziswa i-*general inductive approach*'. *South African Journal of African Languages* 36(2): 257–266.

Nxumalo, D.W. 2021. 'Uguquko ekubhalweni kwezinkondlo zolimi lwesizulu: Kuqhathaniswa amaqoqo kaVilakazi, BW nakaMavuso B'. PhD thesis, University of KwaZulu-Natal.

Nyembezi, C.L.S. and Nxumalo, O.E.M. 1966. *Inqolobane yesizwe.* Pietermaritzburg: Shuter and Shooter.

Nzuza, N.R.A.M. 2021. 'Ukusetshenziswa kuka- Ma no-Ka olimini lwesiZulu'. PhD thesis, University of Zululand.

Ozioma, E.O.J. and Chinwe, O.A.N. 2019. 'Herbal Medicines in African Traditional Medicine'. *Herbal Medicine* 10: 191–214.

Potter, P.B. 2003. 'Belief in Control: Regulation of Religion in China'. *The China Quarterly* 174: 317–337.

Prah, K. 2005. 'Language of Instruction for Education, Development and African Emancipation'. In B. Brock-Utne and K.R. Hopson (eds), *Languages of Instruction for African Emancipation: Focus on Postcolonial Contexts and Considerations.* Cape Town: CASAS.

Ragavan, S. 2001. 'Protection of Traditional Knowledge'. *Minnesota Intellectual Property Review* 2(2).

Republic of South Africa. 1996. *The Constitution of the Republic of South Africa (Act 108 of 1996).* Pretoria: Government Printers.

Richard, L. and Morse, J.M. 2012. *ReadMe First for a User's Guide to Qualitative Methods.* Toronto: Sage Publications.

Saidi, A. 2017. 'The Importance of Phonetics and Phonology in the Teaching of Pronunciation'. https://beatrizsolinoelt.wordpress.com/wp-content/uploads/2017/02/the_importance_of_phonetics_and_phonology.pdf.

Schmitt, N. and Schmitt, D. 2020. *Vocabulary in Language Teaching.* Cambridge: Cambridge University Press.

Stevenson, M.G. 1996. 'Indigenous Knowledge in Environmental Assessment'. *Arctic* 49(3): 278–291.

Szilagyi, J. and Szecsi, T. 2020. 'Why and How to Maintain the Hungarian Language: Hungarian American Families' Views on Heritage Language Practices'. *Heritage Language Journal* 17(1): 114–115.

Trask, R.L. 2004. *A Dictionary of Phonetics and Phonology*. New York: Routledge.

Tuck, E., McKenzie, M. and McCoy, K. 2014. 'Land Education: Indigenous, Post-Colonial, and Decolonizing Perspectives on Place and Environmental Education Research'. *Environmental Education Research* 20(1): 1–23.

Vygotsky, L.S. and Cole, M. 1978. *Mind in Society: The Development of Higher Psychological Processes*. Cambridge, MA: Harvard University Press.

Winskel, H. and Bhatt, D. 2020. 'The Role of Culture and Language in Moral Decision-making'. *Culture and Brain* 8(2): 207–225.

Zhang, X. 2004. 'Traditional Medicine: Its Importance and Protection'. In S. Twarog and P. Kapoor (eds), *Protecting and Promoting Traditional Knowledge: Systems, National Experiences and International Dimensions*, pp. 3–6. New York: UNCTAD.

Ziervogel, D. and Mabuza, E.J. 1976. *A Grammar of the Swati Language (siSwati)*. Pretoria: J.L. van Schaik.

Zondi N. 2014. 'Correlation between Student Performance and Medium of Instruction: A Self-Reflective Perspective'. *Alternation* 13: 257–272.

Zungu, E.B. and Siwela, S.O. 2017. 'Isiko lokuzila: Umnyombo wengcindezelo ovezwa emanovelini Ifa Ngukufa nethi Ifa Lenkululeko'. *South African Journal of African Languages* 37(1): 75–84.

9

Intshisekelo Yokufunda Yabafundi Basenyuvesi yase-Afrika Abenza Unyaka Wokuqala

Imiphumela Yokungenelela Ngenoveli Yezilimi Eziningi

Sandiso Ngcobo

Witness Roya

Isingeniso

Ukufunda ikhono eliyisisekelo okufanele abafundi basenyuvesi babe nalo. Isizathu salokho ukuthi kuningi ukufunda ngokwabo okufanele bakwenze ohambeni lwabo lwezemfundo. Kwazise phela ukufunda kunomthelela omkhulu enzuzweni yekusasa elihle kwezemfundo nokuzibandakanya kwezempilo nenhlalo (Schiefele nabanye, 2012). Ikhono lokufunda liyinselelo kakhulu kubafundi abamnyama abafunda besebenzisa ulimi lwesibili olunjengesiNgisi. Lokhu kudalwa ukuthi bazithola sebephelelwa umdlandla ngenxa yokushodelwa amagama abasuka nakho ezikoleni (Motlhaka, 2022; Ngcobo, Ndebele noBryant, 2021). Ngalesi sizathu, imfundo yasenyuvesi yabafundi abawulolu hlobo ingaba umsuka wobuhlungu obujulile nokukhathazeka njengoba kungenzeka bangakwazi ukulandela abakufundayo kanye nabakuzwayo kubafundisi babo.

UStrand nabanye (2012) bathola ukuxhumana phakathi kokusetshenziswa kwesiNgisi njengolimi lwesibili nokukwazi ukwenza okusezingeni eliphansi ekufundeni, isekubhaleni nakwizibalo eNgilandi kwabaneminyaka eyi-5. Olunye ucwaningo luveza ukuthi izingane ezisebenzisa ngaphezu kolimi olulodwa zinenzuzo ekusetshenziswveni kolimi ngaphezu kontanga abasebenzisa ulimi olulodwa (Hoxha noSummer, 2021). Le nto ichaza ukuthi kudalwa yini inani elikhulu labafundi base-Afrika kube nzima ukuthi basuke onyakeni wokuqala baya kowesibili enyuvesi emfundweni ephakeme yaseNingizimu Afrika, ngesizathu sokuthi imfundo yabo itholakala ngolimi lwesibili (Dampier, 2015; Department of Higher Education, 2016).

Ngakho-ke, isu lokungenelela elihlose ukubheka ukufunda njengethuluzi lokufundisa kubafundi basenyuvesi bolimi lwesibili okungenzeka ukuthi abanayo intshisekelo yokufunda ngenxa yeminyaka nemvelaphi yabo kwezemfundo lingaba usizo ekuqondeni ngokusobala intshisekelo yabafundi yokuthi bafunde. Ukwenza lolu cwaningo kusetshenziswe uhlu lwemibuzo ngenhloso yokubheka ukuthi ukusetshenziswa kwemibhalo emide ekumanoveli esebenzisa isiNgisi ngokuhambisana nezilimi zase-Afrika ingabathinta yini ekushisekeni kwabo ukuthi bafunde. Inhloso yenhlolovo bekuwukubheka ukuthi indlela yokufunda kusetshenziswa izilimi eziningi ingasebenza yini ukugqugquzela abafundi basenyuvesi abangama-Afrika ukuthi bafunde khona bezozuza amakhono okufunda abawadingayo ukuze baphumelele emfundweni ephakeme.

Ukubuyekezwa kwemibhalo

USikhwari nabanye (2019) bababaza ukukhuphuka kwenani labafundi abamnyama abasemanyuvesi eNingizimu Afrika kulandela inkululeko yango-1994 kodwa okungahambisani nenani lalabo abaphumelelayo ezifundweni zabo futhi abaqeda ngesikhathi esibekiwe. Ocwaningweni lukaMunyoro noDube (2021), abafundi baveza ukuthi enye yezinkinga enkulu ababhekana nayo ulimi lwesiNgisi okuyilona okufundwa ngalo enyuvesi bebe bona bengalujwayelanga ngisho nasezikoleni nasemiphakathini ababuya kuyona. Lokhu kwenza kube nzima ngisho ukufunda izincwadi zasenyuvesi ezibhalwe ngesiNgisi esinzima (Munyoro noDube, 2021). Isikhalo sabafundi abamnyama ngengcindezi abayithola ekufundeni ngesiNgisi sifakazelwa imibono nocwaningo oluningi ezweni (Mlachila noMoeletsi 2019; Ngubane 2022; Tanga noMaphosa 2018). Ngalesisizathu, uCharamba (2020), uMaluleke (2019) uSaneka noDe Witt (2019) baphakamisa imfundo exuba isiNgisi nezilimi zabamnyama eNingizimu Afrika ukuze kusizakale abafundi, baqonde abakufundayo baphinde bathuthukise nolwazi labo lwesiNgisi. USikhwari (2019) noSaneka benoDe Witt (2019) bachaza lendlela njengesiza ukuthi ulimi lwabafundi lube njengebhuloho elibawelisela esiNgisini.

UKiziltas (2022) ubalula ukuthi izinkinga ekufundeni zidala izinkinga emfundweni yabafundi abasebenza ngezilimi ezimbili ngoba ngeke babe namagama anele olimini lwabo lwesibili. Le nto iba nomthelela ekugqugquzelekeni kwabo ekutheni bafunde futhi bagogode uma beqhubeka bekhula. UKiziltas (2022) unxenxa ukuthi kunakwe ucwaningo lwezimo eziphazamisa ukugqugquzeleka kubafundi abasebenzisa izilimi ezimbili ukuthi bafunde futhi kuqhanyukwe nezisombululo ezilingene nezimo zabo.

Okungaba isisombululo abafundisi abasebenzisa izilimi ezimbili njengendlela yokufunda ngukusebenzisa amanoveli. Le ndlela yokufundisa ibukeka inesasasa lokuthuthukisa ukukwazi ukusebenzisa amagama amaningi kubafundi bolimi lwesiNgisi lwesibili (Gersten, 1996). UButler (2006: 40–41) naye uphakamisa ukubandakanywa kwezincwadi ezingama-noveli ekuthuthukisweni kwezengqondo nezolimi. Amanoveli abonakala efanelekile ngoba anesasasa ekukhuliseni ukufundwa kolimi, ukubhala kahle, ukwakha umqondo ngokuzibandakanya kanye nokucabanga okunzulu (Parkinson, noThomas, 2000). Amanoveli kubuye kutholakale ukuthi anomthelela ekukwazini ukuba namagama amaningi okwazi ukuwasebenzisa ngaphezu kolimi olukhulunywayo (Cunningham, noStanovich, 1998).

Ngaphandle kwazo zonke lezi zinzuzo, ukwethulwa kwamanoveli njengesisombululo kubafundi ngeke kuze kusebenze uma bona bengagqugquzelekile ukuthi bafunde. UTomlinson (1985: 9) uyakugcizelela ukubaluleka kokugqugquzeleka kwabafundi ethi kubasiza ekuzibandakanyeni okunomdlandla emibhalweni. Ngaphezu kwalokho, uGuthrie nabanye (2009: 320) babeka bathi, 'sidinga ulwazi oluyisisekelo, oluqinisekiswe ngokusemthethweni ukuthi abafundi bagqugquzeleka kanjani ukuze sikwazi ukwenza kube ngcono ukufundisa nezindlela zokuthuthukiswa kokufunda eklasini'. Lokhu kwenza ucwaningo lokubheka amazinga okugqugquzeleka kwabafundi libaluleke njengesiqalo ngaphambi kokungenelela kwanoma iluphi uhlobo. Ngalokho-ke, uGuthrie noWigfield (2000: 405) bachaza ukugqugquzeleka njengomgomo womuntu siqu, akuqhakambisayo, izinkolelo mayelana nezihloko, izinqumo nemiphumela yokufunda.

Nokho-ke, kubalulekile ukusho ukuthi ucwaningo olukhona mayelana nomvuzo wokugqugquzeleka luthathwe kumasampula asesikoleni samabanga aphansi ngolimi lwabo lokuqala njengoba kuyiminyaka isisekelo sokufunda esifundiswa siphinde sithuthukiswe khona (Applegate, noApplegate, 2010; McKenna, Kear, noEllsworth, 1995; Ivey, noBroaddus, 2001; Guthrie, McRae, noKlauda, 2007). Lokhu kuveza igebe kwamanye amazinga ezemfundo, ikakhulukazi ezingeni lasenyuvesi. Ngokufanayo, igebe kucwaningo kubafundi bolimi lwesibili asebevele bengenakho ukugqugquzeleka ngolimi lokufunda okungelona olwabo. Ucwaningo oluningi olukhona luveza imiphumela ephuma olimini lokuqala, luncane kakhulu ucwaningo olwenziwe ezimweni eziqondene nolimi lwesibili (Dhanapala, 2008: 2).

Kuyathokozisa nokho ukubona ukuthi ucwaningo oluncane olwenziwe enyuvesi lube nemiphumela emihle. Uma singabheka nje, uSchiefele (1991) wathola ukuthi abafundi basenyuvesi abanentshisekelo bayabahlula ozakwabo abakhombisa ukungabi nakho ukushiseka. Ngaphezu kwalokho, umMucherah noYoder (2008: 216) bagcizelela ukuthi ngale kwenzuzo ehlobene nokushiseka, 'izikole zibeke izinhlelo eziningi ukugqugquzela abafundi bazo ukuthi bafunde.' Le nto iyinkomba yokuthi intshisekelo yokufunda yiinto engathuthukiswa endaweni yokufundela. Kukhona futhi igebe elidinga ukuvalwa ngocwaningo olwenziwe enyuvesi yezobuchwepheshe.

Injulalwazi yentshisekelo yokufunda

Intshisekelo yokufunda iwukhiye ekuzibophezeleni kwabafundi ekutheni bafunde, izindlela zabo zokufunda, kanye nendlela abenza ngayo imisebenzi yokufunda (Wang noGuthrie, 2004). Ngakho-ke, lokhu kuchaza ukuthi emizamweni yokusetshenziswa kwenoveli njengethuluzi lokufunda nokufundisa kwezemfundo nokusetshenziswa kwezilimi eziningi udaba lwentshisekelo kubafundi ludinga ukuthathelwa phezulu. Ukudala intshisekelo kubalulekile uma kubhekwa ucwaningo olucashunwe (Applegate noApplegate, 2010: 226) kubafundi abagqugquzelekile njengoba lukhomba ukuthi bona:

- bafunda ngaphezu kozakwabo abangagqugquzelekile,
- bathola amazinga aphezulu enzuzo uma kufundwa,
- benza kangcono ezivivinyweni ezijwayelekile zokufunda, futhi
- bathola amamaki aphezulu.

Lezi zinzuzo nazo ziphinde zesekwe injulalwazi yentshisekelo yokufunda. Intshisekelo yokufunda, kodwa, akuyona indlela eqondile ngenxa yokuhlukahlukana kwezingxenye zayo. Ingxenye yenjulalwazi efanele kwintshisekelo yokufunda uhlobo lwentshisekelo lwangaphakathi nangaphandle (Ryan, noDeci, 2000; Wigfield noGuthrie, 1997; Wang noGuthrie, 2004). Le njulalwazi yentshisekelo yokufunda imbula umqondo ezimweni zangaphakathi nangaphandle eziholela ekutheni abafundi bazibophezele ekufundeni.

Intshisekelo yangaphakathi

UWigfield (1997: 63) uchaza isigaba senjulalwazi esiyintshisekelo yangaphakathi njengehlukaniseke izigaba ezintathu: ilukuluku, inselelo kanye nokuzibandakanya. Okokuqala, ilukuluku liphathelene nokulangazelela komfundi ukuthi afunde ngesihloko esithile esimthintayo. Okwesibili, inselelo isho ukweneliseka okutholakala ekukwazini ukwenza imisebenzi enzima noma ehlukahlukene. Okokugcina, ukuzibandakanya kumayelana nobumnandi obutholakala emuva kokufunda imibhalo ehlabahlosile. Lokhu kusho ukuthi inkulu indima edlalwa umfundisi ekuqinisekeni ukuthi lezi zimo ezingaphezulu ziyabhekwa uma kuhlelwa isu lokungenelela elingaba neqhaza ekuthuthukiseni ugqozi lwangaphakathi kubafundi abadala ukuthi bafunde. UGuthrie, uMcRae noKlauda (2007: 238) ngokulinganayo babeka ukuthi emzamweni wokukhulisa intshisekelo nokulangazelela kwabafundi okusuka ngaphakathi kokufunda okuqukethwe umbhalo nezinga lolwazi nesipiliyoni somfundi kufanele kwenziwe izithako ezimqoka zesu lokungenelela. Lokhu kuzobe sekunikeza ulwazi ngokukhethwa kwenoveli ezosetshenziswa njengensizakufunda yolimi nokuqukethwe eklasini lokufunda nokubhala. Lokhu kuphinde kusho ukuthi uma inoveli ekhethiwe isebenzisa ulimi lwasekhaya lomfundi, angaba nentshisekelo yokuyifunda okungaba nomthelela omuhle ekuthandeni kwabo ukufunda kabanzi.

Kuyacatshangelwa ukuthi abafundi abagqugquzelekile ngaphakathi bayazimisela ekufundeni ngenxa yentshisekelo abasuke benayo bona kanye nokubaluleka abakubeka emsebenzini wona uqobo (Ryan noDeci, 2000). Abafundi abanjalo bathatha ukufunda njengomsebenzi wokudlulisa isikhathi abahlanganyela kuwo ukuzithokozisa. Lolu hlobo lokugqugquzeleka luhlotshaniswa nesimo sokufunda nokubhala sasekhaya esinokwesekana nezinqubo zokufundisa zaseklasini zezingane zasenkulisa (Baker noScher, 2002).

Esampuleni yabafundi bamabanga aphansi, uStutz, uSchaffner, noSchiefele (2017) banikeze ubufakazi obunesisindo obuhlukaniseke kathathu: ilukuluku (ukufundela ukuthola okuthile okusha), ukuzibandakanya (ukufundela ubumnandi) nokuncintisana (ukufundela ukudlula abanye). Lokhu ilapho ilukuluku nokuzibandakanya kube yizinkomba zokugqugquzeleka kokufunda okusuka ngaphakathi bese ukuncintisana kuba intshisekelo yokufunda esuka ngaphandle. Ngakhoke, kungabaluleka ukuqiniseka kubafundi abadala ngolwazi lwasekhaya nasesikoleni njengendlela yokulinganisa intshisekelo yabo yangaphakathi.

Intshisekelo yangaphandle

Abafundi abanentshisekelo yangaphandle bazibandakanya ekufundeni ngenxa yezizathu zangaphandle, izimo, izimfuno nempokophelo yokubonwa emphakathini (Ryan noDeci, 2000). Izizathu zangaphandle ezikhuthaza abafundi zithinta ukungenela imincintiswano, ukuthola amamaki noma imiklomelo, ukuhlangabezana nezimfuno noma okulindelwe abazali kanye nothisha, nokuhlonishwa ontanga. Lokhu kusho ukuthi imisebenzi yaseklasini ithathwa njengento engaba nomthelela ekwenzeni kahle kwabafundi ezifundweni zabo okungabenza bagqugquzeleke ukuthi bafunde.

UGuthrie, uMcRae noKlauda (2007: 240–241) babala izinto ezine ezibalulekile kulolu daba; ukuzimela okucatshangwa abafundi, ukuzethemba, ukusebenzisana nekhono lokufeza imigomo. Okokuqala, ukuzimela okukhulunywa ngakho, kusho ukuthi ukuziphatha kwabafundi kukubona, abafundi abakulawulayo, futhi bavumelekile ukuthatha izinqumo ngokufunda kwabo. Ucwaningo lukaSweet, Guthrie (1998) luthole ukuthi lesi sizathu sibe nomthelela ekutholeni amamaki amahle ekufundeni. Enye yezindlela ukuzimela kwabafundi okungavunyelwa ngayo ukuthi kuqhubeke ukukhetha umbhalo kodwa futhi uphinde ubazise abafundi ngezinto ezengeziwe abangazithola ukuze bakwazi ukuqonda kahle umbhalo. Kungabandakanya iziqondiso zokufunda, ama-DVD, inguquko ehunyushiwe yenoveli nemithombo eku-inthanethi.

Okwesibili, ukuzethemba kumayelana nekhono labafundi lokukwazi ukufunda ngempumelelo. Lokhu kudinga ukuthi uthisha abeke imigomo engafezeka mayelana nemibhalo nemisebenzi nemiyalelo edinga ukwenziwa uma kufundwa. Lokhu kusho ukuthi ubukhulu benoveli kufanele bulawuleke kulingane nesikhathi sesifundo futhi bacatshangelwe abafundi ukuthi baneminye imibhalo okufanele bayifunde ezifundweni zabo. Okwesithathu, ukusebenzisana kuchaza izinhloso zabafundi eziphathelene nokuhlanganyela emisebenzini yokufunda yesikole, umsebenzi wamaqoqo, kanye nezingxoxo ngombhalo.

Izinhlaka ezisebenzisanayo ekufundeni zitholakale zikwandisa ukwesekwa umphakathi okubonwa ngabafundi ekufundeni nasekwenzeni imisebenzi ethinta ukuqonda yokufunda (Guthrie nabanye, 1998). Imisebenzi yamaqoqo ingasebenza kangcono ukunciphisa umthwalo kubafundi kanye nokubanika ukwesekwa ekufundeni njengoba bengase baqonde kangcono lapho izinto ezithile zichazwa abalingani babo abakhuluma ulimi lwabo lwendabuko ekilasini. Okokugcina, ikhono lokufeza imigomo lisho ukulangazela kwabafundi ukuqonda okuqukethwe imibhalo ngokujulile (Pintrich, 2000). Izinjongo zokuphumelela zabafundi zihlotshaniswe namasu okungenelela eklasini agcizelela ukuqonda, ukufunda nokuthatha amathuba ngenhloso yokuzithuthukisa (Meece nabanye, 2006).

Abafundi abagqugquzeleke ngaphakathi bafunda ngoba bezwa umsebenzi ngokwawo njengowanelisayo nojabulisayo, kanti abagqugquzeleke ngaphandle bafunda ngoba beqhutshwa yizizathu zangaphandle nemiphumela elindelekile njengamamaki, ukutuswa, noma ukudlula abanye (Hebbecker nabanye, 2019).

Uhlu lwemibuzo yentshisekelo yokufunda

Ngaphambi kokuqaliswa kwesu lokungenelela lokufundisa elibandakanya ukufundwa kwenoveli kungabaluleka ukuhlola amazinga okugqugquzeleka kwangaphakathi nangaphandle kwabafundi. Elinye lamathuluzi lokuhlola elitholakalayo emphakathini uhlu-lwemibuzo yentshisekelo yokufunda elasungulwa uWigfield nabanye (1996) kodwa sekuyiminyaka lilungiswa futhi lisetshenziswa yizazi ezihlukahlukene. I-MRQ ingasetshenziselwa ukuhlola izinhlaka ezihlukene zentshisekelo yabafundi yokufunda usebenzisa isikali sohlobo lwe-'likert' esinezinto ezi-4 ongakhetha kuzo (isib. 1 = njengami kakhulu, 2 = njengami kancane, 3 = akufani njengami, 4 = akufani nhlobo njengami). Uhlu-lwemibuzo luhlelwe ngendlela yokuthi lubheke zombili izinhlaka zentshisekelo yangaphakathi neyangaphandle.

Imibuzo yokuqala engama-53 ye-MRQ ihlelwe ngaphansi kwezihlokwana eziyi-11 ezihlose ukuhlola izinhlaka ezihlukene zentshisekelo yabafundi. Yilezi: ukufunda nokubhala, inselelo, ilukuluku, ukuzibandakanya, ukubaluleka, ukuqashelwa, amamaki, ukuhlalisana kwabantu, ukuncintisana, ukuthobela nokugwema ukufunda. Yize kubalulekile ukubheka izindawo ezibalwe ngenhla, kepha uhlu-lwemibuzo lungaguquguqulwa ukuze luvumelane nezindawo umuntu agxile kuzo ocwaningweni lwakhe nalabo abacwaningwayo. Kudingeka futhi kukhunjulwe ukuthi i-MRQ ekuqaleni yayisetshenziswa kubafundi besikole samabanga aphansi abakhuluma isiNgisi njengolimi lokuqala. Ngalesi sizathu, eminye yemibuzo ingase ingazifaneli izikhulumi ezingabantu abadala zolimi lwesibili phecelezi 'L2'. Enye into ebalulekile ukuyiqaphela ethinta i-MRQ eguquliwe ulwazi lwezibalo zabantu ababambiqhaza. Ngokusho kukaRetelsdorf, Koller noMoller (2011: 551–552), ucwaningo lwangaphambilini (ecaphuna u Yeung, Linver, noBrooks-Gunn, 2002; McCoach, O'Connell, Reis, noLevitt, 2006) lukhombise ukuthi imvelaphi yomndeni, ubuhlanga, ubulili budlala indima empumelelweni yokufunda kwabafundi. Ngaphezu kwalokho, izimo zenhlalo zingaxhumaniswa namazinga okugqugquzeleka kwabafundi kanye nendlela abathatha ngayo izinto ekufundeni (Boakye noSouthey, 2008: 7). Ngokufanayo, lolu cwaningo nalo lubuza ababambiqhaza ngemvelaphi yabo nabayikho ngaphambi kokubuza ngokugqugquzeleka kwabo ekufundeni izincwadi.

UWigfield noGuthrie (1997) ubike ukwethembeka kwazo zonke izinhlaka ze-MRQ ezingama-53, kusukela ku.43 kuya ku-.81. Ukugwema umsebenzi nokufundela amamaki kube nokuthembeka oku-.44 no-.43, ngokulandelana, ngesikhathi esisodwa, kodwa babe nokuthembeka okungama-.60 no-.59 esikhathini esihlukile. Izinhlaka eziyi-9 ezisele zikhombise ukwethembeka okungaguquki kusukela ku-.52 kanye no-.81. Lokhu kuyinkomba enhle yokuthembeka kwe-MRQ ukuthi isetshenziswe nakulolu cwaningo lwamanje.

Uhlaziyo lwezinhlaka olwenziwa uWigfield noGuthrue (1997) lukhombise ubufakazi bokufaneleka okusekela izinhlaka eziyi-11 ezinemibuzo engama-53 ebuyekeziwe ye-MRQ kubafundi bebanga lesi-4 nelesi-5. Izinhlaka eziningi ezikhuthaza ukufunda zihlotshaniswe kahle ukusuka emazingeni aphansi kuya kwaphezulu kakhulu, anikeza ubufakazi obengeziwe bokufaneleka nokwakha. Uhlaka lokugwema umsebenzi kuphela oluhlotshaniswa kabi nazo zonke izinhlaka ngaphandle kwelokuncintisana ekufundeni. U-Unrau noSchlackman (2006) baphinde bathola ukwesekwa kwemodeli yezinto eziyi-11 esampuleni labafundi bebanga lesi-6, lesi-7, nelesi-8 abane*confirmatory fit index (CFI)* engama-90, okukhomba ukuthi imodeli ilingana kahle. Ngakhoke, nalokhu kuphakamisa ukuthi leli thuluzi lifanele ukusetshenziswa ocwaningweni njengoba kutholakale ukuthi lithembekile.

Indlela Yocwaningo
Ababambiqhaza
Iqembu labafundi abangama-Afrika abenza unyaka wokuqala babambe iqhaza ocwaningweni kwisimesta yesibili yonyaka wabo wokuqala. La bafundi bebephuma enyuvesi yezobuchwepheshe etholakala edolobheni laseThekwini, esifundazweni saKwaZulu-Natali (KZN) eNingizimu Afrika. Le nyuvesi yezobuchwepheshe okukhulunywa ngayo yasungulwa ekuqaleni ukuthi ibhekelele abafundi ababencisheke amathuba emphakathini abavela esifundazweni sase-KZN, iningi labo okuyizakhamizi ezikhuluma ulimi lwesiZulu. Naphezu kokuba kunentando yeningi esekela ukuhlanganiswa kwabantu ngobuhlanga eNingizimu Afrika, le nyuvesi yezobuchwepheshe isalokhu igcwele ama-Afrika futhi akhuluma isiZulu. Lesi simo singamataniswa nokuthi isikhungo sisendaweni enabantu abaningi abakhuluma isiZulu okungelula ukuthi ezinye izinhlanga zizofunda kuso ezihlala ezindaweni ezikude ezisondelene nezinye izikhungo zemfundo.

Isampula yocwaningo nabafundi abayi-160 abaqokwe ngokuyinhloso ngenxa yokuthi benza unyaka wokuqala futhi basebenzisa ulimi lwesibili oluyisiNgisi. Ukukhethwa kwabo kwahambisana nokuthi babeyingxenye yabafundi ababefundiswa umcwaningi. Lokhu kwenza kubelula ukubathola eduze. Indlelakubuka uhlelomqondo lwabafundi yenziwa ngokubanika uhlu lwemibuzo ukuze bayiphendule ngesikhathi sokufundisa komcwaningi. Lolu hlelo lwaba nomphumela omuhle ekutholeni izimpendulo eziningi. Abazange baphoqwe bonke abafundi ukuba bazibandakanye nalolu cwaningo. Abafundi baziswa ngamalungelo abo okuphendula uhla lwemibuzo ngokuthanda kwabo.

Iziqoqalwazi
I-MRQ ethathelwe ezintweni zokuqala zikaWigfield noGuthrie (1997) noWang kanye noGuthrie (2004) iyona esetshenzisiwe. Inhloso yohlu

lwemibuzo bekuwukuqonda ulwazi ngababambiqhaza, imikhuba, nemicabango ngokufunda, ikakhulukazi izincwadi ezingamanoveli ezixube izilimi. Lolu lwazi lusetshenziselwa ukuqonda izinga lababambiqhaza lokugqugquzeleka ukufunda nokuthatha isinqumo ngokungenelela ekufundiseni ngendlela efanele ehambisana nemisebenzi ekahle yokufunda.

Uhlu lwemibuzo luqale lwaba nemibuzo emine mayelana nababambiqhaza. Izinhlaka kube ubulili, iminyaka yobudala, amaphuzu okungena akamatikuletsheni namaphuzu esiNgisi akamatikuletsheni. Lokhu kulandelwe imibuzo engama-25 ehlanganiswe ngokuhambisana nezihlokwana eziyishiyagalolunye (9) ezihlose ukuhlola izinhlaka ezihlukene zentshisekelo yababambiqhaza: okumayelana nababambiqhaza, imvelaphi yabo, ukufunda nokubhala, inselelo, ilukuluku, ukuzibandakanya, ukugwema, ukuncintisana, ukuqashelwa, amamaki, ukuphilisana nokuhambisana. Lezi zinhlaka zakhe izigaba zokuhlaziya idatha ezilandelile. Izimpendulo zibe esikalini sika-1 kuye ku-4: 1 ngokwehluke kakhulu kuwe, oku-2 ngokuhluke kancane kunawe, oku-3 ngokufana kancane nawe noku-4 ngokufana kakhulu nawe.

Imiphumela nengxoxo

Ulwazi ngababambiqhaza

Imuva lasekhaya lihlonzwe njengelinomthelela ekugqugquzelekeni kwabafundi ukuthi bafunde (Kambara noLin, 2022). Ukuhlukaniswa kobulili kuveza ukuthi ezikhungweni zemfundo ephakeme abesifazane bahlanganisa i-123 (75.6%) bese abesilisa beba (ama-37) ama-24.4%. Lezi zibalo zikhomba ukukhula ngemuva kobandlululo eNingizimu Afrika lapho abesifazane abaningi bebhalisa ezikhungweni zemfundo ephakeme. Esikhathini esedlule iphathrayakhi beyivalela abesifazane emisebenzini yasekhaya ngenxa yalokho ukubhalisa ezikhungweni zemfundo ephakeme kwakucezele kwabesilisa.

Iningi labaphendulile ubudala babo buphakathi kwe-17 ne-19 leminyaka okwakha ama-74 (ama-47.7%) esampula; kulandele labo abaneminyaka engama-20 kuya kuma-22 abangama-61 (ama-39.4%). Labo abaneminyaka engama-23-25 babalelwa e-16 (bayi-10.3%) kanti isibalo esincane sabaphendulile yilabo abaneminyaka engaphezu kwengama-25 kwaba-4 (aba-2.6%). Lezi zibalo zikhombisa ukuthi iningi lababambiqhaza abantu abasha asebekhulile. Kungaba-ke okumangazayo ukuthola ukuthi banayo intshisekelo ngokufunda njengoba ucwaningo lwangaphambilini lukuphikisa lokhu (Applegate noApplegate, 2010).

Enye yezinto eyinkinga ejwayelekile emfundweni ephakeme kuze kube yimanje imayelana namaphuzu okungena enyuvesi. Iningi labafundi lizithola lisezikhungweni abangazithandi ngenxa yemiphumela engemihle yamatikuletsheni. Uhlelo lokukleliswa kwamanyuvesi ludale ukuncintisana okungenasidingo ngabafundi abaphumelela kahle kakhulu kumatikuletsheni wabo. Akumangalisi ukuthi esampuleni i-136 (ama-85.2%) labafundi banamaphuzu okungena kamatikuletsheni angama-25–29. Kusuka ekuqaleni, lo mphumela ukhombisa ukuthi laba bafundi kungenzeka bangabi nayo intshisekelo yokufunda. Laba bafundi abanamaphuzu okwamukelwa asukela kuma-25–29 badinga ukungenelela okujulile nokwesekwa okuvela kubafundisi, abazali nabanye abafanelekile. Abafundi abangene ngamaphuzu angama-30–34 babalelwa ku-16 (i-10.4%) wesampula. Inani elincane labafundi ababambe iqhaza abanamaphuzu okungena angama-35 kuya phezulu babeyi-8 (ba-4.3%). Ukuhlukaniswa kwezibalo kuyinkomba ecacile ukuthi amanyuvesi endabuko asezingeni eliphezulu eNingizimu Afrika anamathuluzi angcono kakhulu okufunda. Ekugcineni, amanyuvesi ezobuchwepheshe nezidingo zawo eziphansi zokungena zikamatikuletsheni maningi amathuba okuthi agcine esenabafundi abasezingeni eliphansi nokuvame ukuthi banamandla amancane obuhlakani bokufunda.

Iningi labafundi abenza unyaka wokuqala, (ama-50% nama-30%) babenephzu lokungena lika-D no-E ngokulandelanayo. Kusobala ukuthi isiNgisi siyisithiyo esikhulu kulaba bafundi ekutheni baqede amadiploma abo (Scott, 2009; Webb, 2013). Ingxenye encane kuphela yabo engene ngephzu u-A esiNgisini babeyi-5 (aba-3.3%), u-B babeyi-5 (aba-3.3%) no-C babeyi-15 (yi-9.8%). Sekukonke, abafundi ababonakala besiqonda kahle isiNgisi babalelwa ku16.4% sebebonke. Isibalo esikhulu sabafundi abangaphumelelanga kahle esiNgisi ni kumatikuletsheni sibeka inselelo enkulu kothisha bezikhungo zemfundo ephakeme. Ubufakazi obunzulu bukhomba ukuthi abafundi abanamaphuzu aphansi esiNgisi bavame ukuba nobunzima bokwenza kahle emsebenzini wabo wezemfundo eNingizimu Afrika (Bialystok, 2002; Charamba, 2021; Dalvit noDe Klerk, 2005; Pretorius, 2002; Robertson noGraven 2020).

Ithebula elingezansi likhombisa izinhlaka zentshisekelo zangaphandle nezangaphakathi zabafundi ngokufunda ezihlolwayo ngokuqhathaniswa kwemuva labo. Ithebula linemibuzo engama-25 eqondaniswe nezinhlaka eziyi-8. Lezinhlaka zihlelwe kanje okuhambelana nemibuzo: ukufunda nokubhala, inselelo, ilukuluku, ukuzibandakanya, ukugwema ukufunda, ukuncintisana, izizathu zomphakathi ukuthobela.

Ithebula 1: Ukukala: 1 Okungafani nhlobo nawe (ONN); 2 Okungafani kancane nawe (OKN); 3 Okufana kancane nawe (OKFN); 4 Okufana nawe kakhulu (ONK)

	Ukwethulwa kwamazinga ababambiqhaza			
Izimpendulo zabafundi	ONN	OKN	OKFN	ONK
1. Umphakathi noma isikole sinomtapo wolwazi omuhle	39	32	53	36
2. Amalungu omndeni ayakuthanda ukufunda	36	49	47	28
3. Kuhlezi kukhona ongakufunda ekhaya	39	54	44	21
4. Umndeni uyakukhuthaza ukufunda	27	47	44	42
5. Angazi noma ngiyokwenza kahle yini ekufundeni incwadi yaseNyuvesi	30	44	59	24
6. Ngingumfundi ofunda kahle	22	27	71	40
7. Ngiyathanda ukufunda uma incwadi ingenza ngicabange	12	35	53	60
8. Ngiyifunda incwadi noma kunzima	12	31	60	55
9. Ngifunda kakhulu uma incwadi ixoxa ngento ejabulisayo	12	48	50	48
10. Ngithanda ukufunda ngezinto ezintsha	16	34	59	51
11. Ngenza izithombe engqondweni uma ngifunda	13	34	52	61
12. Ngifunda ezinye izincwadi namaphephandaba ukuze ngithole ulwazi olwengeziwe	18	52	51	37

13. Ngiyayithokozela inoveli ehlelekile mayelana nesiko lami	15	30	60	55
14. Kubaluleke kakhulu ukuba umfundi omuhle uma ufuna ukuphumelela	19	22	53	65
15. Ngithola i-TV/ umakhalekhukhwini/imuvi kumnandi kunokufunda	12	47	50	48
16. Angithandi ukufunda okuthile uma amagama enzima kakhulu	17	49	56	38
17. Ngithanda kube imina ngedwa owazi impendulo kokuthile esikufundayo	31	34	44	51
18. Ngithanda ukuqeda ukufunda kwami ngaphambi kokuthi kuqede abanye abafundi	13	41	62	44
19. Ngithanda ukuthola izincomo ngokufunda kwami	21	46	47	46
20. Ngifundela ukuthuthukisa izinga lami lokuphumelela	11	32	54	63
21. Abazali bami/umnakekeli wami uyakuthakasela ukusebenza kwami kwezemfundo	22	30	44	61
22. Ngixoxa nabangani bami ngalokho engikufundayo	19	39	52	50
23. Mina nabangani bami sithanda ukushintshanisa/ukuncoma izinto esingazifunda	28	49	42	39
24. Ngifunda kuphela uma kufanele	24	27	60	49
25. Ngizama njalo ukuqeda ngokushesha ukufunda kwami	8	17	72	63

Ukufunda nokubhala

Ukushoda kwezincwadi zokufunda kubonakele kubafundi abayisampula njengoba iningi labo liphuma ezikoleni nasemiphakathini engenayo imitapo yolwazi emihle. Abafundi abavela ezikoleni nasemiphakathini entula ingqalasizinda babalelwa kuma-71 (ama-44.4%) wababambiqhaza abayisampula. Inani labafundi abangama-53 (ama-33.1%) aphuma ezikoleni noma emiphakathini enemitapo yolwazi kodwa ebonakala ingeyinhle ngokwanele ukukhulisa amakhono abo okufunda. Maningi amathuba okuthi kulezi zikole nasemiphakathini, imitapo yolwazi isivele yacekelwa phansi ngesikhathi kunemibhikisho yokulethwa kwezidingongqangi uma ingekho ezingeni kwasekuqaleni (Bornman, 2017; Ntsala noMahlatji, 2016; noQuintal, 2018).

Bangama-36 (ama-22.5%) kuphela abafundi abavela ezikoleni nasemiphakathini enemitapo yolwazi emihle. Ukuhlaziywa kwezimpendulo (ama-61.7%) kuveza ukuthi kukhona ukuhlobana okuthile phakathi kwamaphuzu aphansi okungena enyuvesi nokungabibikho kwengqalasizinda yomtapo wolwazi ezikoleni nasemiphakathini lapho abafundi bephuma khona. Emiphakathini nasezikoleni lapho kunemitapo emihle, abafundi babenamaphuzu angcono okungena enyuvesi asukela kuma-30–39. Lokhu kuyahambisana nokutholwe nguNielen noBus (2015) okuveza ukuthi abafundi abavela endaweni enemitapo yolwazi esezingeni benza kangcono kakhulu esivivinyweni esilinganiselwe sokuqonda ukufunda uma kuqhathaniswa nalabo abavela ezikoleni ezinemitapo yolwazi ejwayelekile.

Iningi labafundi (ama-56%) ababuziwe liphuma emindenini enamalungu anothando oluncane lokufunda futhi lokhu kunomthelela omubi ekugqugquzelekeni kwabo ukuthi bafunde. Iphuzu elijabulisayo esingaliqaphela ukuthi ama-75 (ama-46.9%) abafundi abavela emindenini ethanda ukufunda. Nokho-ke, ngaphezu kokuba namalungu omndeni athanda ukufunda, abafundi ngokwabo abanalo uthando olwanele lokufunda. Lokhu akumangalisi uma kubhekwa ukuthi kulesi sikhathi okuphilwa kuso siphila emphakathini esekunoguquko olumangalisayo kwezobuchwepheshe, ikakhulukazi uma kubhekwa isimo somakhalekhukhwini esesithathe ngayo izindlela ezijwayelekile zokuthola ulwazi njengokufunda izincwadi. Kuphinde kwabonakala ukuthi iningi labafundi abangama-93 (ama-58.9%) abanakho okusha abangakufunda emakhaya abakuthandayo bese beba ngama-61 (ama-31.1%) kuphela abathola izinto abazithakaselayo abangazifunda emakhaya. Lokhu kumelwe njengokuthi ngokwesimo sokuthi imindeni eminingi yama-Afrika ikhetha ukuthenga okubhalwe ngezilimi zomdabu, kulesi simo kungathiwa isiZulu, amaphephandaba kunamanoveli esiNgisi nezincwadi ezingabona ubucikomazwi.

Amakhaya amaningi ayazikhuthaza izingane zawo ukuthi zifunde futhi zibe ngcono. Lokhu kufakazelwe abafundi abangama-86 (ama-53.8%), bese, abafundi abangama-74 (ama-46.2%) kuphela abanomuzwa wokuthi imindeni yabo ayibakhuthazi ukuthi bazifundele futhi bazithuthukise bona. Ukuqonda lezi zimo ezithinta ezenhlalo kubalulekile ngoba kuphathelene futhi kunomthelela okungase kube nawo ekugqugquzelekeni kwangaphakathi kwabafundi ukuthi bafunde. Njengoba kukhonjisiwe ngenhla, ukugqugquzeleka kwabafundi kuncike olwazini lwabo lwangaphambilini lokufunda nokujwayela ukubona imibhalo ephathekayo ephrintiwe (Boakye noSouthey, 2008; Esra noSevilen 2021; Retelsdorf, Koller noMoller, 2011; noRahiem, 2021). Lolu cwaningo beluhlose ukuphenya kabanzi lokhu kuxhumana kumongo wako.

Inselelo
Ngemuva kokuthola imvelaphi yababambiqhaza, imibuzo emibili elandelayo ibheke imibono yabafundi mayelana nempumelelo yabo yokufunda. Ababambiqhaza babuzwe ukuthi uma befunda izincwadi zasenyuvesi bacabanga ukuthi bazokwenza kahle noma cha emikhakheni yabo yezemfundo. Abangama-83 (ama-52.9%) babone sengathi bengenza kahle uma befunda izincwadi zasenyuvesi kanti abangama-74 (ama-47.1%) bebengenaso isiqiniseko. Okumangazayo, abafundi abaningi abayi-111 (ama-69.4%) babenombono wokuthi bafunda kahle bese kuba abangama-49 (ama-30.7) kuphela abathe bona abakwazi ukufunda kahle.

Esinye sezazi zefilosofi esikhulu kunazo zonke, uSocrates, wabaxwayisa abantu ngokungazi ngokungabi nalwazi kwabo. Isikhathi lapho abafundi abangaqala ukuzithuthukisa khona isimo sabo sengqondo mayelana nokufunda yilapho abangaqaphela khona ukushodelwa kwabo ulwazi. Mayelana nokuthi yini eyenza ababambiqhaza bazitshele ukuthi bafunda kahle kusewudaba oludinga ucwaningo lobuhlakani ngokwalo. Imiphumela yabo yokungena enyuvesi ayinabo ubufakazi beqiniso njengokusho kwabo ukuthi bangabafundi abahle futhi cishe ingxenye yabo ikhombisa ukuthi bacabanga ukuthi ngeke bakwazi ukubhekana nezincwadi zokufunda zasenyuvesi.

Ukuphinda nje, nakuba abafundi benezithiyo ezinzima zolimi, iningi labo abayi-113 (ama-70.6%) baveze ukuthi bayakuthanda ukufunda izincwadi ezibenza bacabange. Bangama-47 (ama-29.4%) abangathandi uma izincwadi zibenza bacabange. Iningi labafundi abayi-115 (ama-71.9%) banomuzwa wokuthi uma incwadi imnandi, bayayifunda noma inzima, kanti, abafundi abangama-43 (ama-26.9%) banombono wokuthi noma ngabe incwadi ibalulekile uma inzima abayifundi. Lo mphumela uyakhuthaza kakhulu, uma kuliqiniso, ngoba abafundi basezikhungweni zemfundo ephakeme kulindeleke ukuthi bazibandakanye nokufunda okuyinselelo yobuhlakani. Iningi lezincwadi zemfundo libhalwe ngezilimi ezicezile ezikhuluma kuphela nabalaleli abahlakaniphile abahlelelwe futhi balungiselelwa kahle ukufundiswa. Ulimi olucezile lwenza ukufunda kube inselele kakhulu uma kufundwa ngolimi lwesibili (Birch noFulop 2020).

Ilukuluku

Ucwaningo lokufunda kwababambiqhaza kumazinga elukuluku luveza ukuthi bangama-98 (ama-61.3%) sebebonke abafundi abajwayele ukufunda kakhudlwana uma umfundisi echaza ngento abayithandayo bese beba ngama-60 (37.5%) kuphela abangafundi ngisho noma umfundisi echaza ngokuthile okubalulekile kakhulu kubona. Ezimweni ezifanayo, abafundi abaningi abayi-110 (ama-68.8%) abathanda ukufunda ngezinto ezintsha bese kuba ama-50 (ama-31%) kuphela abangathandi ukufunda ngezinto ezintsha. Lokhu kungase kuphakamise ukuzimisela kubafundi abaningi ukuthola ulwazi olusha ezingeni lasenyuvesi. Imiphumela iphambene nemuva labafundi elibonakala lingakukhuthazi ukufunda okuzimele, njengoba kuchaziwe ngaphezulu. Kujwayelekile ukubona ama-Afrika aphumelele ezifundweni angavumelanga imuva labo lesimo senhlalo esihlwempu sibavimbe ukuthi babe abantu abangcono empilweni. Izibonelo ezifika engqondweni zezazi kungabalwa u-Es'kia Mphahlele olandisa ngekhaya lakhe elimpofu nemuva lesikole sakhe encwadini ayibhale ngempilo yakhe esihloko sithi, '*Down Second Avenue*'.

Ukuzibandakanya

Imibuzo ngokuzibandakanya kwabafundi iveze eminye imiphumela ekhuthazayo. Iningi labafundi abayi-113 (ama-70.6%) lithanda ukwenza izithombe engqondweni uma lifunda, kanti, bangama-47 (ama-29.4%)

kuphela abangakuthandi lokhu. Iningi labafundi abangama-88 (ama-55.7%) bafunda ezinye izincwadi namaphephandaba ukuze bathole ulwazi olwengeziwe, bese kuthi, abangama-70 (ama-44.3%) abazihluphi ngokukhulisa ulwazi lwabo ngale kokuxhumana kwasekilasini. Ngokufanayo, abafundi abayi-115 (ama-72%) bayakujabulela ukufunda indaba ende nedonsayo mayelana namasiko abo bese kuba abangama-45 (ama-28%) kuphela abangakujabuleli ukufunda izindaba ezinde. Le mpendulo ihambisana kamnandi nemiphumela yombuzo olandelayo ngokubaluleka kokufunda. Iningi labafundi abayi-118 (ama-74.2%) uma kuqhathaniswa nabangama-31 (ama-25.7%) baqhakambisa ukuthi kubalulekile ukuthi babe abafundi abahle uma behlose ukuphumelela amadiploma abo ezemfundo. Nokho-ke, kungabaluleka ukumatanisa lokho abafundi abakushoyo nemiphumela yabo yokuhlolwa.

Ukugwema ukufunda

Ezimpendulweni mayelana nokugwema ukufunda, nokho, akuzange kumangaze ukuthi abafundi abangama-98 (ama-62.4%) bathola umabonakude/amamuvi/omakhalekhukhwini kumnandi kunokufunda. Lokhu kungasho izinzuzo ekusebenziseni ubuchwepheshe njengendlela yokukhuthaza abafundi ukuthi bafunde. Ngalokho-ke, inoveli enqunyiwe ukuthi ifundwe uma inemuvi noma yaguqulwa yaba imuvi ingaba inzuzo ngokuthi isetshenziswe njengethuluzi elengeziwe. Bangama-59 (ama-37%) kuphela abafundi abakholelwa ekutheni la mathuluzi obuchwepheshe angenhla abalulekile kakhulu ukuwasebenzisela ukuzijabulisa kunokufunda.

Abafundi abaningi abangama-94 (ama-58.8%) bayakugwema ukufunda imibhalo enamagama anzima bese abangama-66 (ama-41.2%) bayafunda ngisho kuthiwa amagama abhaliwe anzima awacacile futhi abawajwayele emhlabeni wabo wokufunda. Lokhu kukhomba ukuthi isiNgisi siyinselelo kwabaningi abafundi njengoba kuyilona lodwa ulimi olusetshenziswa ukufunda imibhalo. Ngakho-ke, abafundi abanjalo bangazuza ezincwadini zokufunda ezinamagama abhalwe ngezilimi zase-Afrika (Ngcobo, Ndebele noBryant, 2021).

Ukuncintisana

Bekubalulekile ukuthola ukuthi abafundi bayancintisana yini uma kuziwa ngasekufundeni. Abafundi abangama-95 (ama-59.4%) uma kuqhathaniswa nabangama-65 (ama-40.7%) baqhakambise ukuthi bayajabula kakhulu uma kuyibo kuphela abazi impendulo entweni abacelwe ukuthi bayifunde. Lokhu kufakazelwa nokuthola ukuthi abafundi abayi-102 (ama-66.3%) bathanda ukuqeda kuqala ukufunda bese kuba abangama-54 (33.7%) kuphela ababona sengathi ukuqeda kuqala noma okokugcina kuyinto engasho lutho kodwa inqobo ukuqeda ukufunda. Ngokufanayo, iningi labafundi ababuziwe abangama-93 (ama-58.1%) baveze ukuthi bayathanda ukuhlonishwa ngokufunda abakwenzile kanti abangama-67 (ama-41.8%) abanandaba nokubongwa/nokunconywa ngomsebenzi abawenzile.

Isizathu sokufunda esicashunwe iningi labaphendulile abangama-93 (ama-58.1%) esokwenza ngcono emamakini abo okuphumelela kanti abangama-43 (ama-26.9) bebengacabangi ukuthi abafundi kufanele bafunde kuphela ukuthuthukisa amamaki abo. Ngendlela efanayo yokucabanga, iningi labafundi abayi-105 (ama-65.6%) beqhathaniswa nabangama-52 (ama-33.1%) baveze ukuthi abazali/abaqaphi babo banendaba nokusebenza kwabo kwezemfundo. Lokhu kuthathwe njengokuchaza ukuthi iningi lababambiqhaza banentshisekelo yangaphandle njengoba befundela ukuthola amamaki amahle nokuhlaba abazali umxhwele. Izifundo zaphambilini zithole ukuhlobana okuhle okuqinile phakathi kokuzibandakanya kwabazali ezifundweni zabafundi nempumelelo yabafundi ezifundweni zabo (Harati, 2014; Kim, 2020; Roksa noKinsley, 2019; Wilder, 2014).

Izizathu zomphakathi
Ekubhekweni kwezizathu zomphakathi zokufunda zikhombisa ukuthi iningi labafundi abayi-102 (ama-83.8%) bayaxoxa nabangani babo ngalokho abakufundayo bese abangama-58 (16.3%) kuphela abangazihluphi ngisho ngokwazisa abangani babo ukuthi yini abayifundayo ngaleso sikhathi. Ngelikhulu izinga, abangama-81 (ama-51.3%) abafundi bathanda ukushintshana noma ukutusa izinto ezifundwayo, bese abangama-77 (ama-48.7%) abashintshani noma batuse izinto zokufunda kubangani babo. Lokhu kungaba isikhuthazi sangaphandle esihle uma kuthiwa abafundi abaningi bakwenzela izizathu zomphakathi.

Ukuthobela
Nokho-ke, ingxenye yokugcina yemibuzo mayelana nokuthobela umthetho iveze imiphumela ephikisanayo. Abafundi abaningi abayi-109

(ama-68.1%) baveze ukuthi bafunda kuphela uma kufanele bese abangama-51 (ama-31.9%) kuphela abajwayele ukufunda futhi abakubona njengengxenye yempilo yabo. Abafundi abayi-135 (ama-84.4%) uma beqhathaniswa nabangama-25 (i-15.6%) ngaso sonke isikhathi bayazama ukuqeda ukufunda kwabo ngokushesha okukhulu. Lokhu kukhomba ukuthi iningi lizimisele ukwenza imisebenzi yokufunda.

Izimpendulo zale mibuzo emibili zibukeka sengathi ziyahambisana ngoba yize iningi lifunda kuphela uma kufanele ngokufanayo liyazibandakanya ekwenzeni umsebenzi walo wokufunda ngokushesha. Lokhu kungase kungabi uphawu oluhle ngomqondo wokuthi uma abafundi bechitha isikhathi esiningi befunda, bazoyijwayela indlela yokufunda bathole nezinzuzo zayo ezinkulu. Le ndlela engeyinhle yokufunda kungenzeka ukuthi yiyona edale ukungasebenzi kahle kwabo onyakeni wabo wokugcina kowedlule. Lokho kubonakala ngamaphuzu abawatholile esiNgisi namazinga aphansi ewonke amaphuzu abo okungena enyuvesi.

Incazelo yemiphumela

Imiphumela ikubeke ngokusobala ukuthi abafundi abamnyama bafika emanyuvesi bengenalo ugqozi lokufunda amanoveli. Lokhu kukudlulela ogqozini lwabo lokungabi nentshisekelo yokufunda nezinye izincwadi ezihambisana nezifundo zabo. Lesi simo sinomthelela omubi emphumelweni yabafundi ezifundweni zabo. Ukufunda ngesiNgisi okungelona ulimi lwabo lwebele kuyawehlisa umdlandla wokuthanda ukuzibandakanya nokufundwayo.

Ngalezi zizathu kubalulekile ukuthi abazali nababheki babafundi babakhuthaze ngokubaluleka kokufunda imibhalo. Bangakwenza lokhu ngokuthi nabo babe izibonelo uma behlala bahlale baphathe baphinde babheke izincwadi noma amabhuku. Iningi labazali abamnyama yize bexakwe ukusebenza kumele balenze leli thuba lokugqugquzela abafundi.

Inselelo enkulu ikubafundisi okuyibona ababhekene nengwadla yokuphumelelisa abafundi. Ngalesi sizathu, kumele basungule izindlela ezahlukene zokukhuthaza abafundi ukuthi bafunde ngokwabo bengalandelwa ngemuva. Enye yale zindlela ukuba nabo abafundisi babe izibonelo ezinhle kubafundi ngokuthi bazibonakalise befunda okuthile. Ngaphezu kwalokhu, babanike imisebenzi ezobaphoqa sakubakhuthaza ukuthi bafune ulwazi olungaphezu kwalolu abalunikwa abafundisi babo eklasini. Baphinde babakhuthaze ngokubanika izincwadi ezibhalwe ngesiZulu noma ezixube izilimi. Lokhu kuyosiza ekutheni bajwayele ukufunda ngolimi lwabo olulula ukuze babe nogqozi lokufunda okubhalwe ngesiNgisi.

Isiphetho

Ucwaningo beluhlose ukuphenya amazinga okugqugquzeleka kwababambiqhaza ngokwesizinda sasenyuvesi yezobuchwepheshe. Imiphumela ikhomba ukuthi izimo zezomnotho nenhlalo zinomthelela ekushisekeni kwangaphakathi kwabafundi. Iqiniso ukuthi lesi sikhungo esiyisizinda salolu cwaningo sihehe abafundi abavela emakhaya nasezikoleni phambilini ebezincishiwe amathuba okudale isimo sokuntuleka kwentshisekelo yangaphakathi yokufunda okufanele ngabe yasungulwa besebancane abafundi. Ngaphezu kwalokho, njengenyuvesi yezobuchwepheshe, lesi sikhungo asibahehi abafundi abanemiphumela emihle kakhulu yokushiya isikole engabenza bafaneleke ukungena emanyuvesi endabuko. Lokhu kuyachaza ukuthi yini indaba ngisho imiphumela yabo yesikole yesiNgisi ingekho ezingeni eliphezulu. Izinselelo ezisezindaweni zabo zenza kuphoqeleke ukuthi imizamo yokungenelela ibhekwe futhi isetshenziswe ukusiza abafundi okungenzeka babe namandla yize babencishekile ngenxa yezimo zabo zaphambilini ukufeza amandla abo angempela.

Amasu anjalo angasebenza uma kubhekwa ukuthi iningi lababambiqhaza libonakala ligqugquzelekile ngaphandle njengoba lizimisele ukwenza kahle ezifundweni zalo. Ngaphezu kwalokho, banengcindezi kubazali babo abakhombisa ukuba nendaba nokusebenza kahle kwabo ezifundweni zabo. Kubonakala sengathi lo msebenzi uzodinga isineke esikhulu njengoba kungase kungenzeki ukuthi kubonakale imiphumela emihle ngokushesha. Lokhu kungenzeka uma izincwadi zokufunda ezizobeseka zethulwa kubafundi. Izincwadi ezisebenzisa izilimi eziningi zinamandla ukweseka abafundi ezinselelweni abanazo nasekuthuthukisweni kwamagama kuzo zombili izilimi, isiNgisi nezase-Afrika. Abafundi abenza izifundo zokufunda nokubhala minyaka yonke futhi okungenzeka kulabo abaqhubekayo nazo onyakeni wabo wesibili bangase babe sethubeni elingcono lokwenza kahle. Umthelela wesu lokungenelela eligxile ezincwadini zokufunda ezisebenzisa izilimi eziningi ngokwemvelo uyingxenye ebalulekile yocwaningo oluqhubekayo.

Imithombo Yolwazi

Applegate, A.J. and Applegate, M.D. 2010. 'A Study of Thoughtful Literacy and the Motivation to Read'. *The Reading Teacher* 64(4): 226–234.

Baker, L. and Scher, D. 2002. 'Beginning Readers' Motivation for Reading in Relation to Parental Beliefs and Home Reading Experiences'. *Reading Psychology* 23: 239–269.

Birch, B.M. and Fulop, S. 2020. *English L2 Reading: Getting to the Bottom*. London: Routledge.

Boakye, N. and Southey, L. 2008. 'Investigating Students' Motivations and Attitudes towards Reading'. *Journal for Language Teaching* 42(2): 7–24.

Bornman, J. 2017. 'Municipal Office and Library in Schweizer-Reneke Gutted during Protests'. *Timeslive*, 1 June. https://www.timeslive.co.za/news/south-africa/2017-06-01/.

Butler, I. 2006. 'Integrating Language and Literature in English Studies: A Case Study of the English 100 Course at the University of North West'. PhD thesis, University of South Africa.

Charamba, E. 2020. 'Translanguaging in a Multilingual Class: A Study of the Relation between Students' Languages and Epistemological Access in Science'. *International Journal of Science Education* 42(11): 1779–1798. https://doi.org/10.1080/09500693.2020.1783019.

Charamba, E. 2021. 'Learning and Language: Towards a Reconceptualization of Their Mutual Interdependences in a Multilingual Science Class'. *Journal of Multilingual and Multicultural Development* 42(6): 503–521.

Cunningham, A.E. and Stanovich, K.E. 1998. 'What Reading Does for the Mind'. *American Educator* 22(1&2): 8–15.

Dalvit, L. and De Klerk, V. 2005. 'Attitudes of Xhosa-speaking Students at the University of Fort Hare towards the Use of Xhosa as a Language of Learning and teaching (LOLT)'. *Southern African Linguistics and Applied Language Studies* 23(1): 1–18.

Dampier, G. 2015. 'A Qualitative Study of the Reasons for Students Who Dropped out in 2015'. Presentation at the First-Year Experience, University of Johannesburg Strategic Committee.

Department of Higher Education and Training. 2016. *2000 to 2017 First Time Entering Undergraduate Cohort Studies for Public Higher Education Institutions*. Pretoria: Department of Higher Education and Training. https://www.dhet.gov.za/HEMIS/2000%20TO%202017%20FIRST%20TIME%20ENTERING%20UNDERGRADUATE%20COHORT%20STUDIES%20FOR%20PUBLIC%20HEIs.pdf.

Dhanapala, K.V. 2008. 'Motivation of L2 Reading Behaviours of University Students in Japan and Sri Lanka'. *Journal of International Development and Cooperation* 14(1): 1–11.

Esra, M.E.S. and Sevilen Ç. 2021. 'Factors Influencing EFL Students' Motivation in Online Learning: A Qualitative Case Study'. *Journal of Educational Technology and Online Learning* 4(1): 11–22.

Gersten, R. 1996. 'The Double Demands of Teaching English Language Learners'. *Educational Leadership* 53(5): 18–22.

Guthrie, J.T. Coddington, C.S. and Wigfield, A. 2009. 'Profiles of Motivation for Reading among African American and Caucasian Students'. *Journal of Literacy Research* 41: 317–353.

Guthrie, J.T., McRae, A. and Klauda, S. 2007. 'Contributions of Concept-Oriented Reading Instruction to Knowledge about Interventions for Motivation in Reading'. *Educational Psychologist* 43: 237–250.

Guthrie, J.T. and Wigfield, A. 2000. 'Engagement and Motivation in Reading'. In M.L. Kamil, P.B. Mosenthal, P.D. Pearson and R. Barr (eds), *Handbook of Reading Research: Volume III*, pp. 403–42. New York: Erlbaum.

Harati, M.G. 2014. 'The Relationship between Parental Involvement in the Educational Activities and Academic Achievement of Elementary Students in Tonekabon City'. *Extensive Journal of Applied Sciences* 3(3): 86–88.

Hebbecker, K., Förster, N. and Souvignier, E. 2019. 'Reciprocal Effects between Reading Achievement and Intrinsic and Extrinsic Reading Motivation'. *Scientific Studies of Reading* 23(5): 419–436. https://doi.org/10.1080/1088 8438.2019.1598413.

Hoxha, D. and Sumner, E. 2022. 'Examining Cognitive, Motivational and Environmental Factors That Relate to Reading Performance for Children with English as a First or Additional Language'. *The Language Learning Journal* 50(6): 698–711. https://doi.org/10.1080/09571736.2021.1879905.

Ivey, G. and Broaddus, K. 2001. 'Just Plain Reading': A Survey of What Makes Students Want to Read in Middle School'. *Reading Research Quarterly* 36: 350–377.

Kambara, H. and Lin, Y.C. 2022. 'Investigating Reading Motivation in Latinx College Students: Qualitative Insights from Bilingual Readers'. *Journal of Multilingual and Multicultural Development*: 1–16.

Kim, S.W. 2020. 'Meta-analysis of Parental Involvement and Achievement in East Asian Countries'. *Education and Urban Society* 52(2): 312–337.

Kızıltas, Y. 2022. 'Reading Motivation Levels of Bilingual Primary School Students: Suggestions for Increasing Reading Motivation'. *International Journal of Curriculum and Instruction* 14(3): 2459–2489.

Maluleke, M.J. 2019. 'Using Code-switching as an Empowerment Strategy in Teaching Mathematics to Learners with Limited Proficiency in English in South African Schools'. *South African Journal of Education* 39(3): 1–9. https://doi.org/10.15700/saje.v39n3a1528.

McKenna, M.C., Kear, D. and Ellsworth, R.A. 1995. 'Children's Attitudes Toward Reading: A National Survey'. *Reading Research Quarterly* 30: 934–956.

Meece, J.L., Anderman, E.M. and Anderman, L.H. 2006. 'Classroom Goal Structures, Student Motivation, and Academic Achievement'. *Annual Review of Psychology* 57: 487–504.

Mlachila, M.M. and Moeletsi, T. 2019. 'Struggling to Make the Grade: A Review of the Causes and Consequences of the Weak Outcomes of South Africa's Education System'. Working Paper No. 2019/047, International Monetary Fund.

Motlhaka, H. 2022. 'From "Black" to "Kaleidoscope": Institutional Curriculum and Linguistic Reforms at a Historically Black University'. In L. Mkalela (ed.), *Language and Institutional Identity in the Post-Apartheid South African Higher Education: Perspectives on Policy and Practice*, pp. 53–74. Cham: Springer.

Mucherah, W. and Yoder, A. 2008. 'Motivation for Reading and Middle School Students' Performance on Standardized Testing in Reading'. *Reading Psychology* 29(3): 214–235.

Munyoro, A.T. and Dube, N. 2021. 'Perceived Factors That Contribute to Black Social Work Students' Failure of Courses at University Level: A Case Study of 3rd Year Social Work Students at a South African University'. *Journal of Human Behavior in the Social Environment* 31(5): 564–581. https://doi.org/10.1080/10911359.2020.1799899.

Nielen, T.M.J. and Bus, A.G. 2015. 'Enriched School Libraries: A Boost to Academic Achievement'. *AERA Open* 1(4): 1–11. http://ero.sagepub.com.

Ng, M.M., Guthrie, J.T., Van Meter, P., McCann, A. and Alao, A. 1998. 'How Do Classroom Characteristics Influence Intrinsic Motivation for Literacy?' *Reading Psychology* 19: 319–398.

Ngcobo, S., Ndebele, H. and Bryant, K. 2021. 'Translanguaging: A Tool to Decolonise Students' Experiences of Learning to Write for Academic Purposes in the South African University Context'. *Journal for Language Teaching = Ijenali Yekufundzisa Lulwimi = Tydskrif vir Taalonderrig* 55(1): 77–99.

Ngubane, N. 2022. 'IsiZulu as the Medium of Instruction at University: Shifting Institutional Identities'. In L. Makalela (ed.), *Language and Institutional Identity in the Post-Apartheid South African Higher Education: Perspectives on Policy and Practice*, pp. 87–100. Cham: Springer.

Ntsala, M. and Mahlatji, M. 2016. 'Service Delivery Protests Resulting in the Burning of Libraries: A Study of Selected Public Libraries in South Africa'.

Annual Conference Proceedings of the South African Association of Public Administration and Management, University of Limpopo. ulspace.ul.ac.za/handle/10386/1648.

Parkinson, B. and Thomas, H.R. 2000. *Teaching Literature in a Second Language*. Edinburgh: Edinburgh University Press.

Pintrich, P.R. 2000. 'Multiple Goals, Multiple Pathways: The Role of Goal Orientation in Learning and Achievement'. *Journal of Educational Psychology* 92: 544–555.

Pretorius, E.J. 2002. 'Reading Ability and Academic Performance: Are We Fiddling While Rome Is Burning?' *Language Matters: Studies in Language Matters of Southern Africa* 33: 189–195.

Pretorius, E.J. and Currin, S. 2010. 'Do the Rich Get Richer and the Poor Poorer? The Effects of an Intervention Programme on Reading in the Home and School Language in a High Poverty Multilingual Context'. *International Journal of Educational Development* 30(1): 67–76.

Quintal, G. 2018. 'Service Delivery Protests Increasing and Most Are Violent'. *Timeslive*, 14 May. https://www.timeslive.co.za/news/south-africa/2018-05-14-service-delivery-protests-increasing-and-most-are-violent/.

Rahiem, M.D. 2021. 'Remaining Motivated Despite the Limitations: University Students' Learning Propensity during the COVID-19 Pandemic'. *Children and Youth Services Review* 120: 105802.

Retelsdorf, J., Koller, O. and Moller, J. 2011. 'On the Effects of Motivation on Reading Performance Growth in Secondary School'. *Learning and Instruction* 21(4): 550–559.

Robertson, S.A. and Graven, M. 2020. 'Language as an Including or Excluding Factor in Mathematics Teaching and Learning'. *Mathematics Education Research Journal* 32(1): 77–101.

Roksa, J. and Kinsley, P. 2019. 'The Role of Family Support in Facilitating Academic Success of Low-Income Students'. *Research in Higher Education* 60(4): 415–436.

Ryan, R.M. and Deci, E.L. 2000. 'Intrinsic and Extrinsic Motivations: Classic Definitions and New Directions'. *Contemporary Educational Psychology* 25: 54–67.

Saneka, N.E. and De Witt, M. 2019. 'Barriers and Bridges between Mother Tongue and English as a Second Language in Young Children'. *South African Journal of Childhood Education* 9(1): 1–8. http://dx.doi.org/10.4102/sajce.v9i1.516.

Schiefele, U. 1991. 'Interest, Learning, and Motivation'. *Education Psychologist* 26(3&4): 299–323.

Sikhwari, T.D., Ravhuhali, F., Lavhelani, N.P. and Pataka, F.H. 2019. 'Students' Perceptions of Some Factors Influencing Academic Achievement at a Rural South African University'. *South African Journal of Higher Education* 33(4): 291–306. https://hdl.handle.net/10520/EJC-19a76c5ef5.

Scott, I. 2009. 'First-year Experience as Terrain of Failure or Platform for Development? Critical Choices for Higher Education'. In S. van Schalkwyk, B. Leibowitz and A. van der Merwe (eds), *Focus on First-year Success: Perspectives Emerging from South Africa and Beyond*, pp. 17–35. Stellenbosch: Sun Media.

Sweet, A., Guthrie, J.T. and N.M. 1998. 'Teacher Perceptions and Student Reading Motivation'. *Journal of Educational Psychology* 90: 210–223.

Tanga, M. and Maphosa, C. 2018. 'Academic Hurdles Facing Undergraduate Students at One South African University'. *Research in Higher Education Journal* 35. https://eric.ed.gov/?id=EJ1194271.

Tomlison, B. 1985. 'Language through Literature and Literature through Language'. *EFL Gazette*, 9 March.

Unrau, N. and Schlackman, J. 2006. 'Motivation and Its Relationship with Reading Achievement in an Urban Middle School'. *Journal of Educational Research* 100: 81–101.

Wang, J.H.Y. and Guthrie, J.T. 2004. 'Modeling the Effects of Intrinsic Motivation, Extrinsic Motivation, Amount of Reading, and Past Reading Achievement on Text Comprehension between U.S. and Chinese Students'. *Reading Research* Quarterly 39: 162–186.

Webb, V. 2013. 'African Languages in Post-1994 Education in South Africa: Our Own Titanic?' *South African Linguistics and Applied Language Studies* 31(2): 173–184.

Wigfield, A. 1997. 'Reading Motivation: A Domain-specific Approach to Motivation'. *Educational Psychologist* 32(2): 59–68.

Wigfield, A. and Guthrie, J.T. 1997. 'Relations of Children's Motivation for Reading to the Amount and Breadth of Their Reading'. *Journal of Educational Psychology* 89: 420–432.

Wigfield, A., Guthrie, J.T. and McGough, K. 1996. *A Questionnaire Measure of Reading Motivations*. Athens, GA: National Reading Research Center.

Wilder, S. 2014. 'Effects of Parental Involvement on Academic Achievement: A Meta-synthesis'. *Educational Review* 66(3): 377–397. https://doi.org/10.1080/00131911.2013.780009.

10

Ukusetshenziswa Kolimi Lwendabuko Ngempumelelo Ocwaningweni Lolwazi

Primrose Z. Ngema-Msomi

Isingeniso

Ubunzima abeluleki ababhekana nabo bokufunda izifundo ngolimi lwesiNgisi bese bephoqeleka ukuthi badlulise ulwazi kubalimi basemakhaya ngolimi lwendabuko, okuyisiZulu, lapha KwaZulu-Natali ikhona okuyimbangela yokuthi umbhali wale sahluko athathe leli thuba lokubhala lolu cwaningo olubheke ngqo 'ekusetshenzisweni kolimi lwendabuko nempumelelo ocwaningeni lolwazi'. Le ndlela yokudlulisa ulwazi okuncike ikakhulukazi olimini lwendabuko ilandela inqubomgomo yaseNingizimu Afrika yokuthuthukiswa kwezolimo emphakathini wasemakhaya. Kanti nomlando ngokuqala kwezokuthuthukiswa kwezolimo siwuthola ocwaningweni lukaPenzhorn (1987) oluveza ukuthi eZokuthuthukiswa kweZolimo zaqala ngonyaka we-1925. UNgqongqoshe wangaleso sikhathi kwakunguGeneral Kemp owabe esesekwa uColonel Heinrich du Toit ukuba abe inhloko yophiko lokuthuthukiswa kwezolimo (*Extension Extension*). Kanti-ke, ngokomlando wokuthuthukiswa kwezolimo, lowo mbono waqalwa ngonyaka we-1940 lapho kwakhiwa uphiko lwezolimo enyuvesi yasePitoli okwakuzoqeqeshwa khona abeluleki nalapho okwakuzokwenziwa khona ucwaningo.

Izifundo zezolimo enyuvesi yasePitoli zaziqhutshwa ngesiBhunu nangesiNgisi. Kwabe sekwakhiwa uphiko lokufundisa ezolimo nakwamanye amanyuvesi anjengoFort Hare, KwaZulu-Natali (eMgungundlovu), North West (eMafikeng), Venda kanjalo nakwamanye amanyuvesi i Technikon Northern Gauteng, Technikon North-West ne Technikon Pretoria eseyaziwa ngeTshwane University of Technology, iCape Technikon, Peninsula Technikon eseyaziwa ngeCape Peninsula University of Technology. Kwathi ngonyaka we-1974, uNdunankulu waKwaZulu-Natali ngaleyo minyaka, uDokotela uMangosuthu Buthelezi, wasungula inyuvesi ezoqeqesha abafundi emisebenzini ehlukahlukene. Lokhu kufakazelwa umbiko oshicilelwe i-Uni24 Mangosuthu University of Technology ocacisa izizathu zokuvulwa kwenyuvesi yaseMlazi, iMangosuthu University of Technology. Le nyuvesi inomnyango wezesayensi onophiko lwezifundo zokuthuthukiswa komphakathi kwezolimo (*Community Extension*) okuyilapho kuqeqeshwa abazoluleka umphakakathi kwezolimo. Abafundi abaqeqeshwa kulo mnyango iningi labo lisebenza ngaphansi komnyango wezolimo (*Department of Agriculture, Land Reform and Rural Development*). Ngokombiko kaSihlobo, uhulumeni waseNingizimu Afrika wabona isidingo sokuthi abeluleki bezolimo bathole ulwazi olunzulu nobuchwepheshe ezikhungweni zemfundo ephakeme ukuze kugqugquzeleke ezolimo.

Ngeshwa, alubhekwanga ulimi abafundi abazoqeqeshwa ngalo ukulungiselela ikusasa labo emsebenzini lapho bezoxhumana nabalimi basemakhaya abakhuluma ulimi lwendabuko kuphela. Le nkinga kufanele ngabe isiyaxazululwa kudala njengoba kunezinhlangano ezibhekelele ukusebenza ngokufaneleyo komnyango wezolimo okuyi (SASAE). Le nhlangano ye-SASAE isebenza ngokuzinikela ukukhuphula izinga lokusebenza nomnyango wezolimo. Nokho, ayikabhekisiswa le ngqinamba yokufundiswa kwabafundi ngolimi lwesiNgisi kuphela emanyuvesi, bebe bezoyosebenza emakhaya lapho esingaziwa khona isiNgisi. Kanjalo nenhlangano yombutho ebhekelele umsebenzi wabeluleki, iSouth African Council for Natural Scientific Professions (SACNASP), nayo ebhekelele ukuqinisekisa ukuvikela umsebenzi wezolimo, ayikalubhekisisi lolu daba lolimi okufundwa ngalo kodwa okungalulekwa ngalo.

UTerblanché (2003) waphawula ukuthi izakhamuzi ezakhe ezindaweni zamakhosi endabuko izona eziyinani eliphezulu eNingizimu Afrika. Kanti umsebenzi wezolimo yiwona ohamba phambili kubantu basemakhaya. Kuyilapho uhulumeni ebhekisisa ukuthi ngempela kunesidingo sokuthuthukiswa komphakathi wasemakhaya ngokuthi afake isandla ekuthuthukisweni kwezolimo. UHester (2000) wabalula ubumqoka bokubhekelela inhlalo yabantu basemakhaya nokuthi kufanele uma uzosebenzisana nabo wazi kabanzi ngabo; lokhu kufaka indlela abenza ngayo izinto nolimi abalukhulumayo. Yingakho nje kufanele umeluleki afunde agogode izifundo ezihleliwe futhi aphinde acijeke ngolwazi lomphakathi azowusebenza ukuze akulungele ukusebenza ngaphansi komnyango wezokuthuthukiswa kwezolimo. Lezi zifundo ziqhutshwa ngesiNgisi kuphela ngesikhathi abafundi befundiswa zona noma sebebhala izivivinyo zabo. Lapha singabala izifundo ezifana ne-*Agro processing, Food security, Basic skills, Animal production, Animal Health, Nutrition, Crop production, Soil Science, Water management, Pastures, Land use planning Fruit production, Health and Hyigiene, Agri-business management Entrepreneurship Marketing Bio-med*, nezinye. Njengoba zibhaliwe lezi zifundo, ziqhutshwa ngolimi lwesiNgisi kepha uma umeluleki eseziphothulile lezi zifundo wedlulisela ulwazi kubalimi basemakhaya ngolimi lwabo lwendabuko. Yingakho-ke kuncomeka ukuthi abeluleki kunesidingo sokuthi bafunde izifundo ngolimi lwendabuko ukuze bajwayele ukuthi bazohumusha kanjani ulwazi uma sebephambi kwabalimi basemakhaya.

Ukubuyekezwa kolwazi lwaphambilini

Lapha kwethulwa ulwazi oselubhaliwe oluhambisana nesihloko salolu cwaningo. Lolu lwazi lweseka isidingongqangi salolu cwaningo kanjalo nengqikithi ehlaziya isidingo sokubhala ucwaningo nangezinye izilimi zendabuko kungabi isiNgisi kuphela.

Izilimi zendabuko nokubamba iqhaza

UWatermeyer, noThwala, noBeukes, (2021) babalula ukuthi kusemqoka ukuba izilimi zendabuko zibambe iqhaza ekwakheni ulwazi olunqala lokweseka ucwaningo nolwazi olusha ekuthuthukisweni komphakathi wonkana waseNingizimu Afrika. Yingakho kunconywa ukuthi labo abafundisa lezo zifundo kufanele baphinde bachaze kabanzi ngesifundo. Kumele banabe ngolimi olusetshenziswa abafundi emakhaya abo ukuze imiphumela ibe mihle futhi ibonakale uma sebeyosebenza emphakathini. U-Ocholla (2020) ubalule ukuthi kukhona imithetho okufanele ikhuthazwe yokusetshenziswa kolimi lwendabuko, ngoba ingaletha inkululeko ekwakhiweni, ekugcinweni nasekuqiniseni amasiko anoma isiphi isizwe.

UWatermeyer, uThwala, noBeukes, (2021) bathi iNingizimu Afrika isaqhubeka nokushaya indiva iqiniso elithi uma ulangazelele ulwazi oluthize, kudingeka ulufunde ngolimi lwakho lwendabuko ngoba ukufunda ngolimi okungelona olwakho lwendabuko kunomthelela ongemuhle kubafundi bamabanga aphansi naphezulu, baphumelela ngezinga elingagculisiyo. Ilizwe laseNingizimu Afrika linenkinga yokungaphumeleli kahle kwabafundi. Lokhu kusekwa nangu-Ameka, benoHill (2022) bethathela enkulumweni eyayibhungwa kwinkomfa ye -UNESCO ngonyaka wezi-2022. Lolu shintsho lokuthi kufundiswe nangolimi lwendabuko eNingizimu Afrika, kubhekwe ukuthi lube seluphothuliwe ngonyaka wezi-2030. Le nkulumo igqugquzela ukuthi asikusukumele phezulu siseke ukusetshenziswa kwezilimi ezahlukene emanyuvesi ukuze kube nempumelelo nakwezocwaningo oluzobhalwa ngolimi lwendabuko.

Esifundazweni saKwaZulu-Natali, emabangeni aphansi emfundo isiZulu ulimi lwasekhaya, lusetshenziswa njengolimi lokufunda nokufundisa, ngokomthetho olawula ukusebenza kwezilimi ezikoleni (Mda, 1997) Okwamanje bekungakabi bikho isikole esisebenzisa isiZulu njengolimi lokufunda nokufundisa ezikoleni zamabanga aphezulu. Njengoba kwezinye izifundazwe, zonke izifundo okwamanje zisafundwa ngolimi lwesiNgisi noma ngolimi lwesiBhunu kulezo zikole ezimbalwa ezikhetha ukufundisa ngesiBhunu.

Ukhuluvhe (2021) ubalule ukuthi bangamaphesenti ayisishiyagalombili (8%) abaseNingizimu Afrika abakhuluma isiNgisi emakhaya. Lokhu kubeka ngokusobala ukuthi ucwaningo olwenziwayo eNingizimu Afrika kufanele lubhalwe nangolimi lwendabuko ngoba baningi kakhulu abakhuluma ulimi lwendabuko. Kepha-ke kuyamangaza ukuthi isiNgisi isona esihamba phambili ocwaningweni oluningi lwalapha eNingizimu Afrika futhi isona esikhulunywa kakhulu uma kunemihlangano ebalulekile nasephalamende laseNingizimu Afrika imbala. Kweminye imihlangano kuze kulethwe ozolekelela ngokuhumusha inkulumo kepha uma kubhekwa abantu abathamele lowo mhlangano kubonakale bebaningi kakhulu abakhuluma ulimi lwendabuko kunalabo abakhuluma isiNgisi. Abantu basemakhaya bavamise ukuthi bagxile ekubabazeni indlela umuntu lowo asikhuluma ngayo isiNgisi bese kulahleka inhloso yokudlulisa lowo mbiko nokuxhumana okunempumelelo. Ukweseka lenkulumo, u-Attridge (2021) uthi ulimi lwakho lwendabuko luveza imvelaphi yakho, ikakhulukazi ezweni laseNingizimu Afrika eliphakamisa ukuzigqaja ngokuhlanganisa izinhlanga ezehlukene ezinamsiko ahlukahlukene. Uqhuba athi, akukho noyedwa okufanele azibone engamukelekile, engakhululekile noma ezeya noma azibone esemkhulu kakhulu kunabanye ngenxa yolimi alukhulumayo noma olukhulunywa ngabanye.

Ngokwamarekhodi atholakale ocwaningweni lukaNgema, uSibanda, noMusemwa. (2018) abalula ukuthi ukudluliswa kolwazi lwezolimo kusetshenziswe ulimi lwendabuko, kulethe impumelelo. Lokhu kuvele ngenxa yokubhekisisa izinga lemfundo yabalimi abazimbakanya emkhankasweni owaduma ngokuthi yi-*One Home One Garden* okuwuhlelo olulethwa umnyango wezolimo. Abalimi baphumelela kakhulu kulolu hlelo ngenxa yokufundiswa ngolimi abalwaziyo okuyisiZulu esinomlando onzulu kakhulu.

Umlando omfushane wolimi lwesiZulu nokukhula kwaso Eningizimu Afrika

IsiZulu siwulimi olukhulunywa abantu abaningi eNingizimu Afrika. Imvelaphi yaso isuka KwaZulu-Natali. Nawo-ke amaZulu abalelwa ezigidini eziyishumi azinze lapha eNingizimu Afrika. Ucwaningo oluningi luveza ukuthi isiZulu ilona lulimi olunabantu abaningi. Lokhu yikhona okwenza kube semqoka ukuthi uma kubhalwa nanoma yini ephatheleni nezakhamuzi zaKwaZulu-Natali kushicilelwe ngolimi lwesiZulu ukuze kube nempulelo kulowo mbiko odluliswayo njengoba bebaningi kakhulu abakhuluma isiZulu. Lokhu kufakazelwa ucwaningo olwenziwe uMartin noPrzybocki (2003) babalelwa kumaphesenti angamashumi ayisishiyagombili (81%) abantu abakhuluma isiZulu esifundazweni saKwaZulu-Natali, bangamaphesenti angamashumi amabili nesithupha (26) eMpumalanga. Kanti eGauteng bangamaphesenti angamashumi amabili nanye (21%). Lolu cwaningi luhlaziywe uMaine (2010).

Uhlelo lokuhumusha ezobuchwepheshe ngolimi lwendabuko

UDhewa (2010) ocwaningweni lwakhe ubalula ukuthi ama-Afrika anomlando omkhulu nokunotha kwezamasiko, lokho kuhlanganisa ukunotha kwezolimo namahlathi kuya emishanguzweni yendabuko neyesilungu. Konke lokhu kungaletha ushintsho olukhulu, ikakhulu kwi-Afrika yonkana uma kungakwazi ukuthi kube namagama azokwazi ukuhunyushwa ngolimi lwendabuko. Uqhubeke wathi njengocwaningo lwesitshalo esikwazi ukumelana nesimo sesomiso siphinde silekelele kule ngwadla esibhekene nayo yokushintsha kwesimo sezulu. U-OKoth

(2022) waveza ukuthi lo mbono ngalesi sitshalo ungasiza abaningi abalimi abasafufisa e-Afrika. Ngeshwa, lolu lwazi alufinyeleli kubalimi ngoba alutholakali olubhalwe ngezilimi zendabuko ezikhona lapha e-Afrika. UDjite (2008) naye waphawula ukuthi ukuthuthukiswa kolimi kulesi sikhathi samanje kusemqoka futhi kuphosa esivivaneni soshintsho kwezokuxhumana, ezobuchwepheshe nasekwakheni amakhono amasha.

UDwewa ubalula ukuthi ukuze ukuthuthukiswa kwezilimi zomdabu kube impumelelo kuwo wonke amabanga kwezomfundo, kudingeka ukuba kubanjiswane nabanye abanolwazi olunzulu kwezokuxhumana ngezilimi zendabuko futhi abanolwazi kwezokuhumusha ucwaningo lwaphambili. Abahumushi bangahumusha ngolimi lolo oludingekayo bese bakha umgogodla wophiko lokuhumusha nolokuhlaziya; bachibiyele futhi babe nesivumelwano ngalawo magama azobe esephakanyisiwe ukuthi iwona azosetshenziswa njengencazelo yegama elithize ebelibizwa ngegama lesiNgisi phambilini. Ulwazi ngaleyo ngqikithi noma isihloko noma isifundo esithize kufanele lube nzulu kulowo ozodlala indima yokuhumusha imibhalo yocwaningo eyisusela esiNgisini iya olimini lwendabuko.

U-Asemah (2011) wagcizelela ukuthi kusemqoka ukuba kubhekisiswe indlela yokuxhumana, nokuletha ulwazi olusha ngokuhumusha luphinde lwemukelwe ngezandla ezimhlophe. Ingakho kenesiqubulo esithi 'alukho olungenziwa oluphathele nathi, ngaphandle kwethu *'Nothing about us, without us'*. Lesi siqubulo sasibalulwe abamele abaphila nokukhubazeka oMasutha   no-   Rowland   ngonyaka   we-1993   abaseNingizimu Afrika   ababesithole   emhlanganweni   wabaphila   nokukhubazeka, okwakuwumhlangano womhlaba wonke. Lesi siqubulo sithi akungabi nasinqumo esizothathelwa sona thina singazange sibandakanywe. Lesi siqubulo saba nogazi ngoba nombhali uCharlton (2000) wasisebenzisa encwadini   yakhe   eyayiphathelene   nobandlululo   kwabaphila nokukhubazeka. Kanjalo noSquier (2022) wasifakazela lesi siqubulo ngokuthi akufanelekile abantu babandlululwe ngokokukhubazeka nanoma ngaluphi uhlobo, baze bangabandakanywa ekuthuthukisweni kwezwe laseNingizimu Afrika.

Abacwaningi abasebasha nolimi lwesiNgisi

OCoung. Huu, Hoang. Duc. Chinh no Nguyen (2021) ocwaningweni lwabo babalula ukuthi kusemqoka ukuthi ukuze lube nempumelelo ucwaningo kudingeka kusetshengiswe izilimi ezehlukene ukuze bonke abantu bazuze kulolo lwazi olulethwa ucwaningo. Kulolu cwaningo kucaca ngokusobala ukuthi ababhali beseka ukuthi nanoma iluphi ucwaningo kufanele lushicilelwe ngezilimi ezahlukeneyo. Baqhube bathi, abacwaningi abasebasha ngokweminyaka bathokozela ukwenza ucwaningo ngolimi lwesiNgisi kuphela. Lokhu kwenzeka emazweni amaningi, baphinde babalula ukuthi abalubhekeleli ulimi lwendabuko lwakuleyo ndawo abaqhuba khona ucwaningo. Le nkulumo ifakazelwa ucwaningo olwenziwa uMchombu (1992) nalolo olwenziwa uCamble (1994) lapo bethi abacwaningi abakushayi ndiva ukuthi ucwaningo lwabo balushicilele ngaluphi ulimi. INingizimu Afrika idinga ngempela ukukhulisa abacwaningi abasebasha ngendlela yokuthi uma bebhala ucwaningo bakubhekelele ukuthi bashicilela ucwaningo lwabo ngezilimi ezahlukene ezingabandlululi nolulodwa uhlanga.

Ucwaningo ngokudla okunomsoco nolimi lwendabuko

Ngokwenhlolovo eyenziwe phakathi kwe-1999 nezi-2008, inhlangano yempilo yomhlaba wonke, i*World Health Organization,* ibalula ukuthi iNingizimu Afrika yehlise ukusweleka kokudla ngohhafu, noma kuncomeka lokhu badlulisa ukuthi kusenenkinga yokuthi amaphesenti angama-26% wabahlali, uma kudidiyelwe wonke umuntu, basaphila ngaphansi kokuswela ukudla kwansuku zonke. Lokhu kuchaza ukuthi akwanele ukwehlisa izinga lokweswela ukudla kodwa kufuneka kusetshenzwe kakhulu ukubhekelela wonke umuntu ukuthi unokudla okwanele. Nakhona kulo mbiko oshicilelwe ngokwesiNgisi, abantu okufanele bazi ngezimpilo zabo, nanokuthi bona njengabahlali baseNingizimu Afrika bami kuliphi izinga ngokuba nokudla okwanele kabakwazi ukuthola lolu lwazi balusebenzise ngoba lushicilelwe ngolimi abangaluqondi okuyisiNgisi. Lo mbiko awufinyelelile kubona ngenxa yokubhalwa ngolimi olulodwa lwesilungu olungaziwa iwona wonke umuntu ohlala emakhaya aseNingizimu Afrika. Bekungakuhle ukuthi abemfundo ephakeme bazame ukuhlaziya lolu lwazi, lushicilelwe ngezilimi ezahlukene ukuze bonke abantu bahlomule ekulutholeni lolu lwazi ulusemqoka ezimpilweni zabo.

Ulimi lwendabuko, uhlelo lokuhlolwa komhlabathi nemiphumela

Uchwepheshe uKidson (2025) onguchwepheshe kweze-*edaphology,* okuwuphiko lwezocwaningo komhlabathi, wachaza kabanzi ngokubaluleka kokuhlolwa komhlabathi. Wabe esenza isibonelo ku-Ursula Human, owayemele I-Agri-Orbit, waphinde wabalula ukuhlukanisa izinhlobo zomhlabathi nokwazi ukuthi umhlabathi ushoda ngani nanokuthi unonile noma ushoda kangakanani ngomsoco. Izifundo zakhe ziyatholakala ku*Youtube*. Lokhu kusagcizelela yona inkinga yokuthi abalimi abangasikhulumi isiNgisi abakwazi abakwazi ukuluthola lolu lwazi ngoba abakwazi ukufunda nokubhala ngolunye ulimi ngaphandle kwalolu lwendabuko. Lokhu kunomthelela ngisho kwamanye amahovisi abacwaningi (*Research stations*) ne-*Institute for Soil, Climate and Water* (ISCW) okuyindawo lapho kuyiswa khona umhlabathi ngenhloso yokuthi uhlolwe ngaphambi kokutshala leso sitshalo esifunwe umphakathi wabalimi. Uma-ke sekubuya leyo mphumela, ibuya injengalo mfanekiso ofakwe ezinezelelweni zalolu cwaningo.

Ukuchaza kabanzi ngokuhlolwa komhlabathi, iningi labalimi linemfundo egcine emabangeni aphansi okungelula ukuhlaziya imiphumela yocwaningo lomhlabathi wabo uma luza ngalolu hlobo lwamagama abhalwe ngesilungu. Kanti-ke inkinga enkulu ukuthi umlimi usuke elukhokhele lolu cwaningo. Uma selubuyile useba nenkinga yokuluqonda lolo cwaningo aze alinde umeluleki ukuthi amchazele kabanzi ngokushiwo umphumela wocwaningo. Lokhu-ke kuyinhlala yenza. Uma sibhekisisa kulolu cwaningo olutholakala esinezezelweni kukhona amagama anjengo*phosphorus, mid infra-red* (MIR) *spectroscopy, calcium carbonate, dolomitic* namanye okuyinkinga ukuwaqonda. Ngenxa yokuthi imiphumela ayikaze yafika ngolimi lomlimi osuke efake isicelo sokucwaningelwa umhlabathi, ifika ibhalwe ngesiNgisi kuphela, kwenza abalimi bazibone bengeke bakwazi ukuhlaziya izimo zendawo yabo yokulima ngaphandle kosizo lukameluleki.

Ulimi lwendabuko nocwaningo ngokushintsha kwesimo sezulu

UMasipa (2017) wenza ucwaningo ngokushintsha kwesimo sezulu nomthelela waso ekukhiqizeni ukudla okwanele emakhaya, nokudayiswa komkhiqizo emakhaya. Wabalula ukuthi ukufudumala komkhathi (*global warming*) kuletha uguquko esimeni sezulu, nokuthi singancishiswa kanjani isimo esinjena esibhekene naso, ngoba imikhiqizo eminingi ibhekene nenkinga yalesi simo sezulu. Lolu cwaningo luhle kakhulu kodwa inkinga lushicilelwe ngesiNgisi kuphela, okunciphisa amathuba okufinyelela kubantu abaningi baseNingizimu Afrika. Lokhu-ke, kuwomunye wemibandela egcwalisa isidingo sokuthi ngempela kuyadingeka ukuthi ucwaningo lwethu sibuye silushicilele ngezilimi zendabuko, ukuze sizuze sonke njengama-Afrika.

Ulimi lwendabuko nocwaningo ngokudluliswa kolwazi ngolimi lwendabuko

UPretorius (2000) wahlola ubudlelwano phakathi kokuphumelela komfundi ukufunda okubhaliwe (*reading ability*) nokusebenza kwakhe ezifundweni (*academic performance*). Lolu cwaningo wakhetha ukulwenza kubafundi abafunda unyaka wokuqala enyuvesi yaseNingizimu Afrika, i-UNISA. Imiphumela yalolu cwaningo yakhombisa ukuthi abafundi abenza unyaka wokuqala banamazinga aphansi ngendlela exakile okufunda okubhaliwe; kanti izinga lokufunda ngendlela egelezayo (*reading fuency*) liphansi kakhulu ezifundweni. Lokhu kusekela ukuthi abafundi balekelwe ngokufundiswa isifundo zabo ngolimi lwabo lwendabuko lapho kunenjongo yokuthi baphumelele ezifundweni zabo.

Inhloso yocwaningo nalapho lugxile khona

Lolu cwaningo lugxile ocwaningweni lwezolimo olubhalwe ngolimi lwesiNgisi, okuwulimi okufundiswa ngalo ezolimo kule nyuvesi okwenzelwa kuyo ucwaningo. Luphinde lugxile olimini olusetshenziswayo uma sekudluliswa ulwazi emphakathini, uma abeluleki uma beletha ulwazi kanye novo lomphakathi ngolimi olusetshenziswayo.

Imibuzongqangi yocwaningo

Lolu cwaningo lube nemibuzongqangi ukuze luqoqeke ngendlela efanelekile lungalahlekelwa ingqikithi yalo. Imibuzongqangi yile elandelayo;

1. Iluphi ulimi olusetshenziswa ukudlulisa ulwazi kubafundi abenza isifundo zokuthuthukiswa kwezolimo?

2. Iyiphi indlela nolimi abalusebenzisayo abafundi uma sebexhumana nomphakathi?

3. Ngabe umphakathi uzizwa kanjani ngolimi okubhalwa ngalo ucwaningo lwezolimo nangolimi olusetshenziswayo uma abafundi beziqu zokuthuthukiswa kwezolimo bedlulisa ulwazi?

Izindlela zokuqoqa ulwazi ezisetshenzisiwe

Umbhali ukhethe ukusebenzisa indlela eyikhwalithethivu lolu cwaningo. UCreswell (2009) wabalule ukuthi ucwaningo oluyikwalithethivu luyancomeka ocwaningweni olubandakanya umcwaningi nomphakathi. UBabbie (2020) noNkosi (2011) babalula ukuthi zintathu izindlela okungaqhutshwa ngazo lolu hlobo locwaningo. Uma sinaba ngalolu hlobo lokucwaninga oluyikhwalitethivu kusemqoka kwaziwe ukuthi lungenza lokhu okulandelayo: lungachaza; lokhu okusho ukuthi umcwaningi uchaza anabe ngolwazi aluqoqile. Akwazi ukuthi uma eseyedwa angabi nenkinga yokuhumusha lokho akuqoqile ngolimi lwendabuko. Luphinde luqinisekise ngokuqoqiwe futhi luhlole. Konke lokhu kwachazwa uPeshkin (1993) ngobusemqoka bale ndlela yocwaningo. Ukuqoqa ulwazi lwalolu cwaningo kukhethwe abazolekelela (*enumerators*) ekubuzeni imibuzo yocwaningo nasekuqoqeni izimpendulo ezitholakale emibuzweni esakuhleleka (*semi-structured interviews*) kanye nemibuzo evela engxoxweni engenamigomo. Kanti konke kuphokophelele ekufezeni inhloso yalolu cwaningo.

Kuphinde kwalekwa ngocwaningo lwesimo (*observation*). Lolu hlobo locwaningo luletha ukuthi kubukwe okwenzekayo uma abafundi sebexhumana nomphakathi ngqo, nanokuthi umphakathi wona uzizwa unjani ngendlela abafundi abaxhumana ngayo nabo ngesikhathi bedlulisa ulwazi. Lokhu kwenzeka ngaphandle kokuthikameza laba abacwaningwayo. Ukwenza isibonelo ngalolu cwaningo, umbhali ukuqinisekisile ukuthi abafundi nomphakathi abathikameziseki ngalutho ngesikhathi besebenza. Lokhu kufakazelwa ucwaningo loColzato nozakwabo (2008) abachaza kabanzi ngalolu hlobo locwaningo. Bancoma ukuthi kudingeka wena mcwaningi uhlale ubukele, ungazibandakanyi kulokho okwenziwayo kodwa ubheke kuphela ngasohlangothi locwaningo olwenzayo.

Abalekeleli kulolu cwaningo bakhethwa ngoba beyijwayele indawo ehlonziwe futhi bakhuluma ulimi lwendabuko, okuwulimi lwesiZulu kanti nabafundi abakhethelwe lolu cwaningo nabo futhi bakhuluma isiZulu. Lolu cwaningo lunezigaba ezintathu, lubheka indlela nolimi okudluliswa ngayo ulwazi kubafundi abaqeqeshelwa ukuba abeluleki emfundweni ephakeme. Luphinde lubheke indlela kanye nempumelelo bona abafundi abayisebenzisayo uma bedlulisa ulwazi lwezolimo kumphakathi okhuluma isiZulu.

Ukuqokwa kwendawo yocwaningo nabathinteka kucwaningo

Umcwaningi ube esebona ukuthi lolu hlobo locwaningo oluyikhwalithethivu ilona oluzosebenza kahle ekuhlaziyeni isidingo sokusebenzisa ulimi lwendabuko phakathi kwabafundi baseMangosuthu University of Technology beziqu ze*Community Extension* eziphoqa ukudluliswa kolwazi ngolimi lwendabuko emphakathi. Bangamashumi ayisikhombisa nanhlanu (75) uma sebehlanganiswe bonke abafundi abathinteka kulolu cwaningo nazo lezo zigaba zabo zihlukaniseke kanje: Bangamashumi amane nantathu (43) abeziqu zokuqala (*undergraduates*) abebesesigamweni sabo sokuqala sonyaka (*first semester*) ngonyaka wezi-2022. Bese kuba abangamashumi amathathu nambili (32) abesebephothulile iziqu kodwa bezonezezela ulwazi (*advanced diploma*). Indawo enye ekhethelwe ukuhlonzwa khona ucwaningo kusemphakathini waseMalukazi, okuyimijondolo eyakhele eNingizimu yeTheku, uma uvakashela indawo yakhona uyithola ngokulandela lo mbhalo: 30°00'14.8"S 30°53'23.8"E. Ububanzi bendawo bulinganiselwa kuma-3.38km^2 kanti ubuningi babantu bulinganiselwa ezinkulungwaneni eziyi-19520 nezindlu zabo zilinganiselwa ezinkulungwaneni eziyi-6144. Lolu lwazi lutholakale ku Google maps (2022). Umcwaningi ukhethe lo mphakathi ngoba uyantula kakhulu uma kubhekwa izinga lenhlalo, isimo samanzi, isakhiwo sezindlu zabo nokusweleka kokudla. Lokhu kufakazelwa ucwaningo lombhali uNetshipale (2018) ochaza kabanzi ngobuhlwempu babahlali basemijondolo eyakhele amadolobha amakhulu njengeGoli, iTheku naseKapa. Phezu kwalokhu le ndawo ehlonziwe, iMalukazi, indawo lapho abafundi baseMangosuthu abafundela ukuba abeluleki benza khona isivivinyo sokubacijela ukusebenza nomphakathi. Lesi yisona sizathu ezingqangi esenze umcwaningi abe nomdlandla wokwenza ucwaningo kule ndawo.

Ukulandela inkambiso elungileyo yocwaningo

Umcwaningi ukuvezile obala ukuthi kunocwaningo aluqoqayo emphakathini waseMalukazi, waphinde wakuveza ukuthi uma kukhona ongathandi ukuhlanganyela kulolu cwaningo angahoxa futhi lokho akuzoba namthelela enqubeni evele ikhona yokusebenzisana neMangosuthu University of Technology kwezokuthuthukiswa kwezolimo. Umcwaningi ukubeke konke okwenza abe nenjongo yalolu cwaningo kwinhloko yomnyango yakwa*Community Extension* khona kule nyuvesi. Akagcina lapho, ube esexhumana nabahola abafundi, ama*Class Representatives*, ngokwesigaba ngasinye esithinteka kulolu cwaningo okusho ukuthi ilaba bangonyaka wezi 2021 kuya kunyaka wezi-2022.

Ukuqhutshwa kocwaningo esigabeni sokuqala
Abeziqu zokuqala (undergraduates) nesifundo I (*Plant Systematics and Taxomy*) nolimi lwendabuko
Lolu cwaningo lwenziwe ngesikhathi kuqhutshwa isifundo i*Plant systematics and Taxonomy* nabafundi beziqu zokuqala. Lesi sifundo siletha ulwazi lwalokhu olufana nalolu; *taxonomic groups, morphological, anatomical, embryological, chromosomal, chemical data and plant shapes and mathematics.* Luyadingeka kakhulu lolu lwazi kumfundi ozoba umeluleki, kanti futhi lubaluleke kakhulu nakumlimi kodwa okwamanje lufundiswa ngesiNgisi.

Abafundi abangababambiqhaza banikezwa umyalelo wokutshala izitshalo besebenzisa imbewu ehloliwe (*certified seeds*), batshale izinhlobo ezahlukene zemifino ezintathu ngokohlobo lwesipinashi; i*bright light,* i*baby spinach* kanye ne*green wave*. Base betshala nolethisi; nakhona zaba zintathu izinhlobo; i*great lake,* i*baby leaf* kanye ne*carmin red batavia lettuce.* Bakwenza lokhu befunda umbhalo, benza baphinde baqoqe ulwazi nomphumela ozobhalwa phansi ngalesi sifundo. Nakhu ababekubheka; ukuqhuma kwesithombo, isikhathi esiqhume ngaso (*germination*), ukuvela kwamagwagwa (*leaves*), ijubane esikhula ngayo isithombo (*plant growth*), ukuma kwamacembe (*plant shape*), umbala wesithombo (*plant colour*). Babheka nendlela esikhula ngayo kuthathelwa endleleni abasinika ngayo amanzi (esinye kanye ngesonto esinye kabili ngesonto esinye kathathu ngesonto).

Ucwaningo lwabo lwaluhlanganisa lokhu okulandelayo: Ukubuka ngokufunda isithombo (*observational*) ukwenza (*experimental*) ukuchaza nokwenaba (*descriptive*) ukufunda ulwazi olunye ukwenza ucwaningo lube impumelelo (*theoretical*) bese becwaninga ngokubuka okwenzekile, bakuhlaziye, bathole umphumela (*analytical*). Konke lokhu bakwenza ngokuncika kuphela kwezolimo okuyingadi yamaveji (*vegetable garden*).

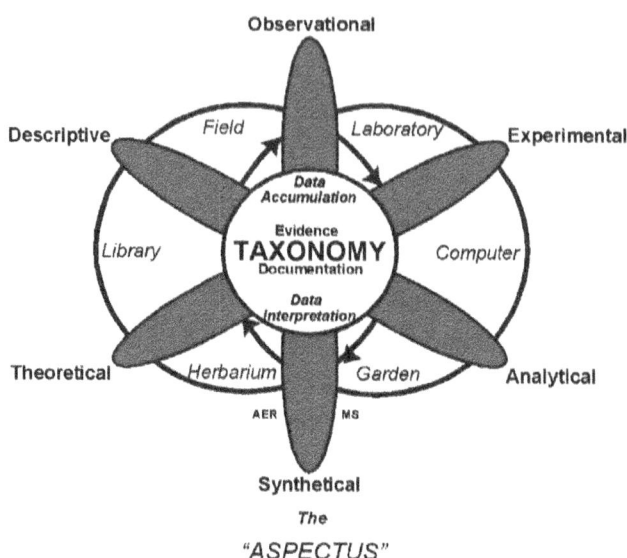

Umdwebo 1: i-*Aspectus icashunwe kuMayr (1981) noWiens (1992)*

Lo mdwebo ongenhla nezifundo ezibalulwa kulolu cwaningo zicashunwe emsebenzini ohlanganiswe uMayr (1981) noWiens (1992). Lolu cwaningo lubhalwe NgesiNgisi kuphela okuletha inkinga ekuhumusheni konke ngokuphelele nokuzokwazi ukusebenziseka uma abafundi sebedlulisa ulwazi emphakathini wezolimo. Uryznar noLevine (2022) bathi: '*The ability to read academic texts with understanding is considered one of the most important skills that university students need to acquire* ' (p.1). Kulo mbhalo abacwaningi babe balula ukuthi ikhono lokukwazi ukufunda imibhalo yocwaningo ngokuyiqonda kuthathwa njengekhono elisemqoka kakhulu kubafundi basenyuvesi.

Kulolu cwaningo umcwaningi wakhipha imibuzo ewolunye lohlelo lokuqoqa ulwazi oluqondene nalolu cwaningo, wayalela abafundi ukuthi bahumushe inkulumo yocwaningo ababeyibhale ngolimi lwesiNgisi bayiyise esiZulwini. Umcwaningi waseyebuza ukuthi bazizwa kanjani ngokufundiswa ngolimi lwesiNgisi kuphela isifundo sabo ekubeni kudingeka bachaze ngolimi lwendabuko lomphakathi uma sebeqashiwe sebedlulisa ulwazi. Abafundi base bebuzwa ngolimi abalusebenzisa emakhaya, abaxhumana ngalo nomphakathi wangakubo, abalusebenzisa ezinkundleni zokuxhuma, nalolo abafunde ngalo emabangeni aphansi emfundo.

Ukuqhutshwa kocwaningo esigabeni sesibili

Asebephohulile iziqu zokuqala, asebenza i-Advanced Diploma, abalimi nolimi lokudlulisa ulwazi ngonyaka wezi-2021

Laba ngabafundi asebegogodile iminyaka emithathu base bekhetha ukuqhubeka nezifundo ukwengeza unyaka wesine (*Advanced Diploma*). Laba ababamba iqhaza kulolu cwaningo bayishumi nesishiyagombili ngonyaka wezi-2021. Bona benza ucwaningo olubhekene nesifundo ngqo esiyingqikithi yokudlulisa ulwazi kubalimi basemakhaya, i-*extension subject*).

Kulolu cwaningo abafundi banikezwa umsebenzi wokuthi ake benze isibonelo ngokubhala incwadi ekhombisa indlela abadlulise ngayo inkulumo ebhalwe ngesiNgisi bayishintshele esiZulwini. Kwadingeka ukuthi babhale incwadi enenhlonipho eya enduneni yendawo, eya emkhandlwini wenkosi neya kusihlalo wekomidi. Konke lokhu kwakudingeka bakubhale ngesiZulu ngoba uma sebesebenza badlulisa ulwazi ngolimi lwesiZulu.

Abafundi abangababambiqhaza babe sebehlela ukuthi ithini ingqikithi yabo yosuku, babenikeziwe ukuthi kudingeka bangathekise ukuthi bazofundisa ngasiphi isitshalo. Kulowo msebenzi owawunikwe abafundi; abayisishiyagalombili bakhetha ukufundisa ngamazambane, abathathu bakhetha ukufundisa ngobhontshisi, abathathu bakhetha ukufundisa ngesipinashi, kwathi abane bafundisa ngeklabishi. Babe sebeqhuba inkulumo yabo ngokuyethula ekilasini ngesiZulu. Izibonelo zalezi zincwadi zifakwe njengesinezezelo salolu cwaningo. Umcwaningi wabe esebuza imibuzo ephathelene nolimi lokudlulisa lolu lwazi eyayiqondiswe kubafundi, nayo eyesinye sesigaba sokuqoqwa kolwazi.

Umcwaningi wasebenza nabafundi abangababambiqhaza ukuqoqa izimpendulo, wakwenza lokhu ukuze abafundi bazizwe bekhululekile ukuveza uvo lwabo ngolimi abalusebenzisile ngezikhathi bengathekisa ukudluliswa kolwazi emphakathini. Imibuzo yayimi kanje: Iluphi ulimi abafundi abalusebenzisa emakhaya, iluphi ulimi abafundiswe ngalo emabangeni aphansi, iluphi abalusebenzisa kakhulu enyuvesi uma kufundwa isifundo sokuthuthukisa umphakathi, iluphi ulimi abalusebenzisa kakhulu uma bexhumana ezinkundleni zokuxhumana.

Indlela yokudlulisa ulwazi nokuxhuma okuhlelekile kwethulwa uLeagans (1993). Lapho ababalula khona indlela yokudlulisa ulwazi olusha kwezokuthuthukiswa kwezolimo: Ulwazi olusha indlela ◄─► yokudlulisa ulwazi ◄─► nalelo khaya okudluliswa khona umbiko (*Knowledge* ◄─► *Communication* ◄─► *Farm Family*). Ilapho ababalula khona ubumqoka bokuthi lowo odlulisa ulwazi lokuthuthukiswa kwezolimo aqale ngokwazi kabanzi ngalowo mphakathi nezidingo zawo lokho kufaka nolwazi ngolimi lwabo abalusebenzisayo.

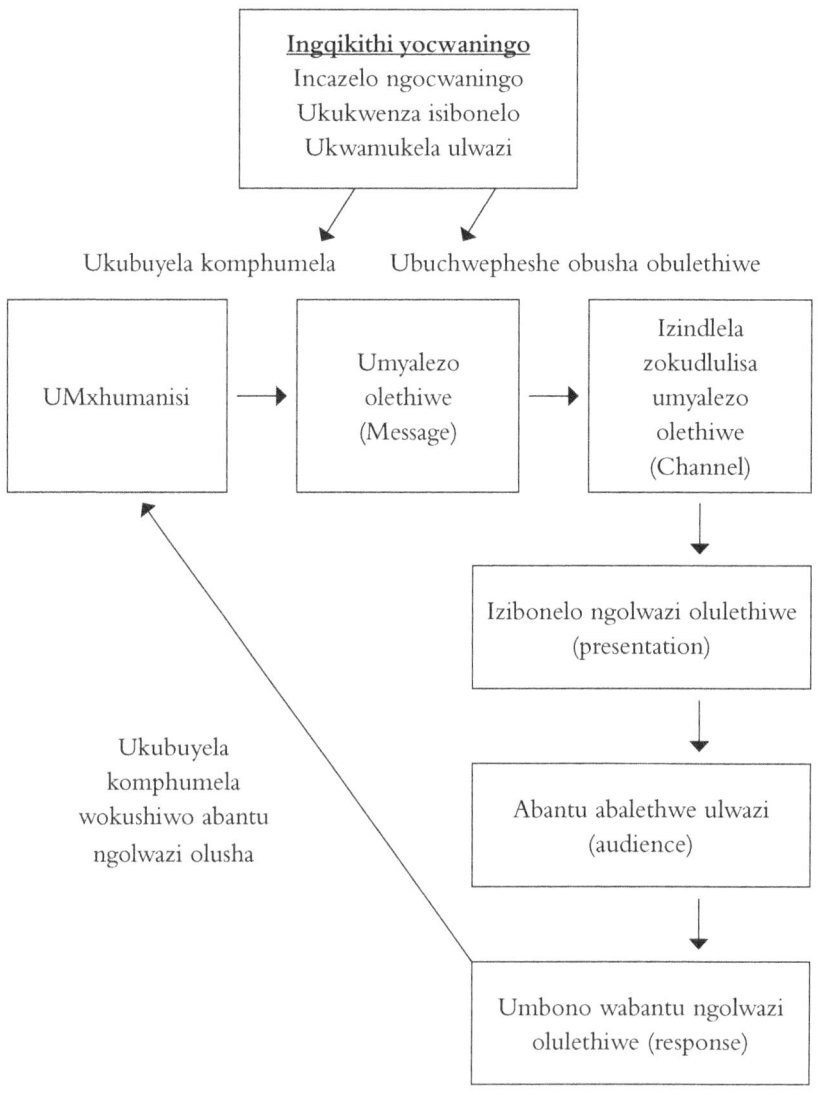

Umdwebo 2: I*Conceptual Framework*

Kulo mdwebo ongenhla usuchibiyelwe umcwaningi kodwa isisekelo sawo sasihlanginiswe uLeagans (1993) ngolimi lwesiNgisi. Lo mdwebo ubalula indlela okufanele uhambe ngayo umbiko omusha osuke kososayensi, ochwepheshe nakubeluleki abaqondene nale ndawo bewudlulisela emphakathini weZolimo. Ucacisa ngokusobala ukuthi kusemqoka ukuthi abantu odlulisa kubona ulwazi ubazi ngokuphelele. Lokho kubandakanya ukwazi ulimi abalukhulumayo kuleyo ndawo. Umcwaningi wajula ngokuchaza kabanzi ngolwazi olwabhalwa uLeagans (1993) ukuthi kusemqoka ukudlulisa ulwazi ngendlela efanele futhi encike empilweni yalowo mphakathi.

Ukuqhutshwa kocwaningo esigabeni sesithathu
Asebephohulile iziqu zokuqala, asebenza i-Advanced Diploma, abalimi nolimi lokudlulisa ulwazi ngonyaka wezi-2022

Laba ngabafundi asebegogodile iminyaka emithathu base bekhetha ukuqhubeka nezifundo ukwengeza unyaka wesine (*Advanced Diploma*). Laba ababamba iqhaza kulolu cwaningo bayishumi nane ngonyaka wezi-2022. Banikezwa umsebenzi wokuthi baye emphakathini waseMalukazi onesifiso sokuzibandakanya kwezolimo. Lokhu kwakwenzelwa ukuthi kukwazi ukuqoqwa ulwazi lwalolu cwaningo ngokuthola uvo lomphakathi nangendlela abazizwa ngayo uma befundiswa abafundi abazoba abeluleki bakusasa. Kuyilapho abasizi bokuqoqa ulwazi (*enumerators*) baqala khona ukudlulisa imibuzo esohlelweni lohlu lokuqoqa izimpendulo eziphuma kule mibuzo. Lokhu ukudlulisa imibuzo nokuthola izimpendulo kwenzeke izigaba ezimbili; uma kade kuvakashele abafundi baseMangosuthu, uma abafundi befulathela kade befikile bese kuqhutshwa ucwaningo.

Esigabeni sokuqala kwaqoqwa ulwazi ngempilo yomphakathi waseMalukazi. Lokhu kuhlanganisa izinga lemfundo, ubulili balabo abathintekayo ocwaningweni, nezinga lokuzibandakanya kwezolimo, ulimi olusetshenziswa emakhaya abo, nalolu abafisa ukuthi balusebenzise uma kulethwa intuthuko kubona njengomphakathi waseMalukazi. Okwesibili kwaqoqwa ulwazi mayelana nemibuzo ngokugculiseka ngolimi olusetshenziswe abafundi ngezikhathi belethe ulwazi kuwona umphakathi waseMalukazi. Umcwaningi wakubalula ukuthi abafundi babedlulisa ulwazi abalufundiswe ngolimi lwesiNgisi, bona-ke balindeleke ngokomthetho wokudluliswa kolwazi kwezolimo kumphakathi ukuba baludlulise ulwazi oseluhumushiwe ngolimi lwesiZulu. Kukhona amagama abawabeka ngesiNgisi kuphela ngoba bengakwazi ukuwabeka ngesiZulu.

Ngenyanga uMandulo wonyaka wezi-2022, baqala ukutshalisa abalimi. Batshalisa umphakathi waseMalukazi lokhu okulandelayo iklabishi, utamatisi, isipinashi, ulethisi, imbewu yamazambane, ubhontshisi, u-anyanisi, ubhitiludi, ukherothi, upelepele oluhlaza wokunandisa, namakhasi kabhatata. Njalo uma befikile bekuba nephepha elizodluliswa emphakathini waseMalukazi ukuthi usho uvo lwawo mayelana nokuthi bacacelwe yini obekufundiswa, ngabe incazelo efundwa ngesiNgisi bese ihumushwa ngesizulu iyabgculisa yini? Inkulumo yabo ingesinye sezinezezelo salolu cwaningo. NgokukaNwachukwu, u-Asadu no-Asak (2013) ocwaningweni lwabo babalula ukuthi ukuthuthukiswa komphakathi kuncika ekuxhumaneni okuyimpumelelo ngolimi olusetshenziswa kuleyo ndawo.

Ukuhlaziya ulwazi olutholakele

Leli thebhula lokuqala elingezansi liphokophelele ekutholeni ulwazi ngolimi olukhunywa abafundi, kanti lwaqoqwa kubafundi abangamashumi ayisikhombisa nanhlanu (**75**) bephelele abaqokelwe lolu cwaningo.

Ithebula 1: ulwazi mayelana nolimi olukhulunywa abafundi

Umbuzo	Inamba	Impendulo
Iluphi ulimi lwakho lokuqala?	74	IsiZulu
	1	Isixhosa
Abazali bakho babekukhulumisa ngaluphi ulimi usemncane?	74	IsiZulu
Emabangeni aphansi emfundo nike nafundiswa ngolunye ulimi?	75	yebo
Uma impendulo kuwukuvuma, iluphi lolo limi?	75	IsiNgisi
		Isibhunu
Iziphi ezinye izilimi ozikhulumayo?	75	IsiNgisi
	2	Isibhunu

Iliphu ulimi okwazi ukuluzwa uma bekhuluma?	75	IsiNgisi
		IsiXhosa
Usuke waxhumana nabanye abantu abakhuluma olunye ulimi isikhathi eside?	3	yebo
	70	cha
Ngabe uzibona ungumuntu okhuluma izilimi ezahlukene?	0	yebo
	75	cha

Ithebula lichazeka kanjena: bangamashumi ayisikhombisa nane abakhuluma isiZulu njengolimi lwabo lokuqala kanti futhi bakhuliswe ngokukhuluma isiZulu. Oyedwa umfundi wathi yena ukhuluma isiXhosa futhi ukhule ekhuluma sona sodwa. Lokhu kuchaza ukuthi kungaba into encomekayo ukuthi abafundi balusebenzise nalo ulimi lwabo lwendabuko uma beqhuba izifundo zabo lezi eziphathelene nomphakathi, ngoba ulimi oluncele ebeleni ilona olwenza kucace into okukhulunywa ngayo. Lezi zifundo ziyaphoqa ukwedluliswa emphakathini ngolimi lwendabuko.

Bonke abafundi abangama-75 bavumile ukuthi ezikoleni zamabanga aphansi bebefundiswa ngesiZulu kanye nangesiNgisi nesiBhunu. Bonke abafundi bathe isiNgisi isona abavamise ukusikhuluma uma kungesona isiZulu. IsiBhunu abazixaki nhlobo ngaso ngoba akukho okubaphoqa ukuthi basikhulume kanti vele emanyuvesi amaningi alapha eNingizimu Afrika akufundiswa ngaso isiBhunu kodwa kufundiswa ngesiNgisi. Uma bebuzwa ngokuthi bake baxhumana nabanye abantu abakhuluma olunye ulimi ngale kwesiZulu okwathatha izinsuku noma inyanga bekhuluma lolo limi ngaphandle kwesiZulu. Umphumela waveza ukuthi babe bathathu kuphela abathi bake bahlanganyela nabanye abantu isikhathi bexhumana ngesiNgisi kuphela ngoba isiZulu bengasazi. Abangamashumi ayisikhombisa (70) bona baphendula ngokuthi abakaze babe kuleso simo sokuthi baphoqeleke ukukhuluma olunye ulimi isikhathi eside ngoba bona bahlale belapha KwaZulu-Natali. Ngaleyo ndlela bahlale njalo bekhuluma ulimi lwabo isiZulu ngaphandle uma besenyuvesi. Futhike bonke bakuphika ukuthi bona bazithatha njengabantu abakhuluma izilimi ezahlukene ngokupheleleyo.

Ukuhlaziya okutholakele (esigabeni sokuqala sabafundi)

Abafundi sebeqoqe imiphumela yabo yocwaningo kwakumele bazoyethula ekilasini nakumfundisi wabo. Abafundi bonyaka wokuqala baba nenkinga uma sekudingeka bethule imiphumela Ngesingisi babuye bayihumushe ngesiZulu ngoba uhlobo lwesifundo luyisayensi kakhulu. Kanti bafundela ukuthi baludlulise kumphakathi onemfundo ephansi kakhulu. Babe sebeyalelwa ukuthi kudingeka babhale uhlu lwamagama ababenenkinga ngawo uma eyiswa esiZulwini. Lolu luhlu luhlalukise ukuthi bonke banenkinga ekuchazeni amagama nengqikithi yocwaningo lwabo ngolimi lwabo abaluncele ebeleni, okuyisiZulu, ngoba kade befundiswa ngesiNgisi.

Abafundi babe sebenikezwa uhlu lwemibuzo ngokugculiseka kwabo ngezikhathi bethula inkulumo yabo ngesiNgisi nangesikhathi sekufanele bayethule ngesiZulu. Kwacaca ukuthi uma besethula ngesiZulu bayakwazi ukuchazisisa noma beba nezingqinamba ekuchazeni amagama amanye abhalwe ngesiNgisi. Okunye okubonakele ukuthi abafundi kubathathe isikhathi eside ukubhala nalokhu abebethi bayakuqonda, ikakhulukazi ngolimi lwendabuko, kunokuba bebhala ngesiNgisi base bebeka kanje, 'IsiZulu siyasithanda, ulimi lwethu lwendabuko, kodwa siyathandabuza, sijikeleza kakhulu uma ubhala phansi. Kungcono uma kucaciswa ulwazi lubhalwe ngesiNgisi bese kuchazwa ngesiZulu.'

Uhlu lwagama aletha inkinga kubafundi ekuwachazeni ngolimi lwesiZulu

Yiwo lawa magama anikeza abafundi inkinga: *phosphorus, litigation, dolomitic, organic carbon, spectroscope, pure calcium carbonate, neutralising value, taxonomic group, morphology, anatomical, embryological, chromosomes, mathematical plant shapes, potassium, cations CMOL/IL, King humus organic supplement, ferrous sulphate, sulphuric acid, calcareous, non-calcareous, diagnostic horizon, catalyst, ,linnaen system, molecule biology, geodesic distance, zero order homology fungus.* La magama ayaphoqa ukuthi uma umfundi esesebenza nomphakathi awacacise ngokuwachaza ngesiZulu emphakathini waKwaZulu-Natali.

Ethebuleni lesibili elilandelayo abafundi babuzwa ngokuzizwa kwabo mayelana nokusetshenziswa kolimi lwendabuko, okuyisiZulu. Izimpendulo zabo zama kanje; Umbuzo owawubhekiswe kubo othi kusemqoka kangakanani ukulugcina ulimi lwendabuko? Baba ngama phesenti angama-79 abathi bavumelana nalokho ngokugcwele kanti amaphesenti ayi-14.66 bavumelana nalokho kodwa hhayi ngokuphelele, kwathi abasele bati bayavuma. Mayelana nobumqoka bokulazi ngokuphelele ulimi, kwaba ngamaphesenti angama- 81 ababalula ukuthi kusemqoka kakhulu, kanti abanye baveza ukuthi akukho semqoka kangako.

Abafundi baphinda babuzwa ngokuthi bayavumelana yini nokuthi abantwana noma izingane zilwazi zilukhulume ulimi lwesiZulu? Izimpendulo zalabo abavumelana nalokho ngokugcwele zaba ngamaphesenti angama-58. Umbuzo omunye wawubuza ukuthi bavumelana kangakanani nokuthi kukhomba ukungabi nanhlonipho uma usebenzisa ulimi lwendabuko uma uhlangene nabanye abangalwazi. Lapho bahlukana phakathi ngemibono, abangaphezulu kancane kwikota yokuqala **abangamaphesenti angama-36** bavumelana nalokho ngokugcwele kanti abanye abangama phesenti aphansi kakhulu **ayi-10.66** baveza ukuthi abavumelani nalokho, ungazikhulumela ulimi lwakho lwendabuko asikho isidingo sokuzikhathaza ngabanye abangaluqondi ulimi lwendabuko lwakho. Abangamaphesenti angama-36 bazwakalisa ukuthi lungabhidilishwa ulimi lwendabuko uma ungalwazi, kanti abakweseka kakhulu baba ngamaphesenti angaphezulu kancane kwekota lokuqala, ama-24. Umbuzo owalandela owokuthi ngabe uma ukhuluma ulimi lwendabuko ubonakala esemuva nempucuzeko? Kwaba amaphesenti amaningi kakhulu angama-86.66 abavumelana nalokho, baze bachaza nokuthi baze babenengcindezi abe yinhlekisa ngisho kwizinkundla zokuxhumana uma engakwazi ukukhuluma isiNgisi kodwa ekwazi ukukhuluma ulimi lwendabuko kuphela.

Abafundi baphinde baphendula umbuzo othi kufanelekile yini uma ungowobunye ubuhlanga ukhulume ulimi lwendabuko lolunye uhlanga? Abavumelana nalokho kakhulu baba ngamaphesenti amaningi angama-77.66. Baqhubeka bachaza ngendaba yesiNgisi ukuthi akulula ukufunda emabangeni aphezulu uma ungasiqondisi kahle isiNgisi. Labo baba ngamaphesenti angama-88%, kanti bonke **amapesenti ayi-100** babalula ukuthi futhi nemisebenzi eminingi iphoqa ukuthi usazi isiNgisi ukuze ube nempumelelo kuwona. Baqhubeka bagcizelela ukuthi ngisho uzohlolwa ukuthi uwulungele yini umsebenzi othile kudingeka ukhulume isiNgisi kakhulu. Abangamaphesenti angama-73.33 bachaza ukuthi bona babona ukuthi kusemqoka khona ukuthi wazi izilimi ezihlukene ikakhulukazi isiNgisi ukuze ube nempumelelo ekuxhumaneni emhlabeni wonke jikelele.

Ithebula 2: Uvo lwabafundi ngokusetshenziswa kolimi lwendabuko.

Imibuzo	Abafundi basenyuvesi (MUT) (Inani=75) Amaphesenti (%)									
	Ngiyavuma ngokugcwele		Ngiyavuma		Ngiyavuma nje		Angivumi		Angivumi ngokugcwele	
	Inani	(%)	Inani	(%)	Inani	(%)	Inani	(%)	Inani	(%)
Kusemqoka ukugcina ulimi lwendabuko	59	79%	5	6.66%	11	14.66%	–	–	–	–
Kusemqoka ukuthi ngilwazi ngokuphelele ulimi lwendabuko	61	81%	9	12%	5	6.66%	–	–	–	–
Izingane zami kufanele zilwazi ulimi lwendabuko	44	58.66%	17	22.66%	14	18.66	–	–	–	–
Akunanhlonipho ukuthi usebenzise ulimi lwendabuko phakathi kwabantu abangalwazi	27	36%	23	30.66%	7	9.33	8	10.66%	10	13.33%
Uma abantu bengalwazi ulimi lwendabuko kufanele bangalubhidlishi	18	24%	26	34.66%	8	10.66%	13	17.33%	10	13.33%
Kubonakala sengathi usesemuva nempilo uma ukhuluma ulimi lwendabuko	65	86.66%	5	6.66%	–		–		–	
Uma uthi ungomunye wesizwe esithize kufanele ukwazi ukukhuluma ulimi lwaso lwendabuko	58	77.33	12	16%	2	2.66	3	4%	–	

Kusemqoka ukuthi ngilwazi ulimi lwendabuko	61	81.33%	5	6.66%	8	10.66%	1	1.33%	—	
Uma ufuna ukuba nempumelelo emsebenzini wezolimo kufanele usazi isiZulu	75	100%	—		—		—		—	
Ukuze ube nempumelelo esikoleni kufanele wazi isiZulu	44	58.66%	20	26.66%	6	8%	5	6.66%	—	
Kufanele ngiqinisekiseke ukuthi ngiyasiqonda isiNgisi	66	88%	6	8%	3	4%	—		—	
Ukuze ngibe nekusasa eliqhakazile kuncike ekwazini isiNgisi	75	100%	—		—		—		—	
Ukuze ukwazi ukuxhumana ngokwempumelelo nomhlaba wonke kufanele ukhulume isiNgisi kakhulu	61	81.33%	7	9.33%	4	5.33%	2	2.66%	1	1.33%
Kusemqoka ukukhuluma izilimi ezahlukene ngale kokukhuluma isiNgisi sodwa.	55	73.33%	9	12%	5	6.66%	4	5.33%	2	2.66%

Ukuhlaziya okutholakele esigabeni sesibili

Umphumela wokuhlaziya kulaba bafundi ukuthi babonakala bengakwazi ukuthi bazowashintsha kanjani amanye amagama abhalwe ngesiNgisi uma sebesemphakathini. Lokhu kungaba nomthelela ongemuhle kumeluleki wezolimo uma engazange alithole ithuba lokufunda enyuvesi ngolimi lwendabuko axube nesiNgisi. Kusekuningi okufanele kubhekisiswe okuphatheleni nokunswinywa kolimi lwendabuko emfundweni ephakeme, nalapho sihlalele ethembeni lokuthi ulimi lwendabuko lusazophakanyiswa ngempumelelo kwezemfundo ephakeme.

Lo mdwebo ongezansi uchaza kabanzi ngolimi olusetshenziswa umphakathi, uqoqwe ngezikhathi lapho abafundi besuke beyozijwayeza ukusiza umphakathi ngokudlulisa ulwazi lwezokuthuthukiswa kwezolimo eMalukazi. Umphakathi othintekayo uphendule kanje: bangama shumi amabili nesishiyagambili, okungamaphesenti angama-98.33 abakhuluma isiZulu emakhaya. Baqhubeke bachaza ukuthi uma bexhumana nomphakathi basebenzisa sona futhi isiZulu. Nanokuthi bebengakujabulela ukuthi bafundiswe ngaso isiZulu izifundo zezolimo, kwase kuba ababili kuphela abathi bangakujabulela ukufundiswa ngesiXhosa, baphendula ngokuthi alukho olunye ngaphandle kwesiZulu kube abangamaphesenti angama-27 kwazothi abahlanu bakhetha isiNgisi kanti ababili bakhethe isiXhosa.

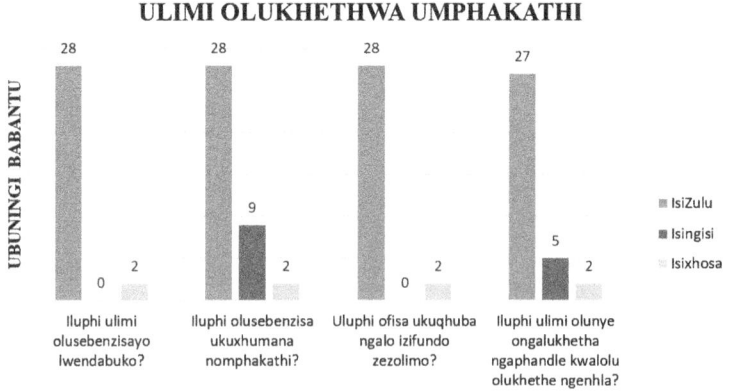

Umdwebo 3: Imibuzo ngolimi olusetshenziswa umphakathi

Ukuhlaziya okutholakale esigabeni sesithathu

Ngesikhathi abafundi belandelela umsebenzi wabo kwaba nesidingo sokuthi babuye baxhumane nabalimi ngomakhalekhukhwini. Okuvelile ukuthi uma bebhale ngesilungu abalimi babevele bangaqondisisi kahle ngomyalelo wabafundi. Lokhu kufakazwela izimpendulo ezisemdwebeni ongenhla ezichaza kabanzi ngokuthi iningi lomphakathi likhuluma isiZulu. Ingakho kwakuphoqa ukuthi abafundi bazame ukushintsha abakufunde eklasini ngesiNgisi, bakudlulise kubalimi ngolimi lwabo lwendabuko. Isibonelo ngalokhu simi kanje: Bafunde ngesiNgisi ukuthi *'the spacing between plants should be'* kanti kufanele bathi 'ukuqhelelana kwezithombo kufanele kube kanje'. Lokho kubhala ngesiNgisi kwaletha ukudideka kubalimi baseMalukazi. Kwadingeka umbhali aphinde abavakashele esehamba yedwa ukuyogcizelela ngolimi lwesiZulu.

Sekuphethwa lolu cwaningo lwabafundi abaya ngqo kubalimi, kutholakala ukuthi baba nenkinga abafundi ukudlulisa ulwazi ngolimi lwendabuko kuphela, kunalokho bakhetha ukuzibhalela bona iziqephana abazozifunda ukuveza ilaka labo. Baphinde bathi ulimi lwesizulu luyathathela, luyajikeleza futhi kunamagama esilungu abangazi kufanele bathini uma bewaguqulela olimini lwesiZulu. Lokho-ke, kwaba nomthelela ongemuhle kubalimi. Lonke lolu lwazi lungaba nzulu kubafundi uma kungaba namabhuku aphathelene nalo msebenzi wokuthuthukiswa kwezolimo, abhalwe ngolimi lwesiZulu kuphinde kube nezocwaningo eziqikelela ukubhala ngolimi lwendabuko oluphathelene nalo mkhakha.

Iziphakamiso nesiphetho

Kulona lolu cwaningo kuphakanyiswa ukuthi osolwazi nochwepheshe emanyuvesi aneziqu zezokuthuthukiswa kwezolimo babhekisise le ngwadla yokusetshenziswa kolimi lwesiNgisi kuphela uma befundisa noma becwaninga ngezidingo zomphakathi. Kungakuhle ukuthi babuyekeze, baqinise nemithetho yokuthi kubhalwe ucwaningo ngolimi lwesiNgisi kuphinde kubhale nangesiZulu ukuze kube nempumelelo kwezocwaningo eNingizimu Afrika. Umcwaningi uphinde aphakamise ukuthi kuzodingeka kushintshe lesi simo sokuthi abantu bazibone sebecwasa ngokwemvelaphi ngenxa yokungalutholi ulwazi njengawo wonke umuntu. Uphinde aphakamise ukuthi kufanele kugwenywe lezi zingqinamba zokwanda kwezobuchwepheshe obubhalwe ngesiNgisi ezenza abantu bazizwe bengafundile ngokwanele.

Isiphetho salolu cwaningo siveze ukuthi abafundi bonke ababandakanyeka kulolu cwaningo bakhombise isidingo esingqangi sokwengezwa nokukhuthazwa kokusetshenziswa kolimi lwendabuko, okuyisiZulu, ngaso sonke isikhathi uma befundiswa zonke isifundo zokuthuthukiswa komphakathi ngezolimo. Kulolu cwaningo kuphinde kwacaca ukuthi abafundi nabafundisi mabakubhekelele ukuthi bacije ngokwanele elwazini lwezolimi ikakhulukazi ngolimi lwabo lwendabuko. Lokhu kuzoba nomthelela omuhle wokuthi uma sebemi phambi kwabalimi babe nokuzethemba ngabakulethile, ngoba bazobe bekwazi ukuchazisisa yonke ingqikithi yolwazi lwabo abaluthole eMangosuthu University of Technology.

Lolu cwaningo luveza nokuthi kunesidingo esinqala sokuthi ulimi locwaningo, ulimi okufundiswa ngalo kwezemfundo ephakeme aluhlanganiswe nalolu lwendabuko. Uma ubhekisisa ezifundweni zonke zalezi ziqu, asikho nesisodwa esifundwa ngolimi lwendabuko. Bekungakuhle ukuthi IMangosuthu University of Technology ibuyekeze ulimi lokubhala ucwaningo. Kuphinde kulolu cwaningo kunconywe ukuthi abafundi bacijwe nangolimi lwesiZulu ukuze kube nempumelelo emsebenzini wabo. Umcwaningi naye uphonsa esivivaneni sokubhala ucwaningo ngolimi lwendabuko ukuze abantu bahlomule futhi kube nempumelelo ekusabalaliseni ulwazi olusha olulethwa ucwaningo.

Imithombo Yolwazi

Ameka, F.K. and Hill, D. 2022. 'Introduction: What Can Linguistics and Language(s) Contribute to Development Practices?' In D. Hill and F.K. Ameka (eds), *Languages, Linguistics and Development Practices*, pp. 1–22. Cham: Springer.

Ahmed, A.A., Begum, G., Sabir, I.S., Atta, M., Umer, S. and Bukhari, S.H.M. 2021. 'Using English Reader's Digest to Enhance Vocabulary of Pakistani Students at Tertiary Level: An Experimental Study" *Multicultural Education* 7(5).

Asemah, E.S. 2011. 'Public Relations Strategies and The Implementation of the Millennium Development Goals in Nigeria'. *Journal of Research in National Development* 9(2): 163–172.

Atteridge, A. and Strambo, C. 2021. 'How Can Socio-economic Transitions Be Better Managed? Lessons from Four Historical Cases of Industrial Transition'. SEI report. http://doi.org/10.51414/sei2021.009.

Attridge, D. 2021. 'Untranslatability and the Challenge of World Literature: A South African Example'. In F. Giusti and B.L. Robinson (eds), *The Work of World Literature*, pp. 25–56. Berlin: ICI Berlin Press.

Babbie, E.R. 2020. *The Practice of Social Research*. Belmont: Cengage Learning.

Camble, E. 1994. 'The Information Environment of Rural Development Workers in Borno State, Nigeria'. *African Journal of Library, Archives and Information Science* 4(2): 99–106.

Charlton, J.I. 1998. *Nothing About Us Without Us*. Berkeley: University of California Press.

Colzato, L.S., Bajo, M.T., Van den Wildenberg, W., Paolieri, D., Nieuwenhuis, S., La Heij, W. and Hommel, B. 2008. 'How Does Bilingualism Improve Executive Control? A Comparison of Active and Reactive Inhibition Mechanisms'. *Journal of Experimental Psychology: Learning, Memory, and Cognition* 34(2): 302.

Creswell, J.W. 2009. *Research Designs: Qualitative, Quantitative, and Mixed Methods Approaches*. Los Angeles: Sage.

Dhewa, C. 2010. 'African Science Must Tackle Local Language Barriers'. *SciDev. Net*. https://www.scidev.net/global/opinions/african-science-must-tackle-local-language-barriers/.

Djité, P.G. 2008. *The Sociolinguistics of Development in Africa*. Clevedon: Multilingual Matters.

Hester, S. 2000. 'The local Order of Deviance in School'. In S.K. Hester and D. Francis (eds), *Local Educational Order: Ethnomethodological Studies of Knowledge in Action*, pp. 197–222. Amsterdam: John Benjamins Publishing Company.

Hoang, C.H. and Nguyen, D.C. 2021. 'Multilingual Sources Used for Research Dissemination: Positioning of Vietnamese Researchers'. *International Journal of Multilingualism* 20(2): 1–16.

Khuluvhe, M. 2021. *Adult Illiteracy in South Africa*. Pretoria: South African Department of Higher Education and Training.

Kidson, M. 2020. 'Conservation Agriculture Reduces Erosion and Improves Production'. *FarmBiz* 6(6): 40–41.

Koch, B.H. and S.E. Terblanche. 2013. 'An Overview of Agricultural Extension in South Africa'. *South African Society for Agricultural Extension* 41: 107–117.

Leagans, J.P. 1963. *The Communication Process in Rural Development*. New York: New York State College of Agriculture.

Maine, T. 2010. 'A Brief Overview of Language Education Problems Related to Linguistic and Cultural Diversity in South Africa'. *Kalbų Studijos* 17: 119–123.

Martin, A.F. and Przybocki, M.A. 2003. 'NIST 2003 Language Recognition Evaluation'. Proceedings of Eurospeech. https://tsapps.nist.gov/publication/get_pdf.cfm?pub_id=50763.

Masipa, T. 2017. 'The Impact of Climate Change on Food Security in South Africa: Current Realities and Challenges Ahead'. *Jàmbá: Journal of Disaster Risk Studies* 9(1): 1–7.

Mayr, E. 1981. 'Biological Classification: Toward A Synthesis of Opposing Methodologies'. *Science* 214(4520): 510–516.

Mchombu, K.J. 1992. 'Rural Development Information Communication in Africa: Creating the Conditions for Success'. *Information Trends* 5(2): 51–72.

Mda, T.V. 1997. 'Issues in the Making of South Africa's Language in Education Policy'. *Journal of Negro Education* 66(4): 366–375.

Netshipale, A.J. 2018. 'Homelessness in the City of Tshwane Metropolitan Municipality'. University of Johannesburg.

Ngema, P.Z., Sibanda, M. and Musemwa, L. 2018. 'Household Food Security Status and Its Determinants in Maphumulo Local Municipality, South Africa'. *Sustainability* 10(9): 3307.

Nkosi, Z.P. 2011. 'An Exploration into the Pedagogy of Teaching Reading in Selected Foundation Phase isiZulu Home Language Classes in Umlazi Schools'. PhD thesis, University of KwaZulu-Natal.

Nwachukwu, F.G., Asadu, C.A. and Asak, M.O. 2013. *Communication Theories, Model and Hypotheses*. Port Harcourt: Accuracy Prints.

Ocholla, D. 2020. 'Decolonizing Higher Education in Africa: Implications and Possibilities for University Libraries'. *College & Research Libraries News* 81(6): 289.

Okoth, D. 2022. 'COVID-19 Vaccine Uptake "a Matter of Words"'. *SciDev.Net*. https://www.scidev.net/global/news/covid-19-vaccine-uptake-a-matter-of-words/.

Penzhorn, K.E.W. 1987. 'Die Suid-Afrikaanse Vereniging vir Landbouvoorligting Word Mondig. *S. Afr. Ver. Landbouv*: 12–19.

Peshkin, A. 1993. 'The Goodness of Qualitative Research'. *Educational Researcher* 22(2): 23–29.

Pretorius, E.J. 2000. 'Reading and the Unisa Student: Is Academic Performance Related to Reading Ability?' *Progressio* 22(2): 35–48.

Ryznar, E. and Levine, R.B. 2022. 'Twelve Tips for Mindful Teaching and Learning in Medical Education'. *Medical Teacher* 44(3): 249–256.

Sihlobo, W. 2022. *Finding Common Ground*. Johanneburg: Pan Macmillan.

Squier, S.M. 2022. 'Reframing "Nothing About Us without Us": Comics and Intellectual Disability'. *Biography* 44(3): 117–131.

Terblanche, S.E. 2013. 'An Overview of Agricultural Extension in South Africa'. *South African Journal of Agricultural Extension* 41(1): 107–117.

Wiens, J.A. 1992. 'Ecology 2000: An Essay on Future Directions in Ecology'. *Ecological Society of America Bulletin* 73(3): 165–170.

Watermeyer, J., Thwala, Z. and Beukes, J. 2021. 'Medical Terminology in Intercultural Health Interactions'. *Health Communication* 36(9): 1115–1124.

World Health Organization. 2008. 'WHO European Action Plan for Food and Nutrition Policy 2007–2012'. https://apps.who.int/iris/handle/10665/349767.

11

Tshumiso ya Nyambo dza Tshirema Magudedzini a Nṱha a Pfunzo Afrika Tshipembe

Moffat Sebola

Manweledzo

Ino ndima i rera nga ha khonadzeo ya u shumiswa ha nyambo nnzhi kha u ṋetshedzwa ha pfunzo zwiimiswani zwa pfunzo dza nṱha Afrika Tshipembe. Iyi ndima yo livhanywa na zwe vha Muhasho wa Pfunzo dza Nṱha Afrika Tshipembe vha anganya u ṱuṱuwedza tshumiso ya nyambo nnzhi musi hu tshi khou funzwa. Ndi ngazwo kha ino ndima, hu tshi rerwa nga khaedu dzo shelaho mulenzhe kha uri pfunzo yo raloho i konḓe u swikelelwa Afrika Tshipembe. Dziṅwe dza khaedu dzenedzo ndi u kandeledzwa ha nyambo dza Tshirema nga muvhuso wa vhukoḽoni na tshiṱalula Afrika Tshipembe, u sedzelwa fhasi ha nyambo dza Tshirema nga vhunzhi ha matshudeni, vhadededzi, vhaofisiri vha pfunzo, vhoramabindu na vhorapoḽitiki. Ngauralo, zwenezwi hu tshi khou anganywa ṱhuṱhuwedzo ya tshumiso ya nyambo nnzhi, hu tea u dovha hafhu ha ḓiwa na ndila dzine dza ḓo thivhela u kandeledzwa na u thudzelwa kule ha nyambo dza ḓamuni dza Tshirema Afrika Tshipembe. Ino ndima i ṋetshedza makumedzwa ayo yo ḓisendeka nga ngona ya khwaḽithethivi na thyiori mbili dzine dza vha Afrocentricity na Sociocultural Theory. I dovha hafhu ya themendela u katelwa na u shumiswa ha ndivho ya vhongwaniwapo vha Afrika Tshipembe musi hu tshi ḓo ṋetshedzwa pfunzo nga nyambo dzo vhalaho.

Maipfi a ndeme: Nḓivho ya vhongwaniwapo, nyambo dza Tshirema, nyambo dza ḓamuni, nyambo nnzhi, pfunzo, zwiimiswa zwa pfunzo dza nṱha.

Mvulatswinga

Vhunzhi ha nyambo dzhangoni ḽa Afrika dzi anzela u vhambedzwa na muḓi wa Babele bivhilini kha Genesi 11. U ya nga iyi nganetshelo, hu na musi we vhathu vha lingedza u fhaṱa mutsheṱo une ṱhodzi yawo ya guma makoleni. Honeha, ndingedzo dzavho dzo fholodza musi Yehova a tshi tsa a piringanya luambo lwavho, vha si tsha pfana. Nga nṱhani ha u sa pfana honoho, avho vhathu vho mbo ḓi balangana na shango nga vhuphara, vha si tsha bvela phanḓa na u fhaṱa uḽa mutsheṱo. Muhlhausler (1995) u ri, heino nganetshelo yo vhanga uri u anda ha nyambo shangoni hu dzhiiwe sa ndaṱisokhethwa i no bva ṱaḓulu. Kuhumbulele kwo raliho kwo swika he kwa dzingindela vhukuma mashangoni a Vhukovhela, lwe ayo mashango a vho sedza vhunzhi ha nyambo shangoni sa thaidzo kana samba (Kamwangamalu, 1997). Dzhangoni ḽa Afrika nga vhuphara na Afrika Tshipembe, hu ambiwa nyambo nnzhi dzo fhambanaho, lune muthu a nga sala a tshi ḓivhudzisa uri hu na khonadzeo naa ya uri vhadzulapo vha Afrika na Afrika Tshipembe vha kone u davhidzanwa navho hu tshi khou shumiswa idzo nyambo dzo fhambanaho vhe fhethu huthihi, u fana na kiḽasini? Tshi itaho uri muthu a vhudzise ino mbudziso ndi uri muvhuso wa Afrika Tshipembe, wo ḓisendeka nga Ndayotewa yawo ya shango (1996), *the Higher Education Act* (1997), *the Language Policy for Higher Education* (2002), *the Report on the Development of Indigenous African Languages for Use as Mediums of Instruction at University* (2003) , *the Report of the Ministerial Committee on Transformation and Social Cohesion and the Elimination of Discrimination in Public Higher Education Institutions* (2008), *the Charter for Humanities and Social Sciences* (2011), the *White Paper on Post-Secondary School Education and Training, Report on the Use of African Languages as Mediums of Instruction in Higher Education* (2015) na 2020 *Language Policy Framework for Public Higher Education Institutions*, wo anganya u ṱuṱuwedza tshumiso ya nyambo nnzhi kha nḓisedzo ya pfunzo magudedzini a pfunzo dza nṱha Afrika Tshipembe.

Tshumiso ya nyambo nnzhi magudedzini a pfunzo dza nṱha ndi muhumbulo wavhuḓi, fhedziha, ndi zwa ndeme uri hu thomiwe nga u sedzwa uri ndi ngani zwo dzhia tshifhinga tshilapfu nahone zwi tshi vhonala sa khaedu u shumisa nyambo nnzhi kha u ṋetshedza pfunzo kana hone u shumisa nyambo dza Tshirema nga u angaredza Afrika Tshipembe na Afrika. Izwi muthu u zwi ambiswa ngauri tshumiso ya nyambo dzoṱhe dza tshiofisi nga ndila ya ndinganyelo kha zwa pfunzo, politiki, makwevho, vhurereli na vhutshilo nga u angaredza, i kha ḓi tou vha thaidzo khulwane vhukuma Afrika Tshipembe na Afrika (Maḓadzhe, 2019). Sa tsumbo, Cameroon hu kha ḓi vha na khuḓano dzi vhangwaho ngauri kha heḽi shango, hu na madzingu ane a amba luambo lwa Tshifura ngeno maṅwe madzingu a tshi amba English, lune zwa vhanga pfudzungule (Maḓadzhe, 2019). Thaidzo ndi uri Cameroon ḽo vhuya ḽa govhelwa nga shango ḽa Fura na Britain, zwa sia nyambo dza vhukoḽoni dzi tshi ṱoka midzi ine na ṋamusi zwi kha ḓi konḓa u i tupula. Muthu a tshi sedza pfudzungule dza Cameroon dzi vhangwaho nga tshumiso ya luambo, a nga zwi vhona uri luambo lu na maanḓa nahone lu nga vusa ruvhuruvhu na u vhanga mpfu shangoni. Hu ḓi nga na Afrika Tshipembe, ho vhuya ha vha na nndwa khulu ya vhukati ha Maisimane na Mavhuru, yo vhangwa ngauri Maisimane vho vha vha tshi khou kombetshedza Mavhuru uri vha ṱanutshele luambo lwavho lwa Afrikaans, vha ambe English. Mavhuru u pfa izwo, vha imisa mitsinga, lwe ha vha na nndwa dzi no ḓivhea sa Anglo-Boer Wars u bva nga ṅwaha wa 1880 u swika nga ṅwaha wa 1881 na nga ṅwaha wa 1899 u swika nga ṅwaha wa1902 (Maḓadzhe, 2019). Naho hu uri idzo nndwa dzi anzela u livhanywa na u tumbulwa ha musuku ngei Transvaal na Orange Free State, muthu u a kona u zwi vhona uri u hana ha Mavhuru u shumisa luambo lusili, na hone ho shela mulenzhe kha hedzo nndwa (Pretorius, 2011; Ross, 2008).

Muthu a nga dovha a humbula migwalabo ya ṅwaha wa 1976 Afrika Tshipembe, he matshudeni vhanzhi vha Vharema vha lozwa matshilo avho ngei Soweto, zwo vhangwa nga u hana havho u funzwa nga luambo lwa Afrikaans fhasi ha muvhuso wa tshiṱalula (Welsh, 2009). Ngauralo, luambo a lu tei u dzhielwa fhasi, sa vhunga kha vhaambi vhalwo lu tshi nga shanduka u fa na u tshila, sa zwe migwalabo ya Soweto ya ri sumbedza. Khamusi ndi ngazwo muvhuso wa demokirasi wo ri u tshi u tou bva u swika, vhavhusi vha si dzhie tshifhinga u rwela ṱari nyambo dza fuminthihi sa nyambo dza tshiofisi Afrika Tshipembe (Ndayotewa ya Afrika Tshipembe, 1996; Maḓadzhe, 2019). Ndavhelelo yo vha i ya uri hedzo nyambo dzi ḓo ḓiphina nga ndinganyelo kha kushumisele, tshirunzi na u bveledzwa hadzo masiani oṱhe a vhutshilo, nga maanḓa kha pfunzo na makwevho (Ndayotewa ya Afrika Tshipembe, 1996). Naho hu na mbonalo ya mvelaphanḓa malugana na u shumiswa ha nyambo dza Tshirema fhethu ho fhambanaho ha nyanḓadzamafhungo dza lushaka sa radio, thelevishini na guranṅḓa Afrika Tshipembe, siani ḽa zwa pfunzo, hu kha ḓi vha na mushumo munzhi vhukuma (Oliver, 2009). Ndi ngazwo ino ndima yo anganyelwa u rera nga ha ndeme ya tshumiso ya nyambo nnzhi (ho katelwa na dza Tshirema) na nḓivho ya vhongwaniwapo magudedzini a nṱha a pfunzo Afrika Tshipembe. U swikela iyo ndivho, heino ndima i ḓo lingedza u fhindula mbudziso dzi tevhelaho:

- Ri nga ri mini nga khonadzeo ya kushumiselwe kwa nyambo nnzhi na nḓivho ya vhongwaniwapo magudedzini a nṱha a pfunzo Afrika Tshipembe?
- Ndi zwifhio zwine zwa nga itwa uri tshumiso ya nyambo kha u \ ṋetshedzwa ha pfunzo magudedzini a pfunzo dza nṱha i konadzee Afrika Tshipembe?
- Ndi zwifhio zwivhuya na zwivhi zwa u shumiswa ha nyambo nnzhi kha u ṋetshedzwa ha pfunzo magudedzini a pfunzo dza nṱha Afrika Tshipembe?
- Hu na maga ane a nga dzhiiwa u tandulula thaidzo ya tshumiso ya nyambo nnzhi magudedzini a nṱha a pfunzo Afrika Tshipembe?

Zwenezwi hu tshi fhindulwa idzi mbudziso, hu ḓo rerwa hafhu na nga maga ane a nga dzhiiwa hu u itela uri nyambo dza Tshirema dzi shumiswe lu fushaho magudzeni a pfunzo dza nṱha Afrika Tshipembe. Izwi zwi ḓo itwa hu tshi khou sedzwa zwivhuya na zwivhi zwa nḓisedzo ya pfunzo nga nyambo dzo vhalaho kiḽasini. Thero ya ino ndima i ḓo dadamalavho na kha uri nḓivho ya vhongwaniwapo vha Afrika Tshipembe, hu nga vha Vhavenḓa, Vatsonga, Basotho na vhaṅwe, i nga shela hani mulenzhe kha u khwiniswa ha pfunzo na u shumiswa ha nyambo dza Tshirema magudedzini a pfunzo dza nṱha a Afrika Tshipembe. Izwi ndi u itela uri zwi kone u vhonala uri hu na zwithu zwo fhambanaho zwo shelaho mulenzhe nahone zwine zwi kha ḓi shela mulenzhe kha uri dziṅwe nyambo dzi vhonale dzi tshi khou ṋaṋa u maanḓafhadzwa ngeno dziṅwe dzi tshi khou ralo u ṋaṋa u ṱukufhala.

Thaidzo ya ṱhoḓisiso

Tshivhangi tshihulwane tsha uri hu shumiswe nyambo dzisili nga mazhendedzi a pfunzo dzhangoni ḽa Afrika nga vhuphara ndi u govhelwa na u kandeledzwa ha vhathu vha Afrika nga mashango a Vhukovhela (Bamgbose, 2011). U govhelwa na u kandeledzwa honoho ho tshimbidzana na u kombetshedzwa ha vhathu vha Afrika uri vha shumise nyambo dza mashango o vha govhelaho kha zwa makwevho na kha ndisedzo ya pfunzo (Bamgbose, 2011). Tshi mangadzaho ndi tsha uri nga murahu ha musi mashango a Afrika o wana mbofholowo na vhudivhusi, nyambo dza Vhukovhela dzo di bvela phanda na u vha nyambo dza tshiofisi mashangoni a Afrika (Sibanda, 2019). Scotton (1990) u ri kha vhunzhi ha mashango a Afrika, ndingedzo dzothe dza u maandafhadza vhadzulapo vha Afrika nga u takula na u bveledza nyambo dzavho dza damuni, dzi sokou fholodza nga nthani ha uri nyambo dza vhukoloni dzi kha di vha dzo fara maanda e dza vha dzi nao musi wa u kandeledzwa ha Vharema. U takulelwa ntha ha nyambo dza Tshirema nga mivhuso ya demokirasi ya Afrika zwo bala ngauri pholisi dza mivhuso ya vhukoloni na maitele a mivhuso ya vhukoloni zwi kha di vha na thuthuwedzo khulwane kha mivhuso na mavhusele a demokirasi Afrika (Gellar, 1973). Mvelaphanda ya vhuvhusi ha nyambo dza Vhukovhela i vhonala kha uri nyambo dza Vhukovhela dzi kha di shumiswa sa nyambo dza u netshedza pfunzo Afrika, u bva phuraimari u swika magudedzini a ntha a pfunzo (Sithole, 2019). Hezwi zwothe zwi tou vha tsumbo ya uri muvhuso wa vhukoloni a wo ngo sudzuluwa tshothe dzhangoni la Afrika (Maseko, 2021; Prah, 2006; Sibanda, 2019). Ndi ngazwo nyambo dze dza vha dzo maandafhadzwa, dzine dza vha English na Afrikaans, nga muvhuso wa tshitalula, dzi tshi kha di vha dzo fara eneala maanda e dza vha dzi nao kale na namusi, ngeno nyambo dza Tshirema dzi ngaho Tshivenda, Xitsonga na Sepedi dzi tshi kha di nyadzwa na nga vhaambi vhadzo (Kangira, 2016; Makamu, 2009; Madlome, 2018).

Inwe khaedu ndi u sa tenda ha vhanwe vhaofisiri vha pfunzo, matshudeni, vhadededzi, malekitshara, vhatodisisi vha nyambo na vhanwe, uri nyambo dza Tshirema Afrika Tshipembe dzi nga shumiswa u netshedza pfunzo ya nthesa magudedzini a pfunzo dza ntha (Makamu, 2009). Vhunzhi ha vhathu vha kuhumbulele kwo raloho ndi vhe vha tshila lwa tshifhinga tshilapfu vho fara muhumbulo wa uri nyambo dza u guda na u funza ndi English, French, Portuguese na Afrikaans fhedzi (Kangira, 2016; Sibanda, 2019). Ngauralo, muvhuso wa vhukoloni na tshitalula dzhangoni la Afrika nga u angaredza na Afrika Tshipembe, wo zwi kona u kandeledza Vharema na muhumbuloni lwe vha sala vha tshi vho nyadza na nyambo dzavho vhone vhane. Ndi ngazwo Ngugi wa Thiong'o (1981) a tshi dzinginya la u ri dzhogo ya vhupuli na vhukoloni i rulwe mihumbuloni ya Vharema vha Afrika. Makumedzwa a Ngugi

(1981) a monamona nga maanḓa kha uri Vharema vha Afrika vha ḓo ḓivha mbofholowo yo fhelelaho arali vha ḓigudisa na u ḓiḓowedza u ḓirwa khana nga nyambo dza havho. Izwi zwi amba uri arali muthu a kha ḓi sedzela luambo lwa hawe fhasi, ho ngo fhambana na muthu ane a landula vhunṋe hawe. Nga u tou angaredza, luambo ri nga ndi mbulungelo ya vhumuthu ha muthu, ḓivhazwakale yawe na zwoṱhe zwi kwamaho vhuṋe hawe. Zwenezwoha, arali muthu a xeletshelwa nga luambo lwawe, uyo muthu ri nga mu dzhia sa a songo fhambanaho na muri u si na midzi – muri u si na ndalama na ndalamo. Ṱhuṱhuwedzo ya tshumiso ya nyambo nnzhi kha u ṋetshedzwa ha pfunzo magudedzini a pfunzo dza nṱha Afrika Tshipembe i ḓo vha i songo dzia arali ya sa katela u takulelwa nṱha ha nyambo dza Tshirema dza Afrika. Ngauralo, ino ndima i ḓo dzunguluwa kha u shumiswa ha nyambo nnzhi, fhedzi nyambo dza matshudeni dza ḓamuni dzo vhewa phanḓa ha nyambo dzisili. Zwa sa ralo, a hu nga vhi na phambano vhukati ha muvhuso wa demokirasi na musi muvhuso wa tshiṱalula musi zwi tshi ḓa kha u kandeledzwa na u dzhielwa fhasi ha nyambo dza Tshirema Afrika Tshipembe.

Tsenguluso Ya Manwalwa
Ḓivhazwakale ya tshumiso ya nyambo kha u ṋetshedzwa ha pfunzo Afrika Tshipembe
Mahumbulwa malugana na u shumiswa ha nyambo dza Tshirema kha pfunzo dza fhasi na dza nṱha Afrika na Afrika Tshipembe, ha khou thoma ṋamusi lini. Vhaḓivhi, vhaṅwali, vhaṱoḓisisi na vhaṅwe vhathu u ya nga u fhambana, vho ḓi vha na zwine vha amba nga ha tshumiso ya nyambo phanḓa ha musi muvhuso wa tshiṱalula u tshi ṱoka midzi Afrika Tshipembe u bva nga ṅwaha wa 1652 u swika nga ṅwaha wa 1949, musi muvhuso wa tshiṱalula wo no dzhia ndango u bva nga ṅwaha wa 1949 u swika nga ṅwaha wa 1994 na musi muvhuso wa tshiṱalula wo no sudzuluwa u bva nga ṅwaha wa 1994 u swika zwino nga ṅwaha wa 2023 (Alexander, 1989; Maḓadzhe na Sepota, 2006; Makamu, 2009; Oliver, 2009; Madiba, 2010; Nkwashu, Maḓadzhe na Kubayi, 2015; Maḓadzhe, 2019). Phanḓa ha musi muvhuso wa tshiṱalula u tshi dzhia ndango, English na luambo lwa Dutch dzo vha dzi dzone nyambo dze dza vha dzi tshi shumiswa u funza Vhatshena na Vhakhaḽadi (Oliver, 2009). Nga tshifhinga tsha muvhuso wa tshiṱalula, luambo lwa Afrikaans lwo ḓo tutuwa kha Dutch sa luambo lwa maanḓa na vhuvhusi ngeno English na yonevho yo ḓi ṋaṋa u aluwa

sa luambo lwa u funza na u guda (Maḓadzhe, 2019). Mashudumavhi, nga tshenetshi tshifhinga, nyambo dza Tshirema dzo vha dzi sa khou aluwa musi zwi tshi ḓa kha tshumiso sa mazhendedzi a u funza na u guda zwikoloni. He dza vha dzi tshi shumiswa tshikoloni, zwo vha zwi tshi tou vha lwa miṅwaha i si gathi (Oliver, 2009).

Goslin (1987) u ṅwala nga ha ḓivhazwakale ya nyambo dza Tshirema zwikoloni zwa Afrika Tshipembe o sedza luambo lwa Sepedi. U ya nga Goslin (1987), nyambo dza Tshirema dzo katelwa kha kharikhuḽamu ya zwikoloni zwa sekondari nga ṅwaha wa 1941 naho hu uri luambo lwa Sepedi lwo rwelwa ṱari sa luambo lwa u funza na u guda zwikoloni zwa phraimari na sekondari fhasi ha mulayo wo no vhidzwa u pfi 'Bantu Education Act of 1953'. Nga ṅwaha wa 1933, Muhasho wa Bantu Languages ngei he ha vha hu tshi pfi Pretoria University, wo vha wone we wa u ita uri yunivesithi yeneyo i vhe ya u tou thoma u funza luambo lwa Sepedi na isiZulu u bva kha ṅwaha wa u thoma na u ya phanḓa kha Onasi ngauralo ngauralo (Goslin, 1987). U funzwa ha Sepedi na isiZulu yunivesithi, ho ṱuṱuwedza na dziṅwe yunivesithi uri dzi thome u funza nyambo dza Tshirema, nga maanḓa kha matshudeni e a vha a tshi khou ṱoḓa u pfhumbudzwa kha zwa vhudededzi. Miṅwahani ya kale (1917 u swika 1960), Muhasho wa Nyambo dza Tshirema wo vha wo tou fombe kha u funza Ngudaluambo na ṱhaluso ya luambo, hu songo tou ḓalesa u funza matshudeni uri vhudavhidzani vhu tshimbidzwa hani nga luambo lwa havho. Naho hu uri vhagudisi vho zwi limuwa uri matshudeni vha na ṱhoḓea ya u funzwa uri vha tea u davhidzana hani nga luambo lwavho lwa ḓamuni, a ho ngo tou vha na zwinzhi zwe zwa itwa u vhuya u swika ṅwaha wa 1970 he kiḽasi dza u funzwa hu tshi itwa nḓowenḓowe dza thoma (Goslin, 1987). Nga ṅwaha wa 1976, khoso ya u tou thoma ya ḽaborothari ya luambo yo ḓo ṋetshedzwa matshudeni vha ṅwaha wa u thoma ngei Yunivesithi ya Pretoria. Idzo khoso dzo ḓo katela matshudeni vha ṅwaha wa vhuvhili na wa vhuraru, ho katelwa na u funza matshudeni nga luambo lwa havho lwa ḓamuni. Naho hu uri vhunzhi ha matshudeni vhe vha vha vha tshi ḓiṅwalisela u funzwa iyi khoso vho vha vha si na tshenzhemo ya murahu ya nyambo (Sepedi, isiZulu na Setswana) dze vha vha vha tshi khou ya u funzwa, Goslin (1987) u ri tshivhalo tsha matshudeni vhe vha ḓiṅwalisela iyi khoso tsho ḓi ṋaṋa u aluwa. Izwi zwo tou vha tsumbo ya uri ho vha hu na dzangalelo vhukuma ḽa u funzwa nga nyambo dza Tshirema kha matshudeni vha Vharema Afrika

Tshipembe. Goslin (1987) a tshi bvela phanḓa u ri Muhasho wa Nyambo dza Tshirema wo swika he wa thoma na u pfumbudza vhathu vhe vha vho ḓivhudza u funza nyambo dza Tshirema sa Sepedi, isiZulu na dziṅwe, zwi tshi khou vhangwa nga u vhona dzangalelo ḽa u guda na u funza nyambo dza Tshirema. Musi muthu a tshi sedza nzulele ya zwino hune nyambo dza Tshirema a dzi tsha tou dzhielwa nṱha nga vhagudisi na vhagudi vhanzhi magudedzini a pfunzo dza nṱha, a nga ḓivhudzisa uri zwithu zwo tshinyala zwi tshi ḓa ngafhi.

Nga tshifhinga tsha musi Goslin (1987) a tshi ṅwala ṱhoḓisiso yawe, ṱhahelelo ya vhagudisi vha nyambo dza Tshirema yo vha i iṅwe ya thaidzo dzo faredzaho nyaluwo ya pfunzo hu tshi khou shumiswa nyambo dza Tshirema. Nga iṅwe nḓila, ho vha hu si na vhathu vhanzhi vhe vha vha vha na ndalukanyo dza u funza nyambo dza Tshirema magudedzini a pfunzo dza nṱha. Vhaṅwe vhadededzi naho hu uri vho vha vho pfhumbudzwanyana, vho ḓo ṱangana na khaedu musi vha tshi zwi limuwa uri vho vha vha si na nḓivho ya zwiṅwe zwiteṅwa zwe vha vha vha tshi khou lavhelelwa u funzwa, sa fonetiki, fonoḽodzhi, phenḓaipfi, ḓivhafhungo na zwiṅwe. Hu ḓi nga na matshudeni vhe vha vha vho pfumbudzwa nga tshenetsho tshifhinga, vho vha vha vha si na nḓivho yo angalalaho lune vha nga tholwa u funza luambo zwikoloni na magudedzini a pfunzo dza nṱha. Tshiṅwe hafhu tshe Goslin a tshi topola sa thaidzo ndi tsha uri kharikhuḽamu ye ya vha i tshi funzwa nga nyambo dza Tshirema phraimari yo vha i si ya tshiofisi, zwe zwa amba uri vhagudi vha kharikhuḽamu yeneyo vho vha vha vha sa lingiwi u fana na kha dziṅwe thero dzavho. Ngauralo, ho vha hu si na mbekanyamushumo yo dziaho malugana na uri vhagudi vha nyambo dza Tshirema vha tea u funzwa mini nahone ndivho i ifhio. Mudededzi o vha a tshi funza zwine a funa, zwa amba uri vhagudi vha nyambo dza Tshirema vho vha vha vha si funzwi zwithu zwi no fana kana u elana. Izwi zwo mbo ḓi hoṱefhadza kufunzele kwa nyambo dza Tshirema u ya phanḓa. Musi muthu a tshi zwi sedza zwavhuḓi, u a zwi limuwa uri vhadededzi vha tshenetsho tshifhinga, a vho ngo shaya fhedzi uri vha funza mini kha luambo lwa Tshirema, vho shayavho na nḓila ya kufunzele. Ngauralo, zwenezwi musi ri kati na u anganya pfunzo ine khayo ha ṱuṱuwedzwa tshumiso ya nyambo nnzhi kiḽasini, ri a kombetshedzea u ḓivhudzisa uri hu ḓo vha hu tshi khou funziwa mini kha yeneyo kiḽasi na uri ndi kufunzeleḓe kune kwa ḓo tea u tevhedzwa uri mugudi muṅwe na muṅwe a kone u wana mbuelo dzavhuḓi dza pfunzo yeneyo.

Arali muthu a sedza ḓivhazwakale ya u funzwa na u gudwa ha luambo Afrika Tshipembe, u ḓo zwi limuwa uri ḓivhazwakale ya hone yo tou ṅwalwaho i thoma musi vha Vhukovhela vha tshi swika Afrika Tshipembe (Sithole, 2019). Musi Vhatshena vha Dutch vha tshi swika Cape nga ṅwaha wa 1962, vhudavhidzani vhukati havho na vhongwaniwapo vha Khoisan ho ḓo thoma, nga u bonya ha iṱo, luambo lwa Dutch lwa mbo ḓi ṱoka midzi sa lwone luambo lwa vhudavhidzani na pfunzo (Lemmer na Van Wyk, 2010). Nga vhuya, vhongwaniwapo vhe vha itwa dziphuli nga Vhatshena vha Dutch, vho fhedza vha tshi vho xeletshelwa nga luambo lwavho, vha vho thoma u amba luambo lwa Dutch sa lwa havho (Orman, 2008). Luambo lwa Dutch lwo ḓo aluwa na u shanduka lwa vha Afrikaans (Maḓadzhe, 2019). Nga ṅwaha wa 1860, Vhaisimane vho mbo ḓi govhela Cape, vha ḽi langula, na vhonevho nga u tou ṱavhanya, vha takula English sa luambo lwa pfunzo (Lemmer na Van Wyk, 2010).

U bva nga ṅwaha wa 1948, Afrikaans na English dzo mbo ḓi rwelwa ṱari sa dzone nyambo dza tshiofisi nahone sa dzine dza tea u shumiswa kha u funza na u guda zwikoloni. Nyambo dzoṱhe dza Tshirema dza Afrika dzo mbo ḓi rwiswa nga muya zwikoloni naho hu uri nga vhuya, muvhuso wa tshiṱalula wo dzinginya ḽa uri dzi shumiswe kha mirole ya fhasi zwikoloni. Muvhuso wa Mavhuru wo lingedza nga nungo dzoṱhe u tsitsa English tshiduloni tsha vhuvhusi u bva nga ṅwaha wa 1948 u swika miṅwahani ya 1990 nga u lingedza u rwela ṱari Afrikaans sa luambo luthihi lune lwa tea u shumiswa nga vhadzulapo vhoṱhe vha Afrika Tshipembe (Sieborger, Weldon na Hinton, 1996; Beck, 2000; Frederikse, 2001). Ḽiṅwalo ḽo no vhidzwa u pfi 'Bantu Education Policy of 1953' ndi ḽone ḽe ḽa ita uri u funzwa nga luambo lwa ḓamuni hu vhe khombekhombe zwikoloni zwoṱhe zwa Vharema (Lemmer na Van Wyk, 2010). English na Afrikaans dzo funzwa sa thero u bva kha ṅwaha wa u thoma wa u dzhena tshikolo, zwe zwa kombetshedza vhana u guda nyambo tharu nga tshifhinga tshithihi (Sithole, 2019). Nyambo dza Tshirema dza Afrika dzo vha dzi tshi shumiswa u funza thero dze dza vha dzi sa ṅwalelwi milingo.

Nga ṅwaha wa 1974, muvhuso wo ḓo ṋea ṋḓivhadzo ya uri Mbalo na Ngudo dza zwa Matshilisano zwi ḓo gudwa nga Afrikaans fhedzi. Nḓivhadzo iyi yo tutusa migwalabo zwikoloni zwa Soweto nga ṅwaha wa 1976 (Lemmer na Van Wyk, 2010). Nga ṅwaha wa 1991, u nangwa ha luambo lwa u funza na u guda ho ḓo vhewa zwanḓani zwa komiti dza zwikolo zwa Vharema, he nyambo dze tshikolo tshiṅwe na tshiṅwe tsha Vharema tsha tea u nanga khadzo ha vha hu English, Afrikaans kana luambo luṅwe na luṅwe lwa Tshirema. Vhunzhi ha Vharema vho ḓo nanga English sa lwone luambo lwa u funza na u guda (Lemmer na Van Wyk, 2010). U tou bva mathomoni, phoḽisi ya luambo lune lwa tea u shumiswa kha u funza na u guda, yo vha i tshi ṱuṱuwedzwa nga vhupoḽitiki u fhira dzangalelo ḽa u ṋetshedza pfunzo yavhuḓi, zwa vho sia nyambo dza Tshirema dza Afrika dzo kudzelwa ḓaleḓaleni. Tsho itaho uri Vharema vha hanedzane na u funzwa nga nyambo dzavho nga tshifhinga tsha muvhuso wa tshiṱalula ndi uri nga itsho tshifhinga, mveledziso na tshumiso ya nyambo dza Tshirema zwikoloni yo vha i iṅwe ya ndila dze muvhuso wa tshiṱalula wa vha u tshi dzi shumisa u faredza mvelaphanḓa ya Vharema nga u vha funza zwithu zwi sa bveledzi vhutshilo ha muthu (Lemmer na Van Wyk, 2010). Vhaṅwevho vho sokou pfa u nga pfunzo ye ya vha i tshi nga ṋetshedzwa nga nyambo dza Tshirema, dze nga itsho tshifhinga ha pfi dzo vha dzi songo bveledzwa lune dza nga ḓisikela mathemo a saintsi na thekhinoḽodzhi, zwi nga salelisa murahu matshudeni kha ḽifhasi ḽa musalauno ḽa thekhinoḽodzhi (Behr, 1980).

English i kha ḓi vhusa mihumbuloni ya vhathu vhanzhi ngauri vhathu vha i dzhia sa lwone luambo lwa mvelaphanḓa nahone lu shumiswaho u ela vhuṱali ha muthu (Bourdieu na Thompson, 1991; Memela, 2011). Kha ḽiṅwe sia, nyambo dza Tshirema dzi sedzelwa fhasi nga nṱhani ha kutshilele kwa musalauno kune kwo sendamela nga maanḓa kha zwine zwa anzela u vhidzwa u pfi Tshikhuwa (Bamgbose, 2011), zwi tshi khou vhangwa nga luvhilo lwa nyaluwo ya thekhinoḽodzhi na mveledziso ya zwishumiswa zwa musalauno mamagani a vhubindudzi. Hu ḓi nga na vharangaphanḓa vha mashango a Afrika a demokirasi, vho futelela kha mveledziso dzenedzi dzine dza pfi ndi dza Tshikhuwa lune a vha tati u laṱela kule nyambo dza havho hu u itela u swikela mbuelo dza mveledziso dza Tshikhuwa (Bamgbose, 2011). Ndi ngazwo mveledziso dzenedzi dzi tshi sedzwa sa zwiṅwe zwa zwivhangi zwa uri nyambo dza Tshirema dzi sedzelwe fhasi (Sithole, 2019). Izwi zwi dziiswa na nga lutendo lwa uri mveledziso na mvelaphanḓa Arika zwi ḓo swikelwa fhedzi nga u shumiswa nyambo dzisili. Naho zwo ralo, Afrika Tshipembe lwo ḓo bveledza phoḽisi ya luambo kha u ṋetshedzwa ha pfunzo zwikoloni zwaḽo.

Phoḽisi ya luambo Afrika Tshipembe

Ṅwaha wa 1994 ndi we ngawo Afrika Tshipembe ḽa wana muvhuso wa demokirasi lwe ṅwaha wonoyo wa vho nga tshiga tsha u swika ha tshanduko khulu kha iḽi shango (Madiba, 2005). Iṅwe ya tshanduko khulu dzo ḓaho na muvhuso wa demokirasi ndi u rwelwa ṱari ha Ndayotewa ya Afrika Tshipembe nga ṅwaha wa 1996 nga Khorombusi ya Mulayo Afrika Tshipembe. Phoḽisi ya luambo lwa u funza na u guda zwikoloni yo dededzwa nga milayo ya Ndayotewa ya shango na mulayo u no vhidzwa u pfi 'the South African Schools Act (SASA)' (Ndayotewa ya Afrika Tshipembe, 1996). Ḽikumedzwa ḽa ndeme kha Ndayotewa ya Afrika Tshipembe malugana na tshumiso ya luambo kha pfunzo ndi ḽine ḽa ombedzela uri mudzulapo muṅwe na muṅwe wa Afrika Tshipembe u na ndugelo ya u ṱanganedza pfunzo nga luambo lwa tshiofisi lune ene muṋe a lu takalela kha zwiimiswa zwa pfunzo zwa nnyi na nnyi hune pfunzo yeneyo ya tenda u ṋetshedzwa hu si na zwikhukhulisi (Ndayotewa, 1996). U swikela iyo ndivho, muvhuso wa demokirasi wa Afrika Tshipembe, wo rwela ṱari nyambo dza fuminthihi sa dzone nyambo dza tshiofisi. Nyambo dzenedzo, u ya nga Ndayotewa ya Afrika Tshipembe (1996), ndi Afrikaans, English, isiNdebele, isiXhosa, isiZulu, Sepedi, Sesotho, Setswana, SiSwati, Tshivenḓa na Xitsonga.

U rwelwa ṱari ha nyambo dza Tshirema kha Ndayotewa ya Afrika Tshipembe ndi iṅwe ya nḓila ye muvhuso wa Afrika Tshipembe wa demokirasi wa i shumisa hu u lingedza u lulamisa tshayandinganyelo yo vhangwaho nga muvhuso wa vhukoḽoni na tshiṱalula Afrika Tshipembe (Makoni, 1995; Madiba, 2005; Maḓadzhe, 2019). Sa zwe zwa bulwa afho nṱha, Ndayotewa ya Afrika Tshipembe i ombedzela uri mudzulapo muṅwe na muṅwe wa Afrika Tshipembe u na pfanelo ya u funzwa nga luambo lwa tshiofisi kana nga nyambo dzine a funa dza tshiofisi kha zwiimiswa zwa nnyi na nnyi zwa pfunzo henefho hune pfunzo yeneyo ya ṋetshedzwa. Fhedziha, ngoho ndi ya uri tshumiso ya nyambo dza Tshirema sa mazhendedzi a pfunzo magudedzini a nṱha a Afrika Tshipembe, i kha ḓi vha fhasi vhukuma (Maḓadzhe, 2019).

Tshiteṅwa tsha vhurathi tsha mulayo wa South African Schools Act (SASA) tshi randela milayo yo vhalaho malugana na u bveledzwa ha phoḽisi ya luambo zwikoloni zwa nnyi na nnyi (Ndayotewa, 1996). Mulayo wonoyo u ṋea vhulanguli ha tshikolo maanḓa a u ḓisikela phoḽisi ya luambo tshikoloni hu tshi khou tevhedzwa Ndayotewa ya shango na phoḽisi dza vundu (Ndayotewa, 1996). Naho hu uri vhulanguli ha zwikolo ho ṋewa maanḓa a u sika phoḽisi ya luambo zwikoloni, fhedziha, vhulanguli uvhu vhu farwa zwanḓa ngauri Ndayotewa i kha ḓi vhea phanḓa English na Afrikaans sa nyambo dza u funza na u guda, ngeno nyambo dza Tshirema dzi tshe kha vhuimo ha fhasi musi dzi tshi vhambedzwa na idzi nyambo mbili. Phoḽisi ya u tou thoma ya luambo, fhasi ha muvhuso wa demokirasi Afrika Tshipembe, ndi ye ya vhidzwa u pfi 'the Language-in-Education Policy of South Africa' nahone ya rwelwa ṱari nga ṅwaha wa 1997. Muhumbulo muhulwane wa iyi phoḽisi wo vha u wa u shumisa luambo lwa ḓamuni sa lwone luambo lwa u funza na u guda ngeno mugudi a na tshikhala tsha u engedza luṅwe luambo lune a funa (Muhasho wa Pfunzo, 2010). Zwipikwa zwa 'Language-in-Education Policy of South Africa' ndi hezwi:

- Vhagudi vhoṱhe vha ḓo guda luambo luthihi lwo rwelwaho ṱari sa thero kha greidi ya u thoma na ya vhuvhili.
- U bva kha greidi ya vhuraru u ya phanḓa, vhagudi vhoṱhe vha ḓo ṋewa tshifhinga tshi linganaho na nḓisedzo ya tshumelo i eḓanaho.
- Vhagudi vhoṱhe vha tea u nanga luambo lune ha ḓo funzwa na u gudwa ngalwo musi vha tshi tou bva u ṱanganedzwa tshikoloni na luambo luthihi lwa nyengedzedzwa lwo rwelwaho ṱari lune lwa ḓo funzwa sa thero.
- Arali hu si na tshikolo kha ḽiisela tshine tsha shumisa luambo lune mugudi a lu takalela sa luambo lwa u funza na u guda, mugudi a nga humbela Muhasho wa Pfunzo wa vundu uri u thuse nga nḓisedzo ya luambo lwonolwo tshikoloni tshawe.
- Muhasho wa Pfunzo vunduni u tea u vha na ridzhisiṱara ine khayo ha ṅwalwa khumbelo dzoṱhe u bva kha vhagudi malugana na luambo lwa u funza na u guda lune a luho zwikoloni zwine vhagudi vha vha khazwo.
- Zwi a pfala u ṋetshedza pfunzo nga luambo lwa u funza na u guda arali tshivhalo tsha vhagudi vha murole wa u thoma u swika kha wa vhurathi tshi tshi swika 40 kana 30 u bva kha murole wa 7 u swika kha wa 11.

Naho hu na Ndayotewa, vhuḓiimiseli ha muvhuso kha u ṱuṱuwedza tshumiso ya nyambo nnzhi na phoḽisi ya luambo kha u ṋetshedzwa ha pfunzo, u nangwa ha luambo lune muthu a ṱoḓa u guda na u funzwa ngalwo hu kha ḓi vha thaidzo khulwane vhukuma Afrika Tshipembe (Sithole, 2019). Izwi zwi khou vhangwa ngauri vhunzhi ha zwiimiswa zwa pfunzo Afrika Tshipembe a zwi sumbedzi u vha na dzangalelo ḽa u shumisa nyambo nnzhi sa ndila ya u pembelela vhunzhi ha nyambo dza Afrika Tshipembe. Pan South African Language Board (PanSALB) i maandafhadzwa nga tshiteṅwa tsha vhurathi tsha Ndayotewa u ṱuṱuwedza na u sika zwikhala zwa u bveledzwa na u shumiswa ha nyambo dzoṱhe dza tshiofisi dza Afrika Tshipembe. Fhedziha, PanSALB i vhonala i tshi khou ṱangana na vhuleme kha u ita uri uyu muloro u wedze (Fessha, 2009; De Lange, 2010). Pillay na Yu (2010) vha ri iṅwe thaidzo ndi ya uri zwiimiswa zwa pfunzo dza nṱha zwi khou shumisa English sa lwone luambo lwa makwevho na vhubindudzi hu u ṱoḓa uri matshudeni o funzwaho nga ulu luambo a kone u tholea madzuloni a u tandulula madandentande o livhanaho na nyambo dza Tshirema dza Afrika Tshipembe. Mbonalo ya zwithu ndi ya uri mahothi a u bvelela vhutshiloni a vulea fhedzi musi muthu a tshi kona English. Ndi ngazwo English i tshi kha ḓi vha luambo lwa maanḓa Afrika Tshipembe nga vhuphara. Ngauralo, zwenezwi musi Muhasho wa Pfunzo dza Nṱha Afrika Tshipembe u tshi khou anganya u ṱuṱuwedza tshumiso ya nyambo nnzhi kha u ṋetshedzwa ha pfunzo, u tea u dovha wa zwi dzhiela nzhele uri hu na zwikhukhulisi zwinzhi zwine zwi nga ita uri muhumbulo uyo u si vuledze. Kha tshiteṅwa tsha tsaukanyo tsha ino ndima, hu ḓo rerwa nga zwikhukhulisi zwenezwo.

Muhanga Wa Thiori

Heino ndima yo ḓisendeka nga thiori mbili. Thiori dzenedzo ndi *Afrocentricity* (Asante, 1988) na thyiori ya Vygotsky ine ya vhidzwa u pfi *Sociocultural Theory*. *Sociocultural Theory* i ombedzela fhungo ḽa uri nyito dza vhathu dzi itea fhethu hune ha vha na mvelele dzo fhambanaho, nahone nyito dzenedzo dzi bvukululwa nga luambo na zwiṅwe zwiga zwa vhudavhidzani zwa mvelele dzenedzo, lune u zwi pfesesa khwine, muthu u tea u ita ṱhoḓisiso nga hazwo o ḓisendeka nga mvelele ine zwa tutuwa khayo (John-Steiner na Mahn, 1996). U ya nga ha Vygotsky, ndowenḓowe dzoṱhe dza vhathu dzi itea luvhanḓeni lwa mvelele nahone u pfesesea ha ndowenḓowe dzenedzo hu kombetshedza uri muthu a vhe na ndivho yo angalalaho malugana na mvelele ine ndowenḓowe idzo dza khou bvelela khayo. Luambo, sa tshisikwa na tshishumiswa tsha zwa matshilisano, lu konaha u vha tshipiḓa tsha ndeme vhukuma musi zwi tshi ḓa kha u funzwa na u gudwa ha muthu ngauri ndi nga luambo hune vhathu vha kona u swikela vhukoni ha nṱhesa ha u anḓadza kuhumbulele kwavho. Naho hu uri Vygotsky u tendelana na Piaget kha uri vhana vha guda nga ndilade, fhedziha, nyombedzelo ya Vygotsky i sendamela nga maanda kha uri matshilisano a fhethu hune ha gudelwa hone, a shela mulenzhe zwihulu kha kugudele kwa muthu (Killen, 2000). Ndi henefha hune Vygotsky a ri mvelele na fhethuvhupo ha matshilisano zwi nea mugudi zwishumiswa zwine zwa todea kha uri kuhumbulele kwa muthu ku bveledzee. Ngauralo, thiori ya Vygotsky i tenda kha uri u guda a hu fheli nahone vhagudi vha dzulela u ka ndivho fhethuvhupo havho, vha bveledza ndila dza u talusa ndivho yeneyo na u i shumisa zwi tshi bva kha ndivho na tshenzhemo ine vho na vha nayo (Killen, 2000). U bva nga ṅwaha wa 1997, kharikhulamu ya zwikolo zwa Afrika Tshipembe yo vha yo disendeka nga thiori ya Vygotsky (Jacobs na vhaṅwe, 2011). Kha Vygotsky, u humbula, u elekanya na u tandulula thaidzo zwi disendeka nga luambo nahone lwo bveledzwaho na u shumiswa fhethuvhupo hu yaho ngauri ha mvelele (Brooks na Brooks, 1993; Dahms, Geonnotti, Passalacqua, Wetzel, Schilk na Zulkowsky, 2007; Turuk, 2008).

U ya nga Vygotsky, ndivho khulwane ya pfunzo ndi u guda mvelele na matshilisano (Dahms na vhaṅwe, 2007). Heyi thiori yo toka midzi kha vhutendatenda ha uri vhagudi vha tea u thuswa u sika ndivho ya ndeme nahone i shumiseaho matshiloni avho. Tsha ndeme nga maanda a si uri vhagudi vha funzwa mini, tsha ndeme ndi uri vha guda hani, zwa amba uri zwikili zwine vha zwi wana kha pfunzo ndi zwone zwa ndeme (Ankiewicz na De Swardt, 2001; Jacobs, Vakalisa na Gawe, 2011). Heino thiori i ombedzela uri pfunzo kha i dzhiele nzhele thodea dza mugudi nahone mugudisi a lwe nga nungo dzothe u fusha thodea dzenedzo nga zwine a funza na nga kufunzele kwawe. I dovha hafhu ya tutuwedza uri vhagudi vha gude nga zwigwada nahone vha tshi khou thusana u pfesesa zwine zwa khou funzwa. Ngauralo, mahumbulwa a Vygotsky a tea u dzhielwa nzhele musi muthu a tshi khou lingedza u rera nga ha khonadzeo na ndeme ya u netshedza pfunzo lu fushaho kha matshudeni vha Vharema Afrika Tshipembe, nga maanda ho sedzwa uri hu itea mini kha avho matshudeni musi vha tshi funzwa nga luambo lusili nahone lu sa anani na mvelele yavho. Luambo lu thusa vhagudi uri vha kone u kovha tshenzhemo yavho na vhaṅwe vhagudi ngavho, zwine zwa tutuwedza vhudifulufheli havho kha u shela mulenzhe kilasini (Dahms na vhaṅwe, 2007). Thyiori ya Vygotsky i na mushumo kha kufunzele na kugudele kwa luambo ngauri musi mudededzi kana lekitshara a tshi khou funza, u tea u dzhiela nzhele mvelele dza vhagudi vhawe. Vygotsky u ri mvelele ya vhagudi, nga maanḓa ya vhongwaniwapo vhavho, i shela mulenzhe zwihulu kha kubveledzele kwa nḓivho ntswa na zwikili zwine vha zwi wana kiḽasini.

Ri tshi kha ḓi vha kha ḽeneḽi ḽa uri mvelele ya vhagudi na fhethuvhupo havho zwi shela mulenzhe kha kugudele kwavho, ndi zwa ndeme u zwi limuwa uri u funzwa na u gudwa hu tshi khou shumiswa nyambo nnzhi magudedzini a pfunzo dza nṱha Afrika Tshipembe hu ḓo tea u sedzwa nga iṱo ḽa Tshiafrika. Ngauralo, thyori ya khwinesa kha u swikela izwi ndi *Afrocentricity* (Asante, 1988), sa vhunga i tshi ombedzela ḽa uri nzulele, kutshilele na tshiṅwe na tshiṅwe tshi kwamaho Muafrika, tshi tea u rerwa nga hatsho u ya nga kuhumbulele na kuvhonele kwa Tshiafrika. Khufhi ya iyi thiori i kha uri lwa tshifhinga tshilapfu, ho shumiswa mavhonele a Vhukovhela u tandulula thaidzo dza Afrika, lwe maitele na matshimbidzele a zwithu nga Tshiafrika a thudzelwa kule. Zwino, phangami dza iyi thiori dzi ngaho Asante (1998; 1999), Mokgoatšana (1999) na Shai (2021), dzi ombedzela uri, musi zwi tshi ḓa kha Muafrika na zwoṱhe zwi kwamaho dzhango ḽa Afrika, kha hu shumiswe nḓivho na kuhumbulele kwa Tshiafrika u rera nga ha zwenezwo zwithu khathihi na u tandulula thaidzo dzine dza vha hone, madzuloni a u shumisa nḓivho dza vhaṅwe dzi sa anani na kutshilele kwa Afrika. Ukwu kuhumbulele ku khou vhonala ku tshi khou dzingindela vhukuma naho ku tshi khou ongolowa Afrika Tshipembe; fhedziha, zwiimiswa zwa pfunzo dza nṱha sa Yunivesithi ya KwaZulu-Natal na ya Stellenbosch, zwo no ṱanganedza thandela dzine dza ombedzela ndeme ya Tshiafrika kha kufunzele na kugudele, zwo bva kha khuwelelo dza madzangano a matshudeni ane a khou lilela uri nḓivho ya Tshiafrika i katelwe kha kharikhuḽamu dza magudedzi a pfunzo dza nṱha Afrika Tshipembe (Maḓadzhe, 2019).

Ngona Ya Ṱhoḓisiso

Kha ino ndima ho shumiswa ngona ya khwaḽithethivi i tshi khou tikedzwa nga tsenguluso ya maṅwalwa a vhaṅwe vhaṱoḓisisi vhe vha anḓadza mahumbulwa na mawanwa avho malugana na tshumiso ya nyambo dza Tshirema khathihi na nyambo nnzhi kha pfunzo. Muṱoḓisisi o saukanya mahumbulwa na mawanwa eneo hu u itela u ṋea makumedzwa awe malugana na u anganya ha Muhasho wa Pfunzo Afrika Tshipembe u ṱuṱuwedza tshumiso ya nyambo nnzhi musi hu tshi khou funzwa. Ngauralo, ino ndima yo shumisa ngona ya sekondari kha u kuvhanganywa ha data. Tsenguluso ya data yo kuvhanganywaho yo itwa nga u tou anetshela mahumbulwa a muṱoḓisisi malugana na ṱhoho ya ino ndima.

Tsaukanyo

Tshumiso ya nyambo nnzhi magudedzini a pfunzo

Prah (1995) u ri mvelaphanḓa ya pfunzo dzhangoni ḽa Afrika i nga swikelwa khathihi na u vhonalesa arali ha shumiswa nyambo nnzhi nahone dza Afrika kha u ṋetshedza pfunzo yeneyo. Ngauralo, tshumiso ya luambo lwa ḓamuni kha pfunzo i na vhuḽedzani na u bvelela ha shango na dzhango (Kamwangamalu, 1997). Hu tshi pfi u shumiswa ha nyambo dza ḓamuni kha pfunzo hu khou tou ambiwa fhedzi uri kha u ṋetshedza pfunzo, zwiimiswa zwa pfunzo zwi tea u shumisa nyambo dzine vhagudi vho dzi amba u bva vhuṱukuni havho nahone nyambo dzenedzo dzi dzine vhagudi vha dzi shumisa u humbula na u davhidzana na vhaṅwe vhathu. Khani ya uri hu shumiswe luambo lwa ḓamuni kha u funza na u guda ndi kale i hone nahone i vho tou nga mupfa une wa ri u ṱhavha wa konḓa u vangulwa dzhangoni ḽa Afrika. Tshi itaho uri hu songo tandwa ḽi no fukwa kha iyi khani ndi tsha uri hu na vhane vha themendela pfunzo ine khayo ha shumiswa luambo lwa ḓamuni ngeno vhaṅwe vha tshi ima lurandala, hu u hanedza uyo muhumbulo.

Zwivhi zwa u shumiswa ha nyambo nnzhi kha pfunzo

Vhaḽa vhane vha hanedza uyu muhumbulo, vha ḓisendeka nga mawanwa a ṱhoḓisiso ane a ombedzela uri pfunzo yo raliho a i konadzei (Fasold, 1984; Amberg na Vause, 2014). Naho hu uri muvhuso wo ḓivhudza u ṱuṱuwedza tshumiso ya nyambo nnzhi khathihi na u ṱuṱuwedza u ṱhonifhiwa ha pfanelo dza vhathu dza tshumiso ya nyambo, zwi kha ḓi konḓa u wana kiḽasi ine khayo ha shumiswa nyambo nnzhi sa nḓila ya u pembelela vhunzhi ha nyambo Afrika Tshipembe. Amberg na Vause (2014) vha ri, zwa uri hu na nyambo nnzhi Afrika Tshipembe zwi ita uri vhaṅwe vha vhone u nga vhudavhidzani vhu ḓo konḓa arali ha shumiswa nyambo nnzhi kiḽasini. Amberg na Vause (2014) vha inga nga u ri zwi ḓo ḓurela muvhuso u ita uri hu shumiswe nyambo nnzhi kha pfunzo. Ngauralo, u shumiswa ha luambo luthihi kha pfunzo zwi fhira u shumiswa ha nyambo nnzhi, sa vhunga hu si na vhuṱanzi ha uri tshumiso ya nyambo dzenedzo i ḓo vhuedza vhathu vhoṱhe; hu nga ḓi vha na vha sa takaleli u funzwa nga u ralo.

Hu nga dovha ha ṱaṱwa khani ya uri u shumiswa ha luambo luthihi kha pfunzo zwi ḓo vhulungela muvhuso masheleni ane a tea u badelwa kha u bveledza bugu, mipindulelo, u pfhumbudzwa na u tholwa ha vhadededzi na dziṅwe tshumelo dzine dza ḓo ṱoḓea uri tshumiso ya nyambo nnzhi kha pfunzo i konadzee. Naho hu uri khani ya uri tshumiso ya nyambo i ḓo ḓurela muvhuso, zwine a zwi khou dzhielwa nzhele ndi zwa uri u shumiswa ha luambo luthihi, sa tsumbo, English, zwi ḓo ḓurela avho vha sa lu koni kana vha sa funi u lu shumisa sa luambo lwa u gudwa na u funzwa ngalwo.Vhaṅwe vha hanedza uyu muhumbulo vho ḓisendeka nga ḽa uri a zwi konadzei uri hu vhe na masheleni ane a nga lambedzwa ṅwana muṅwe na muṅwe uri a gude nga luambo lwawe lwa ḓamuni (Kamwangamalu, 1997). Naho zwo ralo, u sa ṱuṱuwedza tshumiso ya nyambo nnzhi kha u ṋetshedzwa ha pfunzo, zwi ḓo sia vhunzhi ha nyambo dza Tshirema dzi khomboni ya u ngalangala nga nṱhani ha u sa shumiswa magudedzini a pfunzo na huṅwevho hune dza nga bveledziswa (Brenzinger, Heine na Sommer, 1991).

U ṋetshedzwa ha pfunzo nga luambo lwa ḓamuni hu songo vha u sokou amba ngeno hu si na maga a vhonalaho a u ita uri pfunzo yeneyo i swikelwe. Hu na vhane vha vhona pfunzo yo raloho i si na mushumo, na avho vhane nga nṱhani ha u kandeledzwa nga muvhuso wa vhukoḽoni na tshiṱalula, vha vha vha tshe vho fara ḽa uri pfunzo ya vhukuma ndi ine ya ṋetshedzwa nga English kana Afrikaans. Arali vhathu vha kuhumbulele kwo raliho vho fara maimo mahulwane muvhusoni kana zwiṅwe zwidulo zwa maanḓa, hu na khonadzeo khulwane ya uri vha si tende u rwela ṱari milayotibe na phoḽisi dza nyambo dzine dza ṱuṱuwedza u takulelwa nṱha ha nyambo dza Tshirema kana yone tshumiso ya nyambo nnzhi zwiimiswani zwa pfunzo. Vha tshi kha ḓi vha vhenevha vhathu vhathihi, muthu u wana uri a vha anzeli u ṱanganedza kana u ṱuṱuwedza uri hu ambiwe nyambo nnzhi fhethu ho fhambanaho. Ndi ngazwo vha tshi lwela u nambatela nyambo dza Vhukovhela sa dzone nyambo dzine vhathu vha tea u swela u dzi kona u fhira nyambo dzavho dza ḓamuni. Avha vhathu a vha anzeli u dzhiela nzhele khaedu dza u funzwa nga luambo lusili.

Zwivhuya zwa u rangisa nyambo dzaḓamuni kha tshumiso ya nyambo nnzhi pfunzoni

Vhane vha themendela pfunzo i no shumisa nyambo nnzhi nahone luambo lwa ḓamuni lwo vhewa phanḓa vha ombedzela ḽa uri pfunzo i a lelutshela mugudi musi i tshi khou ṋetshedzwa nga luambo lwawe lwa ḓamuni; izwi zwi tshi khou itiswa nga vhukoni vhune a vha naho ha luambo lwonolwo. Luambo lwa ḓamuni lu tea u vhewa phanḓa naho hu tshi khou gudwa nga nyambo nnzhi ngauri ndi luambo lune ngalwo muthu a humbula, a lora na u vhala. Izwi zwi amba uri luambo lu na vhuḽedzani vhuhulu vhukuma na muhumbulo, ngauri ndi nga luambo hune muthu a kona u bvisela khagala mihumbulo yawe na vhupfiwa hawe. U vhewa phanḓa ha luambo lwa ḓamuni hu na zwivhuya zwo vhalaho kha mugudi, ho katelwa vhukoni ha u fusha ṱhoḓea dza thero nga nḓila yo leluwaho, u fhungudza khonadzeo dza u dovholola murole na khonadzeo dza u sa litsha tshikolo (World Bank, 2005). Kioko (2015) u ri nga u shumisa luambo lwavho lwa ḓamuni, vhagudi vha kona u ḓiphina nga pfunzo. Musi vhagudi vha na vhukoni ha luambo lune lwa shumiswa u funza na u guda, zwi vha ṋea tshikhala tsha u vhudzisa mbudziso, u themendela, u fhindula mbudziso khathihi, u sika na u kovha nḓivho ntswa ine vha nga vha vha nayo nga vhuḓifhulufheli. Zwi dovha hafhu zwa ṋea vhagudi tshikhala tsha u ḓirwa khana nga vhunṋe havho na mvelele yavho. Vhaḓivhi vha luambo vhanzhi vha ṱaṱa khani ya uri, musi zwi tshi ḓa kha u guda luambo lwa vhuvhili, ndi zwa ndeme uri vhagudi vha thome nga u vha na mutheo wo dziaho wa luambo lwavho lwa ḓamuni (Bloch, 2012; Taylor na Coetzee, 2013).

Zwivhi zwa u rangisa nyambo dzisili kha u ṋetshedzwa ha pfunzo
Afrika Tshipembe ḽi kha ḓi vha na lwendo lulapfu musi zwi tshi ḓa kha u ṋetshedza pfunzo ine ya dzhiela nzhele uri vhagudi vha bva fhethu ho fhambanaho, hu ambiwaho nyambo dzo fhambanaho nahone hune ha vha na mvelele dzo fhambanaho (Van der Berg, Taylor, Gustafsson, Spaull na Armstrong, 2011; Setati, 1998). Ṱhoḓisiso malugana na vhuḽedzani vhukati ha luambo lwa u funza na u bvelela kha zwa pfunzo dzi khwaṱhisedza vhushaka ha luambo lwa u funza na u phasa ha matshudeni (Burkett, Clegg, Landon, Reilly na Verster, 2001; Van Heerden, 1996). Ṱhoḓisiso dzi dovha hafhu dza sumbedza uri vhana vhane vha kona u amba nyambo mbili, vha anzela u phasa zwavhuḓi, nga maanḓa arali mudededzi wavho a tshi kona u funza luambo lwavho lwa ḓamuni zwavhuḓi (Cummins, 2000). Izwi zwa amba uri, arali luambo lwa ḓamuni lwa kudzelwa kule, mveledziso ya luambo lwonolwo i mbo ḓi haka midzi na u bvelela ha vhagudi hu mbo ḓi ṱangana na vhukonḓi. Van Heerden (1996) u ri vhagudi, nga maanḓa vha Vharema, vha ṱangana na khaedu

ngauri a zwi vha lelutsheli u guda nga luambo lu si lwa havho. Vhunzhi ha vhana vhane vha kundelwa u amba, u vhala na u ṅwala English sa tsumbo, vha anzela u sa shuma zwavhuḓi kha thero dzavho (Lemmer, 1995; Wessels, 2010). Lemmer (1995) u ri, musi hu tshi ṅwalwa mulingo kana thesite, mugudi a nga vha a tshi ḓivha phindulo, fhedzi, a shaya maipfi a English ane a nga a shumisa u fhindula mbudziso, u fhedza a tshi vho feila. Ndi ngazwo McKay (2012) a tshi ri ndi khwine vhagudi vha tshi funzwa nga luambo lune vha lu ḓivhesa, sa tsumbo, luambo lwavho lwa ḓamuni.

U gudwa ha luambo lusili hu nga vhangela mugudi khaedu mbili. Khaedu ya u thoma ndi u sa kona u guda luambo lwonolwo nga ndila ine lwa nga goḓombela kha mugudi ngeno khaedu ya vhuvhili hu u kondelwa ha mugudi u fusha ṱhoḓea ya u bvukulula vhukoni ha u pfesesa ndivho ine ya khou ṋetshedzwa nga luambo lwonolwo lusili. Ngaauralo, ndi zwa ndeme uri hu rerwe nga tshumiso ya nyambo nnzhi kha u ṋetshedzwa ha pfunzo, ho sedzeswa tshumiso ya nyambo dza vhagudi dza ḓamuni. Tshi itaho uri ino ndima i ombedzele tshumiso ya nyambo dza ḓamuni ndi uri Webb (1996) u ri musi vhagudi vha sa funzwi nga luambo lwa havho lwa ḓamuni,

- A vha sheli mulenzhe lu fushaho kha ngudo dzavho kiḽasini;
- A vha shumi zwavhuḓi musi vha tshi vhambedzwa na vhagudi ngavho;
- Vha ḓisedzela fhasi; na uri
- Vha anzela u feila na u dovholola kiḽasi, nahone hu vha na khonadzeo khulwane ya uri vha litshe tshikolo.

Ngaauralo, musi hu tshi dzinginywa tshumiso ya nyambo nnzhi magudedzini a pfunzo Afrika Tshipembe, kha hu dzhielwevho nzhele na ḓivhazwakale ya tshumiso ya nyambo kha iḽi shango khathihi na khaedu dzine a dzi athu tandululwa malugana na tshumiso ya nyambo kha u ṋetshedzwa ha pfunzo Afrika Tshipembe. Tshiṅwe hafhu tsha ndeme ndi u katelwa ha ndivho ya vhongwaniwapo musi hu tshi khou funzwa na u gudwa nga nyambo nnzhi.

Hu iwa ngafhi u bva afha?

Saizwi pfunzo i ya ndeme vhutshiloni ha muthu, nga maanḓa musi zwi tshi ḓa kha u tholwa na u ḓimaanḓafhadza masiani o fhambanaho a vhutshilo, u ṱuṱuwedza pfunzo nga luambo lwa ḓamuni kana u zwi

hanedza, ndi fhungo ḽihulwane nga maanḓa ḽine a ḽi tei u sokou litshwa
ḽo ralo sa khani i si na thandululo. Kha nzudzanyo dza phoḽisi ya luambo
na therisano malugana na luambo lwa pfunzo, vhadzudzanyi vha phoḽisi
na therisano dzenedzo vha tea u dzhiela nzhele ndeme ya u ṋetshedza
pfunzo nga luambo lwa ḓamuni. Hune zwa kombetshedza, kha hu
lulamiswe phoḽisi sa nḓila ya u sumbedza ndeme ya luambo lwa ḓamuni
khathihi na u vusuludza, u maanḓafhadza na u tsireledza nyambo dza
ḓamuni dzine dzi kha ḓi konḓelwa u swikela tshikhala tsha u shumiswa
sa nyambo dza u funza na u guda magudzeni a pfunzo dza nṱha Afrika
Tshipembe.

U dzulela u sokou amba nga nḓivho ya vhongwaniwapo sa ya
ndeme zwi tea u swika magumoni, hu dzhenwe kha uri iyo nḓivho
i nga shumiswa hani u bveledza pfunzo ya magudedzini a pfunzo
dza nṱha Afrika Tshipembe. Shango nga vhuphara ḽi tea u ḓivha nga
nḓivho na kuhumbulele kwa Afrika musi zwi tshi ḓa kha u wana nḓila
dza u ḓibveledza. Hu na ṱhoḓea khulwane ya u katela iyi nḓivho kha
kharikhuḽamu ya pfunzo i no ṋetshedzwa nga Muhasho wa Pfunzo Afrika
Tshipembe. Ndi nga nḓivho ya vhongwaniwapo hune vhagudi vha nga
funzwa vhuḓifhunduleli, vhulondoti na u vha vhabveledzi vha nḓivho.
Izwi ndi zwiṅwe zwa zwithu zwine pfunzo ine vha khou ṋewa zwa
zwino ya khou kundelwa u zwi swikela. U ri nḓivho ya vhongwaniwapo
vha Afrika i kone u imedzana na nḓivho ya Vhukovhela na huṅwevho, hu
na zwithu zwine zwa tea u dzhielwa nṱha. Magudedzi a pfunzo dza nṱha,
nga maanḓa ane a dzhiela nṱha vhabveledzi vha nḓivho ya Tshiafrika,
a tea u ṱuṱuwedzwa u shumiswa ha nyambo dza Tshirema khathihi na
nḓivho i no bveledzwa nga vhaambi vha nyambo dzenedzo. Tshumisano
vhukati ha zwiimiswa zwa pfunzo dza nṱha na vhabveledzi vha nḓivho
ya vhongwaniwapo, ndi ya ndeme musi zwi tshi ḓa kha u bveledza
kharikhuḽamu. Izwi zwi ḓo thusa kha u sika kharikhuḽamu ine ya thusa
vhagudi uri vha gudiswe zwithu zwi no yelana na hune vha tshila hone
na uri vha nga ḓisa hani mvelephanḓa ha havho. Kharikhuḽamu yeneyo
i tea u bvukulula ṱhoḓea na ndavhelelo dza mveledziso na mvelaphanḓa
fhethuvhupo hune vha tshila hone. Phoḽisi dza pfunzo dzi tevhedzwaho
magudedzini a pfunzo dzi tea u dzhiela nzhele ṱhoḓea dza vhathu vho
tangaho ayo magudedzi. Ngona ya kufunzele i tea u vha ine ya vhea
vhathu vha Afrika phanḓa na kufunzele kwa hone ku tea u vha kune
kwa tevhedza nḓila dze vhathu vha Afrika vha vha vha tshi dzi shumisa

u rathisa ndivho yavho u bva kha murafho u ya kha muñwe. Hu tea u vha na tshumisano vhukati ha zwiimiswa zwa pfunzo, muvhuso na vhadzulapo hu u itela u thusa vhadzulapo u bveledza pholisi dzine dza do disa mveledziso Afrika Tshipembe.Vhakalaha na vhakegulu vha tou vha mbulungelo dza ndivho ya vhongwaniwapo. Ngauralo, ndi zwa ndeme u ramba avho vhathu uri vha de vha kovhelane ndivho yavho na vhagudi na vhadededzi vha nyambo. Ndi henefha hune vhagudi vha do wana ndivho yo livhanywaho thwii na vhunne havho. Kharikhulamu ndi zhendedzi line ngalo ndivho ya vhongwaniwapo ya nga rathiselwa kha matshudeni. Ndivho ya vhongwaniwapo i kwama zwa makwevho, vhulimisi, dzilafho, mutsho, zwiliwa, zwimela, zwifuwo, vhuzwimi, mbingano, nyimbo, murundu na zwiñwe zwi shelaho mulenzhe kha u dibveledza.

Mvalatswinga

U takulelwa ntha ha nyambo dza Tshirema dza Afrika Tshipembe, u tutuwedzwa ha tshumiso ya nyambo nnzhi kha u netshedzwa ha pfunzo khathihi na u shumiswa ha ndivho ya vhongwaniwapo ndi zwiñwe zwa zwithu zwine zwi nga khwinisa pfunzo ya Afrika Tshipembe. Kha ino ndima, ho rerwa nga izwi zwithu hu u toda u ombedzela khonadzeo ya uri pfunzo magudedzini a Afrika Tshipembe i vhe yo dziaho. U anganya ha Muhasho wa Pfunzo dza Ntha Afrika Tshipembe u netshedza pfunzo nga nyambo nnzhi kilasini nthihi, hu tea u dzhiela nzhele divhazwakale ya tshumiso ya nyambo Afrika Tshipembe he nyambo dza Tshirema dza nyadzwa ngeno dza vhukoloni dzo maandafhadzwa. Masiandoitwa a maitele ayo a kha divhonala na kha muvhuso wa demokirasi. Ngauralo, Muhasho wa Pfunzo dza Ntha u tea u zwi ita mafhungo uri u shumiswa ha nyambo nnzhi kha u netshedzwa ha pfunzo a hu iti uri dziñwe nyambo dzi newe maimo a no fhira a dziñwe. Zwi tea u itwa mafhungo uri nyambo dzi no nga English na Afrikaans a dzi nani u takulelwa ntha ngeno dza Tshirema dza Afrika dzi tshi khou nana u tsetsema murahu.

Zwiko

Alexander, N. 1989. *Language Policy and National Unity in South Africa/Azania.* Cape Town: Buchu Books.

Ankiewicz, P. and De Swardt, A.E. 2001. *Principles, Methods and Techniques of Technology Education II: Study Guide.* Johannesburg: Rand Afrikaans University.

Armberg, J.S. and Vause, D.J. 2014. *American English: History, Structure and Usage.* Cambridge: Cambridge University Press.

Asante, M.K. 1988. *Afrocentricity.* Trenton: Africa World Press.

Asante, M.K. 1999. *The Painful Demise of Eurocentrism: An Afrocentric Response to Critics.* Trenton: Africa World Press.

Bamgbose, A. 2011. 'African Languages Today: The Challenge of and Prospects for Empowerment under Globalization'. In E.G. Bokamba, R.K. Shosted and B.T. Ayalew (eds), *Selected Proceedings of the 40th Annual Conference on African Linguistics*, pp. 1–14. Somerville: Cascadilla Proceedings Project.

Beck, R.B. 2000. *The History of South Africa: The Greenwood Histories of the Modern Nations.* Westport: Greenwood Press.

Behr, A.L. 1980. *New Perspectives in South African Education.* Durban: Butterworths Publishers.

Bloch, C. 2012. 'Why Is Mother Tongue Based Education So Significant?' *African Leader* 41: 1–2.

Bourdieu, P. and Thompson, J.B. 1991. *Language and Symbolic Power.* Cambridge: Harvard University Press.

Brenzinger, M., Heine, B. and Sommer, G. 1991. 'Language Death in Africa'. In Robins, R.H. and E.M. Uhlenbeck (eds), *Endangered Languages.* Oxford and New York: Berg.

Brooks, J.G. and Brooks, M.G. 1993. *In Search of Understanding: The Case for Constructivist Classrooms.* Alexandria: Association for Supervision and Curriculum Development.

Burkett, B., Clegg, J., Landon, J., Reilly, T. and Verster, C. 2001. 'The Language for Learning Project: Developing Language-sensitive Subject-teaching in South African Secondary Schools'. *Southern African Linguistics and Applied Language Studies* 19(3–4): 149–161.

Cummins, J. 2000. *Language, Power and Pedagogy.* Toronto: Multilingual Matters.

Dahms, M., Geonnotti, K., Passalacqua, D., Wetzel, A., Schilk, J. and Zulkowsky, M. 2007. 'The Education Theory of Lev Vygotsky: An Analysis'. https://studylib. net/doc/5854258/the-educational-theory-of-lev-vygotsky--an-analysis.

De Lange, I. 2010. 'Moving towards Multilingualism in South African Schools'. In P. Cuvelier, T. du Plessis and L. Teck (eds), *Multilingualism, Education and*

Social Integration: Belgium, Europe, South African and Southern Africa, pp. 131–140. Pretoria:Van Schaik.

Department of Basic Education. 2010. *The Status of the Language of Learning and Teaching (LOLT) in South African Public Schools*. Pretoria: Government Printers.

Department of Education. 1997. *Language in Education Policy*. Pretoria: Government Printers.

Department of Education. 2002. *Language Policy for Higher Education*. Pretoria: Government Printers.

Department of Education. 2003. *Development of Indigenous Languages as Mediums of Instruction in Higher Education*. Pretoria: Government Printers.

Department of Higher Education and Training. 2011. *Report Commissioned by the Minister of Higher Education and Training for the Charter for Humanities and Social Sciences*. Pretoria: Government Printers.

Department of Higher Education and Training. 2015. *Report on the Use of African Languages as Mediums of Instruction in Higher Education*. Pretoria: Government Printers.

Fasold, R. 1984. *The Sociolinguistics of Society*. Oxford: Basil Blackwell.

Fessha,Y.T. 2009. 'A Tale of Two Federations: Comparing Language Rights in South Africa and Ethiopia'. *African Human Rights Law Journal* 9(2): 501–523.

Frederikse, J. 2001. *They Fought for Freedom: David Webster*. Cape Town: Maskew Miller Longman.

Gellar, S. 1973. 'State-building and Nation-building in West Africa'. In S.N. Einsenstadt and S. Rokkan (eds), *Building States and Nations:Vol II*, pp. 384–426. Los Angeles: Sage.

Goslin, B. du P. 1987. 'History of African Languages in Transvaal Schools'. *South African Journal of African Languages* 7(4): 105–110.

Jacobs, M., Vakalisa, N.C.G. and Gawe, N. 2011. *Teaching-learning Dynamics*. Fourth edition. Johannesburg: Heinemann.

John-Steiner,V. and Mahn, H. 1996. 'Sociocultural Approaches to Learning and Development: A Vygotskian Framework'. *Educational Pyschologist* 31(3/4): 191–206.

Kamwangamalu, N.M. 1997. 'Language Frontiers, Language Standardization, and Mother Tongue Education: The Zaire-Zambia Border Area with Reference to the Bemba Cluster'. *South African Journal of African Languages* 17(3): 88–94.

Kangira, J. 2016. 'Challenges of the Implementation of Language Policies in Southern Africa:What Is the Way Forward?' *Inkanyiso, Journal of Humanities and Social Sciences* 8(2): 156–161.

Killen, R. 2000. *Teaching Strategies for Outcomes-based Education*. Lansdowne: Juta & Co.

Kioko, A. 2015. *Why Schools Should Teach Young Learners in Home Language*. London: British Council.

Lemmer, E.M. 1995. 'Selected Linguistic Realities in South African Schools: Problems and Prospects'. *Educare, University of South Africa* 24(2): 82–96.

Lemmer, E. and Van Wyk, N. 2010. *Themes in South African Education*. Cape Town: Pearson.

Maḓadzhe, R.N. 2019. 'Using African Languages at Universities in South Africa: The Struggle Continues'. *Stellenbosch Papers in Linguistics Plus* 58: 205–218.

Maḓadzhe, R.N. and Sepota, M.M. 2006. 'The Status of African Languages in Higher Education in South Africa: Revitalization or Stagnation'. In D.E. Mutasa (ed.), *African Languages in the 21st Century: The Main Challenges*, pp. 126–149. Pretoria: Simba Guru Publishers.

Madiba, M. 2005. *The South African Government's Language Policy for Higher Education and Its Implementations*. Pretoria: University of South Africa.

Madiba, M. 2010. 'Towards Multilingual Higher Education in South Africa: The University of Cape Town's Experience'. *Language Learning Journal* 38(3): 327–346.

Madlome, S.K. 2018. 'Traversing the Sociolinguistic: The Status of Languages Spoken in Southern and Southeast Zimbabwe'. *Africology: The Journal of Pan African Studies* 3: 46–58.

Makamu, T.A.B. 2009. 'Students' Attitude towards the Use of Source Languages in the Turfloop Campus, University of Limpopo: A Case Study'. MA thesis, University of Limpopo.

Makoni, S.B. 1995. 'Deconstructing the Discourses about Language in Language Planning in South Africa'. *South African Journal of African Languages* 15(2): 84–88.

Maseko, B. 2021. 'Family Language Policy: The Case for a Bottom-up Approach in Conserving Zimbabwe's Minoritised Languages'. *South African Journal of African Languages* 41(2): 187–195.

McKay, V. 2012. *Working on Workbooks*. Pretoria: University of South Africa.

Memela, S. 2011. 'Black Faces, White Thoughts'. *Mail & Guardian*, March.

Mokgoatšana, SNC. 1999. 'Identity: From Autobiography to Postcoloniality: A Study of Representations in Puleng's Works'. PhD thesis, University of South Africa.

Muhlhausler, P. 1995. 'Babel Revisited'. *Bua* 9(4): 4–7.

Nkwashu, D., Maḓadzhe, R.N. and Kubayi, S.J. 2015. 'Using Xitsonga at the University of Limpopo'. *South African Journal of Higher Education* 29(3): 8–22.

Olivier, J. 2009. 'South Africa: Language and Education'. https://salanguages.com/education.htm.

Orman, J. 2008. *Language Policy and Nation Building in Post-apartheid South Africa*. Washington: Springer.

IMPLEMENTING AND PROMOTING MULTILINGUALISM

Pillay, V. and Yu, K. 2010. 'The State of Humanities in Post-apartheid South Africa: A Quantitative Story'. *South African Journal of Higher Education* 24(40): 602–615.

Prah, K. 1995. *Mother Tongue for Scientific and Technological Development in Africa*. Bonn: Zentralstelle für Erziehung, Wissenschaft und Dokumentation.

Prah, K.K. 2006. *Challenges to the Promotion of Indigenous Languages in South Africa*. Cape Town: Centre for Advanced Studies of African Society.

Pretorius, F. 2011. 'The Boer Wars'. http://www.bbc.co.uk/history/british/victorians/boer-wars-01.

Republic of South Africa. 1996. *The Constitution of the Republic of South Africa*. Pretoria: Government Printers.

Ross, R. 2008. *A Concise History of South Africa*. Second edition. Cape Town: Cambridge University Press.

Setati, M. 1998. *Innovative Language Practices in Multilingual Classrooms*. Johannesburg: Joint Education Trust.

Shai, K.B. 2021. *Scholarship and Politics in South Africa's Higher Education System*. London: Adonis & Abbey.

Sibanda, L. 2019. 'Zimbabwe's Language Policy: Continuity or Radical Change?' *Journal of Contemporary Issues in Education* 14(2): 2–15.

Sieborger, R., Weldon, G. and Hinton, C. 1996. *What is Evidence? South Africa During the Years of Apartheid*. Cape Town: Francolin Publishers.

Sithole, K.L. 'The Use of African Languages as Media of Teaching and Learning in Public Schools in Mopani District (Limpopo Province): A Critical Analysis'. PhD thesis, University of Limpopo.

Taylor, S. and Coetzee, M. 2013. 'Mother Tongue Classrooms Gives a Better Boost to English Study Later'. Paper presented at the Language Conference, University of Stellenbosch.

Turuk, M.C. 2008. 'The Relevance and Implications of Vygotsky's Sociocultural Theory in the Second Language Classroom'. *ARELCS* 5: 244–262.

Van der Berg, S., Taylor, S., Gustafsson, M., Spaull, N. and Armstrong, P. 2011. 'Report for the National Planning Commission: Improving Education Quality in South Africa'. Department of Economics, University of Stellenbosch.

Van Heerden, M.E. 1996. 'University Education and African Thought: Reflection on Underachievement among Some Unisa Students'. Conference of the Anthropology and Archaeology Association of South Africa, University of South Africa.

Wa Thiong'o, N. 1981. *Decolonising the Mind: The Politics of Language in African Literature*. Nairobi: James Currey.

Webb, V. 1996. 'Language Planning and Politics in South Africa'. *International Journal of the Sociology of Language* 118: 139–162.

Welsh, D. 2009. *The Rise and Fall of Apartheid*. Johannesburg: Jonathan Ball Publishers.

Wessels, N. 2010. 'School Libraries as a Literacy Intervention Tool in Primary Schools: Action Research in Attridgeville'. MA thesis, University of Pretoria.

World Bank. 2005. 'In Their Own Language: Education for All'. Education Notes, June.

Izithasiselo

FERTILIZER ADVISORY SERVICE

KZN Department of Agriculture and Environmental Affairs;   Soil Fertility and
Analytical Services; Private Bag X9059, Pietermaritzburg 3200.   Tel :
033-3559455. Fax : 033-3559454. Enquiries:Les Thurtell

CLIENT DETAILS
Sibiya Mirriam
Tshobho
P/Bag X 9226
Maphumulo
4470

ADVISOR DETAILS
Ngema PZ
P/Bag X.
Maphumulo

4470
Phone :

SUMMARY OF ANALYTICAL RESULTS
(These results may not be used in litigation)

Batch : 816   Year : 2014   Printed : 04/11/2014

Your sample ID	Lab number	Sample density g/mL	P mg/L	K mg/L	Ca mg/L	Mg mg/L	Exch. acidity cmol/L.	Total cations cmol/L.	Acid sat. %	pH (KCl)	Zn mg/L	Mn mg/L	Cu mg/L
00016	F17374	0.97	6	53	114	27	1.66	2.59	64	4.07	0.6	5	0.9

Your sample ID	Lab number	Mid-Infrared Estimates		
		Org. C %	N %	Clay %
00016	F17374	3.6	0.19	> 60

Comments

(1) Recommended rates of fertilizer and lime for the relevant crops are reported on the following pages. No recommendation will be given for crops not entered on the submission form.

(2) Recommendations are not provided for stored samples.

(3) It is assumed that samples submitted for crops and for the establishment of pastures were taken from the top 15 cm of soil. For the establishment of established pastures, a sampling depth not exceeding 10 cm is assumed.

(4) It is assumed that the lime to be used has a neutralizing value equal to 100% CH of pure calcium carbonate. Dolomitic lime is only to be used if soil Mg levels are low, and calcitic lime, if soil Mg exceeds 0.5 × soil Ca. Where Mg is sufficient, but not excessive, either type of lime may be used. If lime is not necessary, but the acidity level is too great for the intended crop and a dressing of calcitic or dolomitic lime is needed to improve the soil's Mg. Consult your advisor for the most cost-effective method of improving Mg status.

(5) Phosphorus recommendations are based on extractable P values.

(6) The recommendations are based on the assumption that the soil sample is truly representative of the land and that other growth factors are not limiting.

(7) Organic carbon, total nitrogen and clay percentage, estimated by mid-infrared (MIR) spectroscopy, is given for most samples. MIR measurements should be viewed as reasonably reliable estimates. Actual C, N and clay percentages (as well as a certain amount of correct determination procedures) may differ.

- Baphezile Ndlovu- ~~████████~~
- Thabisile Ntombela- ~~████████~~
- G.M Magubane- ~~████████~~
- Khonzephi Shange- ~~████████~~

THE WAY YOU USE/USED IN COMMUNICATING YOUR KNOWLEDGE (YOU SHOULD ATTACH PROOF OF COMMUNICATION (WHATSAPP MESSAGES, TELEPHONICALLY, EMAILS ETC)

We contacted our farmers on Sunday (11/09/2022) using telephonic communication method and introduced ourselves again to the only two farmers who answered their phones (Baphezile Ndlovu and Ntombi Mntungwa). Baphezile Ndlovu's phone was answered by somebody else who informed us about the health well-being of Baphezile Ndlovu. She indicated that she went to the clinic for medical examinations as she was not feeling well. When we askd whether she has ploughed any of the seedlings the she was provided with, she said she hasn't got the time to plant any of the seedlings in her piece of land.

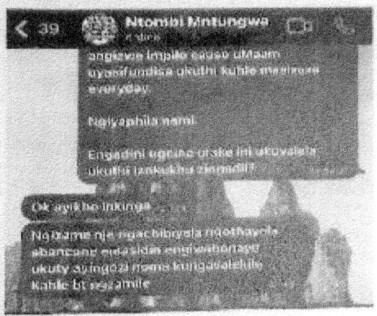

agriculture, land reform
& rural development

Department
Agriculture, Land Reform and Rural Development
REPUBLIC OF SOUTH AFRICA

8 Truro House, 17 Margaret Mncadi Ave, Esplanade, KwaZulu-Natal, 4001,
South Africa. City of Durban. Post Office box: 2132, Durban, 4000. Phone
number: 031 368 2223, Fax: 031 368 1601.

Usuku lwabalimi lomphakathi waseMpophomeni eMgungundlovu

Lenziwa uMnyango weZolimo, ukuguqulwa komhlaba Kanye nokuthuthukiswa kwezindawo
zasemakhya

Usuku - 08 kuZibandlela 2021

Isikhathi - 11h00 am

Agenda

1. Inhloso Yosuku – ukwethulwa kohlobo lembewu entsha yoMbila ebizwa ngokuthi u Pan 3A-24 emphakathini waseMpophomeni namaphethelo uMgungundlovu.
2. Naku Okuzoxoxwa Ngako Mayelana nembewu • Izinyathelo Zokutshala lembewu yommbila entsha • Isivuno esilindelekile • Ubufakazi ngembewu u Pan 3A - 124 • Ukwethembeka kwembewu u Pan 3A – 124 • Izincomo mayelana nokuphathwa kwembewu Uma kukhona okunye okungathandeka ukuba kukhulunywe ngako ngalolusuku okuthinta abalimi bomphakathi siyacela kubhalwe khona lapha ngezansi
3.
4.

agriculture, land reform
& rural development
Department
Agriculture, Land Reform and Rural Development
REPUBLIC OF SOUTH AFRICA

8 Truro House, 17 Margaret Mncadi Ave, Esplanade, KwaZulu-Natal, 4001, South Africa. City of Durban. Post Office box: 2132, Durban, 4000. Phone number: 031 368 2223, Fax: 031 368 1601.

01 kuZibandlela 2021

Mnumzane Ohloniphekileyo

Umnyango Wezolimo, ukuguqulwa komhlaba nokuthuthukiswa kwezindawo zasemakhaya uthanda ukumema intsha yomphakathi wase Mpophomeni Kanye nabaholi bendawo, ukuba nihlanganyele Kanye nathi osukwini lwabalimi oluzoba mhla zingu 08 ku Zibandlela nonyaka. Inhloso yomhlangano ukuba sazise intsha yomphakathi ngohlobo lwembewu entsha yommbila (PAN 3A-124) ekhipha umkhiqizo osezingeni eliphezulu, ikhipha izikhwebu eziningi. Kuzophindwe kukhuthazwe nentsha yasendaweni ukuzibandakanya nezolimo ukuze bathuthukise izimpilo zabo Kanye ezomphakathi. Sinesicelo sokuba nisiphe imvume yokusebenzisa ihholo lomphakathi nesicelo sokuthi wamukele izihambeli ngosuku lomhlangano.

Ukuphumelela kwakho Kanye nentsha yomphakathi kungaba yintokozo enkulu emnyangweni, Siyabonga.

Abazithobayo

Umnyango Wezolimo

Nkosazana Nxumalo N.F ongusihlalo waloluhlelo (0764069789)

 agriculture, land reform & rural development

Department
Agriculture, Land Reform and Rural Development
REPUBLIC OF SOUTH AFRICA

8 Truro House, 17 Margaret Mncadi Ave, Esplanade, KwaZulu-Natal, 4001 South Africa. City of Durban. Post Office box: 2132, Durban, 4000. Phone number: 031 368 2223, Fax: 031 368 1601.

Usuku Lwabalimi Lomphakathi waseMpophomen Emgungundlovu

Usuku - 08 ku Zibandlela2021

Isikhathi - 11h00

Umphathi Wohlelo: Nxumalo Fanelesibonge

1. Ukuvula Ngomthandazo	Umfundisi Nyambose
2. ukwamukelwa	Induna
3. ukuzungeleza kwerejista yabakhona	Ukusayina
4. ukwethulwa kwezihambeli	Mkhize Mphumeleio
5. ukwethulwa kwenhloso yosuku	Bucu Lisa
6. Okuzoxoxwa Ngako Mayelana nembewu entsha • Izinyathelo Zokutshala imbewu • Isivuno Esilindekile	Masondo Mbuso
• Ubufakazi Ngembewu • Ukwethembeka	Mkhize Mphumeleio
• Izincomo mayelana nokutshalwa nokuphathwa kwembewu	Bucu Lisa
• Izifo ezihlasela umbila	
7. Imibuzo Kanye Nezimpendulo	Nxumalo Fanesibonge
8. imkulumo evela kuminti ovelele	Hlongwa P.Q
9. Ukubuyekeza	Nxumalo Fanesibonge
10.izimemezelo	Masondo Mbuso
11.Ukubonga nokuvala	Nxumalo N.F.

Izifo Kanye Nezinambuzane ezingahlasela umbila

Isifo/isinambuzane	izimpawu	ukulawula
1. Ukugqwala okuvamile	Amabhamuza amancane avela phezulu kwalo iqabunga	Gwema ukutshala emva kwesikhathi esibekelwe ukutshala umbila
	Lamabhamuza ayadabuka ebese eveza izinhlavu ezibovu okanye ezinsundu	Tshala uhlobo Lembewu ekwazi Ukumelana nezifo Isibonelo : PAN 3A-124
2. Ukubola kwesikhwebu	Ukubola okunombala okumhlophe noma oku mpunga okuqala phansi kwesikhwebu	Shintsha shintsha izitshalo khona Uzogwema izifo , ungashintsha Nobhontshisi wesoya
	kuyakhuphuka kubheke phzulu size sibole sonke isikhwebu	Gwema ingcindezi engadalwa Ukushodakomswakama , Kanye Nomhlabathi ongavundile
3. Ukubola kwesiqu	Ukukhubazeka kwesitshalo singakhuli	Tshala imbewu emelana nezifo Nezinambuzane
		Shintsha izitshalo
4. Inhlakava	Ihlasela izitshalo lezo	Gwema ukhula
	Ezisakhula ezincane	Chela ngezibulala zinambuzane

Fertrec 6 ___ Sibiya Mfrrrlam / Ngoma PZ

NUTRIENT AND LIME RECOMMENDATIONS

Dry bean; dryland

Sample ID	Lab Num	NITROGEN		PHOSPHORUS			POTASSIUM			LIME				ZINC
		Yield target t/ha	Req. N kg /ha	Sample soil test mg/L	Target soil test mg/L	Req. P kg/ha	Sample soil test mg/L	Target soil test mg/L	Req. K kg/ha	Sample acid sat. %	PAS %	Req. Lime t/ha	Lime type	Zinc fert. reqd.?
00018	F17374	1.0	40	8	10	45	53	100	120	64	5	7.5	Dol	Yes
		2.0	80	8	10	45	53	100	120	64	5	7.5	Dol	Yes
		3.0	120	8	10	45	53	100	120	64	5	7.5	Dol	Yes

Sample soil test are sample and saturation, target are soil test values ... req'd P and required K (colour of soil, and the ...

MANAGEMENT GUIDELINES

(1) LIME, IF REQUIRED, SHOULD BE APPLIED AT LEAST ONE TO TWO MONTHS BEFORE PLANTING. It is assumed that the lime will be incorporated to a depth of 20 cm. Thorough incorporation is essential; discing followed by ploughing is recommended.
(2) Where soil test P levels are considered adequate, but are less than 120 mg/L, a starter application of 20 kg P/ha has been recommended to promote initial plant growth.
(3) Where the soil P test of a sample is abnormally high (>120 mg/l), and the sample is truly representative of the whole field, no fertilizer P should be applied until test levels indicate a P requirement.
(4) This crop requires 20 - 30 kg S/ha. This can usually be supplied from the atmosphere and by the mineralization of organic S in soils, but supplementary S fertilizers may be necessary on sandy soils, where sulphate is lost by leaching.

FERTILIZER OPTIONS

The following are fertilizer options (given in bags/ha) using DAP, MAP, Double Supers, 2:3:4(30), KCl, LAN and urea. Your local fertilizer adviser can provide additional fertilizer options. The quantities recommended are those for a complete growing season and the management guidelines on the previous pages should be considered when scheduling applications.

Sample F17374 Yield target (t/ha) 1.0
(1) If DAP was used, too much nitrogen would be supplied.
(2) If MAP was used, too much nitrogen would be supplied.
(3) 8.6 bags/ha Single Supers (10.5%P), 4.8 bags/ha KCl, 2.9 bags/ha LAN or 1.7 bags/ha urea.
(4) If 234 was used, too much nitrogen would be supplied.

Sample F17374 Yield target (t/ha) 2.0
(1) If DAP was used, too much nitrogen would be supplied
(2) If MAP was used, too much nitrogen would be supplied.
(3) 8.6 bags/ha Single Supers (10.5%P); 4.8 bags/ha KCl; 5.7 bags/ha LAN or 3.5 bags/ha urea.
(4) If 234 was used, too much nitrogen would be supplied.

Sample F17374 Yield target (t/ha) 3.0
(1) If DAP was used, too much nitrogen would be supplied.
(2) If MAP was used, too much nitrogen would be supplied.
(3) 8.6 bags/ha Single Supers (10.5%P); 4.8 bags/ha KCl; 8.6 bags/ha LAN or 5.2 bags/ha urea.
(4) If 234 was used, too much nitrogen would be supplied.

8.4 Communication with the farmer

We do the follow up after our visit contacted them using WhatsApp.

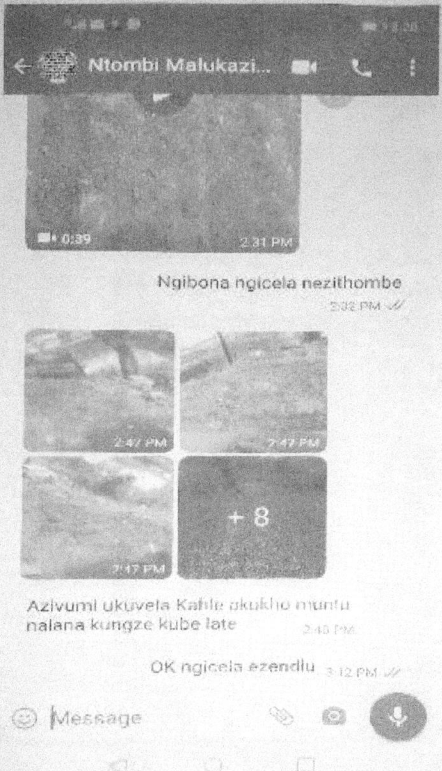

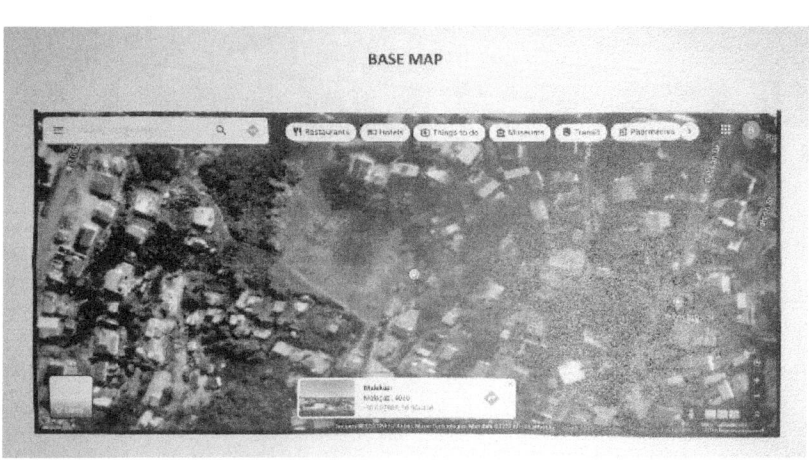

BASE MAP

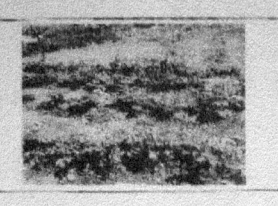

HLEKISILE SISHI

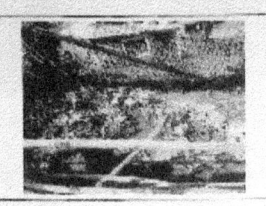

THANDAZILE SHANGE

THULANI MPOFANA

KILLIAN GUMEDE

HOW COMMUNITY NEEDS ASSESSMENT WAS CONDUCTED

The community needs assessment was conducted by Mrs. PZ Ngema-Msomi who was assisted by one of the community members. They were given survey papers and they filed them according to the size of the land they have and the types of crops they wanted

ECONOMIC STATUS

The economic status of the area is not good. Some of the farmers stated that they are not working and would like to be assisted with crops to grow and hopefully sell them to make money and feed their families.

SOCIAL STATUS

The social status of the area is the lower class as the community lack some basic needs such as proper toilets, and proper housing and they complain about the bad electricity supply, they stated that they sometimes even go for three days or more without power

NATURAL RESOURCES AVAILABLE IN THE AREA

The area is poor in natural resources as they do not have enough space. However, they do have water available but do not have access to it, they stated that the construction of a borehole could help them to gain access and utilize the water.

MTHETHO MAZIFANI GABELA

Private   Group   Previously funded   Other departments

Cooperation   NGO   X Non-Formal

X Household Food Security   Landcare   Farmer Settlement and Support   Land Reform Support

—   Fax Number   —

ETHEKWINI MUNICIPALITY

Technical / Research   X Advisory   Social Facilitation / Conflict   Survey   Monitoring

Farm Assessment   X Demonstration   Funding   Complaint   Farm Inspection

Ministerial Enquiry   Disaster Management   Other

/   /

Start

KZN - Department of Agriculture,
Environmental Affairs and Rural Development
DIGITAL GREEN BOOK
Query / Task Capture Form

V 1.0

Form Name
(Customer Name): SYABONGA MAZEKA

Farm Name
(Registered Name): N/A

Query / Task Requester: N/A

Requester Category:
Private   Group   Previously funded   Other departments
Cooperation   NGO   X Non-Formal

Programme
Classification: X Household Food Security   Landcare   Farmer Settlement and Support   Land Reform Support

Telephone No: N/A   Fax Number: N/A

Cell Number: ████████████   Date Captured: ████████████

Email: N/A

Address Line 1: MALUKAZI EXTENSION 6

Address Line 2: N/A

Town: ISIPHINGO

Local Municipality: ETHEKWINI MUNICIPALITY

Query / Task / Request
Type:
Technical / Research   X Advisory   Social Facilitation / Conflict   X Survey   Monitoring

Farm Assessment   X Demonstration   Funding   Complaint   Farm Inspection

Ministerial Enquiry   Disaster Management   Other

Query Description

Imizimba yethu idinga izagathi(zikhu Phulamasesha omcimo), Damaxqbiso qphezulu.

Manager's Approval

Name

Date   /   /

Printed and bound by CPI Group (UK) Ltd, Croydon, CR0 4YY

08/05/2026

02105868-0002